시가 있는 산책

김영철 지음

머리말

윤동주는 산보가 하루 일과 중의 하나였다. 연희전문 시절 신촌 일대는 동주의 발길이 닿지 않은 곳이 없었다. 책 한 권 옆에 끼고 떨어진 낙엽에 '동주(童舟)'라는 필명을 써서 흐르는 냇물에 띄우고, '아기배'를 따라 발길을 옮겼다. 침묵의 사나이가 때론 '내 고향에 날 보내주'라는 민요를 휘파람으로 불며 숲길을 걸었다.

나 역시 동주에 비할 바는 아니지만 어려서부터 걷기를 좋아했다. 유년 시절 고향마을 구석구석 혼자서 걷기를 좋아했다. 걷다 보면 둑방길에 민들레와 개망초가 피고 종다리는 푸른 하늘로 솟아올랐다. 나도 한 송이 꽃으로 피고, 한 마리 새가 되어 창공을 날았다.

고등학교 때 길고 긴 계동길과 한적한 비원길 걷기를 좋아했다. 해사 교수 시절 갈매기와 파도가 넘실거리는 해안도로를 걸었고, 대구대 시절엔 문천지 둑방길을 하염없이 걸었다. 건국대 일감호는 또 어떻던가.

그렇게 걷기는 내 일상이 되었고, 인생의 동반자가 되었다. 걸으면서 만났던 들국화와 나비, 숲속에 지저귀던 뱁새와 산비둘기, 그들을 보며 많은 생각에 잠겼다. 걸으며 생각하고, 생각하며 걷는 일, 참 즐겁고 행복한 일이었다.

이 책은 그렇게 얻어진 생각과 단상(斷想)들을 모은 것이다. 비록 내가 시인이나 철학자는 아니지만 걸으면서 보고 느낀 것을 정리한 일상의 기록이다. 숲길, 오솔길을 걸으며 시 한 편을 낭송해 보는 것도 의미 있는 일일 것이다. 그래서 '시가 있는 산책'이 되었다.

그냥 스치기 쉬운 일상들에서 우리는 삶의 지혜와 참뜻을 깨달을 때가 있다. 진리와 진실은 멀리 추상적인 것에 있는 게 아니다. 일상에서 만났던 소소한 풍경의 의미를 찾아 본 것이 이 책의 흐름이다.

우리는 지나간 추억을 반추하며 살아간다. 그래서 박경리는 아름다운 추억만으로도 인생은 아름답다고 하였다. 그러한 박경리의 명제를 내 인생에서 찾아보려고 하였다. 이제는 시간의 화석이 된 지난 일들을 반추하며 지금의 삶을 그려 보았다.

비록 내 자신의 생각과 단상, 추억거리지만 독자들의 공감을 얻을 수 있으면 좋겠다. 함께 느끼고 생각하며 사색의 숲길과 추억의 오솔길을 함께 하는 동행이 되길 빌어 본다.

어려운 가운데 출판을 맡아 주신 문학바탕 곽혜란 대표님과 편집위원들께 감사의 말씀을 전합니다.

2025년 4월
저자 *김영철*

목차

머리말   2

Ⅰ. 사색의 숲길

돌아오지 않는 강	8
길에서 길을 묻다	18
사과는 사과나무에서 익고	29
까만 잉크병의 밤	41
차 한 잔의 여유	52
세월이 가면	60
여행길, 인생길	72
사람들 사이에 섬이 있다	86
꽃밭의 독백	95
꽃을 위한 서시	102
선생님, 선생님, 우리 선생님	110
친구야 놀자	119
고향 가는 길	129
노스탤지어와 실향가	137
물 위에 이름을 쓴 사람	143
죽음과 시인	153
나의 뮤즈, 나의 바다	160
달아, 달아, 밝은 달아	169
청산별곡	176
이카로스의 비상	188
거울아, 거울아	200

거울 속의 시인	209
한의 미학, 선의 시학	215
사랑의 비가	227
나비야 청산 가자	239
나비가 된 시인들	245
박인환과 명동시대	254

II. 추억의 오솔길

연변 풍경	270
호롱불의 추억	285
유년기의 꿈, 스피커	292
버스에 추억을 싣고	301
장날 풍경	307
노아의 방주	314
한여름 밤의 꿈	320
수학여행의 추억	327
연탄과 복어알	335
참새와 구렁이	342
질화로와 동치미	352
개와 고양이	359
조회와 교복	367

I
사색의 숲길

돌아오지 않는 강

 강은 조용히 흘러간다. 밤이나 낮이나 쉬임 없이 흘러간다. 그런 강을 보면서 우리는 덧없는 인생을 떠 올린다. 강물같은 인생, 묵묵히 흘러가는 인생의 강, 지금 이 순간에도 강은 흐르고 있다. 세월의 강에 몸을 맡긴 채 우리네 삶도 덧없이 흘러가는 것이다. 그렇게 소년이 청년이 되고, 장년이 되고, 노년이 되어 마지막 삶의 종착역에 도착한다. 그것은 거스를 수 없는 인간의 운명이요, 정해진 길이다. 그래서 인생의 강은 운명의 강인 것이다.
 브래드 피트가 주연했던 영화 〈흐르는 강물처럼〉(1992)은 인생의 강을 그려낸 수작이었다. 영화는 미국 북서부에 위치한 산악지방 몬태나주의 강 마을이 배경이다. 목회일을 하는 어느 목사 집안의 삶을 아름다운 자연을 배경으로 그려낸 수채화 같은 영화다. 배경이 된 아름다운 블래풋 강은 물론이고 주인공들이 주고받는 대사들도 시적이어서 영화로 된 시(kine-poem) 한 편을 읽는 느낌이다.
 시적인 대사를 보자. '인생은 예술품이 아니다', ' 순간은 영원한 것이 아니다', '연필은 제 몸을 깎아야 글을 쓸 수 있다', '이해할 수 없어도 사랑할 수 있다' 같은 것이다. 자기희생을 통한 헌신적 사랑, 이해되기 전에 다가오는 운명적 사랑, 삶의 일회성 같은 시적 에피그램(경구, epigram)을 전해 준다.

 초원의 빛이여 꽃의 영광이여
 우리는 슬퍼하지 않으리

강한 힘으로 살아 남으리

존재의 영원함을
티없는 가슴으로 믿으리
삶의 고통을 사색으로 어루만지고
죽음마저 꿰뚫는
믿음이라는 세월로
-워즈워드, 〈초원의 빛〉

 영국의 낭만파 시인 워즈워드의 〈초원의 빛〉이다. 목사인 아버지와 아들 노먼이 이 시를 한 소절씩 주고받는다. 시로 대화하는 아버지와 아들, 너무 아름답고 낭만적이다. 그런 아버지를 둔 덕분에 아들은 마침내 문학교수가 된다. 영화 전편에 강과 함께 아름다운 시들이 유유히 펼쳐진다.
 큰아들 노먼은 교수가 되고 막내 폴은 기자가 된다. 하지만 거칠고 야성적인 성격의 소유자 폴은 술과 도박, 여자에 빠져 방탕한 생활을 하다가 사고로 죽음을 맞는다. 세월이 흘러 모두 떠나고 홀로 남은 노먼이 낚시를 하며 살아 온 세월을 돌아보는 장면으로 끝을 맺는다. 이 영화는 성장소설, 성장시네마 형식을 취하고 있다. 노먼의 어린 시절부터 노년에 이르기까지의 생의 과정을 강의 흐름에 따라 잔잔하게 조명하고 있기 때문이다. 노먼에게 강은 바로 인생의 강이었던 것이다. 제목 '흐르는 강물처럼' 그들도 유유히 흘러갔다.
 강을 소재로 한 또 한 편의 명화는 마르린 몬로가 주연한 〈돌아오지 않는 강〉(1954)이다. 일자리를 찾아 먼 길을 떠나는 몬로, 그 길에는 돌아올 수 없는 강이 놓여 있다. 강처럼 돌아올 수 없는 인생을 떠나는 것이다. '돌아오지 않는 강'이라는 타이틀은 돌아올 수 없는 인생길을 의미한다. 인생은 결코 반복되거나 되돌릴 수 없다. 삶의 일회성(一回性), 순간성(瞬間性), 일과성(一過性)을 '돌아오지 않는 강'으로 비유한 것이다.

그렇게 우리는 돌아올 수 없는 강을 매일같이 건너고 있다. 그래서 오늘 하루 이 순간이 중요한 것이다. 그래서 톨스토이도 인생에서 가장 중요한 때가 지금이요, 가장 중요한 사람이 지금 만나는 사람이고, 가장 중요한 일은 지금 하고 있는 일이라 하지 않았던가. 로마의 시인 호라티우스도 '오늘을 즐겨라'(carfe diem)고 했다.

뗏목을 타고 거친 강을 건너는 주인공의 모습은 험난한 세파를 거치며 살아가는 우리들의 자화상이기도 하다. 마르린 몬로는 육체파 배우로 알려졌지만 뗏목을 타고 거친 강물을 헤쳐가는 모습에서 야생적 청순미가 돋보인다.

이어령은 사랑을 강을 닮은 사랑과 바다를 닮은 사랑으로 나누었다. 강과 바다의 속성과 특성에 맞춰 사랑의 색깔을 구별한 것이다. 강은 늘 잔잔하고 평화롭다. 겉으로 보면 전혀 흐르는 것 같지 않지만 조금씩 흘러가고 있다. 밋밋하고 굴곡이 없는 잔잔하고 평화로운 사랑, 정지한 듯하지만 내면에서 조용히 움직이는 정적(靜的)인 사랑, 그것이 강을 닮은 사랑이다.

그에 비해 바다는 잔잔할 때는 호수 같지만 폭풍우가 칠 때는 무섭고 거칠다. 그만큼 변화무쌍한 것이 바다다. 그리고 파도처럼 강렬한 열정이 넘친다. 에너지가 넘치는 정열적인 사랑, 파도처럼 용솟음치는 사랑이 바다 같은 사랑이다. 동적이고 열정적인 에너지가 마치 활화산을 닮았다.

사람에 따라, 애정관에 따라 사랑의 색깔은 달라진다. 사람들은 강 같은 사랑, 혹은 바다를 닮은 사랑을 한다. 특히 젊음이 넘치는 청춘들에겐 강보다 바다 쪽 사랑일 것이다. 나이 들면서 조금씩 열정도 식으며 잔잔히 흘러가는 강을 생각하게 된다. 하지만 나는 젊어서도 강을 닮은 사랑을 하고 싶었다. 조용히, 표 나지 않게, 천천히 흘리가는 깅의 사랑을 꿈꿨다. 요즘 젊은이들은 쉽게 만나고 쉽게 헤어진다. 서서히 달궈지는 '가마솥 사랑'이 아니라 금방 끓어오르는 '냄비 사랑'에 쉽게 빠진다. 가마솥은 늦게 끓어도 서서히 식는다. 하지만 냄비는 쉽게 끓는 만큼 쉽게 식어 버린다. 어쩌면 가마솥 사랑은 강을, 냄비 사랑은 바다를 닮은 사랑인지도 모르겠다.

  강은 대체로 만남의 강보다는 이별의 강으로 그려진다.

  비 개인 긴 둑엔 풀빛이 짙어가고
  임 보내는 남포에서 슬픈 노래를 부르네
  대동강물은 언제나 마르려는지
  이별의 눈물이 해마다 푸른 강물에 더하네
  -정지상, 〈송인(送人)〉

  고려조 문인 정지상의 시다. 그는 이미 5세부터 시재(詩才)가 돋보였는데 강 위에 뜬 해오라기를 보고 '어느 누가 흰 붓을 가지고 을(乙)자를 강물에 썼는고'라고 했을 정도다. 새의 모습을 '을(乙)' 자라는 이미지로 떠올린 것이다. 그리하여 그는 마침내 고려조를 대표하는 '12시인'의 반열에 올랐다.

  사랑하는 임이 풀빛이 짙어가는 봄날 남포를 떠나 대동강을 건넌다. 임을 떠나보내고 홀로 남아 이별의 노래를 부른다. 대동강물이 말라야 임을 만날 수 있는데 슬픔으로 흘리는 눈물로 강은 더 깊어 갈 뿐이다. 슬픔의 눈물이 이별의 깊이를 더 하니 눈물조차 흘릴 수 없다. 그렇게 이별의 아픔을 절절하게 노래하고 있다. 강물에 떨어지는 슬픔의 눈물 한 방울이 사랑의 진실과 깊이를 말해 준다.

청산리 벽계수야 쉬이 감을 자랑마라
일도창해하면 다시 오기 어려워라
명월이 만공산 하니 쉬어간들 어떠하리
-황진이, 〈청산리 벽계수〉

이 시에서 '벽계수'는 왕족인 이은원을 지칭한다. 모든 남자들이 자기에 빠졌건만 유독 벽계수만이 도도하게 거부한다. 그래서 그를 유혹하기 위해 지은 시다. 개성 만월대에 올라 낭랑한 목소리로 이 시를 읊자 그도 감탄한 나머지 말에서 떨어져 낙상했다는 일화가 전해진다. 명월은 황진이의 예명(藝名)이니 벽계수와 짝을 이룬다. 황진이에게 술 한 잔 받아먹으려면 시 3수를 지어 올려야 한다는 이야기가 있다. 그만큼 황진이는 시재(詩才)가 깊었던 예기(藝妓)였다. 지조 높던 벽계수도 황진이의 시 한 수에 여지없이 무너지고 말았던 것이다.

이 시는 마치 '돌아오지 않는 강'의 버전(version) 같다. 벽계수(碧溪水) 푸른 물은 흘러가지만 바다에 이르면 다시 돌아 올 수가 없다. 그렇게 인생의 강도 끝나는 것이다. 그러니 공산(空山)에 달이 가득할 때, 곧 젊음이 넘칠 때 사랑과 인생을 즐기라는 메시지를 담고 있다. 흘러간 강이 돌아 올 수 없듯이 인생도 흘러가면 그것으로 끝인 것이다. 유수같은 세월, 쉬엄쉬엄 여유를 갖고 흘러갈 일이다.

연전에 중국 연길에 있는 과학기술대학에 교환교수로 간 적이 있었다. 1학기 파견교수였는데 수업 외에 틈만 나면 두만강을 찾았다. 연길에서 용정, 그리고 30분만 더 가면 조중(朝中)국경인 두만강에 닿는다. 회령, 무산, 남양이 두만강 건너 손 뻗으면 닿을 듯 놓여 있다.

두만강 너머 북한 땅을 보면서 분단의 슬픔을 맛보곤 했다. 강변에 나와 빨래하는 초췌한 아주머니들, 벌거벗고 미역감는 헐벗은 아이들을 보면서 나도 모르게 동포애가 솟아나곤 했다. 그들은 우리말을 알아듣는 동포들이다. '아주머니 안녕하세요' 소리쳐도 일언 대꾸 없이 빨래만 한다. 분명 말을 알아들었을 텐데 일부러 모른 척하는 것이다. 아이들도 마찬가지였다. 그런 모습에서 분단의 슬픔을 뼈저리게 느꼈다. 이념과 체제 때문에 동포의 핏줄마저 외면하는 것이다.

중국 도문이라는 국경도시를 가면 바로 강 건너에 북한 땅 남양이 있다. 김정구가 불러 유명해진 〈눈물 젖은 두만강〉의 소재가 된 곳이다. 산언덕에 노래비도 서 있다. 언덕에 오르면 강 건너 남양읍이 훤히 내려다보이고 사람들 사는 모습이 한눈에 들어온다. 자전거를 타고 가는 사람, 소달구지를 끌고 가는 사람, 한 줄로 서서 모내기 하는 모습도 보인다. 우리네 농촌풍경과 한 치도 다를 바 없다. 하지만 그곳은 갈 수도, 만날 수도 없는 사람들이 모여 사는 머나먼 이국땅이다. 그런 현실을 보며 두만강이 이념의 강이요, 분단의 강임을 절감했다.

　두만강 너 우리의 강아
　너의 언덕을 달리는 찻간에
　조그마한 자유도 자랑도 없이 앉았다

　잠들지 마라 우리의 강아
　오늘 밤도
　너의 가슴을 밟는 뭇 슬픔이 목마르고
　얼음길은 거칠다 길은 멀다

　두만강 너 우리의 강아
　북간도로 간다는 강원도치와 마주 앉은
　나는 울 줄을 몰라 외롭다
　-이용악, 〈두만강, 너 우리의 강아〉

Ⅰ. 사색의 숲길

이렇게 일제 강점기에 먹고 살기 위해 우리 동포들은 두만강을 건넜다. '조그마한 자유와 자랑'을 얻기 위해 거친 얼음길을 헤치며 북간도로 떠났던 것이다. 그 후예들이 바로 북간도 동포들이다. 그리고 그들은 힘든 삶을 이어왔다. 이용악의 시는 이처럼 유이민들의 고단한 삶의 행적을 고스란히 보여준다. 그렇게 두만강은 유이민의 아픔을 담은 역사와 민족분단의 생채기를 보여주며 지금도 유유히 흐르고 있다.

분단의 강, 이념의 강의 본체는 정녕 임진강일 것이다. 휴전선을 가로지르는 강, 국경 아닌 국경선이 된 강이 임진강이기 때문이다. 나는 고향이 파주여서 임진강은 내 고향의 강이다. 고향처럼 푸근한 강이지만 갈 때마다 분단의 아픔과 슬픔을 맛봐야 한다.

임진강은 휴전선을 끼고 돌아 곳곳이 군사지역이다. 출입이 허용된 곳 중에는 고랑포를 끼고 도는 임진강이 가장 아름답다. 강폭도 넓고 강심도 제법 깊다. 주변에는 신라의 마지막 왕인 경순왕의 능도 있고, 고구려 성터인 호로고루 유적도 남아 있다. 조금만 가면 바로 휴전선이 나오는 군사지역이라 긴장감이 감돌지만 겉으로 보기엔 그저 한가로운 강변마을이다. 분단의 슬픔을 아는 듯 모르는 듯 유유히 임진강은 서해로 흘러간다. 자연은 말 그대로 '스스로 존재하는' '자연(自然)'일 뿐이다.

임진강은 층암절벽을 이루어 절경을 빚어낸다. 연천의 주상절리는 층암절벽으로 유명하다. 검붉은 암반이 층층이 강벽을 이루어 마치 부안의 적벽강과 흡사하다. 임진강은 제2의 적벽강이라 할 만하다. 3.8선을 이루는 강이기 때문에 6.25 당시 접전이 심했던 곳이다. 지금도 큰물이 나면 지뢰나 불발탄들이 떠내려온다. 이런 모습에서 중국의 제갈량과 조조가 큰 싸움을 벌인 적벽강이 연상된다. 적벽대전으로 유명한 적벽강과 6.25 혈전으로 피범벅이 된 임진강이 서로 닮았다. 임진강의 붉은 적벽을 보면 6.25 때 싸우다 죽은 군인들의 붉은 피가 연상되어 마음이 아프다.

그래도 임진강은 이름답다. 현재 한국의 강 중에서 천연 그대로 보존된 강은 아마 임진강일 것이다. 어디를 돌아봐도 개발의 흔적은 없다. 아마도 휴전선의 강이라 군사지역으로 지정되거나 출입금지로 묶인 탓이다. 분단 때문에 본연의 자기 모습을 지키고 있는 것이다. 분단의 비극이 오히려 자연을 지켜주는 아이러니를 임진강이 보여준다. 그래서 임진강은 '찬란한 슬픔'의 강이다.

영호남을 가로 지르는 섬진강도 임진강과 비슷한 모습을 갖고 있다. 임진강은 남과 북을 가르지만 섬진강은 전라도와 경상도를 나눈다. 강 하나를 두고 말투도 다르고 풍속도 다르다. 강 건너 곡성은 전라도 사투리가 구수하지만 반대편 화개는 경상도 사투리가 질퍽하다. 우리의 노래 판소리도 섬진강을 경계로 동편제와 서편제로 나뉜다. 하지만 두 지역은 서로 도와가며 평화롭게 살아간다. 그 점에서 임진강과는 근본이 다르다.

섬진강은 아름다운 풍광만큼 많은 시인들이 모여 산다. 상류에는 김용택이 자리 잡았고, 중류에는 이시영, 하류에는 정공채 시인이 버티고 있다. 거기에 안도현, 곽재구, 이원규, 박남준 시인도 둥지를 틀었다. 꽃이 향기로우면 나비가 모여들 듯 섬진강이 아름다우니 시인들도 모여 든 것이다. 그중에서 단연 터줏대감은 김용택이다. 그는 그곳에서 나서 그곳을 떠나본 적이 없는 토박이 시인이다. 그의 주옥같은 섬진강 시편들은 섬진강이 빚어낸 절창들이다. 섬진강이 김용택으로 하여금 받아쓰기를 해서 나온 것이 섬진강 연작시들이다.

짜내도 짜내도 기름기 하나 없는
짧은 심지 하나 강 깊은 데 박고
날릴 불티 하나 없이 새벽같이 버티는

마을 등불 몇 등 같이
이 세상을 실어 오고 실어 가는
새벽 강물에 눈곱을 닦으며
우리 이렇게 그리운 눈동자로 살아
이 땅에 빚진 착한 목숨 하나로
우리 서 있을 일이다
-김용택, 〈섬진강 5〉

  섬진강변에 사는 사람들은 가난한 농민들이다. 강은 아름답지만 그 속에 사는 사람들은 힘겨운 삶을 이어간다. 짜내도 기름기 하나 없는 등불을 밝히고 새벽부터 눈곱을 닦으며 일해야 한다. 그래도 빚투성이다. 비록 빚투성이로 가난한 삶을 이어가지만 모두 섬진강처럼 착하고 아름다운 사람들이다. 그들에게 섬진강은 아름다운 자연의 강이 아니라 힘겨운 생활의 강이다. 그래도 눈동자만큼은 그리움의 눈빛으로 섬진강을 닮아 있다.

보이지 않네
이제 더 흐를 길 없네
먼 산들을 흘러 돌아온 섬진강의
그 긴 산고를 풀어 놓는 하동포구

섬진강의 강 어귀에 반가움처럼 맞아주는
따뜻한 겨울 햇볕 속에는
맑은 강물에 비쳐오는 그리운 이의 얼굴
눈부셔 눈물 겨워 피어 오르는데
이대로는 떠날 수 없네

허기를 메우려 들어선 포구의 간이주점
한 그릇의 재첩국도
목이 메어 뜰 수 없네
-박남준, 〈겨울 하동포구〉

'은둔의 시인'으로 불리는 박남준의 명창이다. 2003년 그는 아예 하동 악양으로 거처를 옮겨 시를 쓰고 있다. 그래서 그를 '지리산의 시인'이라고도 한다.

하동포구는 지리산에서 발원한 섬진강의 마지막 종착지다. 그래서 시인은 '긴 산고(産苦)를 풀어 놓은 하동포구'라고 했다. 포구 간이주점에 들러 허기를 채운다. 하지만 한 그릇의 재첩국도 목이 메어 뜰 수가 없다. 그리움 때문이다. 맑은 강물에 비쳐오는 그리운 이의 얼굴이 어른거린다. 강물처럼 곱고 아름다운 사람, 그를 가슴에 품은 시인은 행복하다. 올겨울 섬진강 하동포구에 들러 나도 섬진강을 닮은 그리운 이를 한번 만나보고 싶다.

길에서 길을 묻다

 요즈음 강변이나 산자락에 걷기 편한 길들이 많아서 산책하기가 참 좋다. 둘레길, 올레길, 소리길, 자락길, 자드락길, 해파랑길 등 이름도 다양한 산책길이 여기저기 놓여 있다. 각양각색의 개성을 갖고 있는 길들이지만 강변이나, 해안, 호수, 산자락을 끼고 도는 길이라는 점은 공통적이다.
 길을 걸으며 주변 산천을 돌아보며, 풀꽃 향기도 맡고, 새소리도 듣는다. 차 한 잔과 음악이 곁들여지면 더할 나위 없이 좋다. 저절로 나를 생각하고 추억을 떠올리며 명상에 잠긴다. 나도 모르게 시인이 되고 철학자가 된다. 돈 한 푼 안 들이고 얻는 소소한 행복, 그것이야말로 진정한 소확행(小確幸)일 것이다. 그래서 사람들은 오늘도 집을 나서 길을 걷는다.
 내가 걸어본 길 중에는 아무래도 지리산 대원사 계곡길이 최고인 것 같다. 대원사 계곡을 따라 물 흐르듯이 자연스럽게 만들어 놓은 길이다. 계곡을 따라가며 꾸민 길이라 계곡의 물소리와 풍광이 한눈에 들어온다. 무엇보다 사람이 없어서 좋다. 사람들이 무리를 지어 몰려다니는 둘레길은 소란해서 번거롭다. 나만 호젓하게 걸으며 명상에 젖어 보는 것이 걷기의 매력일 것이다.
 내가 그 길을 좋아하는 또 하나 이유는 추억어린 '가랑잎초등학교'가 있어서다. 학교 이름부터 정겨운 이 학교는 이미 폐교된 지 오래됐지만 지금도 가랑잎과 별빛을 받으며 그 자리를 지키고 있다. 대원사 계곡길은 가랑잎초등학교가 있어 더 아름답다.
 나도 걷기를 좋아하는 사람 중의 하나다. 어려서 시골에서 자랐기 때문에 학교고, 놀이고, 농사고 모든 게 걸어서 이루어졌다. 두 발로 걷지 않으면 기껏 우마차를 타는 정도였다. 자전거도 훨씬 후에 등장했다. 그만큼 궁벽한 시골이었다. 아스팔트도 깔리지 않은 흙길이었기에 늘 흙냄새를 맡으며 걸었다. 당시에는 서울로 가는 신작로도 흙길이어서 버스가 달리면 뽀얀 먼지가 일어나곤 했다. 그래서 여름날엔 더위도 식힐 겸 물차가 도로변을 돌며 물을 뿌렸다.

그렇게 걸으며 성장했기에 다리 힘 하나 만큼은 튼튼하다. 도회지에서 버스나 전차를 타고 크던 아이들과는 비교가 안 될 것이다. 그래서 지금도 걷는 것은 자신이 있다. 점심, 저녁 후 동네 뒷산이나 공원길 걷는 것이 일상이 되어버렸다. 다행히 집 근처에 고덕산, 일자산이 있어서 걷는 일이 습관이 됐다. 하지만 최근에 무릎을 다쳐서 잠시 멈춰 서 있다.

어렸을 때 동네에는 '왕뎅이'라는 유서 깊은 샘이 있었다. 조선 시대 어느 임금이 평양, 의주 길에 나서다 목이 말라 들른 곳이 왕뎅이였다. 그 옆으로는 시냇물이 맑게 흐른다. 그리고 둑방길이 길게 뻗어 있다. 나는 그 길 걷기를 참 좋아 했다. 봄이 되면 둑방에 온갖 풀꽃들이 피어난다. 민들레, 제비꽃, 개망초 그리고 이름도 모를 풀꽃들의 향연이 벌어진다. 그 향기를 쫓아 벌 나비도 여기저기 날아든다. 소년 시절의 나의 봄은 왕뎅이 둑방길에서 먼저 왔다.

맑게 흐르는 냇가에는 온갖 새들이 날아들었다. 물총새, 딱총새, 오리에다 수리까지 날아든다. 물고기가 많았기 때문이다. 여름에는 숲덩쿨을 이루어 풀냄새가 물씬 풍긴다. 저녁에는 반딧불이가 하늘의 별처럼 반짝거리며 날았다. 누렇게 익은 황금벌판이 펼쳐진 가을날의 둑방은 또 얼마나 아름다웠던가. 풀벌레들이 숲속에서 가을 노래를 애처롭게 부르곤 했다. 하얗게 눈 덮인 둑방길을 걸으며 눈에 찍힌 발자국을 새던 추억도 아련하다. 그렇게 어린 동심을 키우고 가꾸어 주던 길이 왕뎅이 둑방길이었다.

중학교 때는 그 길을 걸으며 노래도 부르고 시도 읽었다. 영어 단어장을 들고 단어도 외웠다. 문학소년의 감수성과 미래에 대한 꿈을 키웠던 것 같다. '봄의 교향악이 울려 퍼지는 청라 언덕 위에 백합 필 적에'라는 노래가 당시 나의 애창곡이었다. 백합 대신에 이름 모를 풀꽃이 지천으로 피어나던 길이었다.

내를 건너서 숲으로
고개를 넘어서 마을로
어제도 가고 오늘도 갈
나의 길, 새로운 길

민들레가 피고 까치가 날고
아가씨가 지나고 바람이 일고
나의 길은 언제나 새로운 길
-윤동주, 〈새로운 길〉

윤동주가 걷던 길처럼 내가 걷던 둑방길에도 민들레가 피고, 까치가 날고, 바람이 불었다. 그 길을 걸으며 꽃과 새를 사랑하는 자연의 감성을 키웠고, 불어오는 바람을 맞으며 영혼의 소리를 들었다. '바람이 분다, 살아야겠다'는 발레리의 시처럼 소박한 시심(詩心)과 영혼을 키웠던 것이다. 서정주를 키운 건 8할이 바람이었지만 나를 키운 건 8할이 길이었다. 둑방길은 '나의 길'이었고, '새로운 길'이었다.

서울로 진학해서도 걷기는 계속되었다. 비록 전차와 버스는 탔어도 걷는 시간이 훨씬 길었다. 장위동 하숙집에서 버스 정류장까지 30분, 청계천 2가에서 계동 학교까지 30분, 그렇게 왕복 하루에 2시간씩 걸어야 했다. 내가 다니던 모교는 계동 골목 끝자락에 있어서 학생들이 애를 먹었다. 늘 시간에 쫓기며 지각을 면하려고 뛰어다니곤 했다. 그렇게 서울생활도 걷기는 마찬가지였다. 흙길 대신에 삭막한 건물들이 들어선 아스팔트길이었다는 차이뿐이다.

대학에 들어가서는 마로니에 길을 걸었다. 지금은 대학로가 되어 화려한 거리가 되었지만 당시에는 세느강이 흐르는 아름다운 천변이었다. 봄이 되면 개나리가 피고, 여름에는 마로니에가 숲을 이루었다. 가을에 노란 은행잎으로 덮힌 풍경은 얼마나 아름다웠던가. 그곳에 자리 잡은 학림다방에서 문학을 이야기하고, 학문을 논하던 시절은 청춘의 봄이었다. 종로 5가에서 혜화동 로타리까지 이어진 대학로, 마로니에길을 사랑했다.

그래서 어느 추운 겨울날 눈이 소복히 쌓여 걷기도 힘든 길을 다람쥐 쳇바퀴 돌듯이 몇 번 오르내렸다. 길거리를 방황하던 박태원의 〈소설가 구보씨의 하루〉처럼 구보가 되어 무작정 눈길을 걸었다. 혜화동 쌍과부 집에서 먹은 소주 한 잔으로 추위를 이겨냈다. 그러다가 발이 아파 잠시 학림에서 휴식을 취하던 중 난로가에서 깜박 조는 바람에 신발까지 태워 먹던 아찔한 기억, 젊은 날 초상화의 한 장면이다. 그때 LP판에서 흘러나오던 음악은 '솔베이지의 노래'였다. 지금도 그 노래를 들으면 구보씨가 되어 대학로를 오르내리던 젊은 날의 보헤미안이 떠 오른다.

군에 가서도 길이 있었다. 비록 출퇴근길이었지만 걷고 싶은 해안길이었다. 진해 북쪽에 양어장 근처가 하숙집이었는데 그곳에서 사관학교까지 10여 키로가 넘는다. 자전거를 타고 가면 30분 정도가 된다. 출퇴근 버스도 있었지만 일부러 자전거를 탔다. 푸른 바다를 끼고 달리는 해안길이 너무 아름다웠기 때문이다. 진해 시내길도 깨끗한 걸로 유명하다. 외부인이 버스에 내리며 신발을 벗고 내렸다는 우스갯소리까지 들릴 정도다. 그 길을 3년 동안 자전거에 청춘을 싣고 달렸다.

그러다 봄날 벚꽃이 만개하면 걷기도 했다. 아침 일찍 나서서 10여 키로 길을 걸었던 것이다. 퇴근길에도 자전거가 없으니 걸어야 한다. 퇴근길에는 중간에 학림다방이 있어서 차 한 잔의 여유를 갖기도 했다. 하루에 20키로 왕복, 지금은 꿈도 못 꿀 일이지만 시퍼렇게 젊은 시절 그것은 결코 힘든 일은 아니었다.

대구대 시절 역시 걷기가 생활이었다. 집에서 대명동 학교까지 5키로쯤 된다. 버스로 가면 4코스 정도였다. 왕복 10키로 그 길을 열심히 걸어 다녔다. 한번은 버스를 탔다가 돈까지 날치기를 당해 버스타기가 더욱 싫었다. 지나는 길에 성당시장이 있어서 장구경하는 것도 쏠쏠한 재미가 있었다. 실상 물건 사는 일은 드물지만 장 구경을 하면 나도 몰래 삶에 대한 의욕과 생기가 돋는다. 열심히 장사를 하며 살아가는 사람들에게서 삶의 훈기와 열기가 전파되는 것이다. 그래서 기웃기웃, 여기저기 장 구경을 즐겼다. 어쩌면 그 재미로 걸어 다녔는지 모르겠다.

경산 하양으로 학교를 옮긴 다음에도 나의 길걷기는 계속되었다. 학교 근처 문천지라는 둑방길이 있었는데 그 길을 열심히 걸었다. 물론 출퇴근은 버스로 하였지만 틈나는 대로 둑방길을 걸었다. 그 길은 어린 시절에 걷던 왕뎅이길과 비슷해서 더 애정이 갔다. 물론 왕뎅이길보다 훨씬 길었다. 한 바퀴 돌면 한 나절이 걸릴 정도였.

문천지의 4계는 변함없는 자연의 순환이었다. 계절마다 다르게 펼쳐지는 풍경이 아름다웠다. 특히 봄이 되면 피어나는 물안개, 수초꽃, 물망초, 둑방 너머 파도처럼 넘실거리는 청보리밭, 그 위를 나는 노고지리, 가을하늘을 수놓던 잠자리 떼, 흰 구름, 그 모든 것이 한 폭의 풍경화고 수채화였다. 내가 그림 솜씨가 있어 그대로 화폭에 담았다면 고흐의 명화가 탄생했을 것이다.

그리고 또 하나 사랑했던 길은 투르게네프 언덕길이었다. 문천지 옆 구릉지에 무덤이 두 개 놓여 있는 언덕길이 있다. 가는 길목에 탱자나무가 있어 참새들이 둥지를 틀고 재잘거린다. 가을에는 노란 황금벌판이 된 논두렁에 코스모스가 수줍게 피어난다. 그 길을 따라 30분쯤 오르면 나만의 비밀의 화원인 '투르게네프 언덕'이 나온다. 투르게네프 언덕은 윤동주 시에서 따온 명칭이다. 그 길을 오르내리며 투르게네프가 되고, 윤동주가 되었다. 언덕에 누워 바라보던 가을날의 푸른 하늘, 그 위로 떠가는 구름은 왕자의 성이었고, 청춘의 화원이었다. 그렇게 문천지 둑방길과, 투르게네프 언덕을 오르며 청년교수 시절을 보냈다.

건대에서는 일감호가 기다리고 있었다. 서울 시내에서 일감호처럼 큰 호수를 품은 대학은 없을 것이다. 일감호는 건대의 축복이다. 면접시 진학 이유를 물으면 호수가 아름다워서라고 답하는 학생들이 많았다. 역시 국문과 학생다운 답이었다. 일감호를 한 바퀴 돌려면 20분 정도 걸린다. 그래서 부담없이 틈나는 대로 일감호를 돌았다. 그런데 나름대로 규칙이 있었다. 돌긴 도는 데 시계방향 반대로 도는 것이다. 그 이유는 내가 살아온 세월을 반추해 보며 내 인생을 돌아보자는 생각 때문이었다. 살아온 시간을 거꾸로 돌기, 그렇게 지난 세월을 일감호에 비춰 보곤 했다.

그리보면 내 인생은 길에서 시작해서 길로 끝날 것 같다. 걷기는 아직도 내 인생의 진행형이다. 오래전에 본 영화지만 영상이 뇌리에 남아 있는 영화가 있다. 〈길 걷는 사람〉이라는 일본영화다. 특별한 줄거리 없이 길 걷는 주인공의 일상만 반복해서 보여주는 다소 지루한 영화였다. 영화기법으로는 한 장면만 오래 비춰주는 롱테이크(long take)였을 것이다.

밥 먹고 잠자는 것 빼고는 영화의 주인공은 걷는 게 일이다. 마땅한 직업이 없으니 생활 형편도 곤란하지만 걷는 데 모든 것을 건 그야말로 워킹 맨(walking man)이었다. 걸으면서 생각하고, 생각하며 걷는 철학자였다. 그렇게 나이 들고 마침내 길에서 숨을 거둔다. 영화의 주인공 정도는 아니지만 나 역시 걷는 일이 인생길처럼 느껴진다.

나뿐만 아니라 많은 사람들이 길을 걷는다. 걸어야 생활이 이루어지고 일상이 꾸려진다. 조선 시대 보부상이나 행상꾼들은 두 발로 걸으며 생계를 유지했다. 걷는 것이 삶의 전부고 생활이었던 것이다. 고전이 된 명화 〈길〉 역시 삶의 길로서 길의 모습을 보여준다. 차력사 잠파노는 보조사 젤소미나와 함께 낡아 빠진 삼륜 오토바이를 끌고 전국을 누비며 생계를 꾸려간다. 길에서 돈을 벌고, 길에서 잠을 잔다. 그야말로 길로 이어지는 인생이요, 삶이었다. 길로 시작한 그들의 인생행로는 마침내 바닷가에서 종지부를 찍는다. 더 이상 갈 길이 없는 바다에서 그들의 인생이 끝나는 마지막 장면이 인상적이다.

차마고도를 걷는 행상들도 길이 삶의 터전이다. 험한 산길을 말과 노새에 기댄 채 죽음을 각오하고 걷는다. 빙하와 눈으로 뒤덮인 험준한 산과 계곡을 몇 달씩 걷는 것이다. 그들에겐 오직 살아야 한다는 의지 밖에 없다. 그들에게 차마고도는 사색의 길도, 여행길도 아니다. 오직 먹고 살기 위한 생존의 길일 뿐이다. 그래서 그 길은 더 아름답고 감동적이다.

나는 그들처럼 삶과 생계를 위해서 차마고도 같은 길을 한 번이라도 걸어 본 적이 있는가. 그렇게 생존을 위해 몸부림쳐 본 적이 있는가 생각해 보면 부끄러움이 앞선다. 차마고도 영상을 보며 왠지 모를 부끄러움이 느껴지는 이유는 그래서일 것이다. 산다는 것의 준엄함, 생존의 엄중함을 깨닫지 못하고 가볍게 산 것이 부끄럽다.

영화 〈길〉이 크게 성공하자 〈길〉을 모방한 '길영화'가 많이 등장했다. 소위 로드무비(road movie)가 그것이다. 길을 따라가며 벌어지는 사건을 다루고, 길가에 펼쳐진 이국적 풍경을 담아낸다. 서부영화 고전 〈역마차〉가 그렇고, 일거리를 찾아 떠도는 유랑민들의 삶을 다룬 〈분노의 포도〉가 그렇다. 1950년대 누벨바그 운동을 주도한 〈쌀〉, 〈철도원〉같은 영화들도 로드무비다. 서부영화는 태반이 로드무비다.

또한 길을 떠도는 방랑자들을 소재로 한 로드송(road song)도 있다. 대표적인 것이 1930년대 만주벌판을 떠돌던 유랑극단을 소재로 한 유랑가다. 조선인들이 개척한 마을을 찾아다니며 만주벌판을 헤매돌던 유랑극단의 슬픔과 한을 유행가로 불렀던 것이다. 백년설의 〈유랑극단〉, 박향림의 〈막간 아가씨〉, 김영춘의 〈청노새 극단〉 등이 대표적이다. 청노새가 끄는 마차에 몸을 싣고 만주벌판을 헤매던 유랑민들의 삶이 고스란히 노래에 담겨 있다.

조선 시대 방랑시인 김삿갓도 길 인생의 표본을 보여준다. 그는 벼슬을 집어 던지고 속세를 떠나고자 했으나 결국은 길거리를 떠돌며 시 한 수에 술 한 잔으로 살아간다. 김삿갓의 표랑은 물론 잠파노의 삶과는 차원이 다르다. 생계보다는 철학과 문학, 낭만이 담겨 있기 때문이다. 김삿갓의 방랑에서 에뜨랑제나 집시 같은 보헤미안 정서(bohemian temper)와 낭만을 읽을 수 있는 이유는 그것이 생존 자체의 일이 아니었기 때문이다. 김삿갓에게 표랑은 시대에 대한 저항이고 풍자였던 것이다. 그것이 그의 존재이유였고, 그러한 삶을 즐기고자 했던 것이다. 시대의식을 보헤미안 정서로 포장한 채 전국을 떠돌며 주유(周遊)를 즐겼던 것이다.

산티아고의 순례길을 걷는 순례자들은 종교적 신념에 의한 것이다. 그리 멀고 험한 길을 그런 신념 없이는 걷기 힘들 것이다. 티벳의 순례자들도 마찬가지다. 목적지인 성지(聖地) 라싸까지 험하고 먼 길을 오체투지(五體投地)로 버텨 내며 걷는 것이다. 가히 신의 경지, 신들린 빙신(憑神) 상태가 아니면 감히 흉내 내기 힘든 일이다.

하이델베르그에 가면 철학자의 길이 있다. 하이델베르그를 가로지르는 넥카 강 언덕에 자리잡고 있는 좁은 샛길이다. 이 길을 헤겔, 괴테, 야스퍼스, 하이데거 같은 철학자들이 걸으며 사색에 잠기고 영혼을 불태웠다. 그래서 철학자의 길이란 이름이 붙었다. 그 길을 걷다 보면 철학자가 되는 느낌을 갖는다. 13세기에 지어진 고성과 조용히 흐르는 사색의 강 넥카, 그리고 대학도시 하이델베르그가 주는 고풍스럽고 아카데믹한 아우라(분위기, aura) 때문일 것이다. 황태자도 이곳에서 학교를 다녔다. 공부하며, 술 마시며 청춘을 구가했다. 그렇게 소설 〈황태자의 첫사랑〉이 태어난 곳이기도 하다. 친구들과 술을 마시며 황태자가 외치던 'Trinken! Liebien! Studiren!'(마시자, 사랑하자, 공부하자) 하고 외치던 황태자의 목소리가 그곳에 가면 생생히 들려온다.

길에서 길을 찾는 일은 도를 닦는 수행자들의 일이기도 했다. 길은 한자로 도(道)라 표기한다. '도를 닦는다' 할 때 바로 그 도다. 도는 걷는 길이면서 마음의 길, 곧 수양과 득도의 길이기도 하다. 나를 알고 깨우치는 길, 그 길이 도로 이어지는 것이다. 불교에서 이야기하는 도반(道伴)도 함께 도를 찾아 길을 나서는 동행을 의미한다. 그래서 길을 걷는다는 것은 단지 목적지를 향해 걷는 보행이 아니라 자기를 찾는 구원의 길, 수신(修身)의 길이라는 뜻을 갖는다.

최인호의 장편 〈길 없는 길〉(1988)은 바로 이러한 득도와 개오(開悟)의 길을 제시한 작품이다. 주인공이 경허스님과의 선문답을 통하여 구도의 길을 찾아가는 먼 여정을 그린 작품이다. 문재상의 〈길에서 길을 찾다〉(2012)는 신학생의 무전 여행기를 통하여 자기를 찾아가는 과정을 그린 작품이다. 김순신의 〈길에서 길을 찾다〉(2014)는 수필도 마찬가지다. 〈길에서 길을 묻다〉는 비슷한 내용의 책도 많이 나왔다. 김영현, 문무일의 수필집이 있고, 참꽃문학회에서 펴낸 동명의 시집도 있다. 낙산사에 가면 경내에 '길에서 길을 묻다'는 표지석이 서 있어 지나는 사람들의 눈길을 끈다. 모두 길에서 자기가 걸어야 할 길을 찾고 있는 것이다.

내가 소년시절 걷는 길이 아니라 인생의 길을 처음 만난 것은 프루스트(R.Frost)의 시 〈가지 않은 길〉에서였다.

숲속에 두 갈래 길이 있었습니다
나는 두 길을 다 가지 못하는 것을
안타깝게 생각하면서
아름다운 한 길을 선택했습니다

그 길에는 풀이 더 있고
사람의 자취가 적어
더 걸어야 될 길이라고 생각했지요

훗날에 나는 어디선가
한숨을 쉬며 이야기할 것입니다

숲속에 두 갈래 길이 있었다고
나는 사람이 적게 간 길을 택했다고
그리고 그것 때문에 모든 것이
달라졌다고
-프루스트, 〈가지 않은 길〉

   프루스트는 숲속에 난 두 갈래 길 중에서 풀이 많고, 사람의 자취가 적은 길을 택했다. 아마도 사람들이 가지 않은 길, 새로운 길을 가고 싶었던 모양이다. 하지만 훗날 그 길이 자기 인생에서 최선의 길이었을까 회의가 든다. 그래서 한숨을 쉬며 이야기 한다. 그 길을 택해서 모든 것이 달라졌다고. 프루스트가 다른 길을 택했다면 어찌 됐을까. 그 길 역시 후회와 한숨은 마찬가지였을 것이다. 자기가 택한 길은 그것이 운명의 길이고, 그 길을 어떻게 가느냐가 중요할 것이다. 곧 길 자체가 문제가 아니라 어떻게 그 길을 가느냐가 자기 인생을 좌우할 것이다.
   내가 이 시를 교과서에서 처음 읽으며 과연 '내가 가야 할 길은 어디인가, 내 길은 어디에 있는가'라는 고민에 빠졌다. 살아가면서 길에서 길을 잃을 때에도 이 시구는 성경말씀처럼 떠오르곤 했다. 하지만 정답은 없다. 프루스트도 자기가 택한 길에서 한숨을 내쉬지 않았는가. 하지만 길에서 길을 잃고 가야 할 길이 보이지 않을 때도 길을 찾아야 한다. 길은 내 자신이 찾아야 하고 그것이 최선의 길이기 때문이다. '도(길)를 묻는 사람도 도를 모르고, 도에 답하는 사람도 도를 모른다'는 장자의 말처럼 (〈지북유(知北遊)〉) 최선의 도는 없는 것이다. 오직 자기가 찾아 가는 길이 최선의 길인 것이다.

사과는 사과나무에서 익고

어렸을 때 우리 동네에 과수원이 하나 있었다. 파주는 북쪽 지방이라 겨울이 길고 추워 과수원도 흔치 않았다. 지금은 지구 온난화로 사과 재배지역이 점점 북쪽으로 이동해서 휴전선 근처가 사과 농사의 적지(適地)라고들 한다. 파주가 바로 휴전선을 끼고 있는 지역이다. 하지만 지금도 파주엔 사과농원을 찾아보기 힘들다. 그러니 지금보다 더 추웠던 시절이었으니 그 과수원은 정말 귀한 과수원이었다.

마침 그 집 아들이 초등학교 같은 반 친구여서 가을이 되면 사과를 들고 와 친구들과 나눠 먹곤 했다. 이름이 찬호였던 것 같다. 사과도 귀하고 값도 비싼데 참 고마운 일이었다. 소아마비로 다리를 조금 절던 친구였는데 먼 길을 무거운 사과를 들고 오는 정성이 감동이었다. 가을만 되면 모두 찬호의 선물을 기다렸다. 찬호야말로 우리에겐 가을의 산타크로스였다. 과수원집 아들이 그렇게 부러울 수가 없었다. 집안 온천지가 사과밭이었으니까.

당시 사과는 두 종류밖에 없었다. 껍질이 두껍고 질긴 국광과 껍질이 얇고 부드러운 홍옥이다. 마치 국광은 거친 남자 같았고, 홍옥은 부드러운 여자 같았다. 그렇게 두 남녀가 사과 가족을 이끌던 때였다. 지금이야 종류가 엄청나게 늘어나 써머킹, 쓰가루, 아리수, 아오리, 홍로, 홍옥, 감홍, 부사, 루비에스 등 이름을 외우기도 힘들 정도다. 종류마다 맛과 향, 색도 달라 고객의 취미에 따라 골라 먹으면 된다. 하지만 그때는 선택의 여지가 없었다.

국광은 껍질이 질기고 두꺼워 겨우내 먹을 수 있는 사과였다. 보관이 편리한 것이다. 냉장고도 없던 시절이니 국광은 그 시절에 딱 맞는 과일이었다. 하지만 홍옥은 껍질이 얇고 빨리 시들어 보관하기가 힘들다. 그래서 한철 잠깐 나오다 이내 사라지고 만다. 하지만 맛은 국광에 비할 수가 없다. 우선 빨간 색이 입맛을 돋우고 눈을 즐겁게 한다. 그리고 씹으면 향기로운 즙이 나오고 부드럽고 새콤달콤한 살맛은 꿀맛이었다. 과일이 이렇게 맛있는 것인 줄은 홍옥을 먹으며 처음 알았다. 홍옥이야말로 눈으로 보고, 코로 즐기며, 입으로 먹는 삼위일체의 감각체였다.

홍옥은 손바닥으로 몇 번 비비면 반짝반짝 윤이 난다. 그래서 물로 씻지 않고 손으로 닦아서 먹는다. 칼을 대면 껍질이 얇아 살만 듬뿍듬뿍 떨어져 나간다. 그냥 손바닥으로 쓱쓱 비벼서 편하게 먹는 사과, 그것이 홍옥의 매력이다. 이렇게 손바닥을 비벼서 먹는 홍옥을 비유하여 '사과닦이(apple polisher)'라는 말이 나왔다. 남에게 잘 보이려 손을 비벼대는 사람을 말한다. 내가 좋아하는 사과가 하필 이렇게 비유되는 것이 안타까웠다.

홍옥은 껍질이 얇고 빛에 민감하여 껍질에 종이를 씌워서 익히면 하얀 자국을 남긴다. 그래서 사랑을 고백할 때 홍옥을 이용한다. 홍옥 껍질에 'Love'라는 문자와 '♥' 모양의 문양을 종이로 오려 붙이면 '러브애플'이 탄생한다. 그 사과로 사랑을 고백하는 것이다. 과수원집 아들은 그런 방법으로 여자들을 유혹했다. 요즘은 사랑하는 사람들끼리 오해가 생기면 서로 사과하는 '애플데이'(apple day)도 생겼다. 매달 24일이 그것인데, 둘이(2), 사과(4)하는 날이라는 뜻이다.

나는 지금도 홍옥팬이다. 누가 제일 좋아하는 과일이 무어냐고 물으면 서슴지 않고 홍옥이라 말한다. 맛있는 사과가 많지만 내게는 오로지 홍옥이다. 홍옥이 첫사랑이 된 것이다. 그런데 갈수록 홍옥은 귀한 상품이 되었다. 보관하기도 힘들고 다른 품종에 밀려 뒷전으로 밀렸다. 그래서 먹기 힘든데 다행히 과수원을 하는 동창이 나를 위해 남겨놓은 한 그루 홍옥이 마지막 구세주다.

　어렸을 때 홍옥이 나오면 친구들과 사과치기를 했다. 워낙 부드러운 과일이라 두 손으로 가운데를 누르면 반으로 쪼개지고 까만 씨앗이 나온다. 그래서 누구 사과가 씨앗이 많은가 내기를 하는 것이다. 씨앗이 많은 자가 승자다. 그러면 사과값을 진 사람이 몽땅 내는 것이다. 어른들은 한 발 더 나가 거기에 돈까지 걸었다. 딱지치기, 구슬치기, 자치기 등 치기놀이가 많았지만 사과치기가 제일 신이 났다. 지든 이기든 간에 맛있는 사과를 먹는다는 것이 즐거운 일이었다. 무엇보다 쪼개질 때 확 풍겨오는 향이 감미로웠고, 입안에서 녹는 듯한 새콤달콤한 맛은 일품이다. 그렇게 사과를 먹으며 우리들의 육신과 영혼을 키워갔던 것이다.

　내가 젊었을 때는 미스코리아 선발대회가 한참 인기를 모으며 풍미하던 시대였다. 여기서 뽑히면 미스유니버스 대회에도 참가한다. 이와 같은 미인대회는 이미 오래전 희랍 시대부터 시작되었다. 미의 여신 비너스도 그렇게 탄생했다. 미인 선발대회는 신화시대부터 지금까지 오랜 역사와 전통을 자랑한다. 우리도 지방자치 시대와 함께 지방마다 특색을 살려 각종 미인대회가 열린다. 사과아가씨, 목화아가씨, 춘향아가씨, 고추의 산지 영양에서는 고추아가씨도 뽑는다.

　그러한 미인 선발대회의 원조는 아마도 대구에서 시작한 능금아가씨였을 것이다. 대구는 능금 곧 사과의 주산지였다. 이제는 대도시로 변하고 기후도 안 맞아 재배지조차 흔적도 없이 사라졌지만 1960년대까지만 해도 대구는 사과의 주산지였다. 대구하면 사과요, 사과하면 대구였다. 그래서 대구의 능금아가씨 선발대회는 많은 사랑을 받았다. 홍옥처럼 곱고 향기로운 능금아가씨는 많은 남자들의 마음을 설레게 했다. 이제는 고산지대인 거창, 청송, 영주, 충주로 주산지가 바뀌었다. 사과의 고향 대구와 능금 아가씨는 이제 추억으로 남아 있을 뿐이다.

　미인선발 대회는 여성의 상업화라는 이유로 많이 없어졌다. 이화여대에서 자랑하던 '5월의 여왕'(May Queen)도 그런 이유로 사라졌다. 미스코리아나 여러 미인대회가 지나치게 상업적으로 흐른 것은 사실이다. 하지만 능금아가씨 정도는 살려 두었으면 좋겠다. 소박한 지방의 미인 선발대회는 지방색을 살리고, 아름다운 인성을 키우는데 도움이 될 수 있기 때문이다. 수수한 능금아가씨는 화려한 수영복을 입고 무대에 오르는 미스코리아와는 근본이 다른 것이다.

그는 그리움에 산다
그리움은 익어서
스스로 견디기 어려운
빛깔이 되고 향기가 된다

그리움은 마침내
스스로의 무게로
떨어져 온다
-김춘수, 〈능금〉

김춘수에게 능금아가씨는 그리움의 화신(化身)이다. 능금은 사무치는 그리움으로 아름다운 빛깔과 향기를 품고 자란다. 그리고 마침내 그리움의 무게를 이기지 못해 사랑하는 사람의 가슴에 떨어지고 만다. 그런 순수한 영혼을 품은 능금아가씨는 얼마나 아름다운가. 능금은 그리움으로 계절의 고통을 감내하며 자란다. 봄날 소쩍새 울음과, 여름 폭풍우와 가을 서리를 이겨내며 붉은 향기로 몸을 감싼다. 마침내 세상에서 가장 아름다운 진주요, 보석이 된다. 그 진주알이 떨어지는 가을날은 그래서 아름다운 계절이다. 어디를 가나 사과향기 가득한 과원은 진정 도연명이 꿈꾸던 이상향이요, 파라다이스다.

9월 지구의 북반구에 머물러 있는 동안
사과는 사과나무 가지 위에서 익고
대추는 대추나무 가지 위에서 익고
너는 내 가슴 속에 들어 와 익는다.
-나태주, 〈9월에〉

  나태주 시처럼 사과가 사과나무 가지에서 익듯이 사랑하는 사람은 내 가슴속에 들어 와 익는다. 능금아가씨는 내 가슴속에 들어 와 나의 연인이 된다. 장석주 시인은 〈대추 한 알〉에서 대추 한 알에는 태풍 몇 개, 천둥 몇 개, 벼락 몇 개, 그리고 무서리, 땡볕, 초승달이 들어가 비로소 익는다고 노래했다. 자그마한 대추지만 대추가 익기 위해선 많은 시련과 인내가 필요한 것이다. 장석주의 대추처럼 나태주의 사과도 그렇게 익었을 것이다. 사람의 사랑도 대추와 사과처럼 많은 인내와 고통, 시련을 겪어야 향기로운 열매를 맺는 것이리라.

  독일의 낭만파 시인 하이네는 '대지여, 나에게 알맞은 수분과 영양을 주소서. 그러면 햇볕을 받아 탐스런 열매를 맺어 그대 품안에 돌려보내리' 라고 노래했다. 사과는 땅의 수분과 양분, 태양의 빛을 받아 자신을 키운 후 익은 열매는 다시 땅에 돌려보낸다. 그야말로 받은 만큼 돌려주는 것이다. 그것이 자연의 섭리요, 진리다. 그런 진실을 배우고 알게 하는 것이 사과 한 알이다. 사과 한 알에는 이렇게 우주의 진리와 섭리가 들어 있다. 그래서 스피노자는 '내일 종말이 온다 해도 나는 오늘 한 그루 사과나무를 심겠다'고 했다. 사과나무는 우주의 표상이요, 인류의 희망이기 때문이다.

  사과의 도시 충주에 가면 사과길이 있다. 가로수가 몽땅 사과나무로 된 길이다. 그래서 가을이 되면 길가에 주렁주렁 사과가 매달린 멋진 풍경을 볼 수 있다. 삭막한 도심에 향기를 내 뿜으며 서 있는 사과나무, 거기에 매달린 가을의 보석들, 보는 것만으로도 황홀하다. 그런데 혹간 사과를 따가는 사람들이 있어 요즈음엔 파수꾼이 지키고 있다.

나도 어렸을 때 친구네 과수원에 사과 서리를 한 적도 있고, 어른이 되어서도 손에 잡힐 듯한 사과 유혹에 못 이겨 한두 번 주인 몰래 따본 적도 있다. 친구네집 사과 서리는 찬호에게 미안한 일이지만 그저 아이들 놀이 삼아 해본 일이었다. 어렸을 때 서리는 일상이 된 놀이 중 하나였다. 하지만 충주의 사과는 다르다. 모든 사람이 보고 즐기는 위안과 치유의 사과이기 때문이다. 먹는 사과는 시장에 가면 얼마든지 있지 않은가.

사과는 단순한 과일이 아니라 이 세계를 움직이는 거대한 힘을 갖고 있다. 세계를 움직인 4개의 사과가 그것이다.

첫 번째 사과는 '아담의 사과(Adam's apple)'다. 아담과 이브가 낙원에 살다가 이브의 유혹으로 금단의 열매인 사과를 따 먹는다. 그 죄로 신의 노여움을 사 에덴동산에서 쫓겨났다. 그 원죄의 후예가 우리 인간들이다. 아담이 사과를 따 먹는 순간 아차 금단의 열매가 아닌가 놀라는 바람에 목에 걸리고 말았다. 그래서 아담의 후예인 남자들은 목에 걸린 사과의 흔적이 남아 있다. 남자는 여자와 달리 목젖에 혹처럼 툭 튀어 나온 부분이 있다. 이를 의학에서 남녀를 구분하는 '아담의 사과'라고 부른다. 이렇게 해서 사과는 우리 인류를 지배해온 종교를 상징하는 표상이 되었다. 기독교적 헤브라이즘(hebraism)을 넘어 포괄적인 종교의 상징으로 간주되는 것이다.

두 번째 사과는 희랍 신화에 등장하는 '비너스의 사과(Venus's apple)'다. 최고의 미인을 가리는 대회가 열리자 비너스는 양치기 목동을 유혹한다. 여신들이 모두 아름다워 우열을 가릴 수 없기에 심사위원들이 아예 양치기 목동에게 최종 심사를 맡겼던 것이다. 나를 뽑아 주면 황금으로 된 사과를 주겠다고 유혹하여 목동은 비너스를 최고의 미인으로 지목한다. 이것이 비너스의 사과다. 그래서 비너스의 사과는 찬란했던 헬레

니즘 문화 곧 세계의 문화를 상징한다.

　세 번째 사과는 만유인력을 발견한 '뉴턴의 사과(Newton's apple)'다. 뉴턴은 사과밭을 거닐다 사과가 떨어지는 모습을 보며 만유인력을 발견했다. 달과 지구 사이에는 중력이 작용하여 끌고 당기는 힘에 의해 사과가 떨어진 걸 알았다. 그리하여 뉴턴의 사과는 인류발전을 이룩한 과학의 세계를 상징하는 표상이 된다.

　마지막으로 독일의 작가 쉴러의 작품 〈빌헬름 텔〉에 나오는 '빌헬름 텔의 사과'(Wilhelm Tell's apple)다. 이 작품은 스위스의 구국 영웅 빌헬름 텔이 오스트리아에 정의롭게 맞선 용기를 배경으로 하고 있다. 오스트리아의 속국이던 스위스에서 통치자 게슬러가 모자를 걸어 놓고 지나가는 사람들에게 인사하길 강요한다. 빌헬름 텔이 이를 거부하자 벌로 자기 아들 머리 위에 사과를 올려 놓고 활을 쏘게 한다. 다행히 적중하여 아들의 목숨을 건졌다. 이러한 스위스 전설을 듣고 쉴러가 희곡으로 만들어 1804년 무대에 올렸다. 결국 빌헬름 텔의 사과는 스위스와 오스트리아의 정치 분쟁이 배경이었고, 그래서 정치를 상징하는 사과가 되었다.

　이처럼 사과는 종교, 문화, 과학, 정치를 상징하는 표상으로 간주된다. 이 네 가지는 인류의 역사를 지배해온 강력한 힘이었다. 종교, 문화, 과학, 정치의 부침(浮沈)이 곧 인류의 역사가 아니던가. 그 동기가 된 것이 바로 사과였던 것이다. 그래서 '세계를 움직인 4개의 사과'라 부르는 것이다. 사과는 결코 먹고 즐기는 단순한 과일이 아닌 것이다.

　학교 친구 하나는 지금 소백산맥이 흐르는 영주 부석사 주변에서 사과 농사를 짓고 있다. 과원 이름은 '백두농원'이다. 젊었을 때 포철, 한전 등 일류기업을 다니다가 퇴임 후 남은 여생을 사과를 키우며 살고 있다. 물론 부모님들의 가업을 이어받긴 했으나 나름대로의 소신이 있어 시작한 일이다. 그 소신은 바로 세속을 떠나 은일(隱逸)의 삶을 사는 일이다. 흔히 이야기하는 귀농, 귀향도 아니고 순수히 탈속하여 자연과 더불어 살고자 함이다. 그래서 사과농사도 돈을 벌기 위한 것이 아니고 자연과 함께 유유자적하며 소일거리로 시작한 것이다. 그야말로 진외처사(塵外處士)로서 홍진(紅塵)을 떠나 안빈낙도(安貧樂道), 소욕지족(少欲知足)을 실천하고 있다.

'청산은 날 보고 말 없이 살라 하고, 창공은 날 보고 티 없이 살라 하네'라는 나옹선사의 시를 실천에 옮긴 것이다. 당나라 시선(詩仙) 이백은 〈산중문답〉에서 '무슨 생각으로 푸른 산에 사냐구요, 글쎄요 웃을 수밖에'(問余何意棲碧山 笑而不答心自閑) 라고 노래했다. 그저 아무 생각없이 산속에 사는 것이다. 별유천지비인간(別有天地非人間) 속에서 물에 떠가는 복사꽃처럼 그냥 흘러가는 것(桃花流水杳然去)이다.

이백의 〈산중문답〉을 우리 현대시로 옮긴 것이 김상용의 〈남으로 창을 내겠소〉다.

남으로
창을 내겠소

밭이 한참갈이
괭이로 파고
호미론 김을 매지요

구름이 꼬인다 갈리 있소

새 노래는 공으로 들으랴오

강냉이가 익걸랑

함께 와 자셔도 좋소

왜 사냐건
웃지요
-김상용, 〈남으로 창을 내겠소〉

  그야말로 김상용은 죽림처사가 된 자연인의 삶을 노래하고 있다. 남으로 낸 창문으로 구름이 흘러가고, 숲에서 새소리가 들려온다. 그렇게 자연 속에 파묻혀 사는 강호지락(江湖之樂)을 찬미하고 있다. 괭이와 호미로 농사를 지어 강냉이로 연명한들 행복하기만 하다. 그야말로 나옹선사, 이백의 시편들이 시인의 삶 속으로 들어온 느낌을 준다.
  백두농원의 주인공인 소백처사도 시처럼 사과가 익으면 친구들을 불러 도락(道樂)을 즐긴다. 계몽주의 사상가 루쏘도 〈참회록〉에서 '자연으로 돌아가라, 문명과 역사가 인간을 불행으로 만들었다'고 말했다. 인간성 상실을 초래한 문명세계를 떠나 자연으로 돌아가 진정한 나를 찾으라는 메시지다.
  백두농원의 친구는 죽림칠현(竹林七賢)이 아니라 한국의 죽림일현(竹林一賢)이다. 그래서 우리들은 그를 소백처사, 죽림산인으로 부른다. 마지막 여생을 속세의 짐을 훌훌 털어놓고 자연인으로 사는 그가 부럽다.
  가을에는 사과뿐 아니라 감도 많은 생각을 하게 한다. 충북 영동에 가면 마찬가지로 감나무 거리가 있다. 영동 읍내 길 가로수가 전부 감나무로 되어있다. 대구 살 때 우연히 들른 영동 가로수 길은 정말 황홀했다. 늦가을 날 파란 하늘을 배경으로 매달린 빨간 감들은 마치 자연의 보석 같았다. 길거리엔 감잎이 떨어져 휘날리며 가을의 우수감을 자극했다. 감잎은 유난히 크고 넓다. 그래서 바람에 뒹구는 모습은 처연한 슬픔을 자아낸다. 그때 만난 영동의 감나무길 풍경은 내 마음 속 한 장의 수채화로 남아 있다.

　이 맑은 햇살 속에선
　누구도 어쩔 수 없다
　그냥 나이 먹고 철이 들 수 밖에는

　젊은 날 떫고 비리던 내 피도
　저 붉은 단감으로 익을 수 밖에는
　-허영자, 〈감〉

　감은 떫고 비린 풋감 시절을 지나 맑은 햇살이 쏟아지는 가을엔 붉은 단감으로 익어간다. 그렇듯이 우리의 영혼도 철없이 방황하던 젊은 시절을 지나 인생의 가을이 오면 단감으로 익어간다. 요즘 흔히 하는 우스개처럼 나이 먹어 가는 것이 아니라 익어가는 것이다. 이처럼 감 한 알에는 우리네 인생이 고여 있다. 가을이 오면 단감처럼 익어가는 영혼, 그렇게 아름다운 영혼을 가꿔 가리라 다짐해 보곤 한다.

　이 가을 나에게는
　감나무 한 그루 있어
　외롭지 않네

　이 나무 아래서
　감꽃을 주우며
　그리움을 알았고

　여드름처럼 설 여문

푸른 감 띨어지는 소리에
첫 새벽 푸르게 눈 뜨는 법을 배웠네
-이준관, 〈감나무 한 그루〉

시인은 감꽃을 주우며 그리움을 알았고, 푸른 감 떨어지는 소리에 성숙의 고통을 깨달았다. 그리하여 마침내 '이 가을 내 혀 밑에서/ 감씨 하나 여물어' 간 것이다. 감나무의 성장과정에서 자신의 영혼의 성숙과정을 빗대고 있다. 시인에게 감나무는 성숙을 위한 통과제의의 매개물이었던 것이다. 홍시는 첫사랑의 열매고 자아성숙의 결실이다. 그렇게 이준관 시인처럼 나도 내 가슴에 감나무 한 그루 심어 놓고 싶다.

작고하신 어머니는 유난히도 홍시를 좋아 하셨다. 부드럽고 달콤해서 씹기 편하고 먹기 좋아 그러셨던 것 같다. 그래서 가을만 되면 늘 홍시타령이었다. 그렇게 좋아했던 홍시인데 살아생전 넉넉히 챙겨 드리지 못해 지금도 마음이 아프다. 직장이 대구여서 파주가 멀다는 핑계거리가 있었지만 그래도 마음만 먹으면 가능했을 것이다. 이제 와서 홍시를 사 들고 산소에 가지만 결국 내가 먹고 내려 온다. 효도는 살아생전 하는 것이라는 평범한 진리를 늦게야 깨달았다. 부모는 결코 기다려 주지 않는 법이다.

그래서 대중가수 나훈아가 부른 〈홍시〉라는 노래를 들으면 어머니 생각이 절로 난다. "홍시가 열리면 생각이 난다, 눈이 오면 눈 맞을세라, 비가 오면 비 젖을세라, 눈에 넣어도 아프지 않겠다던 울 엄마가 생각이 난다"는 노래 가사가 구구절절 내 마음을 아프게 한다. 〈홍시〉는 나뿐만 아니라 부모를 여읜 사람들에게 모두 사랑받는 노래다. 그리 보면 나 같은 불효자들이 세상에 많나 보다. 정녕 감 한 알의 효도는 살아생전뿐인 것이다.

반중 조홍감이 고와도 보이나다
유자 아니라도 품음직 하다마는
품어 가 반길 이 없을세 그를 설워 하노라
-박인로, 〈반중 조홍감〉

　박인로 역시 어버이를 잃은 심사를 조홍감으로 표출하고 있다. 부모님들이 그렇게 즐기던 홍시를 살아생전 대접 못하고 돌아가신 후에 후회하고 있다. 그릇에 담긴 홍시를 하나 가슴에 품고 가고 싶지만 부모님들은 이미 작고해서 먹을 수 없는 것이다. 어쩌면 내가 산소에 홍시를 들고 올라가 먹고 내려오는 허탈한 느낌 그대로다.

까만 잉크병의 밤

요즘은 손으로 편지 쓰는 사람은 거의 없다. 나부터 이메일이나 카톡, 문자 보내기를 이용한다. 무엇보다 간편하고 빠르기 때문이다. 손편지를 보내려면 종이에 글씨를 쓰고, 봉투에 넣고, 풀을 바르고, 우표를 붙이고, 우체국에 가서 부쳐야 일이 끝난다. 자그마치 5단계가 필요하다. 더구나 요즈음은 우체통도 많이 없어져서 우체국에 가야만 한다. 그렇게 번거롭고 복잡한 손편지를 누가 보내겠는가. 그저 어디서나 핸드폰 하나 갖고 있으면 간단히 끝난다.

이젠 모바일 편지에 익숙해져서 손편지는 아득한 원시시대 유물처럼 느껴진다. 실로 손편지 써 본 기억도 가물가물하다. 심지어 요즘은 청첩장조차 모바일로 바뀌었다. 몇몇 친지 어른들께 예의상 몇 장 보내고 나머지는 거의 모바일 청첩장으로 대신한다. 처음에 모바일 청첩장을 받았을 때 낯선 당혹감도 잊은 지 오래다. 그렇게 시대는 바뀌었다. 그야말로 아날로그 시대는 가고 디지털 시대가 도래한 것이다.

그런데 디지털 시대가 우리에게 과연 행복을 안겨 주었을까. 빠르고 간편한 만큼 효율성은 올라갔다. 하지만 효율성이 기쁨과 행복을 보장하는 것일까. 손편지를 보자. 편지 한 장 쓰려면 시간과 공이 많이 들어간다. 조선 시대에는 먹을 갈아 붓으로 썼고, 개화기 이후에는 연필이나 잉크에 펜을 찍어 편지를 썼다. 그리고 간편한 볼펜이 등장하여 수고를 덜었다. 하지만 봉투에 넣어 인편으로 보내거나 우체국을 이용하는 번거로움은 피할 길 없다.

그러나 그런 복잡한 과정을 거치면서 편지는 숙성된다. 마치 된장이 발효되듯이 편지도 발효되는 것이다. 편지 쓴 사람은 써 논 내용이 잘 된 것인지, 상대방에게 잘 도착했는지, 편지를 받고 상대방이 기분이 어떤지 상상하며 마음 설레고 노심초사한다. 그리고 편지를 받은 사람은 읽고 또 읽으면서 보낸 사람의 마음을 헤아리고 행간(行間) 의미까지 꼼꼼히 살펴본다. 그리고 답장을 쓴다.

이러한 복잡한 과정이 바로 편지가 숙성되고 발효되는 시간이다. 하지만 디지털 편지는 이런 숙성과정이 없다. 그대로 전광석화(電光石火)처럼 오고 가는 것이다. 그러다 보면 감정의 절제도, 표현의 정리도 생략되고 만다. 그래서 오해를 일으키고 갈등을 초래한다. 음식처럼 글도 반드시 숙성과정이 필요하다. 오래 묵힌 된장 맛이 좋고 영양가도 많은 이유가 시간을 두고 충분히 발효됐기 때문이다. 빠르고 손쉽게 먹는 패스트푸드(fast food)보다 시간을 두고 숙성되는 슬로우 푸드(slow food)가 좋은 것이다. 햄버거와 청국장을 비교해 보라.

우리는 디지털인(人)답게 그저 크고, 빠르고, 높은 것을 추구한다. 어째든 남들보다 커야하고, 빨라야 하고, 높아야 한다. 그것이 경쟁에서 이기는 길이다. 그것이 출세요, 인생의 목표다. 출근길 지하철에서 앞다투어 달리는 사람들 모습에서 실감이 난다. 양보와 겸양의 미덕은 사라진 지 오래다. 그래서 요즘 작고, 느리고, 낮은 것을 추구하자는 문화운동이 시작되었다. 시노래 모임인 '나팔꽃' 동인이 그것이다. 아름다운 시에 곡을 붙여 노래 부르는 나팔꽃 동인은 '작고, 느리고, 낮은' 삶을 지향한다. 그래서 소박하게 피는 나팔꽃을 본 따 '나팔꽃 동인'이라고 했다. 안도현, 김용택, 안치환이 그들이다.

이제는 슬로우 푸드에 대한 관심도 높아져 청국장, 된장, 고추장, 김치, 장아찌가 건강식품으로 사랑을 받는다. 남쪽 바다 청산도는 슬로우 시티(slow city)로 지정되어 걷거나 자전거만 허용된다. 자가용 시대지만 둘레길, 자드락길 같은 산보길을 사랑하는 사람들이 많아진 것도 그런 삶을 추구하려는 움직임이다. 그야말로 작은 것에서 행복을 얻는 소확행(小確幸)의 시대가 된 것이다.

'크고, 빠르고, 높은' 것보다 '작고, 느리고, 낮은' 것이 더 소중한 기쁨과 행복을 가져온다. 그런 점에서 아날로그인이 디지털인보다 역설적으로 더 행복했다. 그래서 나는 아날로그의 기쁨을 체험해 보라고 디지털 시대의 주인공인 젊은 학생들에게 손편지 쓰기를 숙제로 내곤했다. 수고를 덜기 위해 편지지와 봉투, 그리고 우표는 내가 제공했다. 가까운 친구, 부모님들, 아니면 스스로를 수신자로 하여 써 보내는 편지였다.

부모님들과 늘 함께 하지만 충분한 대화가 없는 게 요즘 가정이다. 편지를 써서 평소에 못한 이야기들을 나눠 보는 것이다. 우편으로 받은 아들의 손편지를 읽으면 부모님들의 감회와 느낌이 다를 것이다. 같은 내용이라도 말로 전해지는 것과 글로 전달되는 것은 많은 차이가 있다. 말은 금방 사라지지만 글은 오래 남아 여운과 향기를 남긴다. 처음에 낯선 손편지를 쓰라는 말에 학생들이 당황했지만 막상 쓰고 나서는 보람을 느꼈다고 말했다. '아, 이래서 손편지가 필요한 것이네요' 라고 공감했다.

손편지는 그 사람의 정성과 마음이 소복히 담긴다. 글자 모양을 보아도 글 쓴 사람의 심정과 마음의 무늬를 헤아릴 수 있다. 뷔퐁이란 비평가가 '문체는 곧 사람이다'라고 하지 않았던가. 글 속에는 그 사람의 향기와 영혼이 드러난다. 한 글자 한 글자 정성스레 쓴 편지는 내용을 떠나 감동을 준다. 하지만 디지털 편지에선 그런 모습을 찾을 수 없다. 똑같은 인쇄체 문자에 마음과 영혼을 실을 수 없는 것이다. 오직 메마른 메시지와 사실만 전할 뿐이다. 글자 모양이 똑같으니 사람의 숨은 감정이나 느낌을 찾아 볼 수 없다. 그저 현실적이고, 사실적인 메시지만 공허하게 울린다. 그래서 디지털 편지는 삭막하다.

그래서 손편지가 필요하다. 특히 마음을 전하고, 사랑을 고백하고, 힘든 사람을 위로하기 위해서는 반드시 손편지를 써야 한다. 번거롭고 귀

찮더라도 심리적 효과는 크다. 하얀 편지 봉투를 뜯을 때의 설레임도 손편지가 주는 또 하나의 매력이다. 그래서 일부러 편지를 바로 뜯지 않고 늦게 열어 기쁨을 숙성시키도 한다. 다 지나간 이야기지만 아날로그 시대를 산 사람들은 모두 그렇게 살았다.

  사랑하는 것은
  사랑을 받느니 보다 행복 하나니라

  오늘도 나는
  에메랄드 빛 하늘이 환히 내다 뵈는
  우체국 창문에 와서
  너에게 편지를 쓴다

  행길을 향한 문으로 숱한 사람들이
  제각기 한 가지씩 생각에 족한 얼굴로 와선
  총총히 우표를 사고 전보지를 받고
  먼 고향으로 또는 그리운 사람께로
  슬프고 즐겁고 다정한 사연들을 보내나니

  오늘도 나는 너에게 편지를 쓰나니
  그리운 이여, 그러면 안녕
  -유치환, 〈행복〉

시인은 사랑은 받는 것보다 주는 것이 행복한 것이라고 노래한다. 그래서 그는 우체국에 와서 편지를 쓴다. 그의 편지는 사랑을 받기 위한 편지가 아니라 주기 위한 편지다. 편지를 쓰면서 그는 행복을 느낀다. 받는 사람의 마음이 어떻든 사랑하는 내 마음을 담아 보내기 때문이다. 설령 그 편지를 못 받았다 한들 그것은 문제가 될 수 없다. 편지를 써서 보내는 순간 그의 사랑과 행복은 그것으로 충족된다. 다음 행복은 기대하지 않는다. 사랑은 받는 것이 아니라 주는 것이기 때문이다.

실로 청마는 사랑하는 사람에게 천 통의 편지를 쓴 것으로 알려져 있다. 대상은 여류 시조시인 이영도였다. 통영에서 같이 교편생활 하면서 알게 된 그녀에게 사랑에 빠졌다. 하지만 이미 결혼한 몸이라 결코 쉬운 일은 아니었다. 그래서 그 마음을 편지로 담아 보낸 것이다. 말이 그렇지 천 통의 편지를 쓰기란 보통 일이 아니다. 진심으로 사랑하는 마음이 아니라면 상상하기조차 힘든 일이다. 그것도 내밀히 보낸 편지여서 유치환이 작고해서야 그 사실이 알려졌다. 이영도가 혼자 비밀로 간직한 것이다. 청마가 작고하자 주변에서 편지를 받은 주인공이 바로 자기라는 거짓 주장이 잇따르자 이영도가 공개해서 알려진 사실이다.

신분적 한계로 플라토닉 러브(platonic love)로 끝났지만 두 사람은 행복한 사람들이었다. 편지를 받은 이영도보다 편지를 보낸 유치환이 더 행복했을 것이다. 그의 말대로 사랑은 받는 것이 아니라 주는 것이기 때문이다. 이러한 아름다운 로망스가 꽃 핀 것도 손편지 덕분이었다. 아마도 청마는 사랑하는 마음을 시 대신에 편지로 썼을 것이다. 시 〈가을편지〉처럼 '가을엔 편지를 하겠어요, 누구라도 그대가 되어 받아 주세요', 그런 심정으로 편지를 보냈을 것이다. 수신인은 이영도였지만 어쩌면 청마 자신의 고백서인지도 모른다. 사랑하는 사람이 아니라 사랑이란 것에 대한 고백 말이다.

청마의 고향 통영에 가면 청마우체국이 있다. '통영우체국'을 개명하여 '청마우체국'으로 바꾼 것이다. 그 건물 3층에 청마기념관이 있고, 매년 10월 '청마 추념 편지쓰기 대회'도 열린다. 아마 사람 이름을 따서 지은 우체국은 국내에서 유일할 것이다. 미국에는 L.A 한인 타운에 독립지

사 안창호를 기념하는 '도산 안창호우체국'이 있다고 한다. 그만큼 청마를 사랑하고 청마의 편지를 사랑하는 마음을 담은 것이다. 그 보다도 손편지의 매력과 중요성을 널리 알리고자 한 일인지도 모른다.

손편지를 써 본 사람만이 편지의 낭만과 매력, 숨은 힘을 안다. 디지털 시대일수록 손편지쓰기는 살아 있어야 한다. 길거리에 흔히 보던 우체통이 하루에 수십 개씩 사라진다고 한다. 그만큼 손편지가 줄어들었다는 이야기다. 길거리에 먼지를 뒤집어쓰고 서 있는 빨간 우체통을 보면 안쓰러운 마음에 한번 안아주고 싶은 충동을 느낀다. 아날로그 세대의 마지막 연민일 것이다.

바다가 보이는 언덕 위에
우체국이 있다

부치지 못한 편지를
가슴 속 주머니에 넣어 두는 날도 있을 것이며
오지 않는 편지를 혼자 기다리는 날이 많아질 뿐
사랑은 열망의 반대 쪽에 있는 그림자 같은 것
그런 생각을 하다 보면
삶이 까닭도 없이 서러워진다

우체국에서 편지 한 장 써보지 않고
인생을 안다고 말하는 사람들을 또 길에서 만난다면
나는 편지 봉투의 귀퉁이처럼 슬퍼질 것이다

나는 바닷가 우체국에서
만년필로 잉크 냄새 나는 긴 편지를 쓰고 싶어진다

내가 나에게 보내는 긴 편지를 쓰는 소년이 되고 싶어진다

나도 바닷가 우체국처럼
천천히 늙어 갔으면 좋겠다고 생각한다
-안도현, 〈바닷가 우체국〉

안도현 시인도 바닷가 우체국에서 만년필을 꾹꾹 눌러 편지를 썼다. 그런데 편지의 수신자는 바로 자신이다. 내가 나에게 보내는 편지다. 사랑을 하기 위해 살아 온 자신, 별이 쏟아지는 바닷가 여관방에서 불면의 밤을 보내던 젊은 날, 고뇌와 슬픔을 맑고 차가운 술 한 잔으로 달래던 날들을 기억하고 위로하면서 자신에게 보내는 편지다. 그의 편지는 자신의 삶을 돌아보는 거울이요, 자기 고백서다. 편지를 통해 자신의 삶을 반추하고 성찰하는 것이다.

안도현 시인이 바닷가 우체국에서 잉크를 찍어 편지를 썼듯이 프랑스 상징파 시인 말라르메도 캄캄한 밤을 지키며 시와 편지를 썼다. 그래서 그는 그렇게 보낸 밤을 '까만 잉크병의 밤'이라고 말했다. 잉크병에 펜을 찍어 한줄한줄 써 내려가는 편지, 거기엔 영혼과 정신이 담긴다. 혼을 다해 쓰는 편지요, 시다. 그래서 '손편지'가 아니라 '혼(魂)편지'가 된다. 말라르메는 잉크병처럼 까만 밤을 홀로 지키며 시혼(詩魂)을 불태웠다.

닥터 지바고와 베르테르가 쓴 편지도 까만 잉크병의 밤을 지새운 편지였다. 지바고는 눈이 쌓인 집안에서 입김을 불어가며 잉크병의 밤을 보낸다. 두터운 옷을 입고 희미한 촛불을 밝힌 채 펜을 꾹꾹 눌러 가며 쓰던 지바고의 편지는 아마도 지상에서 가장 아름다운 편지였을 것이다. 그래서 그 편지를 받은 여인도 가장 행복한 여인이다. 영화 〈닥터 지바고〉를 보면서 나의 뇌리에 인상적으로 박힌 영상이 바로 그 편지 쓰는 장면이다. 〈닥터 지바고〉 하면 그 영상이 먼저 떠 오른다.

베르테르가 잉크병의 밤을 지키며 쓴 편지도 혼편지였다. 그는 사랑하는 연인 롯데에게 사랑을 고백하는 수많은 편지를 썼다. 하지만 롯데는 이미 약혼한 몸이어서 그의 사랑을 받을 수 없었다. 그래서 마침내 최후의 고백을 한 후 권총으로 자살한다. 그런 내용을 담은 것이 괴테의 자전적 소설 〈젊은 베르테르의 슬픔〉이다. 이러한 비극적 사랑이 오히려 낭만적 열정으로 각색되어 젊은이들 사이에 열병처럼 번졌다. 사랑을 위해 죽음도 서슴지 않았던 것이다. 이를 '베르테르 효과'라고 한다. 베르테르가 입던 옷까지 입고, 편지를 쓰고, 자살까지 흉내낸 것이다. 이를 방지하기 위해 출판된 지 1년 후인 1775년 판매금지가 내려졌다. 그러한 열풍은 문학에서 '질풍노도'(Sturm und Drang)라는 낭만적 열정으로 번지게 된다.

1994년에 개봉되어 많은 사람의 사랑을 받은 영화 〈일포스티노〉(Il Postino)도 편지를 전하는 우체부 이야기다. 칠레 작가 안토니오 스카르메타의 원작 〈네루다의 우편 배달부〉를 각색해서 만든 영화다. 바다, 바람, 태양 아래에서 가난한 어부들이 살아가는 이태리 작은 섬 칼라디소토가 배경이다. 바닷가의 아름다운 배경 자체가 한 편의 시다.

물조차 나오지 않는 척박한 섬에 정치적 이유로 칠레에서 쫓겨난 시인이자, 정치가인 파블로 네루다가 찾아든다. 그리고 바닷가 훤히 내다 뵈는 해안에 둥지를 튼다. 오직 그에게만 오는 편지를 전해 주는 우편 배달부 마리오와 시인 네루다의 우정과 사랑이 펼쳐진다. 마리오는 여성팬들이 보내는 편지가 부러워 자기도 시인이 되려고 한다. 그래서 파블로의 지도를 받으며 시쓰기를 시작한다.

전기도 안 들어오는 섬이기에 등불을 켠 채 까만 잉크병의 밤을 지키며 시를 쓴다. 시를 쓰려면 '은유'를 알아야 한다는 네루다의 말에 은유가 무엇인지 물어 본다. '비가 온다'를 '하늘이 운다'라고 표현하는 것이 은유라는 말에 고개를 끄덕이는 마리오, 그렇게 그는 조금씩 시인으로 성장한다. 그를 시인으로 키워준 것도 바로 '까만 잉크병의 밤'이었다.

1930년대 농민작가 김유정도 까만 잉크병의 밤을 지킨 사람이었다. 길에서 우연히 만난 여인에게 사랑을 호소하는 수백 통의 편지를 썼다. 편지 한 통 쓸 때마다 몸무게가 몇 백 그람씩 빠졌다 하니 그야말로 혼을 다해 쓴 편지였다. 그렇지 않아도 폐결핵으로 수척해 갔는데 혼편지로 수명을 단축한 셈이다. 그러니 그의 편지는 목숨을 건 죽음의 편지기도 했다. 끝내 그는 폐결핵으로 29살의 나이로 세상을 뜨고 말았다.

그러나 그렇게 목숨을 건 편지도 여인의 마음을 돌리기엔 역부족이었다. 그 여인은 당대 명창 박록주였다. 비록 여인의 마음을 돌리지는 못했지만 스스로 만족한 자기편지였는지 모른다. 그래서 김유정은 행복한 사람이다. 사랑을 받은 사람이 아니라 준 사람이기 때문이다.

베르테르와 김유정은 이렇게 혼편지를 써도 사랑에 실패했지만 성공한 경우도 있다. 대학시절 친구 하나가 연모하는 여학생이 있었다. 편지쓰기는 물론 선물공세 등 온갖 방법을 다 동원해도 그녀의 마음을 잡을 수가 없었다. 하지만 최후의 카드가 있었다. 그것은 바로 낙엽편지였다. 낙엽을 주워 모아 낙엽 한 잎에 글자 하나씩 써서 보냈던 것이다. 하도 열심히 낙엽을 주워 모으는 바람에 마로니에 공원이 썰렁해지기도 하였다. 좀 과장된 표현이지만 그렇게 친구는 가을 내내 낙엽편지 쓰기에 열을 올렸다. 그리고 마침내 그녀의 마음을 여는데 성공했다.

나도 젊은 날 그 친구 흉내를 내어 담배껍질에 편지를 써 본 적이 있다. 담배껍질을 벗기면 엽서만한 은박지가 나온다. 이중섭은 그 은박지에 그림을 그려 멋진 작품을 만들어냈다. 소재가 특이해서 미국 미술관에 보관될 정도였다. 그렇게 나도 담배 은박지에 편지를 쓴 것이다. 은박지 편지인 셈이다. 까만 잉크병의 밤을 홀로 창가에 앉아 쓴 은박지 편지, 글솜씨는 형편없었지만 그래도 특이한 것인지 반응이 좋았다. 그렇게 딱 한번 성공한 적이 있다.

군대 훈련병 시절 어느 산골 학교 초등생이 보낸 편지도 잊을 수가 없다. 그 무렵엔 학생들에게 국군장병 아저씨에게 위문편지 쓰는 것이 관례였다. 누가 받아 볼지도 모르는 편지를 그저 '국군장병 아저씨'라는 추상명사로 써서 보냈던 것이다. 그 편지를 나도 받아 보았다. 봉투에는 내 이름 석자 대신 국군장병 아저씨가 수신인으로 되어 있었다.

마침 경상도 하동군 악양면 평사리를 주소로 둔 편지였다. 평소 좋아하던 섬진강 마을의 학생이라 무조건 호감이 갔다. 역시 편지에는 섬진강과 지리산에서 살아가는 동네 사람들, 친구들 이야기를 적고 있었다. 6.25 때 마을 주민이 큰 피해를 본 얘기도 빼놓지 않고 국군 아저씨가 잘 지켜줘서 고맙다고 끝맺음했다. 4학년쯤 됐을까 연필로 깨알같이 쓴 편지가 지금도 기억에 선명하다. 몇 번 편지가 오고 가다 그만 끊어지고 말았다. 그도 지금은 국군장병 아저씨를 잊고 장년의 삶을 살아가고 있으리라.

이중섭 역시 그림엽서 보낸 것으로 유명하다. 전쟁으로 목숨을 부지하기도 힘든 시절 남으로 피난 나온 그로서는 마땅한 직업을 찾기가 어려웠다. 생계를 유지할 최후의 방법은 그림밖에 없었는데 그마저 실패한다. 워낙 친구를 좋아하고 순수한 마음을 가졌던 이중섭은 개인전을 열어서 그림이 팔리면 힘든 친구 도와주는데 썼다. 남은 돈은 친구들 술자리 비용으로 날렸다.

그래서 늘 빈털털이가 되어 아이들 키우기조차 힘들게 되자 부인은 친정이 있는 일본으로 돌아가고 홀로 남은 이중섭은 외로움을 그림엽서로 달랜다. 그가 일본에 있는 부인과 아이들에게 보낸 그림엽서가 결국은 그의 유작이 되었다. 그가 남긴 그림엽서는 후에 미술의 한 양식으로 평가받게 된다. 그림으로 쓴 편지, 그것은 힘겹게 외로운 삶을 살다간 이중섭의 마지막 영혼의 불빛이요, 혼불이었다.

이 가을 나도 까만 잉크병의 밤을 지키며 누군가에게 편지를 쓰고 싶다. 우표를 붙이고 우체통에 넣고 그런 숙성의 시간을 지나 사랑하는 사람의 마음속에 안기고 싶다. 대상은 아무라도 상관없다. 누구라도 그대가 되어 주면 그만이다.

차 한 잔의 여유

〈죽음의 집〉(1860)은 러시아의 대문호 도스토에프스키가 시베리아 옥중 체험을 바탕으로 쓴 중편소설이다. '죽음의 집'은 물론 감옥을 뜻한다. 그 집에 사는 죄수들은 산 자들이 아니라 죽은 자들이다. 그저 목숨만 붙어 있을 뿐 영혼은 죽은 자들이다. 살벌하기 그지없는 감옥 풍경과 죽은 자들의 비참한 삶을 그려낸 작품이지만 낭만적이고 사색적인 풍경도 간혹 등장한다. 감옥에 홀로 갇혀 있다 보면 고독이 분비하는 감성과 자기 성찰이 드러나기 마련이다.

그 중 인상적인 대목은 '지금 이 순간 따뜻한 차 한 잔이 있다면 이 따위 지구는 파멸해도 좋다'라는 구절이다. 외부와 차단된 세계에서 차 한 잔의 대화와 따뜻한 인간의 온기가 그리웠던 것이다. 그래서 차 한 잔의 대화를 위해선 지구의 파멸도 좋다고 말하고 있다. 어찌 차 한 잔이 지구의 파멸에 비할 수 있겠는가. 하지만 고독한 수형자(受刑者)였던 그에게 세상과 맞바꿀 수 있는 것이 차 한 잔이었는지 모른다. 이렇게 차 한 잔은 극한의 수형자에겐 한 모금의 생명수요, 구원의 빛이었던 것이다.

우리는 대화가 필요하다. 오해와 불신, 갈등과 대립도 차 한 잔의 대화로 풀 수 있다. 차 한 잔은 단순한 음료가 아니라 두 사람의 마음을 이어주는 가교요, 징검다리다. 삭막한 인간관계를 녹여 주는 윤활유요, 활력소인 것이다. 간혹 주례를 서면서 대화의 중요성을 이야기 한다. 살다 보면 의견 대립이 있고, 말다툼하기 마련이다. 그때 얽힌 갈등의 실타래를 풀어주는 것이 대화다. 역지사지(易地思之) 입장에서 상대방을 보면 이해가 된다. 그 이해는 오해를 푸는 실마리요, 열쇠다. 그래서 1주일에 한

번씩 티타임(tea time)을 정해 놓고 대화의 시간을 가져 보라고 당부한다. 차 한 잔을 앞에 놓고 서로 마주 보면 대화의 장이 저절로 열리기 마련이다.

  대화는 사랑에 이르는 지름길이다. 사랑은 영혼의 날개를 자라게 한다. 그 날개를 키우는 것이 대화다. 결혼은 영어로 'wedding'이라 쓴다. 그런데 wedding은 원래 서로 다른 것을 섞는다는 뜻이다. 단어 뜻을 따른다면 서로 다른 세계에 살던 두 사람이 함께 섞여 사는 것이 결혼인 것이다. 그렇게 이질적인 만남으로 시작해서 동질적인 만남으로 승화되는 것이 결혼이다. 살다 보면 부부가 닮아간다. 그래서 부부동체요, 부부일체라는 말도 나온다. '너에겐 우연이지만 나에겐 운명이다'는 말처럼 우연한 만남에서 필연적인 만남, 운명적인 만남으로 꽃피는 것이 결혼이다.

  소크라테스는 사랑에 불을 지피는 것은 '결핍'이라고 했다. 곧 나에게 없는 것을 상대방을 통해서 얻어내는 것이 사랑이요, 결혼이다. 분명 남자, 여자는 성적 특성이 있는 만큼 피할수 없는 결핍이 있다. 남자는 여자의 섬세함, 부드러움을 따를 수 없고, 여자는 남자의 강인함, 결단력을 따라갈 수 없다. 그런 요소들은 살아가기 위해서 반드시 필요한 것들이다. 그것을 결혼을 통해서 충족하는 것이다. 남편과 아내는 상대방 고독을 지켜주는 파수꾼이 돼야 한다. 인간은 어쩔 수 없는 고독한 존재인 만큼 서로 보듬고 보살펴 줘야 하는 것이다. 그것이 사랑이요, 결혼이다.

  가을은 3향의 계절이다. 국향(國香), 차향(茶香), 서향(書香)이 그것이다. 가을이 되면 어딜 가나 국화 향기가 물씬 풍긴다. 나는 꽃집에서 파는 국화보다 들판에 핀 들국화를 더 좋아한다. 물론 들국화는 향기는 적지만 이슬을 머금은 청초한 모습이 아름답다. 고독의 시인 노천명이 봄은 백치미를 가꾸는 계절이고, 가을은 성숙미를 가꾸는 계절이라 했다. 백치미를 닮은 꽃이 벚꽃이라면 성숙미는 국화를 닮았다. 벚꽃은 화사하고 아름답지만 너무 헤프고 혼란스럽다. 그에 비해 가을의 국화는 서정주의 시구(詩句)처럼 '거울 앞에 선 누님' 같은 완숙미를 보여준다.

  차향도 가을에 빼 놓을 수 없는 향훈이다. 날씨가 서늘해지면 왠지 따뜻한 차 한 잔이 그리워진다.

  찬 가을 한 자락이
  여기 환한 유리잔
  뜨거운 물 속에서 몸을 푼다

  인적 드문 산길 짧은 햇살
  청아한 풀벌레 소리도
  함께 녹아든다

  언젠가 어느 별에서 만나
  정갈하고 선한 영혼이
  오랜 세월
  제마음을 여며 두었다가

  고적한 밤 등불 아래
  은은한 내 안으로 스며든다
  -조향미, 〈국화차〉

  국화 향기를 풍기는 단아하고, 청아한 시다. 시인이 끓여 낸 국화차에는 짧은 가을 햇살, 풀벌레 소리, '정갈하고 선한 영혼'이 스며 있다. 그야말로 가을과 그대의 숨결이 담긴 영혼의 차다. 이 시를 읽다 보면 정녕 차 한 잔에 가을을 타서 마시고 싶은 생각이 든다. 화향(花香)백리, 차향(茶香)천리, 인향(人香)만리라 했던가. 국향에 취하고 차향에 취하다 보면 사람의 향기도 물씬 풍겨올 것이다. 인향이야말로 향기 중의 향기다. 인향을 나누기 위해서 차 한잔의 대화가 필요한 것이다.

커피를 찬미한 노래로는 바흐의 유명한 〈커피 칸타타〉가 있다. 화성(和聲)의 아버지요, 음악의 아버지로 불리는 바흐가 1732년에 작곡한 노래다. 그는 교회에 쓰이는 다악장 성악곡인 종교 칸타타를 주로 썼지만 세속적(世俗的)인 칸타타도 남겼다. 그 중에 하나가 〈커피 칸타타〉다. 커피는 생활 속 필수품이니 사람들의 일상을 그리기 위해 〈커피 칸타타〉를 쓴 것이다.

커피 중독에 빠진 딸이 '아, 커피는 얼마나 맛있는지, 천 번의 키스보다 달콤하고, 맛있는 포도주보다 부드러워요' 라고 노래한다. 그렇게 커피에 빠진 딸에게 아버지가 커피를 끊지 않으면 산책도 못하게 하고, 결혼 때 파티도 열어 주지 않겠다고 야단을 쳐도 딸은 끝내 커피 사랑을 포기하지 않는다. 심지어 커피를 실컷 마시게 해주겠다는 서약을 받고서야 결혼했다. 이쯤 되면 커피마니아라 할 만하다. '키스보다 달콤하고, 와인보다 부드러운' 커피에 푹 빠졌던 것이다. 이 노래가 나온게 1732년인데 그 당시에 이미 유럽은 커피시대에 빠졌던 듯하다. 커피를 찬미한 〈커피 칸타타〉가 나올 정도였으니 말이다.

우리나라도 어느덧 커피공화국이 되고 말았다. 길 하나 건너 있는 것이 커피집이다. 늘어나는 것이 커피전문점이요, 카페다. 커피 한 톨 안 나는 한국이 세계 소비 4위국이라니 커피공화국임이 실감이 난다. 학생들도 구내식당에서 2천원짜리 점심을 먹고 4천원짜리 커피를 마신다. 길거리에 들고 다니는 것이 텀블러요, 테이크아웃 커피컵이다. '밥 먹고 커피 한 잔'이 일상이 된 것이다. 농촌에서 일하다 먹는 새참에도 커피는 빠지지 않는다. 막걸리 한 잔 마시고 커피로 입가심한다. 이처럼 커피는 어느덧 우리네 일상의 필수품이 됐다.

한국에 커피가 처음 들어온 것은 구한말 때였다. 궁중에서 고종이 즐겨 마셨다 한다. 그러던 것이 근대화되면서 소위 모던보이, 모던걸들이 다방이나 카페에서 커피를 즐기기 시작했다. 커피를 마셔야 현대인, 모던인(modern 人)으로 통하던 시절이었다. 그래서 당대 문인이나 화가들은 종로 네거리나 명동에 있는 다방에 모여 커피를 마시며 환담을 즐겼다. 이상은 종로 네거리에 '제비다방'을 차리고 당시 유행하던 MJB 커피를 팔았다. 모던보이 제비들이 제비다방으로 몰려들었던 것이다.

해방과 함께 미군이 주둔하면서 군용식품에 들어 있는 인스턴트커피가 시중에 퍼지면서 서민들도 커피 맛을 알게 됐다. 하지만 1960년대까지도 귀한 손님이 와야 대접할 정도로 커피는 귀한 음료였다. 그러다가 1980년대부터 인스턴트커피가 상업화되고, 곳곳에 커피 자판기가 들어서면서 커피 대중화의 길이 열렸다. 2019년 현재 9만 천여 톤의 커피가 수입되고, 7만 1천여 곳의 커피점이 생겼다.

나는 대학에 낙방하고 재수하던 시절 처음 다방이라는 데를 가 봤다. 까까머리 고교생으로선 다방은 금지된 성역이었다. 그만큼 나는 순진한 범생이었다. 처음 가본 다방은 아마도 광화문 대성학원 근처였을 것이다. 먼저 들어간 동기생들이 시험에 낙방한 재수생들을 위로하기 위하여 찾아온 것이었다. 다방 이름이 '마로니에'던가 제법 세련된 상호였다. 차 마시면서 DJ가 들려주던 김세환의 '캔디 립스'가 기억에 남는다. 지금도 그 노래를 들으면 우울하고 외롭던 회색빛 재수시절이 떠오른다. 대학에 입학해서 만난 대학로 '학림다방'은 내 청춘의 보금자리요, 영혼의 안식처가 되었다.

당시 다방 이름은 참 정겨운 것들이 많았다. 그 중에서도 '정다방, 길다방, 별다방'이 제일 흔했다. 얼마나 정겹고 친숙한 이름인가. 다소 촌스럽긴 해도 외우기 쉽고, 부르기 쉬워 약속 장소로는 최고였다. 역 앞엔 '역전다방'이 제일 많았다.

다방에 들어서면 희미한 등불 아래 금붕어가 노는 어항이 있고, 싸구려 모조품 그림이 벽에 붙어 있다. 그리고 유행가가 잔잔하게 흐른다. 자리에 앉으면 한복으로 멋을 낸 마담이 와서 생긋 미소로 주문을 받고 '레지'라 부르던 종업원이 차를 들고 온다. 손님을 봐서 나이 든 사람이면 애교를 부리며 차 한 잔을 더 주문한다. 커피가 주종이지만 주스, 사이다도 있고 날계란을 풀은 쌍화차, 칼피스 같은 비싼 음료도 있다. 때로는 손님 기분에 맞추어 양주도 팔았다. 국산 도라지 위스키였다.

이제는 정다방, 길다방, 별다방 같은 정겨운 다방은 찾아보기 힘들다, 시골 변두리 역전이나 버스 종점에나 가야 한둘 있을 정도다. 세련된 이름의 카페, 각종 커피 전문점이 우후죽순으로 세상을 점령해 버렸다. 그래서 옛날식 다방이 눈에 띄기라도 하면 무작정 들어가 향수를 달래보곤 한다.

> 궂은 비 내리는 날
> 그야말로 옛날식 다방에 앉아
> 도라지 위스키 한 잔에다
> 짙은 색소폰 소리를 들어보렴
> 샛빨간 립스틱에
> 나름대로 멋을 부린 마담에게
> 실없이 던지는 농담 사이로
> 왠지 한 곳이 비어 있는
> 내 가슴이 잃어버린 것에 대하여
> 낭만에 대하여
> -최백호, 〈낭만에 대하여〉

비록 대중가요지만 노래시로서 손색이 없다. 최백호의 노래처럼 그렇게 나의 청춘도 가고 낭만도 떠났다. 남은 것은 '정다방'의 추억이고, 잃어버린 청춘의 그림자뿐이다.

 커피는 종류도 다양하고 먹는 법도 다양하다. 나는 그저 믹스커피 한 잔이면 그만이다. 그래서 교양없는 사람으로 취급받는다. 지금은 원두커피를 볶아서 내려 마셔야 품위있고 교양있는 사람이다. 하긴 다도(茶道)라는게 있으니 커피에도 '커피도(道)'가 있을 만하다. 믹스커피, 인스턴트커피는 커피도를 무시한 편의용이니 교양없다는 말을 들어도 당연할 것이다.

 차향을 제대로 즐기기 위해서는 다도가 필요하다. 차는 맛으로 먹는 게 아니라 도(道)로 마신다. 그래서 일본이나 중국은 엄격한 절차에 따른 다도(茶道)가 있다. 한국도 물론 엄격한 다도를 고집하는 사람들이 많다. 차 한 잔을 도를 닦는 마음과 정성으로 마시는 것이다. 차에는 그 사람의 인격과 향훈이 들어 있다. 그리고 차를 주고받는 사람들도 서로 예를 다해 상대방을 대하는 것이다. 그런 점에서 다도(茶道)는 인도(人道)인 셈이다. 차는 단지 인도를 위한 수단이요, 매체에 불과하다. 나도 한때 다도를 배워 볼까 생각한 적이 있었다. 도를 닦는 것은 내 인격을 수양하는 일이기 때문이다. 하지만 나는 도와는 거리가 먼 사람임을 일찍 깨닫고 포기했다.

 내가 처음 커피를 맛본 건 아주 어렸을 때였다. 작은 시골이라 커피는 아예 구경조차 못했다. 동네에 다방 하나 없던 시절이었다. 커피맛을 처음 본 건 미군부대를 통해서였다. 미군들에겐 커피가 일상품이었다. 당시 군용 식품으로 'c레이션'이라는 게 있었다. 전투용 식량으로 포장된 것이다. 자그마한 박스에 각종 통조림, 햄, 초콜릿, 비스켓, 치즈, 껌 그리고 봉지커피가 들어 있다. 그것이 미군들 손에 의해 동네로 흘러 든 것이다. 처음엔 그것이 커피인지도 몰랐다. 까만 가루가 배 아플 때 먹던 한약 같았다. 그래도 행여나 하는 호기심에서 입에 댔더니 온통 쓴맛 투성이었다. 이렇게 독하고 쓴 커피를 왜 먹나 싶어 즉시 치워버렸다. 그것이 커피의 첫 체험이었다. 한약보다 더 쓴 약, 그것이 내게 남긴 첫 커피맛이었다.

그런 트라우마 때문인지 커피는 나와는 인연이 먼 것 같다. 그래서 봉지에 담긴 믹스커피 한 잔으로 만족한다. 교양이 없다 한들 할 수 없다. 커피 마시는 것도 일종의 취미요, 취향이니 누가 뭐래도 그러려니 치부해 버린다.

대구대 재직 시절 연구실에 찾아 온 학생들과 면담시에 커피 한 잔을 마시곤 했다. 1980년대 유행하던 커피는 '그래뉼'이었다. 그래뉼 커피 한 잔을 놓고 사제지간에 흉허물 없는 대화를 나누었다. 30대 청년 교수시절이라 비교적 세대차가 적어 대화가 자연스러웠다. 커피 한 잔으로 사제간의 마음을 열기에 안성맞춤이었다.

처음에는 무작정 한 잔씩 대접하다가 요령이 생겨 차별을 두었다. 사귀는 커플이 들어오면 격려 차원에서 정성껏 대접했다. 음악 감상실이나 영화구경 가라고 용돈까지 줬다. 같은 학과 같은 학번 커플이면 크림에 설탕까지 넣은 풀코스 커피였고, 학년이 다른 커플이면 프림은 빼고, 다른 과 학생이면 아예 쓴 커피만 대접했다. 장난기 넘치는 못된 교수였다. 그렇게 공을 들였지만 대부분 실패했고 다행히 결혼까지 간 커플도 있었다. 그래서 그들을 '그래뉼 부부'라고 불렀다. 그래뉼 커피로 맺어진 부부이기 때문이다. 주례도 내가 서 주었다. 내가 시작했으니 내가 책임져야 한다는 신념(?) 때문이었다. 지금쯤 그래뉼 부부들도 어디에선가 행복한 중년으로 살아가고 있을 것이다.

세월이 가면

〈세월이 가면〉은 1950년대 명동백작으로 군림하던 박인환의 시다. 그리고 1950년대 디바(diva) 가수 나애심이 불러 사랑을 받았고, 1970년대 통기타 세대 박인희가 리메이크해서 유명해진 노래다. 시가 대중가요로 불려져 시노래 양식을 널리 보급시킨 대표적인 곡이다.

이 노래는 명동 술집에 우연히 모인 시인, 작곡가, 가수가 즉흥적으로 만들어낸 노래였다. 국민가요 〈세월이 가면〉이 태어난 내력은 이렇다. 1956년 이른 봄, 박인환, 이진섭, 송지영, 나애심 등이 명동 술집에서 술을 마시고 있었다. 술이 어지간히 되자 박인환이 시를 쓰기 시작했고, 이를 지켜본 이진섭이 거기에 곡을 부쳤다. 그리고 동석했던 가수 나애심이 노래를 했다. 이렇게 즉흥적으로 탄생한 것이 〈세월이 가면〉이다. 세 사람의 우연한 즉흥작, 그 노래가 오랫동안 인구에 회자(膾炙)될 줄은 몰랐을 것이다. 나애심이 먼저 자리를 뜬 후, 뒤늦게 테너 임만섭이 동석하여 다시 큰 소리로 부르게 되었고, 길 가던 사람들이 모여들어 즉흥 리사이틀이 되고 말았다.

노래의 배경이 된 집은 '경상도집'이었다. 경상도집은 빈대떡으로 유명한 집이었다. 박인환은 늘 외상이긴 했지만 이 집의 단골손님이었다. 외상으로 술을 먹고 박인환이 '꽃 피기 전에 갚을게'라고 하면 주인은 이에 화답하여 '꽃 피기 전에 죽으면 어떡할래'라고 응수했다. 결국 꽃 피기 전에 박인환이 죽었으니 기묘한 아이러니가 아닐 수 없다. 그래도 박인환은 죽기 전에 외상값을 갚았으니 그것이 바로 〈세월이 가면〉이다. 이 노래를 남겨줌으로써 '경상도집'은 더 유명한 집이 되어 장사가 잘 된 것이다. 경상도집 아주머니는 박인환이 죽은 후 이 노래를 흥얼거리며 눈물을 종종 뿌렸다고 전해진다.

> 지금 그 사람 이름은 잊었지만
> 그 눈동자 입술은 내 가슴에 있어
> 바람이 불고 비가 올 때도
> 나는 저 유리창 밖 가로등 그늘의 밤을
> 잊지 못하지
>
> 사랑은 가고 과거는 남는 것
> 여름날의 호숫가 가을의 공원
> 그 벤치 위에
> 나뭇잎은 떨어지고
> 나뭇잎은 흙이 되고
> 나뭇잎에 덮혀서
> 우리들 사랑이 사라진다 해도
> -박인환, 〈세월이 가면〉

결국 노래는 '명동 엘리제'라 불리면서 삽시간에 대유행을 탔다. 폐허 속에서 들장미가 피어나듯 싸구려 선술집에서 한 편의 작품이 탄생한 것이다. 그 시대가 바로 그런 시대였다. 가식 없이 있는 그대로 자기감정에 충실했던 시대, 배고프지만 예술혼이 밤하늘의 별처럼 영롱하게 빛나던 시대였다.

이렇게 1950년대는 빈대떡 집에서 시인이 시를 쓰고, 유명가수가 노래를 부를 수 있는 참으로 전설같은 시대였다. 당시 명동 깡패로 유명했던 이화룡도 이런 분위기를 좋아해서 예술인들을 정중히 모실 줄 알았다. 예술인들이 가는 찻집이나 술집은 피해 주고, 행여 그들과 부딪쳐 시비가 붙더라도 자기들이 먼저 사과하는 미덕을 베풀었다. 깡패들조차 예술의 멋을 알고 이해할 줄 아는 예술 천국의 시대였다. 인간의 정이 흐르고 사람의 향기가 넘쳐나는 휴머니즘의 시대였다. 명동의 풍속도는 1950년대 우리 사회의 세태를 고스란히 반영하고 있는 것이다. 그 가운데 박인환이 있었고, 〈세월이 가면〉이 있다.

〈세월이 가면〉은 세월이 흘러도 사랑했던 사람과 그 시절을 잊어버릴 수 없음을 애절하게 노래하고 있다. 함께 거닐던 호숫가의 나뭇잎이 떨어지고 흙이 된다 해도 사랑은 영원히 가슴 속에 남아 있다. 세월이 가면 청춘도 가고, 사랑도 가지만 추억만큼은 별이 되어 영롱히 가슴에서 빛나는 것이다. 세월은 무심히 흘러가기 마련이다. 세월이 흐른 뒤에 오직 추억만이 화석으로 남는다. 그것이 인생이요, 사랑이다.

나는 역사 공부를 할 때 고구려 시대건 신라 시대건 추상적이고 관념적인 하나의 지식으로 받아들였다. 수학 공식처럼 그저 머릿속에 암기하면 끝나는 추상적 기호였다. 말하자면 전혀 현실 감각이 없는 지식으로서의 과거에 불과했다. 하지만 나이를 먹으며 50년 세월이 휙 지나는 것을 보면서, 백년 전, 천년 전 이야기도 그때는 현실이고 실제였겠구나 하는 생각을 하게 됐다. 역사가 추상적 지식이 아니라 구체적 현실로 다가왔던 것이다. 지금 나처럼 살던 사람들의 이야기라는 것이 실감이 났다. 뒤늦게 철든 것인가, 아니면 때늦은 역사에 대한 이해일까.

그렇게 세월은 흐르고 세월의 흐름 속에서 모든 것은 과거가 되고 역사가 된다. 현재는 과거가 되고, 미래는 현재가 되어 다시 과거가 된다. 과거, 현재, 미래는 별개의 존재가 아니라 같은 시간의 다른 단위일 뿐이다. 그래서 철학자 흄(Hume)은 시간을 '순수지속'이라고 했다. 과거, 현재, 미래가 따로 존재하는 것이 아니라 물처럼 연속으로 흐른다는 것이다. 흐르는 물을 토막낼 수 없듯이 시간도 과거, 현재, 미래로 토막낼 수 없다. 시간은 순수하게 지속될 뿐이다.

시간은 현실에 존재하는 실체가 아니다. 인간들이 살아가기 위해서 편의상 만든 추상적인 기호다. 2025년 2월 25일은 어디에도 존재하지 않는다. 그저 사람들의 약속이고, 숫자일 뿐이다. 사람들은 그 기호에 맞추어 약속을 하고 일상을 살아간다. 사람이 시간을 만들고, 시간에 맞추어 살아가는 것이다.

과거, 현재, 미래가 흄의 말대로 순수지속에 불과한 것이지만 사람들은 그 셋을 엄연히 구분하여 살아간다. 철저히 과거에 묻혀 사는 사람들이 있는가 하면, 지금 현재만을 위해 사는 사람, 미래를 내다보며 사는 사람, 제각각이다. 그것이 시간에 대한 가치관이고 인생관이다. 흔히 일상에서 쓰는 '어제는 역사, 오늘은 선물, 내일은 희망'이라는 말이 단적으로 그를 말해 준다.

'과거는 구속, 미래는 자유'라 말했던 베르그송(Bergson)은 미래지향적인 가치관을 갖은 철학자였다. 그래서 그는 생의 약진은 미래에서 온다고 했다. 소년은 희망을 먹고 살고, 노인은 추억을 먹고 산다. 소년은 미래에 대한 꿈과 희망으로 살지만 노인은 미래가 없다. 그저 지나간 과거를 회상하며 쓸쓸한 시간을 보내야 한다. 노년은 쓸쓸한 고독의 시간인 것이다. 미래는 사람들에게 꿈을 주고 희망을 준다. 과거와 현재가 힘들고 고통스러웠을지라도 미래가 있기에 참고 살아간다. 우리에게 미래가 없다면 인생이 얼마나 참담하고, 절망적일까. 비록 실현될 가능성이 없다 한들 그래도 꿈이라도 있어야 살아가는 것이 아닐까.

하지만 김소월은 철저히 과거 속에 살던 시인이었다. 그의 시에는 현재와 미래가 없다. 모두 지나간 일, 과거뿐이다.

먼 훗날 당신이 찾으시면
그 때에 내 말이 잊었노라

당신이 속으로 나무라면
무척 그리다가 잊었노라
오늘도 어제도 아니 잊고
먼 훗날 그 때에 잊었노라
-김소월, 〈먼 후일〉

못 잊어 생각이 나겠지요
그런대로 한 세상 지내시구려
사노라면 잊힐 날 있으리다

못 잊어 생각이 나겠지요
그런대로 세월만 가라시구려
못 잊어도 더러는 잊히오리다
-김소월, 〈못 잊어〉

    소월의 대표시 두 편이다. 〈먼 후일〉은 철저히 잊기 위해서 살아감을 노래한다. 오늘뿐 아니라 내일도 그렇다. '오늘도 어제도 아니 잊고 먼 훗날 그 때에 잊었노라' 인 것이다. 그에게 미래는 잊기 위한 미래다. '먼 훗날 그 때'조차 잊은 때가 되고 만다. 말하자면 그의 미래는 과거적 미래다.
    〈못 잊어〉도 그렇다. 그대 없는 세상은 '그런대로' 살아가는 무의미한 삶이다. 살다 보면 잊혀지고, 못 잊는다 해도 '더러는 잊힐 날 있을 것'을 기대하며 살아간다. 철저히 잊기 위한 삶이다. 희망도 꿈도 없다. 잊기 위해 존재하는 현재요, 미래일 뿐이다. 그런 점에서 김소월은 비극적 세계관의 소유자였다. 과거에 묻혀 사는 희망과 꿈이 없는 사람이었다. 아마도 그것은 참담한 현실과 기약없는 미래에서 비롯된 것이리라. 33살의 자살이 그것을 말해 준다.

> 세월은 흐르는 것이 아니라
> 쌓이는 것이라고
> 그대는 말했다
>
> 기다림의 세월도 쌓이고 쌓여
> 이제 가을 창살에 달 뜨지 않아
> 두 눈 감고 어둠 속에 그대의 얼굴
> 그릴 수 있다
>
> 세월은 흐르는 것이 아니라
> 내 그리운 가슴에 쌓이는
> 그대라 말하고 싶다
> -문부식, 〈그대〉

 시인은 세월은 흐르는 것이 아니라 쌓이는 것이라 말한다. 낙엽이 차곡차곡 쌓이듯 세월도 사라지지 않고 그대로 쌓이는 것이다. 그래서 마음속은 추억을 쌓아 두는 앨범이 된다. 그대와 함께 한 세월은 흘러가지 않고 낙엽처럼 수북하게 쌓여 있다. 그래서 달 뜨지 않는 밤이 되어도 그대의 얼굴을 그릴 수 있게 된 것이다. 그것이 진정한 사랑임을 노래하고 있다. 어둠일수록 빛나는 별처럼 세월 속에 빛나는 추억이 된 것이다.
 인간은 반추(反芻)동물이다. 소가 여물을 반추해서 씹고 씹듯이 사람도 지난 일들을 반추하며 살아간다. 모든 동물은 뒷걸음치는 법이 결코 없다. 오직 사람만이 뒷걸음 쳐 지난 세월을 되새김질 한다. 그래서 박경리는 아름다운 추억만으로도 인생은 아름답다고 했다. 지금이 괴롭고 힘들어도 아름다운 추억으로 견뎌낼 수 있는 것이다. 아마 소월이 그렇게 과거에 집착한 것도 그가 진정으로 사랑한 여인 오순이 있었기 때문일 것이다. 그리고 빛나는 청춘이 있었기 때문이리라.

하지만 중요한 것은 현재다. 과거도 한때 현재였고, 미래도 곧 현재로 다가 온다. 그러니 현재가 중요하다. 그래서 시인이나 철학자들은 지금, 현재를 중시하는 경우가 많다. '황금보다 귀한 것이 소금이요, 소금보다 귀한 것이 지금'이라는 속언(俗言)도 현재를 중시하는 말일 것이다. 내가 무의미하게 산 오늘은 죽음을 앞에 둔 환자에겐 그토록 갈망하던 내일이었다. 그저 매일 똑같은 일상이지만 사망 선고를 받은 환자에겐 하루하루가 끝인 것이다. 그래서 오늘이 마지막인 것처럼 살아야 한다. 성자(聖者) 크리슈나무르트도 오늘이 마지막인 것처럼 살라고 했다. 오늘은 어제나 내 생애의 처음이다. 톨스토이도 인생에서 가장 중요한 3가지는 '바로 지금이요, 지금 만나는 사람이고, 지금 하는 일'이라고 말했다. 모두 지금, 현재의 중요성을 강조한 말들이다.

아마도 현재의 의미를 노래로 잘 표현한 것은 호라티우스의 시일 것이다.

좋은 일은
미래가 어떠하든
주어진 대로 사는 것이라네
지금 이 순간에도 티레니아해의 파도는
맞은 편 바위를 깎고 있네

짧은 인생이니
먼 미래의 기대는 줄이게

지금 우리가 말하는 동안에도
인생의 시간은 우리를 시기하며 흐른다네

현재를 놓치지 말게
미래에 대한 믿음은
최소한으로 해 두고
-호라티우스, 〈오늘을 잡아라〉

호라티우스는 로마의 서정시인이자, 풍자시인이었다. 재치 있는 유머를 동원하여 인간미를 잘 묘사하였다.『서정시집(ode)』4권을 내어 서정시의 완성자로 추앙받는 시인이다. 그 시집 1편에 나오는 시가 〈오늘을 잡아라〉다. 지금 우리가 말하는 이 순간에도 파도는 바위를 깎으며 시간은 흘러간다. 그러니 미래에 대한 미련을 버리고 지금 현재를 놓치지 말라는 것이다. 그저 지금 주어진 대로 살아가는 것이 최고의 삶임을 노래하고 있다.

시에 나오는 '현재를 놓치지 마라'(Carfe Diem, Sieze the day)는 시구가 명언이 되었다. 1989년에 개봉된 영화 〈죽은 시인의 사회〉에서 키팅 선생이 학생들에게 한 말 때문에 더욱 유명해졌다. 그는 늘 학생들에게 '오늘을 즐겨라, 소년들이여, 너의 삶을 비상(飛上)케 하라'고 가르쳤던 것이다.

당나라 스님인 임제도 '수처작주(隨處作主)'라는 말로 현재의 중요성을 강조했다. '가는 곳마다 주인이 되라, 서 있는 곳이 진리의 자리다, 지금 있는 자리가 어떤 것이든 만족하라'는 것이 수처작주의 참뜻이다. 지금 어느 자리에 있든, 어떤 상황에 처해 있든 내가 주인이 되어 늘 주체적인 삶을 살아가라는 말이다. 내가 없으면 세상도 없다. 그러니 내가 숨 쉬고 있는 지금 이 시간의 주인공이 돼야하는 것이다.

삼십대에는 마흔이 두려웠다
마흔이 되면 세상 끝나는 줄 알았다

이윽고 마흔이 되었고 난 슬프게 멀쩡했다

쉰이 되니
그 때가 그리 아름다운 때였다.
예순이 되면 쉰이 그러하리라
일흔이 되면 예순이 그러하리라

죽음 앞에서
모든 그 때는 절정이다
모든 나이가 아름답다
다만 그 때는 그 때의 아름다움을 몰랐을 뿐이다
-박우현, 〈그 때는 그 때의 아름다움을 모른다〉

    인생은 실처럼 긴 것 같지만 바늘처럼 짧다. 그러니 오늘 하루가 소중할 수 밖에 없다. 짧은 오늘이 결국 인생을 만들기 때문이다. '인생을 이해해서는 안된다. 인생은 축제 같은 것, 하루를 일어나는 대로 살라'고 한 릴케(Rilke)의 말도 하루하루의 삶, 순간순간의 삶이 중요함을 말해 준다. 인생을 이해할 시간이 없다. 이해하려고 노력하는 순간, 시간은 지나가 버린다. 그러니 이해하려 시간을 낭비하지 말고 그대로 부딪히며 살라는 뜻이다. 그만큼 인생은 짧은 것이다.
    세월의 흐름을 비유하여 '유수 같은 세월, 쏜살같은 시간' 이라고 한다. 참으로 세월은 빠르게 흘러간다. 그 흐름은 한번도 쉬임이 없고 중단하는 법도 없다. '산은 옛 산이로되 물은 옛 물이 아니로다, 인간도 물과 같으니 가고 아니 오노매라' 라는 황진이의 시처럼 세월은 한번 흘러가면 다시 돌아오지 않는다. 청춘도 인생도 흘러가는 세월에 묻혀 다시 돌아오지 않는다. 세월은 일회성(一回性), 일과성(一過性)인 존재다. 고려 후기의 문인인 이곡은 '세월은 강물처럼 흐르나니 백년 삶도 정녕 한순간(日月江河流 百年眞一瞬)'이라고 했다. 백년의 삶도 정녕 한순간에 불과한 것이다. 세익스피어의 말 대로 세상은 무대고, 우리는 잠시 그 무대에 머무는 배우인 것이다. 일장춘몽이요, 인생무상인 것이다.

나도 40대까지는 '시간'이 흐른다고 생각했다. 50대가 되니 시간이 아니라 '세월'이 흐른다는 느낌이 들었다. 그러더니 60고개를 넘으니 시간도, 세월도 아닌 '인생'이 흐른다는 절실함에 부딪혔다. 정녕 내 인생이 가고 있구나, 인생의 종착역에 다 와 가는구나 하는 생각에 놀라며 서글퍼진다. 겨울해는 짧다. 해가 일찍 진다. 인생의 노년은 겨울이다. 겨울해가 짧듯이 노년의 세월은 더 빨리 간다.

이 나이 되어 봐라
날마다 생일이다

주어진 하루하루가 새롭다
선물같다

숨 쉬는 순간순간이
이슬같다
신기하다
-강경주, 〈날마다 생일이다〉

청춘의 나이에는 하루하루가 무의미하게 흘러간다. 그저 그렇고 그런 날들의 연속이다. 그리고 청춘은 영원할 것만 같다. 그러나 나이 먹으면 하루하루가 생일처럼 소중하게 느껴진다. 생일선물 받듯이 기쁜 날의 연속이다. 숨 쉬는 것조차 이슬처럼 아름답게 느껴지는 것이다. 아마도 그것은 노년의 세월이 겨울해처럼 빨리 지기 때문일 것이다. 가는 세월, 지는 해에 대한 아쉬움이 깊어진다.

 노년은 피할 수 없는 인생길이다. 젊음이 노력으로 얻은 것이 아니듯, 늙음도 내 잘못으로 받은 벌은 아니다. 살다 보면 어쩔 수 없이 노년이 찾아온다. 저녁노을이 아름답듯이 말년의 세월을 아름답게 보내야 한다. 하지만 앙드레 지드의 말처럼 '늙기는 쉽지만 아름답게 늙기는 쉬운 일'이 아니다. 말년을 아름답게 보내기 위해 그 만큼 노력이 필요하다.

 올 때는 내가 울었지만
 갈 때는
 다른 이들이 울어 주는 것
 -김미숙, 〈인생〉

 아기는 어머니 뱃속에서 태어나는 순간 울음을 터뜨린다. 자기를 세상에 알리는 고고성(呱呱聲)이다. 하지만 죽을 때는 반대로 남이 울어 준다. 죽은 이의 추억, 그 사람이 베풀어 준 고마움과 은덕, 그런 것을 아쉬워하며 눈물을 흘리는 것이다. 그래서 사람의 삶은 죽음 후에 평가받는 것인지 모른다. 그것이 바로 남이 울어 주는 눈물이다.

 늙었다고 생각할 때가 가장 빠른 법이다. 늙을수록 아름답게 사는 법을 빨리 깨달아야 한다. '내려갈 때 보았네, 올라갈 때 보지 못한 그 꽃'(고은, 〈그 꽃〉) 이라는 시처럼 하산길에서 더 아름다운 꽃을 볼 수 있는 법이다. 그래서 노년은 아름답다. 세월은 잊혀지라고 흘러가는 것이다. 세월은 모든 것을 여과시키는 중화제 역할을 한다. 힘들고 어려운 삶의 찌꺼기를 여과시키고 맑은 물만 남는 것이다. 그것이 노년의 아름다움이다. 젊은 시절 실연의 아픔도 세월의 흐름 속에 잊혀지기 마련이다. 사랑은 시간을 잊게 하고, 시간은 사랑을 잊게 하는 것이다.

슬픔도
  오랜 세월 갈고 닦으면
  보석이 된다
  -이해인, 〈새벽 일기〉

 슬픔을 보석으로 만드는 것도 세월이다. 견디기 힘든 슬픔이지만 오랜 세월 갈고 닦으면 아름다운 보석이 되는 것이다. 슬픔을 보석으로 바꾸는 연금술, 그것이 진정한 인생술(人生術)인지도 모르겠다.
 금강산은 그 자리에서 그대로 4계절을 맞는다. 하지만 봄은 금강산, 여름은 봉래산, 가을은 풍악산, 겨울은 개골산이란 이름으로 계절마다 아름다움을 자랑한다. 우리도 금강산을 닮을 일이다. 소년같은 봄, 청년같은 여름, 장년같은 가을, 그리고 겨울을 닮은 노년, 모두가 아름다운 인생이다. 인생은 계절마다 고유(固有)의 아름다움이 있다.

여행길, 인생길

조선 중기의 문인 신흠(1566-1628)은 『야언선(野言選)』에서 '문을 닫고 책을 읽고, 문을 열고 친구를 맞으며, 문을 떠나 여행길에 나서는 것'을 '인간삼락(人間三樂)'이라 하였다. 인간이 누릴 수 있는 인생의 낙 중에 그 만큼 여행을 중히 여긴 것이다. 여행은 인생에서 누릴 수 있는 큰 행복이요, 기쁨이다. 신흠뿐만 아니라 많은 선인(先人)들도 '이가락(離家樂)'이라 해서 집을 떠나 여행하는 것을 큰 즐거움으로 여겼다. 집은 휴식과 안식의 보금자리지만 생활과 일상의 공간이기도 하다. 집은 곧 생활이요, 현실이기에 구속이 될 수 있다.

방랑시인 김삿갓이 봇짐 하나 지고 구름처럼 세상을 떠돈 것도 그러한 이유에서일 것이다. 그는 바람 부는 대로, 물결 치는 대로 '풍타죽(風打竹) 낭타죽(浪打竹)' 떠돌이로 살았다. 1950년대를 풍미했던 〈방랑시인 김삿갓〉이란 유행가처럼 '술 한 잔에 시 한 수'로 걸식하며 유랑했던 것이다. 김삿갓이야말로 진정한 한국의 보헤미안이고, 음유시인이었다. 그의 삶은 여행 속에서, 여행길에 머물다 마침내 초로인생(草露人生)을 마감했던 것이다.

미국의 교육학자 버스카 글리아는 『살며 사랑하며 배우며』를 통해서 인생의 올바른 길을 제시하고 있다. 그는 여행을 외적 여행과 내적 여행으로 구분했다. 외적 여행은 외부 사물을 관찰하고 즐기는 여행이고, 내적 여행은 자아를 발견하는 여행이다. 여행을 통해서 자신을 객관화하여 성찰하는 계기를 마련할 수 있는 것이다. 그러므로 우리는 견문을 넓히기 위한 외적 여행도 중요하지만 무엇보다 자신을 알고 발견하는 내적 여행이 필요하다.

〈좁은 문〉을 쓴 프랑스 작가 앙드레 지이드는 인생관조에 이르는 지름길을 여행과 병이라 하였다. 나를 발견하고 내 삶의 의미를 되돌아볼 수 있는 길이 여행과 병이라는 것이다. 병이 생기면 아이가 되거나 철학자가 된다. 아프니까 어린애처럼 어리광을 부리며 도움을 받고 싶고, 홀로 병실에 누워 있으니 이 생각 저 생각하다 보면 저절로 철학자가 되는 것이다. 하지만 관조하기 위해 일부러 아플 수는 없는 일이다.

그렇다면 여행이 최선의 길이다. 수학여행이나 관광여행처럼 무슨 목적을 갖고 떠나는 여행으로는 자기성찰은 불가능하다. 단체로 섞여서 관광하는 탓에 나를 생각할 틈도 없고 여유도 없다. 가장 좋은 방법은 혼자 떠나는 것이다. 아무도 없는 겨울 바다를 거닐다 보면 저절로 내 자신과 삶을 생각하게 된다. 시인도 되고 철학자가 된다. 혼자 하기 힘들면 마음에 맞는 친구와 침묵의 여행을 떠나면 된다.

나도 졸업반 때 고교 후배와 단둘이 침묵의 여행을 떠난 적이 있다. 여행에 필요한 최소한의 말만 나누고 여행 내내 침묵이었다. 그야말로 '함께, 홀로' 한 여행이었다. 7박 8일간 나를 생각하며 발견한 성찰의 시간이었다. 그처럼 여행은 현실과 일상에서 떨어진 거리만큼 객관적으로 나와 내 삶을 생각하게 해 준다. 아름다움을 위해 미적 거리가 필요하듯이 일상적 거리를 통해 자기관조의 기회를 얻는 것이다. 여행의 묘미와 의미는 여기에 있는 것이 아닐까. 내가 나를 만나는 여행, 그것보다 더 의미 있고 값진 여행은 없을 것이다.

또한 여행은 휴식을 위해서도 필요하다. 휴식이란 말 자체가 재창조란 뜻을 갖고 있다. 휴식을 영어로 'recreation'이라고 한다. 그런데 recreation은 re+creation의 합성어로 재창조란 말을 뜻한다. 곧 휴식은 재창조를 위해 필요한 시간인 것이다. '열심히 일한 당신, 떠나라' 라는 광고 문구도 이런 뜻을 담고 있다. 열심히 일했으니 이제 휴식을 취하고 새로운 일을 구상하라는 것이다. 어쨌든 인간은 근본적으로 'homoludens'(유희하는 인간)다. 유희적 본능을 갖고 태어난 것이 인간이다. 사고하는 인간, 곧 'homosapiens' 만으로는 살 수 없다. 사고하기 위해선 휴식과 유희가 반드시 필요한 것이다. 바로 그것을 해결할 수 있는 것이 여행이다.

  여행은 결국 길 위에서 이루어진다. 도보길이든, 뱃길이든, 기찻길이든 여행하기 위해선 길 위에 나서야 한다. 그러니 여행을 위해선 길의 의미를 묻지 않을 수 없다. 우리의 삶은 길에서 시작하여 길에서 끝난다. 아침에 출근길에 올라 하루를 보내고 다시 퇴근길로 귀가한다. 그렇게 하루가 마무리되듯이 일생의 삶도 일상의 반복으로 지속된다. 따라서 길은 일상의 도정(道程)이며, 인생의 축도이다. 사람은 제각기 길을 걸으며 많은 사람을 만나고, 많은 일들을 겪는다. 인생길은 그처럼 우리 일상에 놓여 있는 것이다.

  그렇게 저마다의 인생길은 다르지만 길은 근본적으로 보편적인 이원성(二元性)을 갖고 있다. 바로 원형성과 선조성(線條性)이다. 하루의 삶이 출근길과 퇴근길로 이어지듯이 꼬리에 꼬리를 물어 하나의 원을 형성하는 것이 길의 원형성이다. 마치 다람쥐가 둥그런 쳇바퀴를 돌듯이 우리도 일상의 쳇바퀴를 도는 것이다. 인간은 일상의 틀에 갇힌 채 어제 같은 오늘, 오늘 같은 내일을 살아간다. 스테레오타입(streotype)화 된 일상의 틀, 그것이 길의 원형성이다. 이 일상의 원형성이 형이상학적으로 확대된 개념이 윤회(輪回)일 것이다. 마차바퀴가 돌 듯이 우리의 일생도 돌고 도는 것이다. '시작의 끝'이 '끝의 시작'과 맞물리는 존재론적 역설이 원형성 속에 내재해 있다.

  반면에 인생길은 하나의 수평선과 같은 선조성을 갖고 있다. 다시는 돌아올 수 없는, 앞으로만 뻗은 길이 우리 앞에 놓여 있다. 마치 한 발 디디면 사라지는 계단처럼 앞만 있고 뒤는 잘려 나가는 인생길을 우리는 걸어야 한다. 그리고 그 길의 끝에서 우리는 죽음을 맞는다. 결코 반복될 수 없는 삶의 일회성(一回性), 그것이 길의 선조성이다.

이처럼 길은 이율배반적인 양면성을 갖고 있다. 반복성과 일회성, 영구성과 순간성의 양면구도 속에서 우리는 우리의 길을 찾아야 한다. 여행은 그러한 길찾기의 하나다. 저마다의 길을 찾아 알맞은 색깔로 채색해 가야 한다. 인생의 다양한 무늬는 길에 채색된 다양한 색깔에서 묻어난다. 우리 모두 먼 여로의 길 위에서 고단한 육신을 끌어가는 인생의 순례자인 것이다.

시인들은 인생길을 시로 담아냈다. 정신적 보헤미안으로서 일상의 틀을 부수고 궤도 일탈을 시도하는 이카로스의 꿈이 펼쳐지는가 하면 삶의 무상성에서 번민하는 허무의 몸짓이 드러나기도 한다. 시인들의 영혼은 길의 원형성과 선조성을 넘나들며 새로운 길을 찾아 떠도는 순례자의 흔적을 남기고 있다. 길에서 만난 시인들은 대체로 외롭고 고단한 모습이다. 그리고 그 모습은 바로 우리들의 모습이기도 하다. 우리는 '길 위의 시'들을 읽으며 우리가 가고 있는 길이 어떤 길이며, 어떤 모습으로 걷고 있는지 되돌아보게 된다. 그런 점에서 그들의 시는 우리 삶의 길을 비춰주는 거울이요, 구원의 빛이다.

인생은 여로(旅路)다. 길 위에 삶의 발자국을 남기며 먼 여행을 떠나는 것이다. 때로 함께 하는 동반자가 있지만 인생길은 혼자만이 가는 고독한 여행이다. 죽음의 길이 혼자만의 길이듯이 삶의 길도 고독한 나그네의 길이다. 인생의 길, 그 고독한 여로의 향수를 다음 시에서 느낄 수 있다.

아닌 밤 벌떡 일어나
쓸쓸히 고개 내젓는
정처 없는 세월의 덧없는

침묵처럼

걸어 온 길보다
더 먼
누군가 한 사람
걸어가야 할 길이여!
(…중략…)
그대여
지나온 길 속에
더 이상 자신을 묻지 말고
세월의 바깥에서 오래
기웃거리지 말며

꽝꽝한 고목의 나이테처럼
부는 바람 속의 중심이 되라
-오선홍, 〈먼 길〉

 정처 없는 세월의 침묵 속에서 시적 자아는 외로운 나그네가 되어 걸어 온 길보다 더 먼 길을 떠나고 있다. 걸어 온 길도 외롭고 고달픈데 남은 길은 더 멀기만 하다. 아닌 밤 벌떡 일어나 쓸쓸히 고개를 내젓는 행위는 외로움에 지친 자아의 고독을 표상한다. 밤의 침묵으로 이어지는 고독한 길을 우리는 걸어야 하는 것이다. 걸어 온 길 되돌아보지 말고 앞길만 응시하며 '꽝꽝한 고목의 나이테' 처럼 부는 바람 속의 중심이 돼야 하는 것이다. 시인은 고독한 상황에서 고독의 주체가 되는 실존적 삶의 길을 보여주고 있다.
 인생의 길은 고독한 길일 뿐 아니라 험난한 고행길이다. 이 고행길을 걷고 있는 한 시인의 몸부림을 다음 시에서 목도할 수 있다.

  되짚어 갈 수 없는,
  미친 짐승의 유폐된 나날
  소리 내어 울지도 못한 채
  덜컹거리는 한 세월 힘겹게 밀어
  너, 여기까지 왔구나

  그토록 오래 술래가 되어 헤매 다녀도
  나는 네게 갈 수가 없었다
  거덜난 인생의 막장에서
  갯바람에 진양조 설움 한 가락
  멀리 실어 보내고 마음은 벌써
  저만치 굽은 등의, 가파른 고갯길
  넘어, 넘어 간다

  소금꽃 허옇게 핀 썰물진 갯벌
  앞을 막다 돌아서는 길 아닌 길 끝
  -최춘희, 〈격포 가는 길〉

시인은 인생의 길을 '되짚어 갈 수 없는 미친 짐승의 유폐된' 길로 표현하고 있다. 되짚어 가고 싶다는 것은 앞날의 험난함을 의미하며 그 길에 자신이 유폐되어 있음을 뜻한다. 가히 운명론적인 비탄이다. 그 슬픔마저도 울음으로 토해내지 못한 채 세월의 무게를 힘겹게 밀어 가야 한다. 거덜난 인생의 막장에서 들려오는 진양조 설움 한 자락은 인생의 고단함을 풀어내는 비가(悲歌)다. 소금꽃 하얗게 핀 갯벌을 걷고 있는 시인의 모습에서 험난한 인생길을 걸어가는 우리들의 자화상을 만나게 된다.

 우리는 때로 삶의 날개를 접은 채 푸근한 안식처를 찾고 싶은 충동에 빠진다. 삶이 고단하고 힘겹게 느껴질 때 지친 심신은 휴식을 구한다. 그것은 또한 삶의 무의미성과 관련된다. 산다는 것이 무의미한 것이라면 삶의 행위도 중단해야 한다. 삶의 날개를 접는 일은 이처럼 근본적으로 삶에 대한 무의미성을 묻는 일이다.

  묻노니, 나머지 인생도
  서리 묻은 기러기 쭉지에
  북녘 바람길이라면
  차라리
  이 호젓한 산자락 어느 菩薩 곁에
  때 이끼 다숩게 덮은
  바위로나 잠들었으면
  -유안진, 〈경주 南山에 서서〉

  내 삶은 아직도 길 위에 있다
  지친 두 발 기진한 육신
  허기진 비애가 하루를 마감할 때
  돌아가 옛집 더운 아랫목에
  굽은 허리 묻고 잠들고 싶다
  -정일근, 〈옛집 진해〉

 유안진 시인은 묻고 있다. 살아야 할 나머지 인생도 서리 묻은 기러기 쭉지이며 그 위에 부는 바람이냐고. 그렇게 외롭고 삭막한 바람길을 반

평생 걸어왔건만 나머지 반평생도 변함없이 그리하다면 날개를 접고 호젓한 산자락 곁에 바위처럼 잠들고 싶다고 노래하고 있다. 무의미한 삶에 대한 짙은 회의가 배어 있다. 그 회의는 바위로 잠드는 침묵의 죽음으로 이어지고 있다.

〈옛집 진해〉의 시인은 삶에 지친 모습으로 우리들 앞에 서 있다. 지친 두 발로 기진한 육신을 이끌며 쓸쓸한 비애를 토해 내고 있다. 삶은 아직도 인생길 위에 서 있건만 그 삶의 무게를 이겨내지 못하고 시적 자아는 끝내 쓰러진다. 시인은 이제 일상의 틀에서 신음하는 삐에로의 슬픈 몸짓을 거두고, 상처받은 영혼을 치유하기 위해 고향집에 돌아가 잠들고 싶다고 노래하고 있다.

아리스토텔레스는 비극을 인생의 카타르시스적 매체로 인식했다. 비극의 효과를 공포와 연민을 통해 인간의 마음을 순화시키는 데서 찾았던 것이다. 여행 역시 일상성에서 벗어 나는 요긴한 방법이다. 여행을 통해 자기를 만나고 자기 삶을 돌아볼 수 있는 것이다.

인간은 인생이라는 정해진 궤도를 따라가며 삶을 영위한다. 그러나 그 길은 정해진 만큼 안정감은 있으나 우리를 구속한다. 변함없는 일상들을 반복하면서 삶에 대한 회의와 허무감을 느낀다. 자유로운 상상력과 개성을 소유한 인간이라면 그를 억압하는 어떤 구속에도 저항할 수밖에 없다. 삶의 궤도에서의 이탈은 인간성의 회복을 의미한다. 그것이 또한 새로운 길을 여는 방법이라면 일탈이 아니라 창조의 길이 되는 것이다.

너, 문득 떠나고 싶을 때 있지?
마른 코딱지 같은 생활 따위 눈 딱 감고 떼어 내고 말이야
비로소 여행이란
인생의 쓴 맛 본 자들이 떠나는 것이니까

세상이 우리를 내 버렸다는 생각이 들 때
우리 스스로 세상을 한 번쯤 내동댕이쳐 보는 거야
오른쪽 옆구리에 변산 앞바다를 끼고 모항에 가는 거야
-안도현, 〈모항으로 가는 길〉

산의 뿌리를 통하여 범종이 바다를 울리는 곳, 우리는 흐르는 겨울의 땀을 씻으며 가죽 지퍼의 지퍼를 가르고 속단추마저 풀어 헤쳤다. 비로소 벗어나는 마음, 동떨어지는 마음, 마음의 껍질 속에 또 들어 있는 마음. 범종이 바다를 울릴 적마다 거듭 열리어 없어지는 마음. 석포리에 이르러 다시 튼튼한 철선에 올라서 우리는 꿈을 버리고, 허무를 버리고, 나를 버린 후, 마침내 어둠을 밝히며 어둡게 돌아올 수 있었다.
-마종하, 〈서해기행〉

모항으로 가는 길은 일상의 삶에 대한 저항의 길이다. 세상이 우리를 내 버렸음으로 이제는 우리가 세상을 내동댕이쳐 보는 것이다. 시인은 일상에 대한 회의와 절망을 '마른 코딱지 같은 생활'로 비유하고 있다. 소시민적 삶을 영위해 가는 시적 자아의 아픈 자기성찰이 엿보인다. 소시민의 삶을 사는 소승적 자아가 아니라 진정한 삶을 희구하는 대승적 자아를 꿈꾸고 있다. 그래서 모항으로 가는 여행길은 자아구원으로 가는 구도의 길인 것이다.

〈서해기행〉 역시 여행을 통해 일상적 자아를 벗어날 수 있는 길을 제시하고 있다. 가죽점퍼의 지퍼를 가르고 속단추를 풀어 헤칠 때 비로소 마음의 문도 활짝 열린다. 지퍼와 속단추는 영혼의 문을 가두는 일상적 삶의 표상이다. 그 질곡에서 벗어날 때 허망한 꿈과 허무, 나와 어둠을 버릴 수 있었다. 나를 버림으로써 더 큰 나를 만날 수 있는 혜안의 길을 제시하고 있다.

길은 처음과 끝이 있다. 우리는 목적지를 향해 길을 떠난다. 때로 길을 잘못 들었으면 다시 되돌아 와 다른 길로 떠날 수 있다. 그러나 인생의 길은 그렇지 못하다. 한 번 떠난 길은 결코 되돌아 올 수가 없다. 되돌아보고 후회스러워도 한 발자국도 뒤로 설 수가 없다. 그것이 삶의 일회성, 길의 일과성(一過性)이다. 다시 돌아 올 수 없는 여행을 우리는 떠나야 하는 것이다.

　첫 여자도 첫 키스도 첫 슬픔도 모두 돌아오지 않는다
　그것들은 안 돌아오는 여행을 간 것이다
　얼마나 눈부신가
　안 돌아오는 것들
　다시는 안 돌아오는 한 번 똑딱 한 그날의 부엉이 눈 속의 시계점처럼
　돌아오지 않는 것도 또한 좋은 일이다
　-이진명, 〈여행〉

　인생은 돌아오지 않는 여행이다. 부엉이 시계가 한 번 똑딱 친 이상, 같은 시간은 반복되지 않는다. 부엉이의 똑딱 소리와 함께 첫 여자와 첫 키스의 첫 슬픔은 과거 속으로 사라지는 것이다. 그래서 인생은 아름다운 건지도 모른다. 반복될 수 없는 일회성, 그래서 최선을 다 해야 하는 불꽃같은 삶이 아닐런가. 시인이 안 돌아오는 여행에서 눈부심을 볼 수 있었던 것은 이러한 삶의 속성을 터득한 까닭이다. 그러나 삶의 불꽃 속에 꺼져가는 것들에 대해 무한한 연민과 회한(悔恨)을 느끼게 된다. 떠나온 것에 대한 그리움과 지나온 길에 대한 아쉬움은 인생의 뒤안길에 쓸쓸한 그림자로 남기 마련이다.

　내 청춘의 슬픔 같은 사강 지나며, 슬픔이여 안녕하신가! 덧없는 세월

과 알콜중독으로 쭈글쭈글해진 프랑스와 사강, 그대도 안녕하신가. 그 발랄한 상상력, 어찌 슬픔까지도 친구로 만들어 버리는 그대 젊은 시절 그 아름다움이여, 그때 청춘같은 톡톡 튀는 여자애를 혼자 속 태우며 먼 발치서 사랑한 적도 있었노라. 사강의 청춘이여. 안녕 안녕!
-강성철, 〈사강 지나며〉

발랄한 상상력과 빛나는 영혼으로 아름다웠던 사강의 청춘은 덧없는 세월과 알콜중독으로 사그라졌다. 세월 속에 청춘은 그 빛을 잃었다. 청춘의 아름다운 시체를 가슴에 묻고 살아가는 사강의 슬픈 모습을 보며 시인은 연민과 인생의 무상함을 느끼고 있다. 소년은 희망을 먹고 살고, 노인은 추억을 먹고 산다. 그래서 소년은 앞으로 뻗은 길을 보고, 노인은 걸어온 길들을 되돌아보게 된다.
다음 시에서 젊은 날의 뒤안길을 더듬고 있는 쓸쓸한 한 노인을 만날 수 있다.

철로가 보인다.
조롱받는 노쇠한 말처럼
고개를 떨군 한 사나이가 걷고 있다
드문드문 몇 그루 미루나무
풀더미 무성한 침목을 따라 한 사나이
이제 소용이 닿지 않는 철로를 간간이 두드려 보며
바스락 바스락 흘러 가고 있다
그 철로 또한 달리며 견주고 추월했던 적 있다
-정끝별, 〈철로에 갇힌 사나이〉

못 쓰게 된 철로 위를 걷는 사나이, 그는 인생의 긴 여정을 거쳐 온 노년기의 사내다. 한때는 힘찬 마력으로 철로 위를 질주하던 때도 있지만 이제는 고물 열차가 되어 못쓰게 된 철로 위를 힘없이 걷고 있다. 인생의 길은 진정 철로와 같은 것인가. 오래 되고 녹슬면 무용지물이 되어 갈대꽃이 무성히 피어나는 철로가 되는 것인가. 시인은 그 철로 위를 걸으면서 인생의 덧없음을 절절히 느끼고 있다.

목적지를 향해 힘차게 달리던 청춘의 열차는 어느덧 고물 열차가 되어 폐쇄된 철길 위에 덩그렇게 내동댕이쳐 있는 것이다. 그것이 인생의 종점이라면 너무나 허망한 일이다. 이 무상성에서 벗어나는 길은 곧 해탈의 길이다. 인생의 길은 죽음의 길이고, 그 길의 끝에 해탈의 길이 열려 있다.

그래서 죽음과 해탈에 이르는 길도 자주 만나게 된다.

연천 가는 길은
다른 길과 조금도 다르지 않다
세상의 모든 길이
길로 연결되어 있다는 평범한 사실을
나는 여기서 발견했다

어둠이 고집 센 염소처럼
딱 버티고 서서
그 어떤 길도 이 길과 다름을 인정하지 않는다
바로 그 때 산 자를 예외 없이
죽음으로 몰고 가는 시간이 다가 온다
-원구식, 〈연천 가는 길〉

시인은 세상의 모든 길은 길로 연결된다는 사실을 발견한다. 그 순간 그 길이 죽음의 길로 통한다는 것을 깨닫고 있다. 사람은 모두 저마다의 길을 걷지만 죽음의 길에서 함께 만난다. 결국 모든 길은 죽음의 길로 통해 있는 것이다. 길의 끝에 죽음의 길이 열려 있는 것이다. 김윤배도〈서포리 가는 길〉을 죽음으로 가는 길로 묘사하고 있다. 길 위에 보낸 시간들은 '소멸의 길을 가는 시간'이며 끝내 바다 위로 꽂히는 저녁의 햇살처럼 서서히 소멸해 가는 시간이다. 죽음의 바다에 이르는 길, 결국 우리는 그 길을 가고 있다.

강은교의 〈비리데기의 여행〉도 죽음의 길로 끝맺고 있다. 그리고 죽음의 길이 해탈의 길임을 "걷는 사람이여/ 어디에 누울까 누울까 말고/ 가벼이 떨어지는 옷고름 위에/ 하늘과 함께 나의 뼈를 뉘어 다오" 라는 시구로 표현하고 있다. 하늘에 가벼이 떨어지는 나의 뼈는 이미 지상의 죽음을 초월한 천상의 죽음을 나타낸다.

다음 시 역시 죽음의 길이 곧 해탈의 길임을 극명하게 보여주고 있다.

하늘이 보일 때 이미
돌계단은 끝이 나 있었고
내 손에 이끌려 돌계단을 오르던 너는
이미 내 옆에 없었지
훌쩍 하늘로 올라 가 흰 구름이 되어 버린 너!
우리는 모두 흰 구름이에요, 흰 구름.
육신을 벗고 나면 이렇게 가볍게 빛나는
당신이나 저나 흰 구름일 뿐이에요.
-나태주, 〈돌계단〉

이 시에서 돌계단은 삶의 도정을 의미한다. 한 계단씩 건너 뛴 계단의 끝자락에는 하늘이 보이고 하늘 위엔 흰 구름이 흐르고 있다. 죽음 뒤에 열리는 하늘, 그 하늘 위로 올라가 흰 구름이 되는 일은 곧 해탈의 경지에 이르는 길이다. 죽음을 통해 육신의 옷을 벗으면 우리 영혼도 흰 구름처럼 가볍게 빛나는 것이다.

사람들 사이에 섬이 있다

시는 짧을수록 좋다. 시의 생명은 축약에 있다. 줄이고 줄일수록 시적 긴장과 의미의 파장이 깊어지기 때문이다. 그래서 시를 '언어의 경제학'이라고 부른다. 적은 돈을 들여 큰돈을 버는 것이 경제원리인 것처럼 최소한의 언어로 최대한의 효과를 얻어 내는 것이 시다. 그래서 시인들은 언어를 줄이려고 노력한다. 그 결과물이 단형시조요, 단시(短詩)다. 시조는 3장 6구의 단시고, 한시는 5언 절구(絶句)의 4행시다. 일본의 하이쿠는 2행시다.

현대시의 흐름도 이런 시의 원리에 맞게 짧아지고 있다.

사람들 사이에 섬이 있다
그 섬에 가고 싶다
-정현종, 〈섬〉

두 줄짜리 시다. 쓰인 글자도 17자에 불과하다. 하지만 그 속에는 심오한 내용이 들어 있다. 사람들 사이에 있는 섬은 무엇일까. 섬이 바다에 둘러 싸여 있듯이 사람들 사이의 공간은 곧 바다를 의미한다. 그리고 섬에 가기 위해서 바다를 건너야 한다. 섬으로 통하는 바다는 곧 인간이 사는 세계 곧 인간관계를 의미한다. 말하자면 이 시는 인간관계를 통해서만 섬이라는 낙원에 이를 수 있음을 노래한 것이다. 인간관계가 끊어지면 섬은 영원히 고립될 수밖에 없다.

하이데거는 인간은 '세계 내 존재'라고 했다. 인간은 즉자(卽自) 존재가 아니라 대자(對自) 존재다. 그런 점에서 '인간의 본질이란 혼자 있음에서 규정된다'는 루카치의 명제는 참이 아니다. 인간은 결코 혼자서 존재할 수 없다. 인간(人間)이란 말 자체가 사람과 사람(人) 사이(間)의 존재임을 시사하고 있다. 사람 '인(人)'조차도 두 사람이 서로 기대고 있는 모습을 보여주고 있지 않은가. 그렇게 인간은 '관계로서의 존재'로 존재한다. 〈섬〉은 이러한 인간의 존재조건을 시로 표현한 것이다. '인간의 위대한 스승은 인간 내에 있다'는 말도 인간이 세계 내 존재임을 확인시켜 준다.

하지만 그 인간을 묶는 끈을 끊고 홀로 고립되어 사는 사람들을 볼 수 있다. 이기주의, 개인주의자가 그들이다. 이기주의(egoism)보다 더 무서운 것이 개인주의(egotism)다. 이기주의는 자기 이익을 위해 상대방을 이용하지만 개인주의는 철저히 자신에만 집착하는 것이다. 마치 누에가 실을 뽑아 자기 몸을 감싸거나 달팽이가 딱딱한 껍질 속에 숨는 것과 같다. 시인 이상(李箱)은 이런 인간형을 '양파인간'이라 불렀고 스스로 양파 속에 갇혀 살았다. 어찌 보면 내면지향적이지만 그것은 고립주의, 단절주의에 불과하다.

아리스토텔레스는 이러한 개인주의 인간을 '사적(私的) 인간'이라 불렀다. 사적 인간은 공동체 의식이 없다. 학교나 회사에서 철저히 자기에만 몰두하고 타인들을 의식하지 않는다. 회사 일은 그저 최소한의 자기 몫만 끝내면 그만이다. 회식이든 모임이든 철저히 불참한다. 아리스토텔레스는 이런 사람을 '개 같은 놈'이라고 욕까지 서슴지 않았다. 주변에 '개 같은 놈'들이 얼마나 많은가. 얼굴로 웃고 마음으로 우는, 겉과 속이 다른 '바나나 인간'들 말이다.

현상학자 바슐라르는 인간관계에서 자신을 최소한 줄이려는 심리를 '로트레아몽 컴플렉스'라 불렀는데 이 역시 극단적인 개인주의를 경계한 말이다. 인간관계에서 자신을 최소화시키는 것은 자신을 낮추고 양보하는 겸손한 자세일 수도 있으나 그 속에는 개인주의의 그늘이 깔려있다.

춘추 전국시대 철학자 양자(楊子)는 '내 머리카락 하나 뽑아서 천하가 이롭다 한들 그런 짓은 하지 않겠다'고 했다. 철저히 이기적이고, 개인적인 모습을 보여준다. 머리카락 하나 뽑는 하찮은 일로 천하가 이로워지는데 그조차 거부하는 것이다. 그가 보기엔 세상은 머리카락 하나 보다 못한 것이다. 하지만 그도 머리카락 보다 못한 이웃과 함께 살아 갈 수밖에 없었다.

'무소의 뿔처럼 혼자서 가라'는 불교의 경전은 소신을 갖고 당당하게 살아가라는 가르침이다. 하지만 '혼자서' 라는 말 속에는 독단과 단절의 무서운 벽이 놓여 있다. 세상은 아무리 자기가 옳다 해서 혼자서 살 수는 없는 것이다. 말 그대로 독불장군으로는 어떤 일도 이룰 수 없다. 가정의 화목이 깨지는 것도 자기 주장만 고집해서 생기는 일이고, 회사의 단합이 무너지는 것도 상사의 일방적 고집 때문에 일어난다. 혼자서는 아무 것도 해낼 수 없는 것이다.

심리학에서 자기지향성(self preoccupation)이란 말은 정체성의 확립이라는 긍정적인 의미를 갖고 있다. 하지만 그것이 편향성, 집착성으로 흐르게 되면 또 하나의 고립주의, 개인주의에 빠지게 된다. 정체성의 확립은 자기존재를 위해 필수적인 일이지만 자칫 개인주의에 함몰될 위험을 안고 있다. 플로베르처럼, '나의 구토물 속에 인류를 빠뜨려 죽이고 싶다'는 극단적인 인간 혐오증도 이러한 배타주의, 단절주의에서 나온 것이다. 아무리 혼탁한 세상이고 피하고 싶은 인간들이지만 어차피 세상에 태어난 이상 그 속에서, 그들과 함께 살아 갈 수밖에 없다. 그것이 인간의 운명이다. 니체는 그 운명을 사랑하는 것이 인간의 존재성을 드러내는 방법이라고 있다. 그래서 그는 '운명을 사랑하라'(amor fati)고 했다.

프랑스 철학자 바타유도 자의식의 과잉을 '인간의 저주'라고 경계했다. 자의식의 과잉은 필연적으로 고립주의를 초래한다. 자의식의 홍수 속에 허우적거리던 이상은 끝내 양파 속에 숨어 28세의 짧은 나이로 세상을 떠났다. 33세의 팡세가 된 김소월도 자의식의 과잉으로 스스로 목숨을 끊었다. 자신의 운명을 사랑하지 않은 채 자의식의 심연에 빠지고 만 것이다. 키에르케고르가 '죽음에 이르는 병'은 절망이라 했는데 이상과 소월은 끝내 절망의 늪에서 빠져 나오지 못하고 만 것이다. 하느님이 실험한 절망을 딛고 소생한 욥(Job)은 신의 은총을 받은 행운아였다. 욥은 절망을 이겨야 자신을 이기고 신에게 갈 수 있음을 보여 준 인물이었다.

인간은 태어나는 순간 부조리한 세계에 내던져진다. 그리고 그 부조리의 세계에서 자신을 찾아야 한다. 그것이 인간의 운명이요, 삶의 길이다. 이것이 바로 실존주의자들이 주장하는 인간의 존재방식이다. 인간은 태어나는 순간 불행한 존재로 태어난다. 그를 둘러싼 세계는 온통 부조리의 공간이다. 전쟁이 그렇다. 사람이 사람을 죽이는 전쟁, 때로는 대량학살도 서슴지 않는다. 그보다 더 부조리한 일은 없을 것이다.

가장 이성적인 인간이 동물보다 못한 야수적인 충동으로 전쟁을 일으키고 학살을 범하는 것이다. 실존주의 문학이 전쟁을 배경으로 풍미한 이유도 여기에 있다. 사르트르, 까뮈의 실존주의 작품이 2차 세계 대전 후에 쏟아져 나왔고, 박인환, 장용학 같은 실존주의 작가들도 한국전쟁을 배경으로 탄생했던 것이다. 실존주의를 대변하는 '부조리'란 단어도 까뮈의 〈시지프의 신화〉에서 나왔다.

까뮈의 명작 〈이방인〉은 부조리한 인간의 대명사다. 주인공 뫼르소는 아무 이유 없이 작열하는 태양 때문에 권총으로 사람을 죽인다. 그의 살인행위는 어떤 이유도 없다. 오직 작열하는 태양 때문이었다. 그만큼 부조리한 일도 없을 것이다. 그렇게 인간은 부조리한 세상에 '내 던져 진' 채 살아가야 하는 것이다.

카프카의 〈변신〉도 부조리한 인간이 주인공이다. 어느 날 주인공 그레고르는 한 마리 벌레로 변신한다. 벌레로의 변신은 인간의 존재 자체가 부조리함을 의미한다. 인간이면서 벌레보다 못한 생존을 이어가는 부조리한 삶을 고발하고 있다. 똑같은 일상이 반복되는 무의미한 삶은 생존을 위한 삶에 불과하다. 단지 살기 위해서 사는 것이다.

그러한 부조리 인간을 카푸카는 '익명적(匿名的) 존재'라고 불렀다. 익명적 존재는 곧 자기 이름을 잃어버린 인간을 말한다. 우리 주변에서 이름을 잃어버린 사람들이 얼마나 많은가. 대중에게 사랑을 받고 있는 오락프로 '전국노래자랑'을 보자. 동네 아주머니가 무대에 올라 '밤골에 사는 영자 엄마에요'하고 자기소개를 한다. 분명 그녀도 자기 이름이 있을 텐데 그저 '영자 엄마'로 부른다. 자기 이름을 잃어버린 것이다. 이름은 단지 부르기 위해 만든 게 아니라 자신의 정체성과 고유성을 상징한다. 이름이 보통명사가 아니라 고유명사인 것은 이름이 곧 고유성과 개성임을 의미한다.

사람들은 보통 자신의 이름을 잃어버린 채 기호나 숫자로 살아간다. 우리는 모두 주민등록 번호를 갖고 있다. 핸드폰이나 인터넷에 쓰이는 것도 이름이 아니라 아이디나 비밀번호다. 아이디는 숫자와 기호로 만든다. 자기만의 통장번호가 있고 계좌를 만들고 거래한다. 방송국에 노래한 곡 신청할 때도 '1234번님'으로 불린다. 그렇게 이름을 잃어버린 채 기호와 숫자의 시대를 살아가고 있다. 자신의 고유성, 정체성, 개성이 사라진 것이다. 그것보다 더한 부조리한 삶이 어디 있겠는가.

숫자나 기호보다 차라리 별명이 정겹고 훈훈하다. 누구나 별명은 하나씩 가졌을 것이다. 친구들도 이름보다 별명으로 많이 불렀다. 나도 '털털이, 물차, 막둥이' 같은 별명을 가졌다. 모든게 치밀하지 않고 허둥댄다고 털털이, 물처럼 싱겁다고 물차, 막내처럼 철없다고 막둥이라 불렀다. 별명은 이처럼 그 사람의 특징과 개성을 보여준다. 숫자나 기호처럼 삭막하고 기계적인 익명은 아니다. 숫자와 기호로 사는 삶은 그야말로 추상의 삶이지 살아 움직이는 구체적 삶은 아니다.

인간관계에서 용서는 필수적인 일이다. 살다 보면 오해가 쌓이고, 그것이 갈등과 대립을 유발한다. 그래서 소원해지고 심지어 원수지간으로까지 발전한다. 그때 필요한 것이 용서다. 용서는 결코 쉽지 않지만 인간관계의 회복을 위해선 필수적인 것이다. 용서에서 필요한 것은 상대방을 이해하는 것이다. 역지사지(易地思之)의 입장에서 상대방을 헤아리고 이해해야한다. '용서(容恕)'라고 할 때의 '서(恕)'는 같을 '여(如)'자와 마음 '심(心)'이 합쳐진 단어다. 곧 용서는 서로 마음이 같아진다는 뜻이다. 마음이 같아지기 위해선 이해와 소통이 필요하다. 사랑이란 단어도 어원은 '사랑(思量)'이었는데 이는 상대를 생각하고(思), 헤아려 준다(量)는 뜻을 갖고 있다. 서로를 이해하고 헤아려 줄 때 비로소 사랑이 이루어지는 것이다.

그래서 상대방을 두 눈으로 보지 말고 한 눈으로 보라고 한다. 두 눈 부릅뜨고 상대방을 보면 단점이나 약점이 많이 보인다. 그것이 오해와 갈등의 불씨가 된다. 그러니 한 눈을 감고 보라는 것이다. 상대방의 단점과 실수를 용서하고 적당히 눈감아 주며 살라는 것이다. 늘 같은 공간에서 함께 살아가는 부부에겐 한 눈 감고 사는 일은 필수적이다. 용서는 사랑의 길이요, 행복으로 가는 지름길이다.

행복을 위해선 베풀고 감사할 줄 알아야 한다. 행복은 받는 것보다 주는 것에서 온다. 선물을 주고받다 보면 그 말이 실감이 난다. 받을 때 보다 줄 때의 기쁨이 두 배가 된다. 그래서 나도 선물을 받기보다 주는 쪽을 좋아한다. 기쁨은 나누면 두 배가 되고, 고통은 나누면 반이 된다 하지 않는가. 감사의 분량은 행복의 분량인 것이다. 서로 주고받으면서 감사의 분량을 늘여 가야 할 일이다.

그래서 공자도 '나를 알아주지 못하는 것을 걱정하지 말고 남을 알아주지 못함을 걱정하라'(不患人之不己知 患不知人也)고 일렀다. 누가 나를 알아주기보다는 내가 남을 알아주는 데 신경을 더 쓰라는 말이다. 그러면 타인도 저절로 나를 알아줄 것이다. 타인을 먼저 이해하고 알아주는 사람이야말로 인간관계에서 꽃이 되는 사람이다.

태조와 대사(大師)의 일화도 이런 점에서 시사하는 바가 크다. 태조가 대사에게 '당신 얼굴은 돼지 같다'고 하자, 그 말을 듣고 대사는 '태조 얼굴은 부처 같다'고 응답했다. 그러자 태조가 나는 너를 돼지라고 욕했는데 너는 나를 어찌 부처라 하느냐고 반문했다. 그러자 대사 왈 '돼지 눈에는 돼지만 보이고 부처 눈에는 부처만 보인다'고 했다. 대사가 상대방을 헐뜯는 태조를 훈계한 것이지만 타인에게 칭찬을 아끼지 말란 메시지를 담고 있다. 칭찬은 인간관계를 위한 필수요소다. 용서와 칭찬보다 더 좋은 가르침은 없을 것이다. 칭찬은 고래조차 춤추게 한다 하지 않는가.

그렇다고 비위를 맞추기 위해 하는 공허한 칭찬은 피할 일이다. 상대방 비위를 맞추기 위해 자기를 낮추고 비하하는 것을 '아버지 컴플렉스(father complex)'라 부른다. 이때 아버지는 권위와 권력을 상징한다. 곧 권위와 권력을 갖은 사람에게 아첨하기 위해 자신을 비하하는 것이다. 흔히 속된 말로 손을 잘 비벼야 출세한다고 한다. 그런 인간이 바로 '사과닦이(apple polisher)' 인간이다. 손으로 사과를 닦아 광을 내듯이 권력자에게 손을 비비는 것이다. 사과닦이 인간은 비굴한 인간의 대명사다.

문학에서 순수문학, 순수예술을 지향하는 일을 칸트는 '무목적의 목적성'이라고 불렀다. 좀 어려운 말이긴 하지만 '목적을 갖지 않는 것을 목적'으로 하라는 말이다. 곧 무목적을 목적으로 하라는 뜻이다. 문학이 어떤 목적을 가지면 순수성을 잃는다. 특히 정치적 목적을 가지면 심한 이념성과 편향성을 갖게 된다. 사회주의 카프(KAPF) 문학이나 참여문학이 정치적 목적을 위해 문학을 수단으로 삼는 것이 좋은 예이다. 카프의 주동자였던 박영희가 조직을 탈퇴하면서 남긴 유명한 명제, '얻은 것은 이데오로기요, 잃은 것은 예술이다'가 이를 잘 말해 준다. 문학이 정치적 이데오로기로 편향되어 예술성을 잃고 말았던 것이다.

그처럼 인간관계에서도 무목적의 목적성을 지향해야 한다. 이해관계에 의해서 맺어진 인간관계는 이해관계가 끝나는 순간 소멸되고 만다. 그리고 대립과 갈등으로 이어진다. 이해관계가 없는 순수한 관계만이 오래가고 아름다운 향으로 남는 법이다. 쇼펜하우어가 말했듯이 '이해관계에서의 이탈'만이 진정한 인간관계를 위한 지름길이다.

괴테는 〈파우스트〉에서 '인간은 노력하는 한 잘못은 없다'고 했다. 살다 보면 실수하기 마련이다. 어찌 기계처럼 완벽할 수 있겠는가. 실수하기 때문에 인간일 것이다. 하지만 실수하지 않기 위해 꾸준히 노력을 해야 한다. 노력하는 인간이야말로 아름다운 인간인 것이다. '나를 구할 자는 나 밖에 없다'는 파우스트의 말도 구원의 길은 스스로 찾아야 한다는 말이다. 헤겔도 정열없이 이루어진 것은 하나도 없다고 했다. 인간이 이루어 낸 모든 일은 잘못을 딛고 꾸준히 노력한 결과물인 것이다. 하지만 모든 것이 끝난 듯 체념한 채 완료형으로 사는 사람들도 많다. 모든 것을 일찍 포기하는 사람들이다. 완료형 인간은 용기도 열정도 없다. 삶을 포기한 비관주의 인간들이다.

영국의 작가 오든(Auden)은 참된 인간형으로 '수직적 인간형'을 제시했다. 수직적 인간이란 비리와 불의가 없는 이상적 인간을 말한다. 여름날 정오에 햇빛은 수직으로 내려 땅에 꽂힌다. 그때 땅에 막대기를 똑바로 세우면 그림자가 생기지 않는다. 그래서 수직적 인간은 그림자 없는 인간을 의미한다. 그림자가 없는 인간은 떳떳하고 바른 인간, 양심적이고 정의로운 인간이다. 우리 사회에 반드시 그런 인간이 필요하다. 세상이 온통 부조리와 불의, 비리로 덮혀 있기 때문이다. 부조리의 그림자를 걷어 내고 밝은 빛을 던져줄 사람이 바로 수직적 인간이다.

투르게네프는 이런 인간을 소설 속 인물을 따서 '네르다노프형의 인간'이라 했다. 네르다노프는 작품에서 진실되고 솔직하게 행동한다. 하지만 너무 이상적이어서 현실과 타협할 줄 모르는 지성인이다. 네르다노프는 어두운 세상에서 반드시 필요한 인물이지만 너무 이상적이고 추상적인 한계를 갖는다. 현실이라는 땅에 발을 딛고 사는 이상 현실과 대화하고 소통해야 어둠을 걷어 낼 수 있을 것이다. 수직적 인간인 네르다노프는 필요하지만 땅 위에서 살아가는 수평적 인간이 필요하다. 현실 상황에 유연하게 적응하고 대처할 때 비로소 세상은 밝아질 것이다. '현자(賢者)는 모든 것에서 배우고, 강자(强者)는 자신을 이기며, 부자는 스스로 만족한다'고 했다. 현자의 길처럼 모든 것, 곧 현실에서 배우고 극복해 가야 할 일이다.

꽃밭의 독백

시인 괴테는 '하늘에는 별이 있고, 땅에는 꽃이 있고, 사람에게는 사랑이 있다'고 하였다. 하늘의 별 같고, 땅의 꽃 같은 존재가 사랑인 것이다. 별 없는 하늘, 꽃 없는 땅을 상상할 수 없듯이 사랑 없는 인간세계를 상상할 수 없다. 이처럼 하늘이나 땅, 별과 꽃 같은 우주에서 인간적 의미를 끌어내는 사유를 우주적 상상력이라 부른다.

꽃은 인간의 삶과 밀접한 관련을 갖고 있다. 우리 주변을 둘러보면 우리가 얼마나 꽃과 깊은 인연을 맺고 사는지 알 수 있다. 옷이든 음식이든 모든 생활용품에서 꽃은 기본 디자인이고, 시, 그림, 음악 등 예술의 기본 소재도 꽃이다. 결혼식, 장례식, 졸업식뿐 아니라 모든 행사에서 빼놓을 수 없는 것이 화환이요, 꽃이다. 꽃꽂이는 취미생활의 기본이며 아파트 베란다에서 꽃 한 송이 키우는 것이 서민들의 낙이다. 시골 텃밭 한구석에도 조그만 꽃밭을 가꾼다. 울타리를 타고 올라가는 개나리, 울밑에 심은 봉숭아와 채송화가 모두 생활 속의 꽃들이다. 그만큼 인간 삶의 전반에 걸쳐 꽃은 빼놓을 수 없는 필수품이요, 장식품이다.

그 이유는 꽃이 아름답고 순수하기 때문이다. 꽃은 분명 미(美)의 상징이요, 표상이다. 우리 인생을 아름답게 가꿔주는 매체요, 장식이다. 꽃을 소재로 한 단어들이 모두 미에 관련된 것만 봐도 알 수 있다. 특히 미인을 지칭할 때 주로 꽃이 많이 쓰였다. 아름다운 미인을 화용월태(花容月態)라 부르고, 꽃같은 얼굴은 화안(花顔), 신부가 타고가는 가마는 꽃가마라 한다.

신라시대 미인들도 대부분 꽃으로 이름이 불려졌다. 신라 21대 소지

왕의 후궁인 절세미인 벽화(碧花), 선화(善花)공주, 『삼국사기』에 신라의 국색(國色)으로 표기된 김정란(金井蘭), 25대 진지왕의 왕비였던 도화랑(桃花娘)이 모두 꽃이름이다. 신라 노래인 〈헌화가〉의 주인공인 수로부인도 철쭉꽃 여인이다. 이처럼 아름다운 여인들은 모두 꽃으로 묘사되고 꽃이름이 붙었다.

꽃에는 각기 꽃말이 있다. 예를 들어 장미-사랑, 국화-진실, 코스모스-순정, 목련-우애, 과꽃-추억, 개나리-희망, 카네이션-은혜, 나팔꽃-기쁨 같은 것이다. 이처럼 꽃말들은 모두 인간의 삶과 밀접한 관련을 맺고 있다. 사랑, 추억, 우정, 희망, 기쁨은 우리의 삶에서 빼놓을 수 없는 절대가치요, 생활감정이다. 이처럼 꽃말들이 인간의 삶과 관련을 갖고 있다는 것은 꽃이 우리 삶의 필수품이라는 것을 의미한다.

옛 선비들이 즐겨했던 화초들은 매란국죽(梅蘭菊竹)이었다. 이를 4군자(君子)라 부른다. 모두 선비의 기개와 절조, 고매한 품격을 표상하는 것들이다. 그런데 4군자의 공통점은 모두 꽃이라는 점이다. 매화와 국화는 물론 난초도 꽃을 피우고 심지어 대나무에도 꽃이 핀다. 대나무꽃은 보기 드문데 일생에 한번 볼 수 있는 귀한 꽃이다. 그래서 '신비의 꽃'이라고도 한다. 대나무가 한 곳에서 오래 번식하면 영양분이 고갈되어 다른 곳으로 옮겨야 한다. 그때 꽃을 피어 씨앗을 잉태하는 것이다. 선비들은 이처럼 꽃을 가까이 두고 삶의 지표로 삼았다.

짧은 내 생애도 꽃과 깊은 인연을 맺어 왔다. 유년기에서 장년기까지 꽃은 내 인생의 화석으로 남아 있다. 고대의 생명체들은 바위나 흙에 화석(化石)을 남겨 살아있던 흔적을 생생히 보여준다. 단단히 돌에 박힌 화석의 흔적을 보면 시간을 뛰어넘는 신비로움을 느끼게 된다. 화석은 어쩌면 천년만고(千年萬古)의 시간이 그대로 압축된 초월성의 징표다. 생물체의 흔적이 아니라 시간의 흔적인 것이다. 그처럼 꽃도 내 인생의 화석이 되었다. 어둠 속에 별이 빛나고, 화석에 고대 생명체가 살아 있듯이 꽃은 내 인생의 별이요, 화석이다. 꽃들이 만들어낸 추억 속의 화석을 화석(花石)이라 부르고 싶다.

내 인생에서 처음 만난 꽃은 진달래였다. 고향 마을이 산골이었기에 봄이 되면 진달래가 지천으로 피어났다. 그야말로 진달래 산천이 펼쳐진다. 그러면 어머니와 누이들이 봄나물을 캐러 갔다가 진달래를 한 다발씩 꺾어와 소주병에 담아 놓곤 했다. 진달래 꽃병을 보며 봄소식을 만나곤 했다. '아, 추운 겨울이 가고 드디어 봄이 왔구나' 하는 기쁨을 진달래 꽃병에서 느꼈던 것이다. 봄이 되면 동네 아주머니들이 들판에 모여 화전놀이를 했다. 진달래 꽃잎을 띄워 만든 화전(花煎)을 부쳐 먹었던 것이다. 먹고 살기 힘든 때지만 진달래 화전을 부치며 흥겨운 하루를 보내는 것이다. 가난 속에서도 봄의 낭만을 즐길 수 있게 한 꽃이 진달래였다. 나의 유년 시절의 봄은 그렇게 진달래로부터 왔다.

또 하나 빼놓을 수 없는 꽃이 아카시아다. 5월이 되면 아카시아꽃들이 싱싱하게 피어난다. 아카시아는 진달래와는 달리 향기가 짙고 꿀도 들어 있다. 5월이 되면 온동네가 아카시아향으로 물들었다. 벌들은 잉잉거리며 아카시아 꽃으로 몰려든다. 가난한 시절 아카시아꽃은 아이들의 좋은 간식거리였다. 꽃 속에 달콤한 꿀이 들어 있기 때문이다. 눈깔사탕 하나 사 먹기 힘든 때여서 아카시아 꿀맛은 최고의 별미였다. 호주머니에 한 움큼씩 넣고 다니며 먹었다. 친구들은 한 마리 벌이 되어 아카시아꽃을 찾아 날아 다녔다. 그야말로 어느 가수의 노래대로 '진달래 먹고, 물장구 치고, 다람쥐 쫓던' 행복한 유년 시절이었다.

중학생 시절의 화석(花石)이 된 꽃은 코스모스였다. 어느 가을날 만장산 중턱에 무더기로 피어난 코스모스를 만났다. 유난히도 푸른 가을 하늘을 배경으로 하늘거리는 코스모스들이 너무 아름다웠다. 꽃 구경하다 문득 꽃밭에서 잠이 들어 버렸다. 가을햇볕과 코스모스향에 취해 스르르 잠들어 버린 것이다. 깨어나니 하늘에 달이 떠 있고 콧등에 이슬이 맺혀 있었다. 집에선 애 잃어 버렸다고 난리였다. 결국 어머니께 야단맞고 꼬박 감기몸살로 며칠을 앓았다. 그야말로 꽃몸살을 앓은 셈이다. 그때 치른 꽃몸살은 문학소년의 감수성을 눈뜨게 해 준 조그만 사건이었다. 내가 문학의 길을 걸어 갈 암시요, 신호였는지 모른다.

고교시절에 화석이 된 꽃은 해바라기였다. 장위동에서 하숙생활을 하면서 고단하고 힘든 심신을 달래준 것이 해바라기였다. 해바라기를 바라보며 희망과 용기를 얻고 미래에 펼쳐질 꿈을 꾸곤 했다.

> 나의 무덤 앞에는 그 차거운 빗돌을 세우지 마라
> 나의 무덤 주위에는 그 노오란 해바라기를 심어 달라
> 그리고 해바라기의 긴 줄거리 사이로 끝없는 보리밭을 보여 달라
> 노오란 해바라기는 늘 태양같이 태양같이 하던
> 화려한 나의 사랑이라고 생각하라
> 푸른 보리밭 사이로 하늘을 쏘는 노고지리가 있거든
> 아직도 날아 오르는 나의 꿈이라 생각하라
> -함형수, 〈해바라기의 비명〉

책상머리에 붙여 놓고 외롭고 우울할 때 낭송하던 함형수의 〈해바라기의 비명(碑銘)〉이다. 사춘기 고교시절이라 사랑과 인생에 대해 생각이 많은 때였다. 무엇보다 하숙생활과 학업에 심신이 피로했던 시절이었다. 그때 위안의 손길을 보내 준 것이 바로 이 시였다. 비록 비명(碑銘)이라 죽음 후의 삶을 노래하고 있어 어린 나이에 어울리지 않는 것이지만 내게는 하나의 인생의 지표나 표상처럼 여겨졌다.

죽음은 결국 살아 있음의 흔적이 아닌가. 어떻게 살았느냐가 결국 죽음으로 나타나기 때문이다. 시인은 죽어서도 해바라기 같은 꿈과 희망을 잃지 않고 있다. 보리밭처럼 푸른 꿈을 노고지리 노래에 담아 해바라

기를 키우고 있는 것이다. 시를 읽으며 '그렇다, 나도 저렇게 밝은 태양을 쫓는 해바라기가 되리라' 다짐했던 것이다. 푸른 보리밭을 노고지리로 날 것을 꿈꿨다.

대학시절에 화석이 된 꽃도 코스모스였다. 학교 가을 축제인 '학림제'를 맞아 몇몇 친구들과 무주 구천동으로 여행을 떠났다. 구천동으로 가는 길가에는 코스모스가 지천으로 피어 있었다. 마침 학교를 파한 학동(學童)들이 가방을 메고 줄지어 귀가길에 오르고 있었다. 버스가 지나가니 일제히 손을 들어 환호를 보냈다. 한적한 시골길에서 만난 버스가 무척이나 반가웠던 모양이다. 내달리는 버스 차창으로 고사리 같은 손을 흔드는 학동들이 먼지 속에 아른거렸다.

길가의 코스모스도 고사리 같은 아이들 손에 섞여 흔들리고 있었다. 뿌연 먼지 속에 사라져가던 아이들과 코스모스의 손짓이 뇌리에 그대로 각인되어 지금도 영화의 한 장면처럼 떠오른다. 코스모스의 꽃말은 순정이다. 아이들의 동심도 순수하고 순결하다. 그래서 코스모스는 아이들을 닮은 꽃이다. 나는 그때 그들을 닮은 순수한 영혼으로 살아야겠다는 생각을 해봤다.

군복무 시절 화석이 된 꽃은 벚꽃이다. 진해 해군시절에 나는 자전거로 출퇴근했다. 총 대신에 백묵을 들고 사관생도들을 가르치는 것이 일이었기에 매일 출퇴근을 했다. 출퇴근 공용버스도 있었지만 나는 자전거를 택했다. 이유는 멋진 출근길 때문이다. 특히 사관학교 정문에서 강의실까지 바다를 낀 해변길이라 자전거를 타고 달리는 기분은 최고였다. 푸른 바다, 하얀 갈매기, 파도소리가 어우러진 환상적인 출근길이었다.

그런데 군항제가 다가오면 벚꽃이 해변길을 가득 메운다. 마치 꽃터널을 달리는 기분이다. 낙화가 떨어지면 길 위에 꽃잎이 눈처럼 쌓인다. 그 위로 자전거가 달리면 벚꽃 이파리가 폴폴 날아오른다. 영화 속 한 장면이 펼쳐진다. 영화 〈사관과 신사〉의 주인공이 바로 나였다. 포도 위를 뒹구는 벚꽃길을 달리며 나의 청춘도 낙화처럼 조금씩 야위어 가고 있었다.

대구대 재직시절의 화석은 다시 해바라기였다. 지방학교라 학생들이 인정도 많고 순수했다. 학생들이 꽃들을 많이 가져다주곤 했는데 기억에 남는 꽃이 해바라기다. 대구에는 동촌비행장이 있고 근처에는 초원이 펼쳐져 있다. 늦여름엔 해바라기도 무성했다. 그 해바라기를 꺾어서 연구실로 가져온 것이다. 꽃집에서 산 것이 아니라 들판에서 꺾어 온 것이라 싱싱했다. 돈만 주면 꽃집에서 쉽게 구할 수 있는데 멀리 동촌 들판까지 나가 꺾어 온 꽃이라 너무 고맙고 사랑스러웠다. 꽃을 들고온 학생들이 마치 해바라기를 닮은 듯했다. 그때 받은 해바라기는 지금도 영영 시들지 않고 내 마음속 태양으로 빛나고 있다.

학교가 시내에서 경산으로 옮긴 후 학생들은 풀꽃들을 꺾어 날랐다. 학교 주변이 허허벌판이라 이름 모를 풀꽃들이 지천으로 피어났다. 인문대가 자리 잡은 곳이 언덕배기여서 바람만 조금 불어도 윙윙 소리가 나곤 했다. 그래서 별칭이 '폭풍의 언덕'이었다. 에밀리 브론테의 히스클리프와 캐시가 대구대에서 부활한 것이다.

그 언덕에 핀 풀꽃들을 캐시들이 꺾어서 연구실로 가져왔다. 고무줄로 동여맨 풀꽃더미가 소박하고 아름다웠다. 하지만 풀꽃들은 금새 시들어 하루를 넘기지 못한다. 다음 날 출근해 보면 이미 고개를 숙이고 있다. 하루살이처럼 살다 간 풀꽃이지만 완벽하고 아름다운 생애를 마감한 것이다. 꽃을 꺾어 오던 야생의 히스클리프와 캐시들, 그들은 내 마음속에 영원히 시들지 않는 아름다운 꽃으로 피어 있다.

청년교수로 10년을 보내고 대구대를 떠나면서 마지막으로 만난 꽃이 코스모스였다. 문천지 주변에 있던 포도원에서 송별회를 가졌다. 포도원은 국문과 학생들의 안식처였다. 내 인생의 첫 직장이고 청춘의 열정을 쏟아부은 학교여서 이별은 참으로 힘든 일이었다. 살다 보면 내 의도와 무관하게 나를 이끌어가는 운명의 손이 있는 것 같다. 베르디의 〈운명의 힘〉 같은 것일까. 귀신에 홀린 듯 마음의 고향인 대구를 떠나야 했다.

　송별회 때 받은 선물이 코스모스였다. 어느 학생이 문천지에 핀 코스모스를 꺾어서 송별 기념으로 준 것이다. 그리고 '가을이네요, 그리고 선생님은 떠나시네요.'라고 짧은 한마디를 남겼다. 그 말이 가슴에 와 박혀 화석이 되고 말았다. 말의 화석이니 언석(言石)이라고나 할까. 그 때 코스모스는 화석(花石)이 되고, 말은 언석(言石)이 되어 가슴 속에 남아 있다.

　건대에서의 화석은 목련이다. 연구실 창가에 봄이 되면 목련이 화사하게 피어났다. 방이 2층이어서 목련은 창틀에 수놓은 듯 그렇게 피어났다. 창틀을 뜯어내면 그대로 목련 액자가 될 것이다. 어느 날 퇴근하려고 문을 나서자 문 앞이 꽃무덤으로 되어 있었다. 누군가 목련꽃을 모아서 문 앞을 장식해 논 것이다. 복도 한가득 하트 모양으로 펼쳐 놓았다. 통행이 불편할 정도였다. 다른 교수들이 퇴근하면서 얼마나 흉을 봤을까 부끄러운 마음이 들었다. 하지만 내심으로는 여간 고맙고 기특한 게 아니었다. 연구실 앞에 꽃무덤을 만들어 놓는 일이 어디 흔한 일인가. 문학을 하는 국문과 학생들이기에 가능했을 것이다. 목련을 사랑했던 학생들도 어디선가 목련 같은 우아한 인생을 살아가고 있으리라.

꽃을 위한 서시

아마도 시에서 제일 많이 쓰인 소재는 꽃일 것이다. 시인 치고 꽃노래를 부르지 않은 사람은 없을 것이다. 삭막하기 그지없는 초현실주의 시를 쓴 이상조차도 〈꽃나무〉라는 꽃시 명편을 남기고 있다.

시인들은 자기가 사랑하는 꽃시들을 하나씩 남기고 있다. 서정주의 국화(〈국화옆에서〉), 김영랑의 모란(〈모란이 피기까지는〉), 김소월의 진달래꽃(〈진달래꽃〉), 이형기의 코스모스(〈코스모스〉), 함형수의 해바라기(〈해바라기의 비명〉), 송욱의 장미(〈장미〉)가 그렇다. 이처럼 꽃은 시의 소재가 될 뿐 아니라 시인을 상징하는 표상이 된다. 영미 이미지즘의 아버지 에즈라 파운드는 한 편의 훌륭한 이미지만으로도 훌륭한 시가 될 수 있다고 하였다. 이들은 대표적인 꽃 시 하나만으로 명시인이 된 것이다.

시인들에게 꽃은 어떤 모습으로 비쳤을까. 꽃을 노래하되 꽃의 시적 프리즘은 다양하다. 꽃은 여성의 관습적 상징이다. 나무가 남성성의 상징이라면 꽃은 여성성의 표상이다. 그래서 꽃은 아름다운 소녀나 여인으로 그려진다. '작약, 장미, 사계화, 금잔화, 그들 틈 사이에서 수줍게 웃음짓는 은발의 소녀 마가렛'(〈6월에〉)처럼 김춘수는 소녀를 작약, 장미, 금잔화로 그리고 있다. 조병화는 어린 시절 친구이던 소녀를 '베아트리체보다 곱던 날의 을남이는 흰 부라우스만 입으면 목련화이어라'(〈목련화〉) 라고 기억하고 있다. 우리 시에 처음 나오는 〈헌화가〉의 수로부인은 견우노인이 꺾어 바친 철쭉 여인이었다.

때로는 소월의 〈진달래꽃〉처럼 이별의 한을 품고 인내의 세월을 견뎌내는 인고(忍苦)의 여인이 되기도 한다. 인고의 세월을 견디며 마침내 성숙한 여인으로 꽃 핀 것이 서정주의 〈국화 옆에서〉이다. 시인의 누님은 소쩍새 우는 봄, 천둥이 치는 여름, 무서리가 내리는 가을을 보내며 마침내 거울 앞에 선 성숙한 여인으로 자리잡는다.

서정주의 〈목화〉에도 비슷한 이미지의 여인이 나온다.

다수굿이 젖어 있는 붉고 흰 목화꽃은
누님, 누님이 피우셨지요
저 마약과 같은 봄을 지내어서
저 무지한 여름을 지내어서
질갱이풀 지슴길을 오르내리며
허리 굽히고 피우셨지요
-서정주, 〈목화〉

서정주의 목화도 '마약 같은 봄, 무지한 여름'을 견디며 인고의 세월 끝에 피어난 꽃이다. 〈목화〉의 목화는 〈국화 옆에서〉의 국화를 닮은 여인이다. 그런 점에서 두 작품은 자매편인 셈이다.

때로 꽃은 열녀의 표상으로 그려지기도 한다.

무릇 여인 중 너는
사랑을 할 줄 안 오직 하나의 여인
눈 속의 매화 같은 계집이여
칼을 쓰고도 너는 사랑을 뱉아 버리지 않았다
-노천명, 〈춘향〉

이처럼 시인은 춘향의 지조와 절개를 매화로 그리고 있다. 눈 속에 피어나는 매화처럼 춘향의 임을 향한 사랑은 일편단심 변함이 없었던 것이다. 그 사랑은 춘향이 쓰고 있던 칼처럼 매서운 겨울을 이겨내는 매화꽃 사랑이었던 것이다.
고전적 의미에서 여성성의 미덕은 부끄러움에 있다. 다소곳한 겸손과 부끄러움은 여성의 미덕으로 간주되어 왔다.

반쯤 연 꽃봉오리
안으로 다시 화장하고
길일(吉日) 고이 받아 햇살과 입 맞추리
꽃봉오리 수줍은 양이
시집가기 전 첫 색시라
-조지훈, 〈꽃새암〉

시집가기 전 부끄러움을 타는 색시를 반쯤 연 꽃봉오리로 비유하고 있다. 봉오리를 활짝 열지 않고 반쯤 열어 둔 채 안으로 곱게 가꾸는 모습이 참으로 아름답다. 정지용도 이런 수줍음을 타는 아가씨를 해바라기로 비유하여 '해바라기는 첫 시악시인데 사흘이 지나도 부끄러워 고개를 아니 든다'(〈해바라기씨〉)고 묘사하고 있다. 고개 숙인 해바라기를 부끄러움을 타는 시악시로 그리고 있는 것이다.
꽃이 인고의 세월을 견뎌내는 여인으로 비유되듯이 강인한 생명력의 표징으로 그려지기도 한다.

동방은 하늘도 다 끝나고
비 한 방울 내리지 않는 그 때에도
오히려 꽃은 빨갛게 피지 않는가
북쪽 툰드라에도 찬 새벽은

눈 속 깊이 꽃맹아리가 옴작거려
제비떼 까맣게 날아오길 기다리나니
-이육사, 〈꽃〉

　얼음장으로 뒤덮힌 시베리아 벌판 툰드라에도 꽃맹아리는 옴작거리며 봄이 오길 기다린다. 제비떼 날아오는 봄이 오면 마침내 빨간 꽃을 피어낼 것이다. 이육사의 꽃은 이처럼 인고의 세월을 견뎌낸 생명의 불꽃이다. 그 불꽃은 결국 우리의 해방을 맞이하는 서광이 될 것이다. 이처럼 이육사는 툰드라에 피는 꽃을 민족 해방의 불꽃으로 그려내고 있다.
　한용운 역시 겨울에 피어나는 매화를 보며 꽃의 생명력을 민족 해방의 에너지로 환치하고 있다. '죽은 줄 알았던 매화나무 가지에, 구슬같은 꽃방울을 맺혀주는 쇠잔한 눈 위에, 가만히 오는 봄 기운은 아름답기도 합니다.'(《낙원은 가시덤불에서》) 차가운 눈 속에서 죽은 줄 알았던 매화나무에 구슬같은 꽃방울이 맺는 모습을 보며 언젠가 올 독립을 굳게 믿고 있다.
　이해인 시인은 네팔을 방문했을 때 신기한 경험을 한 적이 있다. 추운 겨울날 고지대여서 살아 있는 것이라곤 없는데 골짜기 양지쪽에 소복하게 노란 민들레가 피어 있는 것이 아닌가. 바람 불고 추운 날씨에 왠 꽃인가 싶어 의아해하다가 꽃들이 한결같이 키가 작은 걸 발견했다. 그래서 시인도 납작하게 엎드려 보았더니 신기하게 바람이 불지 않고 따뜻한 온기가 느껴졌다. 순간 민들레가 핀 것은 자신을 낮추는데 있음을 깨달았다. 자신을 낮추어 바람을 피하고 햇볕과 지열을 받아 꽃을 피워낼 수 있었던 것이다. 그처럼 민들레는 스스로 몸을 낮추어 끈질긴 생명을 이어간다.
　이해인이 시인이 된 것도 민들레 때문이었다. 어느 날 수녀원을 산보하다가 민들레 홀씨가 바람을 타고 울타리 너머로 날아가는 것을 발견했다. 그걸 보며 이해인은 바깥 세상과 소통하는 길이 시임을 깨달았다. 시를 써서 민들레 홀씨처럼 날아가 사람들과 소통해야겠다는 결심을 하게 된 것이다. 그리해서 이해인의 〈민들레 영토〉가 탄생한 것이다. 그의 시들은 민들레 홀씨가 되어 사람 사는 세상 구석구석까지 꽃보다 아름다운 영혼들을 퍼뜨리고 있다.

이러한 꽃의 생명력은 민중의 끈질긴 생명력으로 변형되기도 한다. 송수권의 〈며느리밥풀꽃〉은 밥풀꽃의 전설을 모티브로 하여 씌어진 시다.

> 그 중에도 우리 설움
> 뼛물까지 녹아 흘러 밟으면 으스러지는 꽃
> 이 세상 끝이 와도 끝내는
> 주저앉은 우리를 다시 일으켜 세우는 꽃
> -송수권, 〈며느리밥풀꽃〉

며느리가 제삿밥을 짓다가 밥이 다 익었나 살피기 위해 밥알 두 개를 입에 물었다. 그걸 본 시어머니한테 몽둥이를 맞고 죽은 며느리 전설을 담고 있는 꽃이 며느리밥풀꽃이다. 그래서 그 꽃은 민초(民草)들의 고단한 삶을 상징하는 꽃이 되었다. 시에서도 며느리밥풀꽃은 설움으로 주저앉은 우리를 다시 일으켜 세우는 민중의 꽃으로 그려지고 있다. 역경과 간난(艱難)을 딛고 끈질기게 살아가는 민중의 생명력과 삶의 의지를 며느리밥풀꽃을 통하여 그려낸 것이다.

권달웅도 〈안개꽃〉을 통하여 민초들의 고단한 삶을 그려낸다. 그는 안개꽃을 강인한 생명력을 피어내는 '웃음의 꽃'으로 표현하고 있다. '어려운 살림살이 무슨 꿈으로, 하하하하 하얗게, 웃으며 눈물을 참는가' 라고 노래하고 있다. 안개꽃의 하얀 꽃망울들은 민중에게 힘과 웃음을 주는 희망의 메시지가 된다.

이처럼 꽃은 희망과 꿈의 상징이다. 때로는 삶의 지표요, 이상(理想)이 되기도 한다. 김영랑의 〈모란이 피기까지는〉에서의 모란은 시인의 삶의 지표요, 이상이다. 모란이 피기까지 1년을 그 꿈을 위하여 그리움과 기다림 속에서 살아간다. 그에게 모란은 삶의 가치요, 존재이유다. 그래서 모란이 지고 나면 절망 속에 파묻힌다. 그래서 모란이 피는 순간은 생의 절정이요, 환희다. 함형수의 해바라기 역시 꿈이요 희망이다. 해바라기가 태양을 향하듯이 죽어서도 그 꿈을 포기하지 않는다. 죽어서도 포기할 수 없는 꿈과 이상, 그것이 해바라기에 투사되어 있는 것이다.

　'화무십일홍(花無十日紅)'이라 했던가. 꽃이 피면 반드시 지기 마련이다. 어쩌면 꽃은 지기 위해 피는 것인지도 모른다. 모든 생명이 그렇듯이 탄생과 죽음이 있기 마련이다. 봄이 찬란한 슬픔인 것은 봄이 개화(開花)의 계절이면서 낙화(落花)의 계절이기 때문이다. 개화는 생성과 만남, 꿈의 표상이지만 낙화는 죽음과 이별, 좌절의 표상이다. 우리 인생은 즐겁고 밝은 면만 있는 것은 아니다. 어둠과 절망, 슬픔도 있기 마련이다. 결국 꽃의 개화와 낙화는 우리 인생의 질곡, 밝음과 어둠이라는 양면성을 보여주고 있다. 그러한 야누스적인 양면성이 김영랑의 모란에 투사되어 있는 것이다.

　김광섭은 '진달래가 지면 어린 나락 무너집니다, 살구꽃이 지면 사랑의 얘기가 흘러 갑니다, 배꽃이 지면 하얀 꿈이 사라집니다'(〈꽃 지고 그늘 지는 날〉) 라고 노래하면서 꽃과 함께 사랑도, 꿈도 사라지는 인생을 탄식하고 있다. 낙화는 그렇게 이별과 소멸의 인생사를 반추한다. 신석초는 '붉으나 수이 시들어질 꽃잎의 헛됨을, 네가 안다 하더라도 꿈결같은 즐거운, 사라질 이승 위에 취함은, 네 삶의 광휘일지라'(〈호접〉)라고 노래하여 살아 있는 것은 순간이니 그 순간을 꽃을 찾는 나비처럼 즐기라고 조언하고 있다. 붉은 꽃잎도 곧 시들어질 것이니 붉게 타오르는 순간을 마음껏 만끽하라는 것이다. 낙화는 꽃이 가야 할 운명이다. 인간의 삶도 낙화처럼 진다. 그날까지 생명의 불꽃을 태우라는 메시지를 담고 있다.
이형기의 낙화는 낙화의 의미를 이별과 성숙의 의미로 그리고 있다.

　가야 할 때가 언제인가를
　분명히 알고 가는 이의
　뒷모습은 얼마나 아름다운가

　분분한 낙화
　결별이 이룩하는 축복에 싸여
　지금은 가야 할 때

　나의 사랑 나의 결별
　샘터에 물 고이듯 성숙하는
　내 영혼의 슬픈 눈
　-이형기, 〈낙화〉

이별은 결코 슬픈 일이 아니다. 헤어지고 떠남을 운명처럼 받아들여야 한다. 그 때를 아는 것이 아름다운 일이다. 그래서 떠나는 자의 뒷모습은 아름다운 것이다. 이별은 결코 헤어짐이 아니다. 더 큰 만남과 해후를 위한 방법론적 이별일 뿐이다. 이별을 통해 내 영혼은 샘터에 물 고이듯 성숙해 간다. 그러니 결별은 축복인 것이다. 한용운은 그래서 이별을 '미의 창조'라 하지 않았던가. 시는 이처럼 낙화의 이미지를 통해 결별과 만남을 통한 영혼의 성숙을 노래하고 있다.
개화는 존재의 탄생이자 꿈의 시현(示顯)이다. 그래서 꽃이 피어남을 존재론적 개시(開始), 또는 이상의 실현으로 노래하기도 한다.

처음 인간에게 들킨 아름다움처럼
　　경악하는 눈
　　눈은 그만 꽃이었다

　　수액을 보듬어 잉태하는 생성의 아픔
　　아픈 개념이 꽃이었다
　　-김광림, 〈꽃의 문화사〉

　꽃은 수액을 빨아들여 아픈 산고의 고통을 치루고 마침내 개화한다. 꽃 한 송이가 피어나기 위해선 '안으로부터 참아 나오는 울음을' 토해내야 한다. 그리고 꽃이 존재를 드러내는 순간 부끄러움으로 경악하고 만다. 마치 아기가 태어나는 순간 고고성을 터뜨리는 일과 비슷하다. 이처럼 시는 꽃의 개화를 존재의 개시로 비유하고 있다. 꽃이 피어나는 것은 삼라만상, 우주 탄생의 신비에 직결되는 존재론적 문제다. 그래서 서정주도 '꽃아, 아침마다 개벽하는 꽃아, 문 열어라 꽃아, 문 열어라 꽃아'(〈꽃밭의 독백〉)라고 주술같은 독백을 하고 있다. 그에게 있어 꽃은 개벽(開闢)의 표상이었던 것이다.
　김춘수 역시 '존재의 흔들리는 가지 끝에서 너는 이름도 없이 피었다 진다'(〈꽃을 위한 서시〉) 고 하여 꽃의 개화를 존재의 개시로 인식하고 있다. 그리고 마침내 〈꽃〉이라는 존재탐구의 대작을 산출한다. 내가 이름을 불러주기 전에는 다만 하나의 몸짓에 불과했던 그대는 이름을 불러주었을 때 비로소 내게 와서 꽃이 된다. 꽃이 나에게 의미가 되기 위해서는 이름을 불러주어야 한다. 이때 꽃은 단지 자연의 꽃이 아니라 존재의 꽃이요, 인식의 꽃이 된다. 철학이나 사유의 꽃으로 피어나는 것이다. 김춘수의 꽃은 형이상학의 지평에 핀 사유의 꽃이었다.

선생님, 선생님, 우리 선생님

　진정한 사제지간의 관계를 잘 표현해 주는 말이 청출어람(靑出於藍)이다. 푸른 물감은 쪽에서 나왔지만 쪽빛보다 더 푸르다는 뜻이다. 곧 스승이 제자를 가르쳤으나 제자가 스승을 능가함을 뜻한다. 빙출어수(氷出於水)도 그렇다. 얼음은 물에서 나왔지만 물보다 더 차갑고 단단하다. 두 용어는 『순자』의 '권학'에 나오는 말이다. '청출어람청어람(靑出於藍靑於藍), 빙수위지한어수(氷水爲之寒於水)'가 그것이다. 제자가 스승에게 배웠지만 스승보다 더 나은 경지에 이름이 진정한 사제지간이라는 뜻이다.
　민족시인 소월은 안서 김억을 문학의 스승으로 두었다. 안서가 오산학교 교사 시절 일기장 검사를 하다가 소월 학생이 쓴 〈부모〉라는 시를 보고 그의 시재(詩才)를 발견한 안서는 정성껏 소월을 키운다. 시집이나 책을 빌려 주기도 하고, 하숙방에 불러 창작지도도 했다. 소학교 어린 학생인데 〈부모〉 같은 시를 쓴 천재 소년 소월을 발굴하고 키운 것이다. 그 덕분에 소월은 대시인이 될 수 있었다. 그를 문단에 소개하고 〈창조〉에 작품을 실어 준 것도 안서였다. 안서 없는 소월은 상상하기 힘들다. 안서는 소월에게 시인의 길을 열어 준 조력자요, 인도자였다.
　사람들은 인생에서 삶의 방향을 바꾸어 줄 결정적인 만남을 한두 번 하게 된다. 친구지간이든, 사제지간이든, 부모자식이든 반드시 운명적인 만남을 하게 된다. 김영랑은 가까운 친구인 박용철에 의해서 시단에 발을 들여 놓았다. 서로 격려하며 한국 시단에 우뚝 서서 순수문학의 신경지를 열어 갔다. 두 사람의 우정과 경쟁은 플라톤과 아리스토텔레스와 비교할 만하다. 서양철학의 두 태두(泰斗)는 친구 사이면서도 경쟁관계였다. 그런 관계를 유지하며 철학의 길을 넓혀갔던 것이다. 플라톤은 자신이 평생 감사한 것으로 3가지를 들었다. 자유인으로 태어난 것, 희랍인으로 살았던 것, 아리스토텔레스와 친구가 된 것이다. 아리스토텔레스가 있었기에 플라톤도 있었던 것이다. 아마 1960-70년대 한국 가요계를 휩쓴 나훈아와 남진의 관계도 그럴 것이다.

그렇게 해서 큰 시인이 된 소월에게 뒷날 스승 안서는 제자의 시풍(詩風)을 따라가는 입장이 된다. 민요시가 그것인데 1920년대 한국 시단을 풍미하던 민요시는 소월의 시가 그 출발점이 된다. 안서가 서구시 수용과 번역에 치중하고 있을 때 소월은 홀로 민족혼을 민족언어에 담은 민요시를 개척하고 있었다. 서구지향성과 전통지향성, 그렇게 스승과 제자의 길은 달랐다. 하지만 1925년을 기점으로 안서도 서구지향성을 버리고 전통지향성으로 선회한다. 그 변화 중 제일 큰 요인이 소월의 영향이었다. 제자에게 배우는 입장이 된 것이다. 그렇게 해서 소월과 안서는 민요시를 이 땅에 정착시켰던 것이다. 그야말로 안서와 소월은 청출어람의 본보기를 보여 준다.

스승의 그림자는 밟지도 말라 했다. 공자의 제자 자공(子貢)도 스승을 따르지 못함은 미처 하늘을 사다리로 오르지 못함과 같다고 하였다. 아무리 길고 튼튼한 사다리라도 어찌 무궁한 하늘에 이를 수 있겠는가. 그처럼 스승의 학문과 인품은 깊고 넓다는 뜻일 것이다.

양시와 유초는 북송(北宋) 때 유학자 정호(鄭顥)의 제자였다. 그들이 스승 정호의 집을 찾았을 때 그는 좌정한 채 명상에 잠겨 있었다. 그를 방해하지 않기 위해 대문 앞에서 눈을 맞으며 서서 기다렸다. 눈이 한 자나 쌓이자 비로소 스승이 눈을 뜨고 그들을 맞아 주었다. 그만큼 스승을 존경하며, 배움을 간구(懇求)했던 것이다. 이를 '정문입설(程門立雪)'이라고 한다. 정문입설은 스승을 존경해야 가르침을 받을 수 있다는 말이다. 존경하는 마음이 없으면 배움도 제대로 이루어지지 못하는 법이다.

하지만 지금 세태는 어떤가. 과연 정문입설의 자세로 배움에 임하는 가. 스승에게 폭언하고, 모함하고, 고발까지 하는 작태가 빈번히 일어난 다. 결국 사제지간이 무너지면 배움의 길까지 무너지게 된다. 제대로 가르치고 배우지 못한다면 결국 인류와 사회발전은 암담해진다. 물론 그런 지경에 이른 것은 사제지간뿐 아니라 사회 전반에 책임이 있다.

사제지간은 반드시 서원이나 서당, 교실에서만 이루어지는 것은 아니다. 직접 가르침을 받지 않아도 그의 말이나 책을 통해서 배울 수 있다. 그것을 보통 사숙(私淑)이라 부른다. 사숙은 『맹자』 '이루하(離婁下)' 편에 나오는 말이다. 말뜻대로 존경하는 사람에게 직접 가르침을 받을 수는 없으나 그 사람의 도나 학문을 본으로 삼고 배우는 것이다. 스승이 어찌 직접 가르친 선생뿐이겠는가. 사람뿐 아니라 자연이나 우주에서도 배울 수 있다. 사사(師事)의 대상은 그만큼 넓고 깊은 것이다. 사람은 죽을 때까지 배움의 길을 가야 한다.

이벽(李檗)과 정약용은 정식으로 가르치고 배운 사제지간은 아니었다. 허지만 정약용은 이벽의 해박한 지식을 그의 사상 정립의 근간으로 삼았다. 실제 이벽은 정약용의 정신적, 학문적 스승이었다. 정약용의 스승이던 이벽은 실학의 토대를 쌓은 실학자였다. 그는 명저 『성교요지(聖敎要旨)』를 통해 실학의 중요성과 기독교와 유학의 통합을 주장했다.

우리는 아름다운 꽃을 보며 감탄하지만 그 꽃의 뿌리와 줄기를 모른다. 꽃을 피우게 한 근본을 외면하는 것이다. 정약용의 학문의 꽃의 뿌리와 줄기는 이벽의 학문이었다. 다산 스스로 자신을 이벽을 추종하는 '종이벽(從李檗)'이라 칭하며 정약전은 물론 실학자 권일신, 이가환도 동류라고 고백하고 있다. 묘비명에 남긴 글이다. 이벽이 1785년에 죽자 '나에게 출중한 덕행과 해박한 지식을 주던(眞德博學) 이벽이 세상을 떠났으니 이제 누구에게 물어보랴' 하고 한탄했던 것이다. 자신의 문장이나 글이 태반이 이벽의 글에 토대를 두었음을 곳곳에서 실토하고 있다. 정약용에게 이벽은 진정한 스승이었던 것이다.

　속설에 따르면 『동의보감』을 쓴 명의(名醫) 허준의 스승 유의태는 죽는 순간 자기 몸을 해부용으로 쓰라 당부했다 한다. 허준은 스승이 유산으로 남겨준 몸을 해부하여 의학 발전에 힘쓴 것이다. 자기 몸을 제자에게 맡겨 의학 발전을 도모한 스승 유의태는 진정한 사표(師表)다. 자기 몸을 희생하여 제자를 사랑했던 것이다.

　1989년에 개봉된 영화 〈죽은 시인의 사회〉에서도 진정한 스승의 길이 무엇인지 묻고 있다. 위엄과 격식만으론 진정한 가르침도 없고, 사제지간도 불가능하다는 사실을 일깨워 준 영화였다. 늘 학생들 편에 서서 친구처럼, 형처럼 가까이 함께 하는 것이 진정한 사도의 길 임을 보여준다. 주인공 키팅 선생이 다소 파격적인 언행을 보이지만 오히려 그것이 사제의 벽을 깨는 징검다리 역할을 했던 것이다.

　그보다 훨씬 전 1967년에 개봉된 〈마음은 어제나 태양〉도 불우한 환경 속에서 자란 반항아적인 학생들을 끝까지 바르게 키운다는 감동적인 영화다. 흑인 배우 시드니 포에티가 분장한 마크 선생님의 훈훈하고 인간미 넘치는 가르침이 학생들을 이끌었다. 처음엔 반항하다 차츰 선생님의 사랑, 관심, 인품에 학생들이 하나씩 동화돼 가는 과정을 그려낸다. 졸업 사은회에서 학생 대표가 부른 루루의 〈To Sir with Love〉가 선생님께 드리는 사랑의 선물이었다. 비록 영화지만 진정한 가르침과 사제지간이 무엇인지를 잘 보여주고 있다.

　〈선생님, 선생님, 우리 선생님〉은 2011년부터 1년 반 동안 인기리에 방영된 드라마 제목이다. 진정한 사제지간의 정을 훈훈한 휴먼 드라마로 엮은 수작이었다. 드라마 제목처럼 나의 선생님은 누구였을까. 나 역시 내 생애에서 잊지 못할 은사들을 많이 만났다. 그 중에서 기억에 남는 몇몇 선생님을 뫼시면 다음과 같다.

　초등학교 때 만난 장상길 선생님은 내가 처음 본 페스탈로치였다. 아이들을 위해 사금파리를 줍던 사표의 상징 페스탈로치를 직접 뵌 것이다. 선생님은 반에서 분실사고가 생기자 자신도 잘못 가르친 죄인이라면서 함께 벌을 받아야 한다고 했다. 운동장에 모여 일렬로 선 채 밤이 올 때까지 교단 위에 서서 함께 벌을 받았다. 말 없이 교단에 서 계시던 선생님의 이마에 비치던 저녁노을을 지금도 잊을 수가 없다. 후에 학부형들이 주는 기부금을 거부하며 일찍 교단을 떠난 양심적인 참스승이었다.

중학교 때 은사로는 이미자 선생님을 잊을 수 없다. 그분은 대학을 갓 졸업한 국어 선생님이었다. 마침 수업시간에 '이미지(image)'라는 단어가 나와 학생들에게 물었다. 내가 '심상(心象)이요'라고 대답하자 칭찬을 하시며 시집까지 사 주신 선생님이다. 너는 장차 공부 열심히 해서 시인이 되거나 선생님이 되라고 격려하셨다. 그때부터 제일 좋아하는 과목은 국어가 되었다. 이미자 선생님의 '이미지' 때문에 결국 나는 이미지를 공부하고, 가르치는 시선생인 된 것이다. 지금도 이미지 하면 이미자 선생님이 떠오른다. 그 정도면 운명적인 만남이라 해도 좋을 것이다.

고등학교 때 기억나는 은사님은 1학년 담임이던 박도환 선생님이다. 영어 선생님이었는데 마치 당시 유행하던 '007 영화'의 주인공 제임스 본드를 닮았다. 그래서 별명도 '본드선생'이었다. 수려한 외모에다 영어까지 가르치니 영락없는 제임스 본드였다. 그래서 나도 선생님을 좋아하게 되었다. 물론 내가 좋아하던 과목이 영어기도 했지만 선생님이 좋으니 영어가 더 좋아졌다. 하루는 교무실로 불러 너는 영어를 잘하니 앞으로 영문과에 진학하여 영문학 교수가 되라고 격려하셨다. 외모에 비해 엄격하고 깐깐했던 선생님께 칭찬을 받으니 몸 둘 바를 몰랐다. 결국 국어선생이 돼서 선생님 뜻을 거스렸지만 영어만큼은 지금도 자신이 있다.

하늘 선생님이 연못을 채점한다
부레옥잠, 수련, 소금쟁이, 물방개, 붕어, 올챙이…

모두 모두 품속에 안아 주고 예쁘게 잘 키웠다고
　　여기도 동그라미 저기도 동그라미

　　빗방울로 동그라미를 친다
　　-박승우, 〈백점 맞은 연못〉

　사제지간을 노래한 동시 같은 시다. 선생님은 하늘이고 학생은 연못이다. 연못은 자기 못에 사는 생물들, 옥잠, 수련, 소금쟁이, 물방개 등 모든 것을 예쁘게 가슴에 품어 잘 키워 냈다. 그래서 하늘 선생님으로부터 백점을 맞는다. 하늘에서 떨어지는 빗방울이 호수에 동그라미를 치는 것이다.
　동시적 상상력이 돋보이는 짧은 시지만 내포한 의미는 깊다. 옥잠도, 수련도, 물방개도 잘 커서 백점을 받고, 그를 키워 낸 연못도 백점을 받았다. 칭찬은 가르침의 전부임을 보여준다. 야단치는 일보다 좋은 점을 발견해서 그를 키워주는 것이 가르침의 지름길이다. 칭찬은 고래도 춤추게 한다고 하지 않던가. 〈죽은 시인의 사회〉의 키팅 선생님도, 〈언제나 마음은 태양〉의 마크 선생님도 학생들 가르치는 제1 덕목이 칭찬이었다. 나도 학창시절 선생님들의 칭찬과 격려가 내 인생의 중요한 자산이 되고 밑거름이 되었다.
　대학에 가서는 지도교수인 정한모 선생님을 만났다. 시인이자 시학 교수였던 그분은 당시로는 파격적으로 야외수업을 해서 학생들을 감동시켰다. 가을날 낙엽이 수북이 쌓인 대학로 교정에서 하던 야외수업은 지금도 잊을 수가 없다. 내가 교수가 되면 선생님을 따라 낭만적인 야외수업을 하리라 굳게 다짐했고 강단에 선 후 실천에 옮겼다.
　사제지간을 완성하는 것은 3단계라고 한다. 처음엔 교실에서 선생과 학생으로 만나는 것이 1단계고, 2단계는 졸업 후에 인생의 동반자로서 친구처럼 허물없이 지내는 단계다. 마지막 3단계는 제자가 스승을 능가하는 청출어람의 단계다. 3단계가 되어야 스승은 비로소 제자를 가르친 보람을 느낀다. 하지만 정한모 선생님은 3단계를 허락하지 않고 먼저 떠나셨다. 내가 교직에 몸담은 후 선생님은 동료교수로서 충고도 하고 농담 섞인 인생이야기도 종종 해주셨다. 지나고 보니 그것이 2단계였구나 하는 생각이 든다. 하지만 내가 서울로 와서 이제 가까이 모실 기회가 되니 홀연히 떠나시고 말았다. 결국 사제지간 3단계를 완성하지 못한 셈이다. 그래서 3단계를 완성한 안서와 소월이 부럽다.

이름을 부르면 한 그루 나무로 걸어 오고
사랑해 주면 한 송이 꽃으로 피어 나는
나의 학생들이 있어 행복합니다

그들과 함께 생각하고 꿈을 꾸며
희망을 이야기할 수 있어 행복합니다

힘든 일 있어도 내가 처음으로
교단에 섰을 때의 떨리는 두려움
설레는 첫 마음을 기억하며
겸손한 자세로 극복하게 해주십시오

기도하고 인내하는 사랑의 세월 속에
축복받은 나의 노력이
날마다 새로운 꽃으로 피어 나는
기쁨을 보게 해 주십시오
-이해인, 〈어느 교사의 기도〉

그렇다, 그런 마음으로 나도 교단에 섰다. 시에서처럼 처음 강의실에 서는 날 두려움 때문에 몇 번인가 화장실에 들려 옷깃을 여미고 숨을 골랐는지 모른다. 29살 청년교수로서의 부끄러움과 두려움 때문이었다. 첫날 첫 수업을 어떻게 치렀는지 모르겠다. 그때 그 두렵고 부끄러운 마음을 간직한 채 교직생활을 하려고 노력했다.

사제지간은 무엇보다 인간적 신뢰가 중요하다. 그래서 아예 호칭부터 '교수'가 아니라 '선생님'이라 부르라 했다. 교수와 학생은 공식 직함이니 오직 관계로서의 호칭에 지나지 않는다. 그래서 교수와 학생이 아닌 스승과 제자로 인간적으로 만나길 바랐다. 믿음 없이는 가르침도 없다. 하나 더하기 하나가 둘이 될지언정 신뢰가 없으면 셋도 되고 넷도 되는 법이다. 무엇보다 상호간의 믿음과 사랑이 가르침의 출발인 것이다.

'선생은 있어도 스승은 없고, 학생은 있어도 제자는 없다'는 말은 교육부재의 상황을 단적으로 표현한 말이다. 선생과 학생이라는 관계로서의 만남만 있을 뿐 스승과 제자의 인간적 만남이 없는 것이다. 교육부재의 상황을 극복하기 위해서 스승과 제자라는 인간관계가 먼저 복원돼야 할 것이다.

그런 마음으로 평생 교단에 섰지만 돌이켜 보면 후회와 부끄러움이 앞선다. 과연 내가 사도의 길을 제대로 걸어 온 것인가. 아니다. 아무리 좋게 생각해 봐도 그건 아닌 것 같다. 온통 시행착오요, 과오 투성이었다. 그때마다 상처받고 마음 상한 학생들이 얼마나 많았을 것인가. 스승의 허물은 제자 수에 비례한다. 사제지간은 사회에서 1:1의 관계가 아닌 것이다. 사회인으로서 실수는 한 사람으로 끝나지만 스승의 잘못은 학생 수 만큼 불어나는 것이다.

윤동주는 유학 때문에 어쩔 수 없이 창씨개명을 했다. 그리고 자신을 반성하며 〈참회록〉을 썼다. 이 글도 내가 참회하는 마음으로 쓴 것이다. 윤동주의 〈참회록〉에서 구리거울을 손으로 발로 닦을수록 슬픈 한 사람이 걸어 나오듯, 나의 '참회록'에도 부끄러운 선생 한 사람이 홀연히 걸어 나온다.

친구야 놀자

나는 지금도 초등학교 동창들과 모임을 갖는다. 동창회란 이름으로 1년에 두 번씩, 그리고 이런저런 일로 수시로 만난다. 파주는 아직도 5일장이 남아 있어 장날에 모이는 장터모임도 있다. 장날 이것저것 장도 보고 국밥집에서 순대국에 막걸리를 곁들이며 담소를 즐긴다. 무엇보다 정든 죽마고우들과 추억을 뒤적이며 옛날이야기 하는 것이 즐겁고 행복하다. 그래서 동창모임이나 장터모임에는 만사 제쳐 놓고 참석한다.

지금 이 나이에 '영철아' 하고 이름을 불러 주는 곳은 초등동창회뿐이다. 이름을 편하게 불러 준다는 것은 그만큼 허물이 없다는 뜻이다. 어렸을 때부터 한마을에서 함께 크고 학교를 다녀 흉허물이 없다. 잘난 척할 것도 없고, 속일 것도 없다. 집안이고, 성격이고, 살아온 이력이고 물바닥 보듯 훤한 것이다. 그러니 만나면 편하고 즐거운 것이다.

사회에서 만난 사람들은 이해관계나 형식적으로 얽힌 경우가 많다. 그래서 따지고, 생각하고, 포장하고, 위장해서 만난다. 솔직한 자기 모습을 드러내지 않는 것이다. 인간 대 인간의 만남이 아니라 일과 일, 이해와 이해의 틀 속에서 만나는 것이다. 초등동창들은 그 가식과 위선의 틀이 없다. 그래서 홀가분하고 편한 것이다. 서로 속을 훤히 알면서 만나는 것이다. 그게 진정한 친구가 아닐까. 사회에서 만난 사람은 그저 스쳐 가는 지인(知人)에 불과하다.

이해관계에서의 이탈은 쇼펜하우어가 문학의 순수성을 강조하기 위해 한 말이다. 하지만 그의 말은 인간관계에도 적용된다. 목적이나 이해관계를 떠나는 일은 순수하고 인간적인 만남을 갖기 위해 반드시 필요한 덕목이다. 진정한 친구라면 이해관계에서의 이탈은 필수적이다.『명심보감』에서 '술 먹고, 밥 먹을 때는 형, 동생하는 사람은 많아도 위기에 빠졌을 때 그를 돕는 친구는 드물다'(酒食兄弟千個有 急難之朋一個無)고 했다. 술 사주고, 밥 사줄 때 친구는 많아도 내가 힘들어지면 모두 어디론가 사라지는 것이다. 필요할 때만 친구고 그렇지 않을 때는 남이 돼 버린다.

그래서 급하고 어려울 때 곁에 있어 주는 친구를 급난지붕(急難之朋)이라 한다. 진정한 친구라면 어려울 때 돕는 친구가 아닐까. 그래서 서양 격언에서도 'A friend in need is a true friend'라고 했다. 필요할 때 친구가 진정한 친구라는 뜻이다. 서양인이나 동양인이나 친구에 대한 생각은 같은 모양이다. 이렇게 본다면 내가 힘들 때 과연 내 곁에 있나, 없나 하는 것이 친구의 진정성을 가름하는 잣대가 될지 모르겠다. 정녕 내가 곤경에 빠져봐야 친구를 알아볼 수 있는 것이다. 참으로 슬픈 역설이 아닐 수 없다.

> 어느 날 네가 메마른 들꽃으로 피어
> 흔들리고 있다면
> 소리 없이 흐르는 개울이 되어
> 네곁에 흐르리라
>
> 저물녘 들판에 혼자 서서
> 네가 말없이 어둠을 맞고 있다면
> 작지만 꺼지지 않은 모닥불이 되어
> 네 곁에 타오르리라
>
> 단지 사랑한다는 이유로

네가 누군가를 위해 울고 있다면
손수건이 되어 네 눈물을 닦으리라
-김재인, 〈친구에게〉

시인은 진정한 친구가 누구고 참된 우정이 무엇인지를 말하고 있다. 친구가 메마른 들꽃이 되어 흔들릴 때 소리 없이 흐르는 개울이 되어주고, 어둔 밤을 방황한다면 모닥불이 되어 길을 밝혀주며, 슬픔에 젖어 눈물을 흘릴 때 손수건으로 닦아주는 친구가 진정한 친구요, 참된 우정임을 보여준다. 그야말로 진정한 친구가 되려면 시냇물, 모닥불, 손수건이 돼야 하는 것이다. 그런 친구를 둔 김재인은 참 행복한 사람이다. 진정한 친구 한 명쯤 곁에 두고 산다면 그것은 성공한 인생이기 때문이다.

가장 잘못된 만남은 생선과 같은 만남이다
만날수록 비린내가 묻어오니까

가장 조심해야 할 만남은 꽃송이 같은 만남이다
피어 있을 때는 환호하다가 시들면 버리니까

가장 비참한 만남은 건전지같은 만남이다
힘이 있을 때는 간수하고 힘이 빠질 때는 버리니까

가장 아름다운 만남은 손수건 같은 만남이다
힘이 될 때는 땀을 닦아주고 슬플 때는 눈물을 닦아주니까
-정채봉, 〈만남〉

정채봉의 〈만남〉도 진정한 만남이 무엇이고 참된 우정이 무엇인지를

말해준다. 동시 시인답게 쉽고 편한 비유로 만남의 의미를 노래하고 있다. 생선과 같은 만남은 비린내를 풍기고, 꽃송이 같은 만남은 금방 시들고, 건전지 같은 만남은 힘이 빠지면 버린다. 결코 바람직한 만남이 아니다. 모두 이해관계에서 오는 만남들이다. 필요할 때만 있다가 필요 없을 때는 떠나는 것이다. 하지만 손수건 같은 만남은 최후로 남는다. 그래서 힘들 때는 땀을 닦아주고, 슬플 때는 눈물을 닦아주는 것이다. 김재인의 시 〈친구에게〉의 손수건과 같은 손수건이다. 두 시인 다 진정한 우정과 만남은 손수건 같은 것이라고 말하고 있다.

인디언들은 친구를 '나의 슬픔을 등에 진 사람'이라고 부른다. 인디언들은 그 사물의 특징을 보고 이름을 짓는다. 가령 11월은 '모든 것이 끝난 것은 아닌 달'이라고 하는 식이다. 1991년에 개봉되어 많은 사람에게 감동을 준 영화 〈늑대와 춤을〉도 인디언들이 주인공에게 붙여준 이름이다. 주인공이 군막사를 지키면서 야생의 늑대와 친구가 됐기 때문이다. '나의 슬픔을 등에 진 사람'은 나와 함께 슬픔과 기쁨을 같이하는 사람을 말한다. 나누는 기쁨은 두 배가 되지만, 나누는 슬픔은 반이 된다. 그렇게 기쁨과 슬픔을 함께 나누는 사람이 바로 진정한 친구인 것이다.

친구의 잘못은
모래 위에 적는다
밀물에 지워지라고

친구의 고마움은
바위 위에 새긴다
영원히 기억되라고

친구의 눈물은

구름 위에 올려 놓는다
힘 들면 비로 내려 같이 울어 주려고

친구의 웃음은
가슴에 넣어둔다
아무 때나 꺼내 보라고
나도 함께 웃게 된다고
-지하철 선교원, 〈사랑의 편지〉

지하철에서 쉽게 만나는 시다. 선교원에서 대중들에게 사랑과 믿음을 널리 전파하기 위해 읽기 편한 시들을 골라 벽시(壁詩) 형식으로 꾸몄다. 벽시는 대중들이 쉽게 보고 느낄 수 있도록 만든 시의 한 양식이다. 여기 저기 사람들이 많이 다니는 벽에 붙여 놓는다 해서 벽시라 부른다.『명심보감』의 구절들을 잘 활용해서 동시처럼 쉽게 와 닿는 시로 만들었다. 친구의 허물은 모래 위에 써서 지워버리고, 고마움은 바위에 새겨 평생토록 기억한다. 그것이 진정한 우정이요, 친구일 것이다.

사랑보다 더 강한 것이 우정이다. 남녀간의 사랑은 쉽게 식고 쉽게 사라진다. 의리나 믿음보다는 이성간의 애정이 앞서기 때문이다. 애정은 감성이요 감정이기 때문에 시들기 쉽다. 하지만 의리는 믿음이 바탕이 된 이성이요 윤리다. 비유하자면 사랑은 정서적인 것이라면 우정은 정신적인 것이다. 물론 정신적 사랑도 있긴 하지만 육체적이고 감성적 사랑이 대부분이다. 사랑의 감정은 바람이나 구름처럼 흔들리기 쉽다. 사랑은 잠시 머물지만 우정은 평생을 가는 법이다.

의리는 우정의 토대가 된다. 의리 없는 우정은 반드시 깨지기 마련이다. 만리장성은 쌓기는 힘들어도 무너지는 건 한순간이다. 배신의 결과다. 그래서『명심보감』에서도 '열매 맺지 않는 꽃은 심지 말고, 의리없는 친구는 사귀지 말라'(不結子花休要種 無義之朋不可交)고 일렀다. 의리를 지키지 않는 친구는 열매를 맺지 않는 나무와 같은 것이다. 나무가 싹을 티우고, 꽃을 피우는 것은 열매를 맺기 위함이다. 우정을 가꾸는 것도 그와 같다. 우정은 그저 자라는 나무가 아니다. 화분에 물을 주고 햇볕을 쪼이듯이 정성으로 가꾸어야 한다. 정성 없는 우정은 곧 시들어 버린다. 우정은 결코 빨리 자라는 나무가 아니다. 오랫동안 보살펴야 열매를 맺는다.

가까이 있는 사람은 크게 보이고, 멀리 있는 사람은 작게 보이는 것이 만남의 원근법이다. '눈에서 멀어지면 마음에서 멀어진다'(out of sight, out of mind)라는 말도 그래서 나왔다. 멀리 있으면 자연 마음에서 멀어지는 법이다. 그러니 비록 멀리 있어도 종종 연락하며 살아야 한다. 구슬이 끊어져도 끈은 끊어지지 않는다. 산이 끊어져도 봉우리는 이어지고 말이 끊어져도 뜻은 이어지듯이 만남이 끊어져도 인연은 이어지는 것이다.

요즘은 인터넷이나 핸드폰으로 문자는 물론, 전화, 영상통화까지 할 수 있으니 물리적 거리는 문제될 것이 없다. 마음만 있으면 얼마든지 가까이 지낼 수 있는 시대가 되었다. 서울서 부산까지 2시간 반이면 가는 고속열차도 생기지 않았는가. 무지개를 보려면 거리가 필요하듯 우정도 미적 거리가 필요하다. 무지개는 가까이 가보면 수증기에 불과하다. 거리를 두어야 무지개로 피어난다. 우정도 그렇다. 미적 거리를 유지한 채 무지개처럼 아름다운 우정을 가꾸어야 할 일이다.

친구야
너는 나에게 별이다
하늘 마을 산 자락에
망초꽃처럼 흐드러지게 핀 별들
그 사이의 한 송이 별이다

눈을 감으면
어둠의 둘레에서 돋아나는
별자리 되어
내 마음 하늘 환히 밝히는 너는
기쁠 때도 별이다
슬플 때도 별이다

친구야
숨길수록 빛을 내는 너는
어둔 밤에 별로 떠 내가 밝아진다
-박두순, 〈친구에게〉

 별은 닿을 수 없는 먼 하늘에 있지만 늘 내 곁에서 꽃송이처럼 향기를 주고, 어둠을 지켜주는 빛이 된다. 기쁠 때나 슬플 때나 변함없이 별로 떠 나를 밝게 해준다. 그렇게 아름다운 한 송이 별이 진정한 우정이요, 친구인 것이다. 하늘처럼 길은 멀어도 우정의 별은 늘 밝게 타오르는 것이다.
 독일 소설에 금붕어를 소재로 한 단편이 있다. 주인공이 생일을 맞은 친구에게 줄 선물을 고민하다 금붕어를 골랐다. 어항을 들고 친구집에 가다가 돌에 넘어지는 바람에 어항이 깨지고 말았다. 간신히 금붕어 한 마리가 살아남아 선물로 주었다. 그 후 친구 집에 갈 때마다 이상하게도 자기가 준 똑같은 금붕어가 어항에서 놀고있다. 몇 년이 지나도 변함없이 같은 금붕어다. 사연인즉 금붕어가 죽으면 똑같이 생긴 금붕어를 사다 어항에 넣었던 것이다. 친구는 금붕어를 두 사람의 우정의 정표로 생각한 것이다. 그렇듯 금붕어 같은 정성으로 우정을 키워야 한다. 만해 한용운도 금붕어 키우기가 유일한 취미였는데 아마도 금붕어 살리는 것이 우리 민족과 나라를 지키는 일로 생각했던 것 같다.

의리로 우정을 지킨 일은 관포지교(管鮑之交)가 대표적일 것이다. 춘추전국시대 제나라의 관중과 포숙아는 함께 일을 하며 우정을 나누던 친구였다. 하지만 관리가 되어 서로 다른 길을 가면서 위기를 맞는다. 관중은 제나라 군주인 양군의 공자 규의 보좌관이 됐고, 포숙아는 규의 이복동생 소백을 섬기게 됐다. 그런데 규와 소백은 권력다툼으로 정적(政敵)이 됐다. 마침내 소백이 승리해서 규는 물론 그의 보좌관인 관중을 죽이려 한다. 그러자 포숙아가 나서서 '천하의 주인이 되시려면 관중을 발탁하여 인재로 써야 한다'고 충언한다. 관중의 능력과 인품을 믿고 추천한 것이다.

낳아 준 건 부모지만 알아 준 건 포숙아였던 것이다.(生我者父母 知我者鮑叔牙). 그리하여 관중은 위기를 모면하고 정사를 맡아 재기한다. 포숙아는 자기 목숨을 걸고 친구를 위험에서 구해낸 것이다. 그야말로 문경지교(刎頸之交), 곧 목이 잘려나갈 것을 각오한 우정인 것이다. 이를 관포지교(管鮑之交)라 이른다. 관중과 포숙아는 문경지교로 맺어진 사이다.

2002년에 개봉된 영화〈포 페더스(four feathers)〉는 목숨을 건 우정을 보여준 영화였다. 메이슨이 1884년에 벌어진 영국과 수단 반군 사이의 아부클레이 전투를 배경으로 한 동명소설을 영화한 것이다. 주인공은 전장에 뛰어 들어 목숨을 걸고 친구를 구해 낸다. 그때마다 우정의 정표로 새깃을 하나씩 선물로 준다. 물론 새깃은 그들에게 받은 것이지만 자신의 우정을 대신해서 돌려주는 것이다. 네 개의 새깃은 네 사람의 사랑과 우정을 표상한다. 목숨을 건 의리와 믿음의 상징인 것이다.

명필 추사 김정희의〈세한도〉도 그런 배경을 갖고 있다. 김정희가 윤상도의 옥사(獄事) 사건에 연루되어 1840년 제주도로 유배됐다. 그러자 가까이 지내던 친구들이 사라졌다. 그런데 유독 제자였던 이상적이 역관(驛官)으로 일하면서 중국에서 구한 귀한 책을 제주도까지 보내 주어 추사에게 큰 위안이 됐다. 비록 제자이긴 하지만 친구 이상의 제자였다. 그에게 보답하는 의미로 1884년 〈세한도〉를 그려 선물로 준 것이다.

세한도는 논어에 '날씨가 차가워지고 난 후에야 소나무의 푸르름을 안다'(歲寒然後知松栢之後彫也)라는 구절에서 따온 이름이다. 잎이 무성한 여름엔 모든 나무가 푸르지만 날씨가 추워지면 상록수와 활엽수가 확연히 구분된다. 겨울이 와도 상록수인 소나무는 푸르고, 다른 나무는 모두 시들어 버리는 것이다. 겨울이 와도 푸르름을 잃지 않던 소나무가 바로 제자 이상적이었던 것이다.

백아와 종자기의 우정을 그린 백아절현(伯牙絶絃) 이야기도 친구 사이의 깊이 있는 교류를 말해 준다. 백아는 거문고를 잘 탔다. 그런데 그의 거문고 솜씨를 깊게 이해하고 알아 준 사람은 종자기였다. 종자기는 그의 거문고 소리를 듣고 '우뚝 솟은 것이 태산과 같고, 곡의 흐름은 흘러가는 물과 같다'고 평했다. 진정으로 자신의 음악을 알아주는 것에 백아는 용기와 힘을 얻었다. 그런데 끝내 종자기가 죽자 자기를 알아주는 친구가 없음을 알고 절망한 채 거문고 줄을 끊어버렸던 것이다.

이런 사연을 갖고 있는 말이 백아절현이다. 곧 백아절현은 나를 알아주는 친구가 진정한 친구라는 뜻이다. 단순히 만나서 놀고 즐기는 친구가 아니라 나의 세계, 그것이 음악이든, 문학이든 내가 하는 일에 관심을 갖고 이해해 주는 친구가 진정한 친구임을 말해 주고 있다. 표면적이고 피상적인 교류가 아니라 내면적이고 깊이 있는 만남이 진정한 우정임을 가리키는 것이다. 그래서 자기를 알아주는 친구를 '지음(知音)'이라고 한다. 사마천의 『사기(史記)』에 나오는 '서로 얼굴을 아는 사람은 세상에 많되, 마음을 아는 사람은 드물다'(相識滿天下 知心能幾人)는 말도 이와 상통한다. 진정한 친구는 단지 얼굴을 아는 사람이 아니라 마음을 아는 사람인 것이다.

친구는 친구에 의해 알려지고 평가받는다. '그 사람을 알려면 그 친구를 보라'는 말이 있다. 어떤 친구를 사귀는가를 보면 그 사람의 인격과 품격을 알 수 있다는 말이다. 그래서 영국 격언에도 'A man is known by the company he keeps'라는 말이 있다. 사람은 그가 사귀는 사람에 의해 알려진다는 뜻이다. 친구는 친구를 돕고 친구에 의해 자신도 존재한다. 친구는 돌아가는 수레처럼 서로 돕는 상생(相生)의 길을 가는 동반자다.

  단단하기 황금 같고, 아름답기 난초향 같은 금란지교(金蘭之交), 물과 물고기처럼 서로 없어서는 안되는 수어지교(水魚之交), 돌에 새긴 것처럼 단단한 금석지교(金石之交), 지초와 난초처럼 향기로운 지란지교(芝蘭之交), 기꺼이 목숨이라도 내놓는 문경지교(刎頸之交), 역경에서도 의리를 지키는 관포지교(管鮑之交), 나를 알아주고 격려해 주는 백아절현(伯牙絶絃), 죽마를 타고 놀며 자라던 죽마고우(竹馬故友), 허물없이 편히 만나는 막역지교(莫逆之交), 이런 말들보다 더 아름다운 말이 세상에 있을 것인가. 우정은 사랑보다도 붉고, 종교보다도 깊다.

고향 가는 길

수구초심(首丘初心)이라는 말이 있다. 여우가 죽을 때 자기가 살던 굴이 있는 언덕을 향해 머리를 둔다는 말이다. 곧 자신의 근본을 잊지 않거나 죽어서도 고향 땅에 묻히고 싶어하는 마음을 비유한 것이다. 수구초심은 생각이나 의지보다도 거의 본능에 가까운 것이다. 여우가 무슨 생각과 의지를 갖겠는가. 사람도 그처럼 수구초심의 본능이 있기 마련이다. 프로이트가 얘기한 모태회귀 본능과 비슷하다. 나이 들어 자기가 태어나 살던 시골로 귀향하는 도시인들을 보면 그 말이 실감이 난다. 남은 여생을 고향에서 보내고 고향 땅에 영원한 안식처를 마련하고 싶은 것이 인지상정(人之常情)이다.

철학자 하이데거는 고향을 삶의 터전이요 근원이라 했다. 누구나 자신의 삶의 터전을 잊을 수가 없는 것이다. 그래서 사람들은 명절 때가 되면 귀성길에 오른다. 차가 밀려 온종일 고생해도 어떻게 하든 고향으로 가는 것이다. 그곳엔 부모님이 계시고, 선친들의 산소가 있고, 함께 놀던 친구들과 정든 산천, 아름다운 추억이 있기 때문이다. 겉으로야 성묘하고 부모님 뵙는 게 우선이지만 고향 땅을 밟고 어린 시절을 추억하는 것도 큰 이유일 것이다. 삭막하고 번잡한 도시 생활에서 벗어나 하루라도 푸근한 고향에서 심신의 안식을 갖고 싶어하는 마음이 클 것이다. 하지만 명절 때마다 볼 수 있는 귀성행렬은 머지 않아 없어질 듯하다. 자식들이 대부분 도시에서 나서 컸기 때문이다. 명절 때마다 펼쳐지는 귀성풍경도 한시대 풍속으로 흘러갈 것이다.

이제는 서울이나 부산처럼 큰 도시에서 태어나 자란 아이들이 태반이다. 시골에 가면 아이 울음소리를 들을 수가 없다. 아이들조차 구경하기 힘들다. 시골 학교는 하나둘씩 폐교되어 폐가처럼 을씨년스런 모습으로 방치되어 있다. 그저 운동장에 덩그렇게 놓인 낡은 그네와 미끄럼틀이 아이들이 뛰놀던 교정임을 보여주고 있을 뿐이다. 내가 즐겨 찾던 지리산 가랑잎초등학교도 오래전에 폐교되어 추억의 가랑잎만 수북이 쌓여 있다. 학교 이름도 유평초등학교로 바뀌었다가 그마저 없어지고 수련원이 되었다. 이런 현상은 중학교까지 파급되어 시골 중학교도 점점 사라지고 있다.

어렸을 때는 삭막한 도시보다 자연이 있는 시골에서 학교를 다니는 것이 여러모로 좋은 일이다. 자연의 품에서 자연과 함께 크며 자연의 지혜를 배우고 인생의 의미를 깨우칠 수가 있기 때문이다. 자연의 가르침은 천 마디 선생님 말씀이나 천 권의 교과서로도 이루지 못할 것들이 많다. 밤하늘에 빛나는 별과 달을 보며 우주만상의 흐름을 깨닫고, 길가의 풀꽃을 보며 생명의 소중함을 배우고, 새소리와 시냇물 소리를 들으며 아름다운 동심을 가꿀 수 있을 것이다. 자연에는 우주가 있고, 인생이 있고, 사랑이 있는 것이다.

영국의 시인 워즈워드가 아름다운 낭만시들을 빚어 낼 수 있었던 것은 홈버랜드라는 아름다운 호반이 고향이었기 때문이다. 피카소나 고갱이 그림을 그리러 타이티 같은 열대 섬으로 떠난 이유도 여기에 있다. 고흐의 유명한 명화 〈까마귀가 있는 밀밭〉은 프랑스 남부 시골 아를르가 빚어 낸 작품이다. 시골이 아니었다면 고흐의 그림도 없었을 것이다. 베토벤의 명곡 〈전원교향악〉도 마찬가지다. 그처럼 예술가들은 자연에서 영감을 얻기 위해 전원으로 들어갔다. 섬진강에 김용택, 이시영, 정공채같은 시인들이 모여든 것도 같은 이유다.

'한국의 나폴리'라 부르는 통영은 또 어떤가. 아름다운 미항(美港)답게 많은 시인, 화가, 음악가들을 배출했다. 김춘수, 유치환, 이영도, 유치진,

박경리 같은 내로라는 문인들, 전혁림, 김용주같은 화백, 세계적 음악가 윤이상이 모두 통영이 배출한 예술가들이다. 아름다운 통영이 아니었다면 그들의 예술도 없었을 것이다. 그들 모두 통영이 낳고 키운 통영의 자식들이다.

북녘땅 정주는 또 어떤가. 민족시인 김소월과 백석, 한국문학의 선구자 이광수와 안서의 고향이 정주다. 지정학(地政學)이란 말은 정치, 풍수지리에만 쓰이는 말이 아니다. 문학이나 예술에도 적용된다. 북녘의 정주, 남녘의 통영이 한국문학의 지정학적 특질을 고스란히 보여 주고 있다. 정주와 통영은 시와 예술의 고향인 것이다. 아름다운 풍광은 아름다운 예술을 빚어낸다. 통영은 한국의 나폴리가 아니라 워즈워드의 홈버랜드인 것이다.

일반적으로 고향을 셋으로 구분한다. 우선 자기가 태어나서 자란 육신적 고향이 있다. 말 그대로 육신을 키운 터전인 것이다. 그래서 수구초심처럼 본능적인 그리움의 대상이 된다. 그 곳에서 자랄 때는 어린 나이여서 마음과 정신이 맑고 깨끗하다. 순진무구한 동심을 키운 곳이다. 살아가면서 동심은 상처 받고 때가 묻는다. 그래서 육신적 고향이 더 그립고 절실해진다. 육신의 고향이 순수한 마음의 고향, 영혼의 안식처가 되기 때문이다. 하이데거가 고향을 '상처 입지 않는 대지' 라고 부른 이유도 여기에 있다. 어른이 돼서도 어머니 뱃속처럼 고향이 그리운 것이다.

나는 경기도 파주시 광탄이 고향이다. 파주(坡州)는 말 그대로 언덕(坡)이 많은 곳이어서 임금들의 능이 많다. 파주 삼릉으로 알려진 공릉, 순릉, 영릉 외에 장릉, 소령원도 있다. 그래서 어렸을 때 자주 왕릉으로 소풍을 갔다. '살아 장단, 죽어 파주' 라는 말이 있듯이 자그마한 구릉들은 왕릉으로 삼기에 안성맞춤이다. 한양에서 가까운 것도 원인일 것이다. 광탄(廣灘)은 넓을 광(廣), 여울 탄(灘)이어서 자그마한 여울들이 모여 흘러가는 산촌(山村)이다. 여기저기 산들이 많아 시냇물 소리가 끊이지 않는 곳이다. 그래서 고향에서는 광탄을 '너븐(넓은) 여울'이라고 불렀다.
 예술의 고향 통영이나 정주에 비할 순 없지만 광탄은 비교적 아름다운 곳이다. 광탄에는 만장산이라는 해발 2백여 미터가 되는 조그만 산이 있다. 나는 어렸을 때 그곳에 자주 올라 시를 읽으며 동심을 키웠다. 산중턱에 솟아 있는 바위를 호돈의 '큰 바위 얼굴'로 삼아 시인이 될 것을 꿈꿨다. 결국 시인은 못 되고 남의 시나 정리하는 보조원이 됐지만 만장산 덕분에 시를 반려삼아 평생을 살았다. 용이 못되고 이무기가 된 셈이지만 후회는 없다.
 시를 인생의 업(業)이요, 도반(道伴)으로 삼는 일, 그 자체가 아름다운 것이 아닐까. 그 역시 만장산 때문이요, 시골을 고향으로 둔 덕분이다. 그래서 고향 광탄을 자주 찾아간다. 만장산 꼭대기에도 올라 보고, 파주 삼릉도 들르며, 동심과 시심을 키우던 어린 시절을 떠올리곤 한다. 아마도 수구초심이려니 내 육신과 영혼의 영원한 안식처도 그곳이 될 것이다.
 또 하나는 정신적 고향이다. 인간은 자라면서 인생의 목표와 방향을 찾기 마련이다. 말하자면 자기만의 이상과 포부, 정신세계를 갖게 된다. 그것을 위해서 육신의 힘을 쏟고 정열을 불태운다. 그리하여 자신만의 정신적 고향, 이념적 고향을 갖게 된다. 베토벤의 정신적 고향은 음악일 것이고, 톨스토이의 고향은 문학일 것이다. 플라톤의 정신적 고향은 철학이다. 동양의 진주로 불리던 최승희의 고향은 무용이며, 민족화가 이중섭의 고향은 그림이다. 그렇게 평생을 다하여 열정과 혼을 쏟아부은 세계, 그것이 바로 정신적 고향이요, 이념적 고향이다.
 불교에서는 서방정토를 희구하고, 기독교에서는 천국을 염원한다. 이 역시 종교적 의미에서 정신적 고향이다. 일제 강점기 나라와 국권을 빼앗겼을 때 독립투사들은 총칼을 들고 나라찾기에 나섰다. 그들의 정신적 고향은 조국이요, 민족이었다. 한용운 역시 잃어버린 우리 민족의 임이 돌아올 것을 〈님의 침묵〉에서 간절히 노래했다. 그의 임지향성은 곧 국가지향성이고 민족시향성이었다. 이 역시 정신적 고향이다.

  육신적 고향이 물질의 세계라면 정신적 고향은 혼의 세계요, 이데올로기의 세계다. 육신적 고향은 태어나면서 저절로 생기는 것이지만 정신적 고향은 내가 만들고 추구해야 할 인생의 길이요, 목적인 것이다. 정신적 고향 없이 사는 삶은 무의미하고 무가치한 삶이 될 것이다. 그것은 단지 생존일 뿐 실존은 아니기 때문이다. 내가 사는 이유, 내가 존재하는 이유는 바로 정신적 고향에서 찾을 수 있다.

  마지막 하나는 자연적 고향이다. 인간도 어쩔 수 없는 자연의 일부다. 새나 물고기와 같은 자연의 생명체인 것이다. 그래서 자연의 일부로서 자연에 대한 원천적 그리움과 애정을 갖는다. 자연이 부모라면 인간은 자식인 셈이다. 그렇게 본능적이라는 점에서 자연적 고향은 육신적 고향을 닮았다. 하지만 육신적 고향이 개체적 고향이라면 자연적 고향은 인류 전체의 고향이라는 점에서 다르다. 자연적 고향은 인간 공통의 근원이요, 바탕인 것이다.

  그래서 이어령도 숲(자연)을 인류의 고향이라고 말하였다. 하이데거도 고향을 자연의 일부라고 일렀다. 동양인들은 무릉도원을 꿈꾸고 서양인들은 자연의 유토피아를 꿈꾼다. 이러한 꿈 역시 자연적 고향이다.

  노자와 장자는 무위자연(無爲自然)을 역설하여 자연에 귀의할 것을 권유했다. 자연에서 미와 인간의 존재이유와 삶의 의미를 찾고자 했던 것이 노장철학의 근본이다. 인공의 때가 묻지 않은 순수한 자연, 곧 무위자연에서 삶의 길을 찾고자 했던 것이다. 자연은 보이는 현상이 아니라 보이지 않는 본질에 이데아를 품고 있다. 이러한 이데아를 찾고자 했던 것이 노장철학의 길이었다.

  계몽사상가 루쏘도 '자연으로 돌아가라'고 역설했다. 인위적인 것이 아니라 자연적인 습성과 훈련을 통해 인성(人性)이 계발될 수 있음을 강조한 말이다. 루쏘는 노장철학이 강조했던 무위자연의 지혜와 원리를 인성교육에 접목시켰던 것이다. 그의 명저 『에밀』은 그렇게 해서 태어났다.

　육신적 고향과 자연적 고향은 그 배경을 자연에 두고 있다는 점에서 일치한다. 물론 도시에서 태어난 사람들도 있지만 시골을 고향으로 둔 사람들은 자연스레 자연적 고향이 육신적 고향이 된다. 그래서 나이 들면 자연의 품으로 돌아가고자 하는 것이다. 수구초심은 그런 점에서 육신적 고향과 자연적 고향에 뿌리를 둔다. 그래서 시골을 고향으로 둔 사람들은 행복한 셈이다. 갈수록 도심에서 태어난 아이들이 많아지는데 그들은 육신적 고향은 있지만 자연적 고향이 없는 불행한 아이들이다. 유토피아가 없는 현대인, 그들은 자연적 고향을 잃어버린 이 시대의 유랑민들이다.

　육신적 고향이든 자연적 고향이든 내 마음의 고향을 갖는 것이 중요하다. 비록 자기가 태어난 고향이 아니더라도 힘들고 삭막한 일상을 떠나 훌쩍 떠날 수 있는 공간이 있는 사람들은 행복하다. 섬진강은 내 고향이 아니다. 대학 1학년 때 여행 차 처음 만난 곳이 섬진강이었다. 처음 본 순간 첫사랑을 만난 것처럼 황홀했다. 어쩌면 이렇게 아름다운 강이 있을까. 하얀 모래사장 위로 파란 강이 흘러가고, 병풍처럼 둘러쳐진 초록 댓숲이 펼쳐내는 풍광은 영락없는 한 폭의 수채화였다.

　그런 섬진강을 만난 건 축복이었다. 마음이 울적할 때나 힘들 때 섬진강을 찾았고 나에게 늘 위로와 위안을 주었다. 말하자면 섬진강은 내 영혼의 쉼터요, 보금자리인 것이다. 그래서 성지 순례하듯이 1년에 한두 번은 꼭 들르곤 한다. 갈 때마다 섬진강은 변함없이 따뜻하게 나를 품어주고 위무(慰撫)해 준다. 그런 것이 진정한 마음의 고향이고 영혼의 고향이 아닐까.

　누구나 하나씩은 자기만의 바닷가가 있는 게 좋다

누구나 하나씩은 인제나 찾아 갈 수 있는 자기만의 바닷가가 있는 게 좋다

지구 위를 걸어 가는 새들의 작은 발소리를 듣고 싶을 때
바다에 뜬 보름달을 향해 두 손 모아 절을 하고 싶을 때
바닷가 기슭으로 끝없이 달려가고 싶을 때

누구나 자기만의 바닷가가 하나씩 있으면 좋다
-정호승, 〈바닷가에 대하여〉

정호승의 마음의 고향은 바닷가다. 마음이 괴롭고 힘든 때 그만의 공간인 바닷가로 달려가면 위로를 받는다. 지구 위를 걸어가는 새들의 발소리를 들을 수 있고, 바다에 뜬 보름달을 보며 소원을 빌 수도 있다. 그래서 시인은 자기만의 공간 하나씩을 갖고 있어야 한다고 노래한다.

지리산 대원사의 가랑잎초등학교와 경주 대왕암도 내 마음의 고향이다. '가랑잎초등학교', 이름이 너무 예쁘다. 처음 봤을 때 마침 늦가을이었고 이름처럼 자그만 운동장에 가랑잎이 수북이 쌓여 있었다. 무려 50센티는 된 듯하다. 밤이 되자 하늘이 온통 별밭이었다. 돌을 던지니 별들이 밤송이처럼 우두둑 쏟아지는 것이 아닌가. 가랑잎학교도 좋지만 '별밭학교'라 해도 좋을 듯했다. 내가 교장 선생님이었다면 그렇게 지었을지도 모르겠다. 밤하늘에 그렇게 많이 뜬 별은 그 이후 못 본 것 같다. 그곳도 결국 내 영혼의 성지가 되었다.

경주 대왕암은 신라 문무왕이 죽어서 나라를 지키는 수호신이 된 바다 무덤이다. 해변 가까이 큰 바위섬이 있는데 그곳에 수장된 것이다. 대왕암을 처음 만난 것은 24살 되던 해였다. 대학원 시절 논문 준비하느라 지친 심신을 쉬러 찾은 곳이 대왕암 바다였다. 1975년 1월 11일 날짜까지

또렷이 기억하는데 바다가 언 것을 처음 본 날이기 때문이다. 엄청 추워서 바닷가가 하얗게 얼어 있었다. 바닷물이 얼다니 참 신기했다. 얼음 한 조각 입어 물어보니 짠맛은 없었다. 하긴 북극해가 어는 것을 보면 그리 신기한 일은 아닐 것이나 한국에서 보기는 힘든 일이다.

그리고 그 추운 바다 위를 하얀 갈매기가 날고 있었다. 리처드 바크의 갈매기 '조나단'이었다. '멀리 보기 위해 높이 날던' 조나단이 대왕암 바다 위를 비상하고 있었다. 그 당시 나는 학자로서의 꿈을 키우고 있었기 때문에 조나단의 비상이 예사롭지가 않았다. 학문의 바다를 항해하기 위해 더 멀리, 더 높이 날아야만 했던 것이다. 이후 학업에 자신이 없어질 때 대왕암을 찾아 조나단을 만나곤 했다. 그리고 다시 용기와 자신을 얻었다. 그렇게 대왕암도 내 마음의 고향이 된 것이다.

우리는 누구나 나만의 고향이 있어야 한다. 꼭 강이나 바다일 필요는 없다. 장소가 중요한 것이 아니라 지친 영혼을 쉬고 위안받을 수 있는 곳이라면 어디든 관계없다. 나만의 비밀의 화원, 나만의 마음의 고향, 그것보다 더 아름다운 곳은 없으리라. 그런 점에서 나는 부자고 행복한 사람이다. 섬진강, 가랑잎초등학교, 대왕암을 마음의 고향으로 갖고 있기 때문이다.

노스탤지어와 실향가

마음의 안식과 영혼을 찾는 시인들 역시 고향을 많이 노래했다. 고향 모티브(motive)를 이룰 만큼 고향은 시의 중요한 소재가 된다. 한 번쯤 고향에 대한 시를 써 보지 않은 시인은 없을 것이다. 그중에서 유달리 고향을 많이 노래해 '향수의 시인'이라 부르는 시인들이 있다. 윤동주, 정지용, 백석, 이육사, 이용악이 그들이다.

그들은 고향을 노래하고 그림으로써 자신의 그리움을 달랠 뿐 아니라 실향민들의 설움과 외로움을 위로했다. 특히 일제 강점기에 노스탤지어를 노래한 시들이 많았다. 그것은 당시에 노스탤지어가 시대를 풍미하던 시대감정이었다는 점을 암시한다. 일제 강점기 먹고 살기 위해 수많은 사람들이 고향을 떠나 타지를 떠돌며 부평초 같은 삶을 이어갔다. 때로는 조국땅을 떠나 북간도, 만주, 연해주, 일본이나 하와이, 멕시코까지 유이민의 신산(辛酸)한 삶을 꾸려가야 했다. 그야말로 뿌리 없는 부평초, 노마드(nomad)요, 디아스포라(diaspora)의 유랑민이 된 것이다.

시에서 뿐 아니라 일제 강점기에 대중들이 즐겨 부르던 유행가에도 고향을 그리는 사향가(思鄕歌)가 주류를 이루었다. 고향땅에서 살기 힘들어 도시로, 항구로, 그리고 멀리 북간도로 유랑의 길을 떠나야 했던 것이다. 특히 이농(離農)과 유이민이 대규모로 발생하던 일제말기에 사향가가 급증한 것은 당시 사회적 흐름과 밀접한 관계가 있다. 유행가는 시대의 거울이요, 산물이기 때문이다. 그 중에도 눈에 띄는 것이 곡마단의 애환과 슬픔을 노래한 곡마단 유랑가다.

> 남만주다 북만주 포장은 흐른다
> 나는야 오동나무 가극단 아가씨다
> 초생달 보름달을 백두산 위에 걸고서
> 체수넘는 그네줄에 체수넘는 그네줄에 고향을 본다
> -백난아, 〈오동동 극단〉

1940년 백난아가 부른 〈오동동 극단〉이다. 노래의 주인공은 그네를 타는 곡마단 아가씨다. 남만주에서 북만주에 이르기까지 만주벌판을 헤매 돌며 고달프게 살아가는 곡마단원들의 모습이 생생히 그려진다. 이처럼 곡마단 애환가, 만주 유랑가는 1930년대 고향땅을 떠나 만주로 쫓겨난 우리 민족의 고달픈 역사를 고스란히 보여주고 있다.

고향을 노래한 대표적 시인은 정지용과 윤동주다. 그런데 두 사람 다 일본 교토의 도시샤 대학에서 공부했다. 그들은 교토에서 공부하면서 고향을 그리워하는 향수시를 많이 남겼다. 이국땅이었기에 노스탤지어의 시심(詩心)이 더 깊었을 것이다.

윤동주는 짧은 생애를 뿌리없는 부평초로 살았다. 그가 태어난 곳은 중국 북간도였고 대학은 서울에서 다녔고, 다시 일본에 유학 가서 불행한 삶을 마감한 후 육신은 다시 북간도에 묻혔다. 윤동주는 식민지 시대 뿌리뽑힌 자의 전형적 삶을 보여준다. 그래서 그의 고향 상실감은 누구보다도 깊다. 그런 상실감이 윤동주 사향시(思鄕詩)의 근간을 이루고 있다. 정지용 역시 고향과 서울, 일본을 오가며 유랑의 삶을 살았다. 두 시인의 사향시는 이러한 삶의 배경에서 비롯된 것이다.

고향을 노래한 사향시는 고향에 대한 그리움을 노래하는 망향가(望鄕歌)와 고향을 잃어버린 상실감을 노래하는 실향가(失鄕歌)로 나뉘어진다. 전자는 고향에 대한 그리움과 사랑을 노래한 것이고, 후자는 고향에 대한 실망감과 상실감을 노래한 것이다.

정지용의 대표적 사향시인 〈향수〉는 노스탤지어의 정수를 보여준다.

넓은 벌 동쪽 끝으로
옛이야기 지줄대는 실개천이 회돌아 나가고
얼룩배기 황소가
해설피 금빛 게으른 울음을 우는 곳
그곳이 참하 꿈엔들 잊힐리야

질화로에 재가 식어지면
뷔인 밭에 밤바람 소리 말을 달리고
엷은 졸음에 겨운 늙은 아버지가
짚벼개를 돋아 고이시는 곳
그곳이 참하 꿈엔들 잊힐리야
 -정지용, 〈향수〉

이 시는 정지용이 교토 유학시에 쓴 것이다. 일본에 와서 고향 옥천에 대한 그리움을 토로하고 있다. 가난하지만 행복하게 살던 식구들과 실개천이 회돌아 나가는 고향마을이 절실히 그리웠을 것이다. 그래서 구구절절 고향에 대한 사무치는 그리움을 담아냈다. 한 폭의 수채화처럼 고향의 풍광과 부지런히 삶을 이어가는 가족들의 정경이 살갑게 펼쳐진다. 그야말로 〈향수〉는 육신적 고향에 대한 그리움을 절절하게 그려낸 작품이다.

이러한 망향가는 유이민의 삶을 살아야 했던 이용악이나 백석, 이육사의 시의 주류를 이룬다. 백석의 〈고향〉, 오장환의 〈황혼〉, 이육사의 〈청포도〉가 그렇다. 백석의 〈고향〉은 북관(北關)에서 고향 사람을 만난 반가움을 노래하고 있다. 치료차 만난 의원(醫員)의 따뜻한 손길에서 고향 사람들의 정겨운 모습을 떠올리고 있다. 동향인 의원을 통해 고향에 대한 그리움을 대리 만족하고 있는 것이다. 백석의 사향시는 행복했던 유년기의 고향에 대한 추억을 고스란히 담아낸 풍속화다. 그런 점에서 백석의 사향시에서는 엘리아데가 지적한 '낙원에의 노스탤지어'를 떠올리게 된다.

오장환은 〈황혼〉에서 '고향이여, 황혼의 저자에서 나는 아리따운 너의 기억을 찾아 나의 마음을 전서구(傳書鳩)와 같이 날려 보낸다' 라고 노래하고 있다. 고향에 대한 그리운 마음을 비둘기에 실어 보내고 있는 것이다. 이육사는 〈청포도〉에서 청포도가 향기롭게 익어가는 7월의 고향을 떠올리며 청포도처럼 알알이 향수에 젖어든다. 윤동주도 서울에서 공부하면서 북간도에 두고 온 어머니와 친구들을 그리며 '별 헤는 밤'을 보내곤 했다. 별 하나에 사랑하는 어머니와 친구들, 좋아했던 시인들과 추억을 새기며 밤을 지새웠던 것이다. 그렇게 태어난 시가 〈별 헤는 밤〉이다.

하이데거는 귀향자가 고향에 돌아오는 것만으로는 아직 고향의 본질에 이르지 못한다고 말했다. 귀향이 곧 근원에의 회귀는 아니라는 뜻이다. 그리운 고향에 돌아왔지만 내가 생각하던 고향이 아니고 크게 변해 버렸을 때 타향처럼 느끼게 된다. 그리고 곧 실망감에 빠지게 된다. 때로는 고향이 자기가 생각했던 고향이 아니라는 각성도 이루어진다.

〈향수〉를 노래했던 정지용은 〈고향〉에서 '고향에 돌아와도 그리던 고향은 아니러뇨, 마음은 제 고향 지니지 않고 머언 항구로 떠도는 구름'이라고 한탄하고 있다. 오장환도 〈고향 앞에서〉에서 변해버린 고향을 보며 상실감에 빠진다. '고향 가차운 주막에 들려, 누구와 함께 지난 날의 꿈을 이야기 하랴' 한탄하며 술잔을 기울인다. 어린 시절의 고향은 '가도가도 붉은 산' 뿐인 삭막한 고향으로 변해 버렸던 것이다.(〈붉은 산〉) 고향 상실감은 이용악의 〈고향아 꽃은 피지 못했다〉에서 절정을 이룬다.

나는 그리워서 모두 그리워
먼 길을 돌아 왔다만
버들 방천에도 가고싶지 않고
물방앗간도 보고싶지 않고
고향아
가슴에 가로누운 가시덤불
돌아온 마음에 싸늘한 바람이 분다
-이용악, 〈고향아 꽃은 피지 못했다〉

그렇게 그리던 고향이건만 고향은 꽃을 피우지 못하는 황량한 벌판이 되어 버렸다. 그저 가슴에는 가시덤불만이 덮히고 마음엔 싸늘한 바람만 불어올 뿐이다. 이러한 고향 상실감은 세월 따라 변하는 자연과 인정, 풍속에도 있겠지만 무엇보다 식민지 착취로 황폐화되어 버린 시대적 요인이 크다. 고향이 꽃을 피우지 못하는 붉은 산이 됐다는 것은 생명력이 소실된 죽음의 땅이 됐다는 의미다. 마치 T.S Eliot가 전후 폐허 상황을 생명력이 상실된 황무지로 표현한 것과 동일하다. '꽃 피는 철이 와도 가도, 뒤울안에 꿀벌 하나 날아들지 않는'(이용악, 〈낡은 집〉), 생명이 끊어진 불모의 땅이 되고 만 것이다.

윤동주의 〈또 다른 고향〉 역시 고향에 대한 새로운 느낌을 노래한 시다. 고향을 타향으로 느끼며 새로운 나를 찾아가는 인식의 여정(旅程)을 보여주고 있다.

고향에 돌아온 날 밤에
내 백골이 따라 와 한방에 누웠다
어둠 속에 곱게 풍화작용하는

> 백골을 들여다 보며
> 눈물 짓는 것이 내가 우는 것이냐
> 백골이 우는 것이냐
> 아름다운 혼이 우는 것이냐
> 가자가자 쫓기우는 사람처럼 가자
> 백골 몰래 아름다운 또 다른 고향에 가자
> -윤동주, 〈또 다른 고향〉

윤동주가 그렇게도 그리던 북간도 고향에 왔다. 그러나 나를 반기는 것은 백골이 된 자신이다. 백골은 유년시절부터 고향에 있던 과거의 자신이다. 세월이 지나 이제 백골이 된 것이다. 그 백골을 들여다 보며 지금의 내가 울고 있다. 그러면서 이렇게 살아서는 안된다는 각오를 다진다. 현실에 순응하고 만족하며 살 수는 없는 것이다. 그래서 그는 그가 지향했던 이상향을 향해서 떠난다. 그 이상향은 그의 아름다운 혼이 있는 곳이다. 괴테의 '아름다운 혼'은 자아정체성이 실현되는 전인간(全人間)을 관장하는 혼이다. 전인간이 구현되는 아름다운 혼이 있는 곳, 그곳이 윤동주 떠나고자 했던 '또 다른 고향'이었던 것이다.

이 지점이 윤동주의 육신적 고향과 정신적 고향이 갈라지는 곳이다. 육신적 고향은 그리움을 낳았지만 자아정체성을 실현할 수 없다. 백골로 표상되는 타향의식은 그런 점에서 철저한 자기성찰이요, 자기부정이다. 윤동주는 그러한 자기성찰과 자기부정을 통하여 아름다운 혼을 가진 새로운 전인간으로 거듭 나고자 했던 것이다. 백골의 고향에서 또 다른 고향에 이르는 길은 윤동주의 자아인식의 거리이자, 통과제의의 여정이다.

물 위에 이름을 쓴 사람

젊어서 죽음이라는 단어는 추상어거나 관념어였다. 그저 사전이나 시에 나오는 철학적 용어거나 미학적 언어에 불과했다. 죽음은 나의 삶과는 무관한 미지의 세계였다. 하지만 나이 먹어 가며 수술도 하고 위험한 사고를 당하면서 죽음이 먼 곳에 있는 추상의 세계가 아니라 가까이 있는 현실의 세계임을 깨닫게 되었다. 어렸을 때 동네에 계신 할아버지들은 아예 처음부터 할아버지였다고 생각했다. 그분들도 유년기, 소년기, 청년기, 장년기를 거쳐서 마침내 노년기에 이른다는 사실을 나이 먹어서야 깨달았다. 인생은 모든 게 체험에서 깨닫고 느끼는 것인가 보다.

내가 실제로 죽음을 경험한 것은 두 번이었다. 모두 사고였는데 공교롭게 둘 다 연탄가스 사고였다. 처음 사고는 중학교 교사 시절 하숙집에서였고, 두 번째는 대구대 재직 시절 자취방에서였다. 첫 번째 사고는 병원 응급실에서 산소마스크로 위기를 넘겼고, 두 번째는 스스로 방문을 부수고 마당으로 뛰쳐나와 살았다. 여차했으면 세상을 떠날 뻔했다. 생과 사는 종이 한 장 차이요, 전등 켜고 끄기에 불과함을 직접 체험한 것이다. 삶과 죽음은 하늘과 땅처럼 먼 거리, 전혀 딴 세상 같으나 결정의 시간은 순간적이다. 교통사고처럼 한순간에 비명횡사할 수도 있는 것이다.

그동안 수술을 세 번했는데 전신마취에서 깨어날 때 정녕 죽음의 세계에 다녀온 느낌이 들었다. 마취상태에 머문 무의식, 무감각, 미명(未明)의 세계, 그것이 곧 죽음의 세계가 아닌가 싶다. 마취가 깨면서 새로운 삶을 시작하는 느낌은 누구나 경험하는 일일 것이다. 수면 내시경 검사도 비슷한 느낌을 준다.

무엇보다 죽음에 대한 구체적 체험은 가까운 지인들이 세상을 떠났을 때 절실하게 느껴진다. 나는 오래전에 부모님이 모두 돌아가셨다. 70도 채 못 살고 떠나서 안타까운 마음 그지없다. 집안 어르신들도 거의 다 세상을 떠났다. 가까운 죽음은 작년에 치룬 장모님과 누님의 장례였다. 어르신들 장례를 치루면서 이제 내 차례구나 하는 실감이 들었다. 차례차례 떠나고 결국 남은 사람들에게 차례가 돌아오는 것이 순리가 아니겠는가. 가까운 지인, 친구들, 하다못해 제자들도 많이 내 곁을 떠났다. 그러면서 죽음을 실감하고 마음의 준비를 하게 된다.

나이 들어가니 여기저기 몸에 고장이 생기고 병치레가 심해진다. 무엇보다 연전에 치룬 무릎 수술은 일상의 장애가 되어 몸과 마음을 크게 위축시켰다. 연골이 일부 파열되어 수술을 한 것이다. 그러니 먼 길도 서슴지 않게 좋아하던 등산도 못 가게 되었다. 걷는 것이 낙이고 유일한 운동이었는데 거기에 장애가 생긴 것이다. 마치 힘차게 달리던 차가 제동이 걸린 것 같다.

신체가 건강해야 정신도 건강한 법, 신체에 장애가 생기니 마음도 위축되고 모든 것에 자신감이 떨어진다. 혈압약 복용은 벌써 10년이 넘었고 변비에 수면장애까지 생겼다. 이러다 보니 생활이 불편해지고 일상의 리듬도 깨지고 말았다. 그러면서 삶에 대한 자신감, 의욕도 조금씩 떨어진다. 아마도 그런 현상이 죽음에 대한 자연스런 준비 과정인 듯하다. 병이 나서 아프고 힘들면 지쳐서 쉬고 싶은 것이 인지상정이다. 그 영원한 휴식이 바로 죽음이다. 병에 시달리면 죽음이 먼 곳에 있는 게 아니라 가까이 와 있다는 느낌을 갖게 된다.

죽음은 인간으로 태어난 이상 피할 수 없는 일이다. 생자필멸(生者必滅)이라 하지 않던가. 사람은 어깨 위에 작은 새 한 마리(생명의 새)를 얹혀 놓고 산다고 한다. 그 새는 언제 날아갈지 모른다. 새가 날아가는 순간 죽음이 찾아오는 것이다. 기독교 장례에서 '너는 흙이니 흙으로 돌아가는 것'이라고 추모사를 읽는다. 어호와가 흙으로 인간을 만들고, 인간이 다시 흙으로 돌아가니 죽음은 원점으로 회귀하는 것이다. 인간을 의미하는 'human'은 흙을 의미하는 'humus'라는 라틴어에서 온 말이다. 곧 인간은 흙인 것이다. 그러니 흙에서 와서 흙으로 돌아가는 것은 자연스런 일이다. 인간의 삶은 잠시 지상에 존재했던 순간에 불과하다.

세상에 태어남은 한 조각 뜬구름이 일어나는 것이고
죽음은 한 조각 뜬구름이 자취 없이 사라지는 것이다
뜬구름은 원래 본체가 없는 것이니
삶과 죽음 또한 이와 같은 것이다

生也一片浮雲起
死也一片浮雲滅
浮雲自體本無實
生死去來亦如然

세종조의 고승 득통화상(得通和尙)(1376-1433)의 시다. 그저 삶과 죽음은 뜬구름처럼 떴다 사라지는 것이고, 뜬구름은 본시 본체가 없는 현상인 것이다. '인생은 나그네요, 뜬구름이다'는 말과 상통한다. 그렇게 우리네 삶은 한 조각 뜬구름으로 왔다가 사라지는 허망한 일이다. 그럼에도 아등바등 몸부림치며 살아가는 것이 얼마나 덧없는 일인가.

'덧없는 세상에서 저 작은 새도 집을 짓는구나'라는 이싸(一茶)의 하이쿠 시처럼 덧없는 세상에 자신만의 보금자리를 만들려고 애쓰는 것이 새고 인간이다. '강물에 떠내려가는 나뭇가지에서 아직도 벌레가 노래를 하네'라는 이싸의 다른 시도 허망한 삶과 죽음을 노래하고 있다. 강물에 떠내려가는 나뭇가지에 매달린 벌레 한 마리, 언제 죽을지도 모르면서 그 순간 삶의 노래를 부르고 있다. 죽는 순간까지 죽음을 깨닫지 못하는 안타까움을 비유한 것이다. 바하만의 시구처럼 '추락하는 것은 모두 날개가 있다.' 하늘을 날던 새도 반드시 날개를 접을 날이 오는 법이다. 그 야말로 공수래공수거(空手來空手去)인 것이다. 그렇게 죽음은 예외없이 평등하게 온다. 모든 것이 불공평할지라도 죽음만은 공평한 것이다.

만공스님이 열반시에 남긴 '만공, 자네는 나와 함께 70여 년 동안 동고동락했지, 그동안 수고했네'라는 말처럼 죽음은 나와 함께 가야 할 인생의 친구요, 도반(道伴)이다. 천국에 이르는 길은 아주 먼 길이다. 그 길에 도달하기 위해서는 이승의 짐을 벗어 놓아야 한다. 욕심으로 짊어진 짐 때문에 천국에 이르지 못할 수도 있다. 인도 시인 까비르의 말처럼 '주먹 쥐고 이 세상 왔다가 손바닥 펴고 가는 것'이 인생이다. 모든 걸 내려놓고 홀가분하게 떠날 채비를 해야 할 일이다. 소크라테스도 가장 적은 것으로 만족한 사람이 가장 부유한 자라고 하였다.

　이름을 붙이지 말아다오
　거추장스런 이름에 갇히기보다는
　그냥 이렇게
　맑은 바람 속에 잠시 머물다가
　아무도 모르게 사라지는 즐거움

　내가 섰던 그 자리
　다시 하늘이 채워지면
　거기 한 모금의 향기로 날아 다니고 싶다
　-문효치,〈공산성의 들꽃〉

시인은 들꽃처럼 폈다 사라지고 싶다. '이름'(명예)이라는 속세의 욕망에서 벗어나 바람처럼 머물다 아무도 모르게 사라지는 들꽃으로 살고 싶은 것이다. 그러다 꽃이 지면 한 줌 향기로 하늘로 날아가면 그뿐이다. 시인이 바라는 들꽃 같은 삶, 그것이야말로 공수래공수거의 실천이요, 비움과 내려놓음의 철학이다.

피할 수 없는 것이 죽음이라면 그에 대한 준비와 대비가 필요하다. 곧 살아 있는 동안의 나의 모습이 중요한 것이다. 죽음의 모습은 곧 삶의 다른 모습이기 때문이다. 어떻게 죽느냐 하는 것은 곧 어떻게 사느냐는 문제와 직결된다. 인생은 이별의 연속이다. 그러다가 최후에 자신과의 이별이 바로 죽음인 것이다. 자신을 마지막 떠나보내며 남은 내 모습이 진정 살아 있던 자신의 모습일 것이다. 죽음 앞에서 인간은 최후의 각성에 이른다. 아무리 죄를 짓고 살았어도 마지막 순간에는 참회하고 용서를 비는 법이다. '죽으려는 새는 울음이 슬프고, 죽으려는 사람은 말이 착하다'는 이싸의 말이 의미심장하다. 죽음 앞에서는 악한 사람도 착해지기 마련이다.

그래서 많은 시인들이 죽음을 대비한 묘비명(墓碑銘)을 남겼다. 묘비명은 죽은 이를 기리는 글이지만 스스로 쓴 묘비명은 자기 죽음에 대한 스스로의 깨달음이요, 성찰이다. 또는 죽음을 대비한 자신의 삶에 대한 각오일 것이다. 몇몇 유명한 문인들이 남긴 묘비명을 보면 그들의 삶의 태도와 생각을 엿볼 수 있다. 프랑스 작가 모파상은 '나는 모든 것을 갖고자 했으나 아무것도 갖지 못했다'는 묘비명을 남겼다. 모파상의 꿈과 이상은 원대했다. 그러나 원대했던 만큼 그것을 이루지 못했다는 자성(自省)의 의미가 들어 있다. 모든 것을 가지려는 욕망이 크면 아무것도 이루지 못한다는 메시지를 전해 준다.

영국의 극작가 버나드쇼는 '우물쭈물 하다가 내 이리 될 줄 알았다'는 묘비명을 남겼다. 살아생전 할 일이 많았지만 차일피일 미루다가 끝내 이루지 못했다는 후회가 담겨 있다. 하고 싶은 일이 있으면 미루지 말고 실천하라는 말이다. 살다보면 하고 싶은 일, 가고 싶은 곳이 많지만 이 핑계 저 핑계로 미루다가 결국 못하고 죽는 일이 얼마나 많은가. 살아생전 하고 싶은 일을 하라는 뜻일 것이다. 요즘 흔히 쓰는 '버킷 리스트'(bucket list)란 말도 여기서 나왔다. 중세 시대에 통(버킷)에 올라가 줄을 맨 후 통을 차버리는 자살방법이 많이 쓰였다. 그래서 버킷 리스트는 죽기 전에 꼭 해야 할 일을 의미한다.

'삶이란 가치가 없다. 하지만 삶만큼 가치 있는 것은 없다'는 앙드레 말로의 말에 귀 기울여야 한다. 우리 속담에도 '개똥밭에 뒹굴어도 이승이 낫다'는 말이 있지 않은가. 살아 숨쉬는 것만도 기쁨이요, 행복인 것이다. 살아생전 하고 싶은 일을 다 하는 것은 더 값진 일일 것이다.

성자(聖者)인 지두크리스나무르트는 '오늘이 마지막 날인 것처럼 살라'고 했다. 오늘이 내 생애의 최후라며는 단 하루도 소홀히 할 수가 없다. 시한부 생을 선고받은 암환자들은 하루하루가 삶의 마지막이다. 그래서 최선을 다해서 살아간다. 하지만 대부분 사람들은 다람쥐 쳇바퀴 돌듯이 똑같은 일상을 반복하고 있다. 그것은 실존(實存)이 아니라 생존(生存)에 지나지 않는다. 사는 이유와 목적 없이 그저 살아 있기에 사는 것에 불과한 것이다. 진정한 삶은 자신의 존재이유와 존재가치를 인식하고 실천하는데 있을 것이다.

윤동주는 시 한 편 쓸 때마다 꼭 날짜를 기록했다. 그는 일기처럼 시를 썼다. 그의 시에는 하루하루를 산 윤동주의 일상이 그대로 담겨있다. 그래서 그의 시는 일기요, 자화상이다. 그만큼 그는 하루하루를 생의 마지막인 것처럼 생각하며 살았다. 불꽃의 여인 전혜린은 또 어떠한가. 그녀는 순간순간을 최후의 시간으로 생각하며 치열하게 살았다. 전혜린에게는 한순간이 최후의 시간이고 마지막 순간이었던 것이다. 윤동주는 28세, 전혜린이 31세로 짧은 생을 마감했지만 하루하루, 순간순간을 생의 최후처럼 살았기에 100세 이상의 삶을 누린 셈이다.

하지만 '물에 이름을 쓴 자, 여기에 누워있다'는 키츠(Keats)의 묘비명은 다른 울림으로 다가온다. 26세의 젊은 나이에 요절한 천재 시인 키츠의 이 말은 무엇일까. 종이에 이름을 쓰지 않고 물 위에 이름을 쓴다는 것이 정녕 무슨 의미일까. 종이에 이름을 쓰면 종이가 없어지지 않는 한 영원한 기록으로 남는다. 하지만 물 위에 쓰면 쓰는 순간 물과 함께 사라지고 만다. 그만큼 덧없고 허망하다. 흔적조차 없는 것이다.

아마도 키츠는 그의 짧은 생을 그렇게 살고자 했는지 모른다. 흔적없이 살다가 흔적없이 사라지는 약존약무(若存若無)의 삶 말이다. 하지만 물 위에 이름을 쓴 키츠는 사라지지 않고 영원한 이름으로 남아있다. 기록에 없기 때문에 더 기억에 오래 남은 것이다. 진정 키츠는 물 위에 이름을 쓴 것이 아니라 만인의 기억 속에 이름을 쓴 것이다.

때로는 자연적인 죽음이 아니라 인위적인 죽음도 있다. 극단적 선택이라 부르는 자살이 그것이다. 대학 때 친구 하나는 태어난 것은 내 의지와 무관한 것이니 죽음 만큼은 내 의지로 하고 싶다고 했다. 그 결단의 시기는 자기 삶에서 더 이상 존재의미나 가치를 찾을 수 없는 극점에 다다랐을 때라고 했다. 그 말을 들었을 때 참 멋진 말이라고 생각했다. 존재이유와 가치가 없는 삶은 무의미한 것이기에 스스로 끝내는 것도 가치 있는 일이라 생각했다. 하지만 그 친구는 아직도 살아 있다. 아마 아직도 생의 극점에 도달하지 못한 모양이다.

러시아 혁명가 마야코브스키는 혁명이 끝난 후 자살했다. 더이상 자신이 할 일이 없었던 것이다. 혁명은 그의 존재이유요, 생의 전(全)가치였기 때문에 할 일이 없어진 이상 자신의 존재이유도 사라졌다고 판단한 것이다. 철저히 자신의 삶을 존재의 가치성에서 찾은 것이다.

〈설국〉으로 노벨문학상을 받은 작가 가와바다 야스나리도 스스로 가스중독으로 목숨을 거두었다. 〈설국〉보다 훌륭한 작품을 더이상 쓰지 못한 자책감에서였다. 그의 죽음은 작가로서의 양심의 문제였다. 작가는 작품으로 말하고 존재한다. 그런데 더이상 작품을 쓰지 못하는 것은 작가로서 생명을 잃은 것이다. 그렇게 그는 스스로에게 사형선고를 내린 것이다.

　의식의 흐름의 명작 〈등대로〉로 주목받은 영국의 여류작가 버지니아 울프도 템즈강에 몸을 던졌다. 그녀도 마찬가지 이유였다. 신경쇠약에다 더 좋은 작품을 쓰지 못하는 자책감을 견디지 못하고 목숨을 끊은 것이다. 야스나리와 울프는 죽음으로써 작가의 양심과 자존심을 지켰다. 자살은 불행한 선택이었지만 최후의 양심과 자존(自尊)을 지켰다는 것은 의미있는 일이다.

　한편 죽음을 찬양하는 경우도 있다. 욕망의 덫에 걸려 허우적거리는 이 세상을 떠나는 것이 오히려 축복이라고 생각한다. 장자의 〈대종사(大宗師)〉편을 보면 맹자반(孟子反)이 친구 자상호(子桑戶)가 죽자 거문고를 뜯으며 '아 상호여 자네는 참된 세계로 갔건만 나는 아직도 사람인 채로 사네'라고 노래하는 구절이 나온다. 죽은 자상호는 진실된 세계로 갔지만 나는 속된 세계에서 살아가야 함을 슬퍼한 것이다. 곧 죽음은 참되고 진실된 세계에 이르는 길로 본 것이다. 그에게 있어 죽음은 열반(涅槃)의 길이었다. 그래서 거문고로 축복의 노래를 불러 준 것이다.

　릴케가 죽은 후 아침 신문에 실린 추도사 한 구절, '릴케는 죽었고, 세상만이 홀로 남았다'는 카소(Cassou)의 말도 이와 흡사하다. 세상을 밝혀 주던 지고지순한 영혼, 릴케는 떠나고 어두운 세상만이 남은 것이다. 이제 그 어두운 세상을 밝혀 줄 시인은 없다. 카소에게는 그 어둡고 삭막한 세상이 두렵고 막막했던 것이다. '신이 인간에게 내린, 가장 큰 축복은, 누구나 자신의 삶에서 마지막이 있다는 것'이라고 노래한 서정윤의 〈축복〉이란 시도 같은 울림을 준다. 신은 인간에게 생을 준 만큼 다시 그 생을 거둬들인다. 그것이 죽음이다. 영국의 형이상학파 시인 딜란 토마스는 갓 태어난 어린아이의 손톱에서 죽음의 벌레가 갉아 먹는 소리를 듣는다고 노래했나. 생의 시작은 죽음의 출발인 것이다.

 스토아 철학자 세네카도 죽음을 온갖 노예상태에서 해방시켜주는 것이라 했다. 인간은 살아 생전 노예상태로 살아간다. 타인의 노예도 되지만 욕망의 사슬에 묶여 스스로 노예가 되기도 한다. 그렇게 인생은 노예의 삶인 것이다. 죽음은 바로 그 노예의 사슬을 끊어주는 순간이다. 그러니 죽음은 축복이다. 아리스토텔레스가 인생을 비극이라 했던 바 비극의 종말이 죽음인 것이다. 소크라테스가 죽음을 '피안(彼岸)으로 가는 길'이라고 한 것도 같은 의미다.

 이렇게 죽음은 서로 다른 두 개의 얼굴을 갖고 있다. 죽음은 삶의 종말이 아니라 새로운 삶의 시작이라는 긍정론과 죽음은 끝이요, 종말이라는 부정론이 그것이다. 이러한 야누스적 얼굴을 가진 죽음의 존재론에 대한 선택은 각자의 몫이다. 그야말로 햄릿의 명제처럼 '사느냐 죽느냐 그것이 문제'인 것이다. 하지만 서로 다른 두 개의 얼굴은 결코 이질적인 것은 아니다. 자신의 삶은 살아서나 죽어서나 일관된 것이기 때문이다. 살아 생전 삶의 의미는 죽은 후에 또 다른 의미로 연장된다. 행복의 종말이든 노예로부터의 해방이든 결국 자신의 문제로 귀결된다.

 릴케는 죽음을 낯선 죽음과 고유한 죽음으로 구분했다. 낯선 죽음은 우연한 사고로 일어나는 죽음이고, 고유한 죽음은 삶의 내적 필연성에 의한 죽음이다. 곧 죽음의 진정한 의미는 외적인 사고보다 내면의 필연적인 인과관계에서 비롯됨을 간파한 것이다. 그는 죽음을 과일 속의 씨앗으로 보았다. 과일의 씨앗이 과일을 무르익게 하듯이 인간내면에 잠재해 있는 죽음의 씨앗이 삶을 성숙하게 하는 것으로 본다. 곧 죽음은 파멸의 종자가 아니라 인간내면의 성숙과 성장의 씨앗이다.

 하이데거 역시 죽음을 자신의 삶 속에 내재된 준비된 죽음으로 파악했다. 인간은 '죽음을 향한 존재'지만 죽음이 생에 들어오면 성숙해진다고 보았다. 곧 죽음은 자기성숙의 인자(因子)가 되는 것이다. 그래서 죽음에 대한 인식은 현존재의 자기성찰에 이르는 길이라고 하였다. 죽음은 삶의 종착이 아니라 존재에 대한 인식과 성찰, 책임과 의지를 고양해 주는 것이다. 이처럼 릴케와 하이데거는 죽음을 삶의 종말이 아니라 성숙한 인간, 참다운 삶을 영위케 해 주는 동력으로 간주한다.

 한편 사르트르는 죽음을 자신의 문제가 아니라 타자의 문제로 인식했다. 곧 내 죽음에 대한 의미는 타인의 평가에 의해서 이루어진다고 본 것이다. 나의 죽음이 나만의 문제가 아니라 타인의 인식대상이 되어 평가된다고 생각했다. 내 죽음은 절대종말이 아니라 타인에 의한 인식, 곧 타자화(他者化)됨으로서 연장되는 것이다. 타자들이 생각하는 나로서, 나는 다시 소생하고 부활한다. 나는 죽었지만 다른 사람들 인식 속에 살아 있는 것이다.

 레비나스 역시 죽음을 타자와의 관계 속에서 자신의 연속성을 실현하는 것으로 보았다. 죽어서도 타인에 의해 살아가는 것이다. 그러니 죽음은 절대 종말이 아닌 것이다. 나 아닌 타인으로서 영속되는 것이다. 그러니 살아생전 타자에게 인식되는 내가 중요한 것이다.

죽음과 시인

슈베르트의 현악 4중주에 〈죽음과 소녀〉라는 곡이 있다. 제목부터가 비극적이고 낭만적이다. 어린 소녀에게 죽음이라니 다소 역설적이기도 하다. 그러나 죽음은 소녀에게 뿐 아니라 모든 인간에게 피할 수 없는 운명이다. 삶과 죽음은 문학의 영원한 주제이면서 시의 기본 모티브가 된다. 시인들은 죽음을 어떻게 인식하고 형상화했을까.

죽음을 일정하게 유형화하는 일은 쉬운 것이 아니지만 시로 형상화된 죽음은 크게 3가지 범주로 나눠볼 수 있다. 우선 미학적 죽음이다. 죽음을 심미적 대상으로 인식하여 낭만적인 관점에서 형상화하는 것이다. 현실 저 너머 꿈의 세계 속에서 죽음의 의미를 그려낸다. 죽음을 꿈의 세계로 끌어들여 탐미적 대상으로 인식하는 것이다. 따라서 미학적 죽음은 존재초월이라는 통과제의적 성격을 갖는다. 미학적 죽음은 미를 절대가치로 본 낭만주의나 탐미주의의 주된 소재가 된다.

또 하나는 상황적 죽음이다. 현실의 상황에 맞서 죽음으로 대응하는 경우다. 물론 죽음을 통하여 부조리한 현실상황을 극복하는 실존적 포즈도 동반된다. 그런 점에서 상황적 죽음은 현실적 죽음이요, 실존적 죽음이다. 따라서 상황적 죽음은 사실주의나 실존주의 시에서 그 모습을 드러낸다. 전쟁의 비극성이 고조되던 1950년대 전후시에서 실존적 죽음이 풍미했다. 박인환이 대표적이다.

마지막은 자연적 죽음이다. 그야말로 생물체로서의 생을 마감하는 운명적 죽음인 것이다. 태어나 피할 수 없는 것이 죽음인 만큼 운명론적 시각이 개입된다.

근대시가 활짝 개화하던 1920년대부터 죽음은 시의 기본주제가 되었다. 특히 낭만주의가 주류를 이루던 〈백조〉파 시인들과 데카당(퇴폐주의, decadence)이 기본 흐름이 된 〈폐허〉파 시인들의 시에서 죽음의 시가 많이 씌여졌다. 그리고 그들의 죽음은 미학적 경향을 드러낸다. 서구의 상징주의, 데카당, 낭만주의 사조의 영향을 받은 것이다. 서구 상징주의 시집인 『오뇌의 무도』가 문단의 바이블(bible)이 되어 문학청년들이 '오뇌의 무도화'되었던 것이다. 그리하여 너도나도 죽음을 찬미하고 죽음의 세계를 꿈꿨다.

오 검(劍)이여 참삶을 주소서
그것이 만일 이 세상에 있을 수 없다 하거든
열쇠를 주소서
죽음의 나라의 열쇠를 주소서
참삶이 있는 곳을 차지하여
명부(冥府)의 순례자가 되겠나이다
-박종화, 〈밀실로 돌아가다〉

시인은 죽음의 나라로 가는 열쇠를 갈망하고 있다. 검으로 나를 죽여 주든지 아니면 죽음의 열쇠를 달라고 애원하고 있다. 그가 죽음을 택한 이유는 그곳에 참삶이 있기 때문이다. 곧 암울한 현실을 떠나 죽음의 세계에 이르는 존재초월을 이루고자 하는 것이다. 죽음은 부활하고 소생하는 통과제의의 길인 것이다. 이상화 역시 〈나의 침실로〉에서 죽음의 공간인 침실을 '부활의 동굴'이라고 찬미하고 있다. 현재의 질곡에서 벗어나 새롭게 부활할 수 있는 방법이 죽음인 것이다.

박종화는 〈사의 찬미〉에서 '검은 옷을 해골 위에 걸치고, 말없이 주토(朱土)빛 흙을 밟는 무리를 보라, 이곳에 생명이 있나니, 이곳에 참이 있나니'라고 노래하여 죽음의 세계를 산미하고 있다. 죽음의 세계는 생명의 세계, 참의 세계인 것이다. 그렇게 박종화는 죽음의 찬양자였다. 주요한도 〈생과 사〉에서 죽음을 '아름다운 곳, 생의 꿈'으로 노래하고 있다.

이처럼 1920년대 낭만파 시인들은 죽음을 참의 세계, 이상세계, 유토피아로 꿈꾸고 있다. 낭만주의가 현실 저 너머 꿈의 세계를 지향하는 것에 그대로 상응하는 것이다. 그래서 그들은 죽음을 표상하는 밀실, 무덤, 침실, 병실, 동굴이미지를 라이트 모티브(light motive)로 활용하였다.

이러한 흐름은 분명 서구에서 이입된 낭만주의, 데카당, 상징주의의 영향, 곧 '오뇌의 무도화'의 징후이긴 하지만 한편 일제강점이라는 시대상황도 동시에 작용한 것으로 보인다. 그들의 죽음 예찬이 3.1운동 좌절 후 심화됐다는 것은 그만큼 충격과 절망이 컸다는 증표다. 시대적 절망감을 죽음의식으로 표출한 것이다. 3.1운동의 시대상황이 곧 죽음의 상황임을 암시하고 있는 것이다. 따라서 1920년대 시인들의 죽음의 무도화(舞蹈化)는 서구사조 이입에 의한 미학적 죽음과 시대상황에 따른 상황적 죽음이 함께 작용한 것으로 보인다.

존재초월의 죽음의식은 종교적 차원의 구원의식과 밀접히 연계된다. 종교라는 것은 궁극적으로 인간세계에서 신의 세계로 초월하는 매개가 되기 때문이다. 불교든 기독교든 종교의 공통점은 현실에서의 존재초월이다. 존재초월을 통하여 극락과 천국의 세계로 승화되는 것이다.

죽음은 허무와 만능이 하나가 됩니다
죽음의 사랑은 무한인 동시에 무궁입니다
죽음 앞에는 군함과 포대가 티끌이 됩니다
죽음 앞에는 강자와 약자가 벗이 됩니다
-한용운, 〈오셔요〉

이렇게 죽음은 현실이 무화(無化)되어 하나로 융합되는 모멘트가 된다. 죽음 앞에는 강자와 약자도 없고, 허무와 전쟁도 없다. 모든 갈등과 대립, 증오가 사라지는 것이다. 부처가 꿈꾸던 사랑과 평화의 이상향인 '문디(mundi)'가 실현되는 것이다. 중생이 살아가는 사바(고통)세계에서 벗어나 통합의 세계인 '문디'로의 존재초월, 곧 해탈과 승화를 이루는 것이 죽음이다. 그러니 죽음은 찬미의 대상이요, 축복의 전령사가 된다.

윤동주는 기독교 신자답게 종교적 부활을 꿈꿨다. 그의 시에 나타나는 일관된 모티브도 죽음의식이다. 그의 시 도처에서 죽음의 그림자가 어른거리고 있다. 그 그림자는 개인사적 고통이나 시대적 상황에 촉발된 것이지만 종교적 존재초월로 마무리된다. 그래서 그의 죽음의 그림자는 절망적이거나 어둡지가 않다.

쫓아오던 햇빛인데 지금 교회당 꼭대기
십자가에 걸리었습니다
첨탑이 저렇게도 높은데
어떻게 올라갈 수 있을까요

행복한 예수 그리스도에게처럼
십자가가 허락된다면
모가지를 드리우고
꽃처럼 피어 나는 피를
어두워 가는 하늘 밑에
조용히 흘리겠습니다
-윤동주, 〈십자가〉

시인은 죽어서 예수가 되고자 한다. 십자가에 못 박혀 피를 흘리며 죽어가던 예수, 하지만 그는 행복한 사나이다. 다시 부활하여 인류에게 구원을 주었기 때문이다. 그 희생과 구원의 십자가를 시인이 짊어지려 한다. 그리고 어두워 가는 하늘 밑에 조용히 피를 흘린다. 이처럼 시인은 죽음을 부활과 영생의 계기로 인식한다. 죽음은 그에게 현실을 넘어서는 존재초월의 길인 것이다. 그래서 그는 〈무서운 시간〉에서 '일을 마치고 죽는 날 아침에 나를 부르지 마오'라고 했다. 새로운 일이 그를 기다리고 있기 때문이다.

전후 시인 박인환은 상황적 죽음을 노래하고 있다. 그는 6.25 체험을 죽음의식으로 표출한 시를 다수 남겼다.

저 묘지에서 우는 사람은 누구입니까
저 파괴된 건물에서 나오는 사람은 누구입니까
검은 바다에서 연기처럼 꺼진 것은 무엇입니까
인간의 내부에서 사멸된 것은 무엇입니까

전쟁이 빼앗아간 나의 친우는 어디서 만날 수 있습니까
슬픔 대신에 나에게 죽음을 주시오
인간을 대신하여 세상을 風雪로 뒤덮어 주시오

건물과 창백한 묘지가 있던 자리에
꽃이 피지 않도록
하루의 일년의 전쟁의 처참한 추억은
검은 신이여
그것은 당신의 주제일 것입니다.
-박인환, 〈검은 신이여〉

시인은 죽음의 신인 '검은 신'에게 지속적으로 질문을 던지고 있다. 묘지에서 우는 사람, 파괴된 건물에서 나오는 사람은 누구이며, 전쟁에서 뺏긴 친우는 어디서 만날 수 있는지, 또한 검은 바다에서 연기처럼 꺼진 것, 인간이 내부에서 사멸한 것이 무엇이냐고 묻고 있다.

어쩌면 이에 대한 대답은 불가능한 것이고 무의미한 것이다. 무엇보다 중요한 것은 인간 내부의 사멸이다. 인간의 내부 즉 정신적인 것, 영적인 것, 궁극적으로 인간존재의 원천이 사멸됐기 때문이다. 그러므로 살아있음은 전혀 의미가 없게 된다. 시는 바로 이러한 존재의 무의미성을 드러낸다. 죽음은 바로 그 무의미성을 표상한다. 그래서 시인은 세상이 풍설로 뒤덮여 다시는 이 땅에 꽃이 피지 않도록 죽음의 세계를 만들어 달라고 절규하고 있다. 슬픔의 의미조차 잃어버린 죽음, 다시는 생명이 소생할 수 없는 절대 죽음을 간구하고 있다. 이보다 더한 절망의 극치는 없을 것이다.

마지막으로 운명적 죽음을 보자. 죽음의식은 어쩌면 존재탐구의 마지막 구경(究境)일지도 모른다. 모든 존재의 끝자락은 죽음이기 때문이다. 그리고 그러한 운명적 죽음의식은 인생무상의 허무주의로 이끈다.

운명론적 죽음의식은 때로는 나비 심상(心象)에 가탁하여 표출되기도 한다. 아마 그것은 나비가 갖고 있는 삶의 일회적 단명성(短命性), 비극적 존재성 때문일 것이다. 화려한 자태와 춤사위를 자랑하던 나비건만 짧은 생애를 마감하는 존재의 비극성에 시인들의 시선이 끌린 것이다. 일반적으로 죽음을 표징하는 상장(喪章)이 나비 모양을 하고 있는 것도 시사하는 바 크다.

너를 피해 달음질치기 열 몇 해
입 축일 샘가 하나 없는 길
자갈돌 발뿌리 차 피내며 죽기로 달리다

문득 고개 돌리니
너는 내 그림자, 나를 따라 왔구나
내려 앉은 꽃잎 모양 喪章과도 같이

나 이제 네 앞에 곱게 드리워지나니
오- 나의 마지막 날은 언제냐
-노천명, 〈검정 나비〉

시인은 죽음에 대한 두려움과 공포에 시달려 왔다. 죽음을 피해 달리는 길에는 '입 축일 샘가 하나' 없고, 자갈돌에 걸려 발에 피멍까지 들었다. 하지만 죽음은 피할 수 없는 운명같은 것이다. 바로 시인을 따라 다니는 그림자로 다가온다. 그림자처럼 피할 수 없는 죽음의 길, 시인은 그 운명의 길에 순종하기로 한다. 그리하여 '이제 네 앞에 곱게 드리워져' 죽음의 날을 순순히 기다리는 것이다.

나의 뮤즈, 나의 바다

 이해인 시인의 고향은 강원도 양구다. 산으로 둘러 싸인 첩첩산골이다. 그래서 어렸을 때 외지 구경하기가 힘들었다. 그저 산으로 둘러싸인 동네에서 산을 동무삼아 자랐다. 그래서 그는 바다를 몰랐다. 바다라는 단어는 그에게 하나의 추상어였다. 한 번도 본 적이 없으니 그저 상상 속의 바다가 있을 뿐이다. 다행히 근처에 바다처럼 넓은 파로호가 있어, 그것이 바다려니 생각했다. 이해인에게 바다는 바로 파로호였던 것이다.
 나도 산골마을인 파주가 고향이라 바다를 모르고 자랐다. 그저 교과서의 사진이나 그림에서 보았을 뿐이다. 바다를 처음 본 건 6학년 때 수학여행 갔던 월미도 앞바다였다. 맥아더 장군 동상이 있는 월미도 동산에서 바라본 서해 바다가 처음이었다. 서해는 작은 섬들이 떠있을 뿐 망망대해를 생각했던 바다와는 거리가 멀었다. 색깔도 푸른색이 아니라 뿌연 회색이어서 실망했던 것 같다. 마음속에는 하얀 갈매기가 나는 푸른 바다를 꿈꿨던 것이다.
 바다에 대한 꿈은 문학소년이 돼서 더 깊어졌다. 그 꿈을 꾸게 해준 것은 헤밍웨이의 〈노인과 바다〉였다. 작품을 읽으며 계속 넓고 푸른 망망대해인 카르브해를 연상했다. 에메랄드빛 바다에 한 점 돛배를 띄우고 낚시줄을 드리운 백발노인의 모습이 그림처럼 아름다웠다. 소설의 줄거리와는 상관없이 작품을 읽는 동안 머릿속엔 짙푸른 바다만 넘실거렸다. 나도 나이 들면 헤밍웨이처럼 바다의 노인으로 살아가리라 다짐도 해 보았다.
 그나마 바다에 대한 꿈을 실현한 것은 해군이 돼서였다. 해군(海軍)은 말 그대로 바다의 군인이다. 하지만 그것도 반쪽짜리 꿈이있다. 실제 군함을 타고 바다를 누비는 해군이 아니라 해사 생도들을 가르치는 백묵선생으로서 해군이었으니 말이다. 그래도 사관학교가 바닷가에 있어 틈날 때마다 바다를 거닐 수 있었다. 바닷가에서 책도 읽고 산책도 즐겼다. 바닷가 산책은 명상을 즐기는 나만의 시간이었다.

때로는 바닷가에 자리 잡은 테니스장에서 공치기도 했다. 그렇게 아름다운 테니스장은 어디에도 없을 것이다. 푸른 바다를 울타리처럼 두른 운동장이 그리 많겠는가. 한번은 공이 바다에 빠져 줏으러 갔다가 바다가 너무 아름다워 그냥 그 자리에 주저앉아 버렸다. 운동하다 말고 넋 빠진 사람처럼 바닷가에 앉아 있는 모습이란 영락없는 백수광부 꼴이었다. 자칫 바다 속으로 걸어 들어가지 않은 게 천만다행이다.

해군으로 바다를 제대로 만난 것은 연안실습 때였다. 해사생도들은 3학년 때 국내 해안을 도는 연안실습이 있고, 4학년 때는 해외를 탐방하는 원양실습이 있다. 나는 3학년 생도들과 함께 연안실습에 참여했다. 동해, 남해, 서해를 한 바퀴 돌며 군항과 산업현장을 돌아보는 코스였다. 묵호, 독도, 부산, 여수, 목포를 돌아 인천이 마지막 기항지였다. 무려 한 달 가까이 배를 타고 바다를 누볐다. 그중에서 역시 감격스런 탐방지는 독도였다. 말 그대로 외로운 섬의 첫 모습은 경이로웠다. 동해의 고도(孤島)이자, 절도(絶島)인 독도의 신비스런 비경에 넋을 잃었다. 그 당시는 민간인은 출입금지라 오직 군인만 출입이 가능해서 더 그랬던 것 같다. 그야말로 독도는 숨겨진 외로운 섬, 비도(祕島)였다.

연안실습 중 빼놓을 수 없는 기억은 한밤중 닻을 내리고 바다 한가운데 정박한 것이었다. 무슨 연유에서인지 항해를 중단한 채 바다 한가운데서 밤을 보냈던 것이다. 다행히 잔잔한 바다이긴 했으나 밤중에 뱃전에 나가 보니 칠흑 같은 바다가 그리 무서울 수가 없었다. 침실에 누우니 그대로 바다속에 가라앉는 느낌이었다. 바다속 저 깊이 심연으로 배도 몸도 빨려 들어가는 공포감이 들었다. 하느님의 말씀을 거역하여 바다 깊이 물고기 뱃속으로 들어갔던 요나의 전설이 생각나기도 했다. 망망대해의 칠흑같은 밤, 내 생애 처음 느껴 본 공포의 밤이었다. 바다는 아름답지만 공포의 대상인 것을 처음 알았다.

바다는 우리 문학에서도 중요한 소재로 쓰였다. 많은 시인들이 바다에 관한 시들을 남기고 있다. 그것은 그만큼 바다가 주는 의미의 폭이 깊다는 뜻일 것이다. 신화비평가 구에린(Guerin)은 바다의 원형심상을 생명의 어머니, 영적 신화성으로 풀이하고 있다. 모든 생물의 생사(生死), 재생과 부활, 정화와 속죄, 풍요와 성장, 무한과 영원성, 포용력과 모성애로 바다를 해석한다.

바다의 원형적 의미는 바다에서 해가 뜨고 지기 때문에 태어남과 죽음을, 늘 변함없이 존재하기에 영원성을, 모든 걸 안고 품기에 포용력과 사랑으로 해석한다. 또한 바다속에는 많은 생명들이 숨 쉬며 살아가기에 풍요와 성장의 의미도 갖는다. 이처럼 바다는 다양한 의미를 포괄하고 있다.

신화비평가 프라이(Frye)는 이러한 원형심상으로서의 바다 이미지를 동적(動的)인 것과 정적(靜的)인 것으로 나누어 긍정적 속성과 부정적 속성으로 구분하고 있다. 잔잔한 바다는 거울처럼 평온하고 안락한 느낌을 준다. 이러한 긍정적 의미에는 재생, 창조, 동경, 희망의 의미를 담고, 이를 성(聖)의 세계로 구분했다.

반면에 바다는 폭풍이 치는 무서운 바다로 돌변한다. 이는 동적인 바다로 공포, 혼돈, 갈등, 폭력 등 부정적 의미를 담고 있다. 그는 이를 속(俗)의 세계로 규정했다. 이처럼 바다는 다양한 의미와 대조적인 양면성을 갖고 있다. 그야말로 바다는 서로 다른 얼굴을 가진 야누스적인 존재인 것이다. 내가 해군 시절 항해체험에서 겪었던 평온과 공포의 감정이 그런 것이리라.

시인은 어쩔 수 없이 자기가 태어나 자란 환경에 영향을 받기 마련이다. 누구보다 감수성이 예민한 사람이 시인인 만큼 환경적 영향에 민감할 수밖에 없다. 그래서인지 바닷가에서 태어나 성장한 시인들은 바다에 관한 시들을 많이 남기고 있다. 통영 바닷가에서 태어난 김춘수, 박재삼, 목포 앞바다를 보고 자란 최하림, 함경도 바닷가 학성 마을이 고향인 김기림이 그렇다. 어렸을 때부터 보고 자란 것이 바다니 자연스럽게 바다가 시인의 마음속에 자리잡고 있는 것이다.

김춘수는 '바다는 내 유년이고 내 무덤이다. 물새가 거기서 날고 거기서 죽는다'라고 노래했다. 태어나 바다를 보고 자랐기에 물새가 되어 바다를 떠돌다가 마침내 바다에서 생을 마감하겠다는 의지를 표현하고 있다. 김춘수는 평생 한 마리 물새가 되어 통영 앞바다를 날고 그곳에서 날개를 접었던 것이다. 그야말로 김춘수에게 있어 바다는 생과 사의 원천적 고향이고 상상력의 터전이었다.

바람이 인다
나뭇잎이 흔들린다
바람은 바다에서 온다

생선가게의 납새미 도다리도
시원한 눈을 뜬다.

그대는 나의 지느러미 나의 바다다
바다에 물구나무 선 아침 이슬
아직은 나의 순결이다
-김춘수, 〈처용단장 3〉

나뭇잎을 흔들리게 하는 생명의 바람은 바다에서 불어온다. 곧 바다는 생명창조의 근원이다. 생선가게의 남새미와 도다리도 바다가 잉태한 생명들이다. 마침내 시인도 지느러미를 늘어 뜨린 물고기가 되어 바다를 유영(遊泳)한다. 바다에 내리는 아침 이슬은 내 순결한 영혼의 물방울이다. '어느 날 살 오른 숭어새끼 온몸으로 바다를 박차고 솟아올랐지만'(〈처용단장 4〉)이라는 시구도 생명과 풍요의 상징으로서의 바다를 의미한다. '겨울에 죽은 네 무르팍의 피를 바다가 씻어주고 있었다'(〈처용단장 12〉)에는 영혼을 씻어 주는 바다로 나타난다. 이처럼 김춘수는 바다를 생명의 원천, 존재의 고향, 순결한 영혼의 안식처로 노래하고 있다.

통영 앞바다 삼천포가 고향인 박재삼도 그의 시 도처에 파도가 일렁이고 있다. 바다의 시인이라고 불러도 좋을 만큼 박재삼의 시는 태반이 바다를 배경으로 하고 있다. 역시 그가 태어나 자란 곳이 바다였기 때문이다. 바다는 그에 있어 어머니 품 같은 공간이었고 그의 시심(詩心)을 키워 준 산파였다.

골목 골목이 바다를 향해
머리칼같은 달빛을 빗어 내고 있었다
골목을 빠져서 꿈꾸는 숨결들이 바다로 간다

사람이 죽으면 물이 되고 안개가 되고 비가 되고
바다에나 가는 것이 아닌것가

참말로 참말로 우리의 가난한 숨소리는
달이 하늘에 하는 빗질에 빗어져
눈물 고인 한 바다의 반짝임이다
-박재삼, 〈가난의 골목에서는〉

골목골목에 사는 사람들의 영혼은 모두 바다로 빠져 나가 달빛으로 빛나고 있다. 머리카락을 빗듯 깨끗하고 단정하게 달빛으로 다듬어지는 것이다. 그야말로 바다는 사람의 영혼을 빗질하는 정화의 숨결이다. 달이 하늘을 빗질하듯이 우리의 혼탁한 영혼의 숨결을 깨끗이 씻어주는 것이다. 또한 바다는 인간의 삶의 순환을 관장하는 고리다. 사람이 죽으면 물이 되고, 안개가 되고, 다시 비로 내려 결국 바다로 흘러가는 것이다. 바다는 이처럼 삶의 종착지, 생명의 안식처가 된다. 다시 그 바다에서 생명을 얻어 순환론적 삶을 이어간다. 구에린이 말한 삶과 죽음, 종말과 소생으로서의 바다가 펼쳐진다.

이중섭은 통영을 '한국의 나폴리'라고 불렀다. 세계 3대 미항(美港)인 나폴리처럼 그렇게 아름다운 항구가 통영이다. 그래서인지 통영은 많은 예술가들을 배출한 예향(藝鄕)이 되었다. 김춘수, 박재삼, 유치환, 유치진, 박경리, 이영도, 그밖에 세계적 음악가인 윤이상, 한국의 피카소로 불리는 전혁림이 그들이다. 그야말로 통영은 내로라는 시인, 작가, 음악가, 미술가를 배출한 예술의 고장인 것이다.

아마도 그것은 통영이 아름다운 풍광을 가진 고장이기 때문일 것이다. 그야말로 통영은 예술의 지정학적 특성을 잘 보여주고 있는 곳이다. 여기에 대응하는 곳이 평안도 정주다. 정주는 김소월, 김억, 이광수 등을 배출한 북녘의 예향이었다. 남쪽에 통영이 있다면 북쪽에 정주가 있었던 것이다. 이처럼 시인의 능력도 중요하지만 어느 곳에서 태어났는지도 중요하다. 영국의 낭만파 시인 워즈워드(W.Wordworth)의 고향이 호반 도시 훔버랜드가 아니었다면 그렇게 아름다운 서정시가 빚어질 수 있었을까. 풍경이 시인을 낳고, 시인이 풍경을 낳는 법이다.

김기림의 고향은 백두산에서 발원된 마천령 산맥의 끝자락이 동해에 닿는 곳, 학성이다. 그 역시 푸른 동해바다를 보며 성장했다. 그에게 있어 바다는 유년기의 고향에 대한 그리움과 외로움의 표상으로 그려진다.

'내게 바다는 영구한 생명의 고향이요 고독의 모성'이었다고 고백하며, '외로운 마음이 온종일 두고 바다를 불러 바다 위로 밤이 걸어 온다'(〈바다3〉)고 노래하고 있다.

유년기 시인이 보았던 바다는 고독의 바다였다. 조숙한 모습이지만 유년기에 바다에서 고독을 느꼈다는 것은 시인으로서의 감수성이 일찍 싹튼 것임을 알 수 있다. 가볼 수 없는 먼 세상, 닿을 수 없는 먼 꿈의 나라를 바다에서 찾으며 존재의 고독감을 맛봤던 것이다.

그 동경과 꿈으로서의 바다는 결국 〈바다와 나비〉라는 명편을 빚어 낸다.

아무도 그에게 수심을 일러준 일이 없기에
흰 나비는 도무지 바다가 무섭지 않다

청무우 밭인가 해서 내려 갔다가는
어린 날개가 물결에 젖어서
공주처럼 지쳐서 돌아온다

3월 달 바다가 꽃이 피지 않아서 서글픈
나비 허리에 새파란 초생달이 시리다
-김기림, 〈바다와 나비〉

시인은 한 마리 나비가 되어 봄 바다를 청무우 밭으로 착각하고 날아다닌다. 하지만 바다에 닿는 순간 찬 물살에 놀라 공주처럼 지쳐서 돌아온다. 밤바다엔 '초생달(초승달)'이 떠오르고 나비 허리를 감싼다. 한 폭의 그림 같은 회화시(繪畵詩)지만 내면엔 시인의 심리적 갈등이 숨어 있다. 시에서 나비는 대망의 꿈을 품고 유학길에 오른 시인을 지칭한다.

그는 학문의 깊이, 문학의 길을 제대로 알지 못한 채 조급히 매달렸지만 결국 실패로 끝난다. 일본 유학을 중단하고 돌아오는 뱃길에서 밤하늘에 뜬 초승달을 쳐다보며 자기의 심회를 그리고 있는 것이다. 꿈꾸던 성과를 거두지 못한 채 귀국선에 몸을 실은 자신의 자화상을 바다에서 방황하는 나비 한 마리로 표현하고 있다.

이러한 일제 강점기 일본 유학생들의 꿈과 좌절은 임화의 〈해협의 로맨티시즘〉에서 잘 나타난다.

  예술, 학문, 움직일 수 없는 진리
  그의 꿈꾸는 사상이 높다랗게 굽이치는 동해
  모든 것을 배워 모든 것을 익혀
  다시 이 바다 물결 위에 올랐을 때
  나는 슬픈 고향의 한밤
  홰보다도 밝게 타는 별이 되리라
  청년의 가슴은 바다보다 더 설레였다
  오오 해협의 낭만주의여
  -임화, 〈해협의 로맨티시즘〉

이처럼 임화는 예술, 학문, 진리 탐구의 꿈을 꾸고 바다를 건넜다. 모든 것을 익히고 배워 식민지 조국의 밤을 밝히는 별이 될 것을 다짐했다. 시인의 꿈은 식민지 조국을 벗어나는 길이었다. 그것이 그의 학문이요, 예술이고, 진리의 길이었다. 미래에 대한 포부와 꿈, 이상과 동경, 그래서 해협의 로맨티시즘이 된 것이다.

부산에서 배를 타고 일본땅 시모노세끼에 이르는 뱃길은 현해탄으로 이어진다. 그래서 이러한 유학생들의 꿈을 '현해탄 컴플렉스'라 부른다. 일본에 가서 근대 문물을 익혀 일본보다 더 강한 국가를 만들겠다는 포부를 품고 떠나는 것이다. 하지만 결국 실패하고 만다. 식민지 조선은 결코 노예의 굴레에서 벗어날 수가 없었던 것이다. 그러한 절망감과 한계를 뼈저리게 맛보았다. 그래서 그 정신적 앙금이 끝내 컴플렉스로 남았던 것이다. 이루어야 하지만 이룰 수 없는 꿈, 그것이 컴플렉스의 생채기가 되었다.

근대화, 문명화를 통해 식민지 상황을 극복하고자 한 선구자의 꿈은 육당 최남선의 〈해에게서 소년에게〉서도 나타난다. 육당은 조국의 현실을 타개하고 부강한 나라가 될 수 있는 길을 오직 소년의 미래에서 찾고 있다. 교육을 통해 미래를 준비하자는 도산 안창호의 준비론적 실천방법을 택했던 것이다. 그런 점에서 최남선은 도산이즘(도산 안창호의 사상)의 에피고넨이었다.

그리고 그 소년을 키우고 힘을 북돋울 수 있는 것이 바다였다. 바다의 포용력과 원대한 힘으로 소년을 품어 그를 미래의 조선의 주인공으로 키워내고자 했던 것이다. 물론 이때 바다는 서구 근대문물이 들어오는 통로였고 근대화의 상징이었다. 그래서 '용맹스런 소년들아, 그침없이 나가서 큰 공 이루어, 오래 묻힌 우리 해상(海上) 재주 보리라'(〈바다 위의 용소년〉)고 소년에게 큰 기대를 걸고 있다.

그러한 소년의 기개와 기상을 품어주고 용기를 북돋아줄 자는 오직 바다뿐이다. '저 세상 사람 모두 미우나 그중에서 딱하나 사랑하는 일이 있으니 담 크고 순진한 소년배들이 나의 품에 와서 안김이로다'(〈해에게서 소년에게〉) 이처럼 육당이 믿고 있는 미래의 주인공은 오직 소년뿐이다. 그래서 바다가 그를 품어주고 사랑해야 하는 것이다. 이처럼 최남선의 바다는 시대의 흐름이요, 신사조의 물결이었다.

달아, 달아, 밝은 달아

달은 우리의 삶과 떼야 뗄 수 없는 인연을 갖고 있다. 지금이야 양력을 쓰지만 1896년 이전까지는 음력이 기본 월력이었다. 시간과 세월의 흐름을 달의 변화에 맞추어 측정했던 것이다. 음력의 중심은 달이다. 달이 지구를 한 바퀴 도는 시간을 기준으로 맞춘 것이 음력이요, 달력인 것이다. 그에 비해 양력은 지구가 태양을 도는 공전주기에 맞춘 것이다. 우리 조상들이 음력을 써 왔다는 것은 그만큼 달이 우리 삶의 근본이었다는 사실을 말해 준다. 농경사회에서 농사도 달의 변화에 맞추어 이루어졌다.

추석 한가위, 동짓날, 정월 대보름 같은 명절도 모두 달과 관련된 민속들이다. 명절엔 의례히 강강수월래, 달집태우기, 팥죽먹기, 부럼깨기 같은 민속놀이를 즐겼다. 달은 둥글고 충만한 이미지로 풍요와 원만함을 상징한다. 그러한 달의 이미지가 민속놀이의 제의성(祭儀性)에 투사된 것이다.

보름날 행해지는 달집태우기는 달이 떠오를 때맞추어 달집을 태우는 행사다. 보름달을 맞으며 불을 지피는 것은 모든 사악(邪惡)과 불행을 불에 태워 버리고 달처럼 풍요로운 새해를 맞게 해달라는 소원을 비는 것이다. 곧 정화(淨化)의 의미를 갖는다. 동짓날 먹는 팥죽은 벽사(僻邪)의 뜻을 품고 있다. 팥죽의 붉은 색은 악귀를 막아 주는 색이다. 예로부터 붉은 색은 악을 막아 주는 주술적 효과를 갖는다고 믿었다. 악귀를 막아 준다는 부적(符籍) 역시 붉은 색이다.

한가위나 정월 보름날 즐겼던 강강수월래는 풍요와 평화를 비는 민속

놀이다. 강강수월래는 밝은 달 아래 부녀자들이 손잡고 둥글게 노래를 부르며 추는 춤이다. 손을 함께 잡는 것은 사랑과 합심을 의미하며 둥글게 도는 춤사위는 달처럼 차오르는 풍요를 비는 것이다. 일심합력하는 공동체의식을 돋구어 풍요로운 삶을 살고자 했던 기원을 담고 있다. 이처럼 놀이 하나에도 많은 의미를 담고 있었던 것이다.

평생 내가 만난 달 중에 제일 큰 달은 어린 시절 추석날 집마당에 있는 대추나무에 걸린 보름달이었다. 내가 어려서 그랬는지 대추나무에 걸린 달이 그렇게 커 보일 수가 없었다. 정말 장대로 따서 망태에 담고 싶은 예쁜 달이었다. 그날 대추나무에 올라가 달을 보며 '달 달 무슨 달, 쟁반같이 둥근 달, 어디어디 떴나 남산 위에 떴지'라는 노래를 흥얼거렸던 기억이 떠 오른다. 그 후로는 그렇게 밝고 큰 달을 본 적이 없다. 아마도 내게 있어 달은 현실 속에 있지 않고 추억 속에 있는 듯하다. 그렇게 큰 달을 보며 어린 소원을 빌곤 했다.

달을 보며 자주 불렀던 동요가 〈달아 달아 밝은 달아〉였다. '달아 달아 밝은 달아 이태백이 놀던 달아' 이태백이 누군지도 모르고 흥겹게 불렀다. 아마 뒤에 나오는 '저기저기 저 달 속에 계수나무 박혔으니, 옥도끼로 찍어 내어 금도끼로 다듬어서' 초가삼간 집을 지어 양친부모와 천년만년 산다는 내용이 흥미로웠던 것 같다.

어린 마음에 꿈같은 동화적 상상력에 끌린 것이다. 달 속에 있는 계수나무를 옥도끼로 찍어 내어 집을 짓는다는 것이 너무나 신기했다. 윤극영은 유난히도 달에 관한 동요를 많이 썼는데 〈반달〉과 〈낮에 나온 반달〉이 대표적이다. 〈반달〉에도 계수나무가 나온다. 두 노래도 나의 어린 시절 동심의 꽃밭과 상상력을 가꿔 주던 노래들이다.

커서 알고 보니 이태백은 시선(詩仙)으로 불리는 당나라 시인이었다. 시성(詩聖) 두보와 함께 중국의 2대 시인으로 추앙받는 시인이다. 그는 천여 수의 시를 남겼는데 특히 달에 관한 시가 많다. 역시 시인들은 달을 사랑하는 사람들인가 보다. 달처럼 시심(詩心)을 불러일으키는 소새도 드물 것이다. 은은하면서도 교교한 달빛이 시적 감수성을 자극하기 마련이다. 그중에서 〈월하독작(月下獨酌)〉이 대표적이다.

   꽃 사이에서 술 한 병 놓고
   아는 이 없이 홀로 마시다가
   잔을 들어 밝은 달을 청해 오고
   그림자를 마주하니 세 사람이 되었네
   -이백, 〈월하독작〉

  시인이 밝은 달을 보며 홀로 술을 마신다. 잔을 권할 이 없어 술손님으로 달과 내 그림자를 초대하니 마침내 세 사람이 된다. 그렇게 달과 그림자와 함께 술을 마셨다는 노래다. 달을 보며 술을 마시면 달이 임이 되고, 임의 얼굴이 잔 위에 뜨고, 다시 호숫가에 임의 모습이 일렁이니 세 명의 임을 만난다 했던가. 술은 사랑하는 자아의 분신들을 만나게 해주는 신통력을 가진 모양이다. 이태백은 유랑시인이었기에 고향에 대한 그리움도 깊었다. 그래서 '고개를 들면 휑한 달만 높고, 일렁이는 집 생각에 힘없이 고개 숙이네' 같은 〈달밤〉도 남겼다. 이처럼 이태백에게는 달은 영원한 술친구이자, 영혼의 벗이었다.

  전기가 없던 시절 달빛은 밤을 밝혀 주는 자연의 불이었다. 칠흙같은 어둠을 밝혀 주어 밤의 삶을 이어가도록 도와준 도우미였다. 달빛 덕분에 밝아진 밤의 세상에 일상을 연장하고 낮에 못한 일들을 마무리할 수 있었던 것이다. 여인네들이 대청마루에 나와 달빛을 모아 다듬이질을 하고 청춘남녀들은 달빛 아래서 사랑을 속삭였다. 신윤복의 명화 〈월하정인(月下情人)〉은 달빛 아래 속삭이는 남녀 간의 사랑을 표현하고 있다.

  초롱불마저 밝힐 수 없었던 가난한 선비들은 달빛으로 형설지공(螢雪

之功)을 쌓기도 했다. 형설지공은 말 그대로 반딧불과 눈빛을 등불삼아 학문의 공을 쌓는 일이다. 눈빛은 달이 밝아야 빛을 냄으로 결국 달빛인 셈이다. 따라서 형설지공은 형월지공(螢月之功)의 다른 표현이다.

월하정인처럼 달은 사랑의 표상으로 그려진다. 우리의 옛 노래 〈정읍사〉에서 밤하늘에 뜬 달은 행상을 위해 집을 떠난 남편을 표상한다. 그 남편을 그리워하며 아내는 망부석이 있는 언덕에 올라 '달하 노피곰 도다샤 어긔야 머리곰 비취오시라, 어긔야 어강됴리 아으 다롱디리' 라고 노래한다. 달처럼 환하게 웃는 남편의 얼굴, 그 얼굴이 달로 투사되어 아내의 가슴속을 환하게 비쳐 주었던 것이다.

세익스피어의 〈로미오와 줄리엣〉에서도 달 이야기가 나온다. 로미오가 몰래 줄리엣 집 담을 넘어 달빛 어린 베란다에서 사랑을 고백하는 장면이 감동적이다. 그야말로 이 대목은 신윤복의 〈월하정인〉의 동양편으로 볼 수 있다. 그때 로미오가 달을 보며 사랑을 맹세한다. '당신을 사랑한다는 것을 저 달을 두고 맹세하오'라고 고백하는 것이다. 그러자 줄리엣은 뜻밖에 달을 두고 고백하지 말라고 부탁한다. 이유인즉 달은 시시때때로 변하기 때문에 당신 마음도 변할까 두렵다는 것이다.

달은 초승달-상현달-보름달-하현달-그믐달처럼 한 달에 5번이나 바뀌는 것이다. 그러니 달을 두고 하는 맹세가 과연 영원할 수 있을까. 대신 변함없는 별을 보고 맹세해 달라고 한다. 줄리엣은 별처럼 늘 변함없이 반짝이는 영원한 사랑을 원했던 것이다. 결국 두 사람은 현실에서 사랑을 이루지 못하고 죽음으로 사랑을 완성한다. 하지만 과연 달이 변하는 것일까. 달 자체가 변하는 게 아니라 단지 우주현상 때문에 일어나는 일이다. 하지만 줄리엣에게 사랑은 천문학적 현상과 무관한 일이었다. 현상도 본질로 보이는 것이 사랑의 속성일 것이다.

임의진의 수필집 〈참꽃 피는 마을〉에도 달은 사랑의 표상으로 그려진다. 남도 해남의 시골 마을, 봄이 되면 참꽃이 활짝 피는 마을의 정경을 목회자의 눈으로 담담하게 그려간 작품이다. 자그마한 일상에서 삶의 참다운 의미와 기쁨을 찾아가는 그야말로 소확행(小確行)의 진실을 담은 수필이다. 그 책에서 임의진은 지구와 달이 사랑하는 연인이라고 말한다. 그 증거로 제시한 것이 밀물과 썰물이다. 물론 조수(潮水)는 달과 지구 사이에 존재하는 만유인력에 의해서 생기는 우주현상이다.

하지만 사랑하는 사람 사이에서 끌고 당기는 줄다리기로 해석한 것이다. 우스갯소리로 '밀당'이 바로 그것이다. 사랑의 본질이 밀고 당기기에 있듯이 지구와 달도 서로 '밀당'을 하는 것이다. 그것이 바로 밀물과 썰물이다. 목사님의 시선이 어느 시인보다 더 낭만적인 곳에 머물고 있음이 인상적이다. 자연현상을 심리현상으로 풀어내는 능력 그것이 시인의 통찰력이요, 감수성이 아닌가.

과학자에겐 동산에 떠오르는 달은 오직 하나다. 천문학적으로 달은 하나기 때문이다. 하지만 시인에게 떠오르는 달은 여러 개의 달이다. 영국의 시인 바이런은 동산에 떠오르는 달을 황금쟁반으로 그렸다. 뒷동산에 손에 잡힐 듯 커다랗게 뜨는 누런 달을 보면 정말 황금쟁반이 걸려있는 느낌을 준다. 초서는 달이 떠오르는 모습을 한 송이 꽃이 피어나는 것으로 묘사했다. 탐스런 꽃 한 송이가 피어나듯 아름다운 달꽃이 떠오르는 것이다.

그 달꽃은 노란 황국(黃菊)이든지, 샛노란 달맞이꽃일지 모르겠다. 해맞이꽃이 해바라기이듯이 달을 맞는 꽃이 달맞이꽃인 것이다. T.S 엘리옷은 잔인한 이미지로 달을 그렸다. 어둠을 집어삼키고 무슨 짐승처럼 괴괴한 느낌을 주는 것이 엘리옷의 달이었던 것이다. 〈정읍사〉의 주인공은 달을 사랑하는 임으로 그리고 있다. 달님, 별님처럼 아름다운 그대가 밤하늘에 얼굴을 드러내는 것이다.

이처럼 시인의 마음에 뜨는 달은 제각각이다. 때로는 황금쟁반으로, 한송이 꽃으로, 사랑하는 임으로, 잔인한 이미지로 떠오른다. 극단적으로 말하면 시인의 수만큼 달이 떠오르는 것이다. 이런 현상을 문학에서는 '정서의 굴절현상'이라 부른다. 빛이 프리즘을 통과하면 굴절이 되어 일곱 가지 무지갯빛으로 다르게 나타나는 것이다. 시는 근본적으로 감정의 파동으로 이루어진다. 시인에게 각기 다른 달이 떠오르는 것은 이러한 이유에서이다.

또한 시인에게 달은 고정되지 않고 상황에 따라서 또 다른 모습으로 떠오른다. 환희에 찼을 때의 달과 슬픔에 잠겼을 때의 달은 또 다른 모습이다. 다시 한 번 정서의 굴절현상이 일어나는 것이다.

> 내 마음속 우리 임의 고운 눈썹을
> 즈믄 밤의 꿈으로 맑게 씻어서
> 하늘에다 옮기어 심어 놨더니
> 동지섣달 나르는 무서운 새가
> 그걸 알고 시늉하며 비끼어 가네
> -서정주, 〈동천〉

서정주의 명시 〈동천〉이다. 매섭게 추운 동지섣달 동천(冬天) 하늘에 그믐달이 걸려 있다. 그믐달 사이로 새 한 마리가 날아간다. 그런 겨울밤 하늘의 풍경을 그린 시다. 하지만 시에는 과학적으로 불가능한 사실을 그리고 있다. 시에서 그믐달은 사랑하는 사람의 눈썹이다. 마음속에 그리던 임의 고운 눈썹을 꿈으로 맑게 씻어서 심어 놓은 것이 바로 그믐달인 것이다. 그런데 과연 사람의 눈썹을 떼서 하늘에 붙여 놓을 수 있는 것일까. 그것은 불가능한 일이다. 하지만 임을 그리워하다 보면 눈썹을 떼서 하늘에 붙여 놓을 수가 있다. 그것이 그믐달이 되고 임이 되는 것이다. 눈썹을 하늘에 심어놓는 것은 사랑의 힘이다. 그리고 그것은 시적으로 진실하다. 과학적인 진실(scientific truth)은 아니지만 시적 진실(poetic truth)이 되는 것이다.

 동짓달 기나긴 밤을 한 허리를 버혀 내여
 춘풍 이불 아래 서리서리 넣었다가
 어른님 오신 날 밤이어든 굽이굽이 펴리라
 -황진이

 황진이의 명시다. 이 시 역시 시적 진실의 힘을 보여준다. 동짓달 긴 밤을 한 허리를 잘라내어 사랑하는 임이 오며는 굽이굽이 펴서 오랫동안 사랑을 나누겠다는 의지를 담고 있다. 사랑하는 사람을 자주 만날 수 없는 애틋한 여심(女心)이 드러난다. 그래서 행여 만나는 날을 대비하여 밤의 한 허리를 잘라 내어 고이 간직하고자 한다. 그런데 밤의 허리를 잘라내는 일이 과연 가능한 것인가. 물리적으로 불가능한 일이다. 하지만 사랑이 깊으면 얼마든지 밤의 허리를 잘라 낼 수 있다. 짧은 만남을 길게 갖고 싶은 마음에 못 할 일이 없는 것이다. 이것이 바로 시적 진실이다.
 인간은 과학적 진실만으로는 살 수 없다. 과학적 진실은 물리적으로 인간을 편리하게 하고 문명을 발전시키지만 인간의 정신적 행복과 진실을 결코 보장하지 않는다. 돈이 많은 부자가 반드시 행복한 것은 아니다. 사소한 일에서 얻는 소학행의 기쁨도 시적 진실에서 나오는 것이다. 만날 수 없는 임이지만 밤하늘에 임의 눈썹을 붙이면서 그를 만날 수 있다. 달을 보며 마음속에 꽃 한 송이를 피어내는 마술은 오직 시적 진실로만 가능한 것이다.

청산별곡

나의 유년기를 품에 안아 준 산은 고향에 있는 만장산이다. 해발 200미터도 안 되는 작은 산이지만 어린 나에게는 태산처럼 높은 산이었다. 그곳에서 친구들과 어울려 몸과 마음을 키웠다. 어린 나를 키워 준 호연지기(浩然之氣)의 동산이었다. 중학교 때는 산중턱에 나 있는 '큰 바위 얼굴'에 올라 저녁노을을 보며 시 낭송을 하곤 했다. 문학소년의 감수성을 키워준 시심(詩心)의 샘터였다.

마치 김소월이 동네 뒷산에 올라 풀피리를 불며 고독을 달래고 시혼을 불태웠던 일과 비슷했다. 먼 훗날 아름다운 시를 쓰는 시인이 되리라 다짐한 것도 만장산 '큰 바위 얼굴'이었다. 큰 바위 얼굴은 산 중턱에 솟은 바위가 호돈의 〈큰 바위 얼굴〉을 닮은 것 같아 내가 붙여 준 이름이다. 결국 큰 바위 얼굴을 닮은 시인은 되지 못했지만 문학을 사랑하는 인생의 지평을 열어 준 산이었다.

대구에 살 때 집 근처에 앞산이 있었다. '앞산'이란 이름은 평범하고 소박한 느낌을 주는데 이름과 달리 꽤 높은 산이다. 대구를 솥단지처럼 감싸고 있는 해발 660미터의 산이다. 큰 덕을 품고 있다 해서 대덕산(大德山)이라고도 한다. 30대 젊은 시절에 주말이면 빠지지 않고 앞산을 올랐다. 이유는 앞산에도 '큰 바위 얼굴'이 있기 때문이다. 고향에 있던 큰 바위 얼굴을 그대로 옮겨 온 것이다. 그래서 나의 어린 시절 친구였던 그를 만나러 종종 산에 올랐다.

그리고 그곳에서 나만의 소중한 의식을 치루곤 했다. 이름하여 정혼식(淨魂式)이다. 혼탁한 영혼을 맑게 한다는 의미에서 붙인 이름이다. 그 의식은 머리를 물로 씻어 내는 일이었다. 산 중턱에 있는 안일사에서 길어 온 물을 바위에 앉아 머리에 붓는 것이다. 머리를 물로 씻어 혼탁한 영혼을 깨끗이 씻어낸다는 생각이었다.

과연 정혼의 효과가 있었는지는 모르지만 그래도 정혼식을 치르고 나면 몸과 마음이 깨끗해지는 느낌이었다. 그렇게 영혼을 충전하며 살아가곤 했다. 누가 보면 영락없는 미친 짓이겠으나 나름대로 성스럽고 엄숙한 비교의식(祕敎儀式)이었다. 그나마 지금까지 크게 혼탁하지 않은 삶을 산 것은 앞산의 정혼식 때문이 아니었나 생각해 본다.

서울에 와서 동창들을 만나 등산을 시작했다. 한 달에 한번씩 하는 등산인데 처음에는 높은 산인 도봉산, 북한산, 수락산, 관악산, 축령산, 유명산을 올랐고 때론 멀리 한라산이나 지리산, 설악산으로 원정가기도 했다. 그러더니 50대, 60대로 넘어가면서 산의 높이가 점점 낮아졌다. 이제는 청계산, 광교산, 우면산, 대모산, 아차산이 단골 코스다. 심지어 남산, 안산, 하늘공원도 올라간다. 이제 나이 들어 편하고 쉽게 오를 수 있는 높이로 바뀐 것이다. 인생의 나이와 산의 높이는 반비례하는 것이다. 남산과 안산을 오르며 나이든 세월 탓에 서글픈 생각도 들었지만 어쩔 수 없는 인생의 길인 것이다.

흔히들 백세시대라 하지만 아직 백세를 살 만큼 육체가 디자인되어 있지 않다. 점차 백세시대에 맞게 육체도 진화해 갈 것이다. 등산을 하면서 등산은 과연 정복에 의미가 있는 것일까, 즐김에 있는 것일까 생각해 보곤 한다. 사람들은 등산을 하면 반드시 정상을 밟고 싶어한다. 중간에서 내려오면 왠지 허전하고 낭패감마저 느낀다. 하지만 과연 그럴까. 산에 올라 맑은 공기를 마시고, 아름다운 숲을 보며 산의 일부가 되는 것이 진정한 기쁨이 아닐까. 산과 함께 잠시나마 산이 되어 보는 기쁨이 진정한 등산의 의미가 아닐까.

산을 정복하기 위한 목적으로 산에 오를 때 사고가 나고 목숨까지 잃는 일도 생긴다. 프로 등산가들이 히말라야 정상을 오르다가 목숨을 잃는 일이 얼마나 많은가. 그들의 등산의 주목적은 오직 산의 정복에 있다. 그래서 기록을 남기고자 한다. 누가 최초로 어느 봉우리를 정복했느냐가 그들의 관심이다. 물론 무한에 대한 도전도 큰 보람일 것이다.

나 역시 같은 체험을 한 적이 있다. 어느 가을날 지인들과 함께 원주에 있는 치악산을 올랐다. 도착이 늦어서 점심 식사 후에 산에 오르기 시작했다. 높은 산이긴 하나 이미 등산 출발지의 고도가 높고 등산길도 잘 뚫려 있어 방심한 채 등반을 시작했다. 중간쯤 오르니 이미 사람들이 하산하고 있었다. 우리도 그때 정상을 포기하고 내려와야 했다. 하지만 여기까지 와서 포기할 수 없다는 오기와 자만심으로 끝까지 올랐던 것이다.

하산하면서부터 날은 이미 기울기 시작했다. 늦가을이라 해가 일찍 지기 때문이다. 중간쯤 내려오니 이미 밤그늘이 내리고 어두워지기 시작했다. 결국은 칠흑같이 어두운 산길을 내려올 수밖에 없었다. 치악산은 악(岳)자가 들어 간 산이니 바위도 많고 매우 험한 산이다. 그런 산을 한밤중에 내려오는 것은 위험천만한 일이다. 더구나 늦가을이라 기온도 뚝 떨어져 한기가 몸에 파고 들었다. 옷도 제대로 준비하지 않았다. 그때 실족사고라도 났더라면 정말 큰 일 날 뻔했다. 다행히 구름 속으로 어스름한 달이 솟아 그 희미한 달빛에 의지해서 간신히 내려올 수 있었다. 지금 생각해도 아찔한 시간이었다.

그때 절실하게 깨달은 것이 산은 '정복하는'(over mountain) 것이 아니라 '함께 하는'(with mountain) 것이라는 사실이었다. 요산요수(樂山樂水)라 하지 않던가. 그저 산과 물과 함께 더불어 즐기는 것이 최고의 기쁨인 것이다. 산은 산이요 물은 물이니 있는 그대로의 산과 물이 되는 것이 진정한 소확행일 것이다.

등산을 하며 잊지 말아야 할 일은 산을 오르면 반드시 내려와야 한다는 사실이다. 등산하면서 올라가는 일에만 몰두하고 하산길엔 별로 의미를 두지 않는다. 정상 등성이라는 목표를 달성했으니 그것으로 끝, 하산은 그저 마무리 정도에 불과하다. 하지만 산에 오르는 것은 결국 내려오기 위함이 아닌가. 반드시 처음과 끝은 함께 이어져 있다. 올라갈 때 힘든 것 같지만 사실 내려올 때 더 조심해야 한다. 낙상사고는 하산길에서 더 많이 일어난다. 그것은 그만큼 하산길을 더 조심해야 한다는 뜻이다.

인생도 반드시 절정이 있고 하강(下降)이 있다. 계속해서 인생길을 올라갈 수 있는 것은 아니다. 직장에서의 정년퇴임을 인생의 하산길로 볼 수 있다. 퇴임 후 나머지 여생을 어찌 보내느냐에 따라서 자기 인생을 마무리하는 관건이 된다. 하산길은 여유가 있어 올라갈 때 못 보던 것들도 눈에 들어온다. 어느 시인의 말처럼 오를 때 못 보던 꽃이 내려올 때 보이는 것이다.

길에 핀 풀꽃은 얼핏 보면 그저 그렇지만 자세히 보면 예쁘고 사랑스럽다. 이름 모를 풀꽃 하나에서 아름다움을 볼 수 있는 여유가 하산길에 있다. 그래서 나이가 들면 사람도 보이고, 풀꽃도 보이는 것이다. 나이가 든다는 것은 바로 인생의 하산길에 접어들었다는 뜻이다.

경남 거창 북상면에는 남덕유산 자락이 흐르고 있다. 그 중턱에 모리재(某里齋)라는 특이한 이름의 재실이 있다. 모리재의 모자는 '아무 모(某)'자니 아무도 모르는 동리에 지은 집이란 뜻이다. 집주인은 인조 때 이조참판을 지낸 동계(棟溪) 정온(鄭蘊, 1569-1641)선생이다. 거창 향리에서 태어난 정온은 남명 조식(曺植)의 학맥을 잇는 거유(巨儒)였다. 영창대군의 죽음이 부당함을 상소하다 광해군의 미움을 받아 제주도로 유배되기도 했다. 병자호란 때에는 이조참판을 지냈는데 척화론(斥和論)의 입장에서 임금이 청나라에 굴복하는 모습을 보고 실망한 나머지 벼슬을 내려놓고 낙향하였다.

그리고 덕유산 중턱에 나무와 풀잎으로 집을 짓고 모리재라 이름하여 여생을 은일(隱逸)의 삶으로 유유자적하였다. 사후 후손들이 새로 집을 짓고 중건하여 지금은 유형문화재로 지정되었다. 그야말로 정온은 지조와 기개로 대쪽같은 삶을 산 선비의 귀감을 보여준 인물이었다. 모리재라는 당호(堂號)처럼 홍진(紅塵)의 세속(世俗)을 떠나 산속에 숨어 아무도 모르게 초로(草露)의 삶을 마감했던 것이다.

정온처럼 탈속(脫俗)의 삶을 산 선비들이 어디 한둘이던가. 죽림칠현과 허유의 세이(洗耳)도 그렇다. 삼국시대 위나라 때 사마씨 일족이 황위를 찬탈하고 전횡을 일삼자 뜻있는 선비 7명이 노장철학의 무위사상에 심취하여 죽림(竹林)에 파묻혀 살았는데 그들을 죽림칠현으로 불렀다. 죽림칠현(竹林七賢), 말 그대로 대나무처럼 꼿꼿한 지조와 절개를 지키기 위해 죽림에 파묻혀 무위자연의 삶을 살아간 선비들이다.

허유와 소부의 이야기도 그렇다. 요임금의 타락을 본 허유(許由)는 정치를 떠나 기산(箕山)에 파묻혀 은둔생활을 보냈다. 그러자 왕은 계속해서 높은 벼슬에 앉히겠다고 유혹한다. 그 말을 듣자 허유는 영수(潁水)가에서 물로 귀를 씻었다. 더러운 말을 씻어 내고자 했던 것이다. 그러자 그 물을 소에 먹이던 소부(巢父)는 귀를 씻은 물이 더럽다 해서 상류로 끌고 올라가 물을 먹였다. 이와 같은 허유와 소부의 이야기를 '기영의 정'(箕潁之情) 또는 '기산의 뜻'(箕山之志)이라 부른다.

이처럼 정온이나 죽림칠현, 허유는 산속에 들어가 무위자연을 실천하는 올곧은 선비의 귀감을 보여주었다. 그처럼 산은 탈속의 상징적 공간으로 자리잡고 있다. 그래서인지 우리의 고전가요에도 탈속으로서의 산의 노래가 많이 불려졌다. 대표적인 것이 〈청산별곡〉이다. '살어리 살어리랏다 청산에 살어리랏다 머루랑 다래랑 먹고 청산에 살어리랏다'. 이 노래는 속세를 떠나 청산에 파묻혀 머루와 다래를 따 먹으며 살겠다는 무위자연의 삶을 그리고 있다. 그저 산속에서 산사람이 되어 산처럼 살겠다는 것이다.

이를 우리는 청산의식이라고 부른다. 고려조의 청산별곡의 청산의식은 이황의 '청산은 어찌하여 만고에 푸르르며'(〈도산십이곡〉), 이이의 '말없는 청산이요, 태없는 유수로다'(〈고산구곡가〉)라 승계되며 한국 시가 정신의 바탕이 된다. 정극인의 〈상춘곡〉도 이에 버금가는 청산별곡이다.

　홍진(紅塵)에 묻힌 분네 이내 생에 어떠한고
　옛사람 풍류를 미칠가 못 미칠가
　산림에 묻혀 있어 지락(至樂)을 모를 건가
　수간(數間) 모옥(茅屋)을 벽계수 앞에 두고
　송죽(松竹) 울울리에 풍월주인 되여셔라

　공명도 날 꺼리고 부귀도 날 꺼리니
　청풍명월 외에 어떤 벗이 있사올고
　단표(簞瓢) 누항에 흩은 혜음 아니하네
　아모타 백년행락이 이만한들 어찌하리
　-정극인, 〈상춘곡〉

　첩첩 산속에서 초가집을 짓고(陋巷), 한 그릇의 밥과 물 한 바가지(簞瓢)로 살면서 청풍명월을 벗삼아 유유자적하는 선비의 청빈안락(淸貧安樂)을 노래하고 있다. 공명, 부귀가 지배하는 속세를 벗어나 산사람이 되어 살아가는 즐거움을 구가하고 있다. 공명부귀를 쫓는 홍진(紅塵)의 속인이 아니라 풍월의 주인이 되어 백년행락을 즐기는 기쁨이 배여 있다. 정녕 탈속(脫俗), 이속(離俗)의 진경(眞景)을 보여주는 시다. 이쯤 되면 탈속이 아니라 풍류도(風流道)라 부를 만하다.
　고려조의 시인 정지상도 〈개성사(開聖寺)〉에서 '바위와 노송과 조각달과 하늘 끝 구름 아래 수많은 산들, 속세의 번잡함이 이르지 못한 곳, 오로지 그대만이 한가하여라'고 노래했다. 속세를 벗어난 산림처사의 여유로운 삶을 그리고 있다.

조선 중기의 문인 신흠 역시 '산촌에 눈이 오니 돌길이 묻혔세라, 시비(柴扉)를 여지 마라 날 찾으리 뉘 이시리, 밤중만 일편명월이 그 벗인가 하노라' 라고 산속에 묻혀 사는 은일의 삶을 노래하고 있다. 사립문[柴扉]조차 걸어 닫고 사람들과의 왕래를 끊은 채 유유자적하는 선비의 삶을 엿볼 수 있다. 예조판서까지 지낸 정객이었지만 유배를 당하자 오히려 산림처사로서의 기쁨을 구가했던 것이다.

속세의 인연을 끊고 산속에 묻혀 사는 산림처사로서의 삶은 끝내 허정무위(虛靜無爲), 무욕청정(無欲淸淨)의 노장철학의 경지에 이른다. 모든 욕심을 버리고 자연 속에서 자연의 아름다움에 심취한 채 무릉도원의 비경에 빠져드는 것이다.

중종조의 문인 이달(李達)은 〈가야산〉에서 '중천의 학이 가을밤 소나무에 앉나니, 천 년을 떠가는 외로운 구름이 흘러가네, 달 밝은 문 밖에서 물은 흘러내리는데, 어디가 무릉으로 가는 다리인가' 라고 노래하여 달이 뜬 가야산의 밤 풍경을 무릉도원으로 비유하고 있다. 중천에 뜬 달, 소나무에 앉은 학, 밤하늘에 흘러가는 흰 구름, 계곡의 물소리가 무릉도원인 가야산의 풍경이다. 요즘 가야산 자락에 '소리길'이 나 있어 가야산의 무릉도원의 경지를 만날 수 있다. 이달의 〈가야산〉이 현세의 우리 삶 속에서 부활한 것이다. 가야산 소리길을 걸으면 이달의 달과 구름, 학과 물소리를 만날 수 있다.

영남학파의 태두인 남명 조식(曺植)도 '두류산 양단수를 예 듣고 이제 보니, 도화 뜬 맑은 물에 산영(山影)조차 잠겼세라, 아희야 무릉이 어디오, 나는 옌가 하노라' 하여 그의 고향인 지리산 자락을 무릉도원으로 그리고 있다. 산그림자(山影)가 드리운 계곡물에 복사꽃잎이 떠가는 그림 같은 풍경에서 도연명의 무릉도원을 보았던 것이다. 이처럼 선비들은 산

속에서 무릉도원의 진경을 만나곤 했다. 무릉도원은 꼭 상상과 꿈 속에만 있는 것이 아니다. 우리 주변도 마음만 열면 그곳이 무릉도원이요, 이상향이 될 수 있다.

요즘 '자연인'이라는 타이틀로 산 속에 묻혀 사는 사람들의 풍경을 담은 TV 프로가 인기를 끌고 있다. AI 인공지능 시대로 접어든 현대에서 산 속으로 들어가 문명과 담을 쌓고 살아가는 것은 여간 쉬운 일이 아니다. 그런데도 많은 사람들이 속세를 떠나 산 속으로 들어간다. 그야말로 원시인, 자연인을 꿈꾸는 것이다.

그것은 아마도 물질문명이 인간의 행복을 보장하지 않는다는 뜻일 것이다. 오히려 자연 속에서 자연인이 되는 것이 진정한 행복임을 암시하고 있다. '자연인'이라는 프로그램이 많은 이들의 호응과 인기를 얻고 있는 것은 그에 동조하는 사람이 많다는 뜻이다. 지금의 자연인은 현대판 죽림처사요, 산림거사들인 셈이다.

산에 미쳐 산 시인으로 이성선을 따라 갈 사람이 없을 것이다. 그는 설악산에서 태어나 자라고, 그곳에서 살다가 생을 마감했다. 그야말로 설악산과 생을 함께 한 '설악산 시인'이다. 그래서 그의 시에는 온통 산 밖에 없다. 산에서 삶의 의미를 찾고 인간이 가야할 길을 모색했다. 산은 그의 육신과 영혼을 키워 준 어머니이자, 시혼(詩魂)을 가르친 스승이었다. 그의 시편들은 그가 쓴 게 아니라 설악산이 불러 준 대로 받아쓰기 한 것들이다. 설악산이 없었으면 이성선도, 그의 시도 없었을 것이다. 그는 한 번도 설악산을 떠나지 않은 채 그 속에 살다가 짧은 생을 마감했다. 지금도 설악산 어느 산골짜기에 그의 영혼이 숨 쉬고 있을 것이다.

산에다 시를 써 두고 돌아왔네
어느 풀포기가 그걸 밑거름으로
바람에 흔들리다가 꽃을 피울까

산 물을 들여다 보다가 그 속에 또
　　얼굴마저 빠뜨리고 돌아왔네
　　달처럼 돌에 부딪히고 일그러져서 어디쯤 흘러 갈까
　　-이성선, 〈산에 시를 두고〉

　시인은 시를 써서 산에다 그대로 두고 왔다. 그러자 풀포기가 그 시를 밑거름으로 꽃을 피워낸다. 그 꽃은 아마 시처럼 아름다운 꽃일게다. 산 웅덩이 물을 들여다보다 얼굴을 빠뜨리고 왔다. 그 얼굴은 물을 따라 달 그림자가 되어 어디론가 흘러간다. 이처럼 그의 시에서는 사람과 자연의 구별이 없다. 시가 꽃이 되고, 얼굴이 달이 된다. 그야말로 물아일체(物我一體), 자연합일의 오묘한 경지가 펼쳐진다.

　때로는 산을 연인삼아 껴안고 사랑을 나누기도 한다. 그는 '산 하나 여자로 몰래 껴안고 새벽까지 잔 남자'(〈산을 껴안고〉)였다. 설악산에 가면 설악산의 시인 이성선의 노래를 들어야 할 일이다. 그의 노래는 영원한 설악산 찬가이기 때문이다. 시평 하나 써준 인연으로 속초에 오면 막걸리 한 잔 대접하겠다는 약속을 지키지 못해 아쉽다. 설악산에 올라 막걸리를 마시면 설악산의 시선(詩仙) 이성선의 얼굴이 떠오른다.

　또 한 명의 '산시인'은 박두진이다. 그는 고향인 안성의 청룡산 자락에서 태어나 컸기 때문인지 유별나게 산시들을 많이 썼다. 자연을 노래한 청록파 시인이니까 더 그랬을 것이다. 그런데 그의 산시들은 산의 아름다움이나 적막강산도 그렸지만 모든 생명들이 함께 어우러져 공존하는 에덴동산을 노래한 것이 이채롭다.

　　우뚝 솟은 산 묵중히 엎드린 산, 골골이 일장송 들어 섰고,
　　머루 다래 넝쿨 바위 엉서리에 얽혔고
　　너구리, 여우, 사슴, 산토끼, 오소리, 도마뱀 등 무수한 짐승들을 지닌 산

여우, 이리 등속이 사슴 토끼와 더불어
싸릿순, 칡순을 찾아 즐거이 뛰는 날을 믿고 기다려도 좋으랴
-박두진, 〈향현〉

박두진이 꿈꾸는 세상은 온갖 만물이 함께 어우러져 살아가는 평화공존의 세상이다. 그것이 그가 바라던 향기로운 언덕, 곧 '향현(香峴)'이다. 그의 향현은 그런 점에서 기독교적 의미의 에덴동산이다. 독실한 기독신자였던 그로서는 이처럼 인류의 파라다이스가 실현되는 에덴동산을 꿈꿨던 것이다. 그가 꿈꾸던 시적 유토피아는 기독교적 이상향이었다. 그곳은 인류의 이상인 조화, 사랑, 평화, 자유가 실현되는 유토피아였다. 산이 모든 생명을 잉태하고 품에 안는 어머니 모습을 닮은 것은 풍요와 생산을 상징하는 모신(母神)으로서의 원형이기도 하다.

최남선의 산은 자연의 산이 아니라 역사의 산이다. 그가 즐겨 그리던 바다가 그랬듯이 산 역시 민족계몽의 차원에서 역사적으로 해석된 산이다. 바다가 신문물이 들어오는 상징적 공간임에 비해 산은 한민족의 숨결이 머문 역사의 공간으로 그려진다. 최초의 자유시로 평가받는 〈태백산부〉, 〈태백산의 4시〉는 태백산으로 명명된 백두산의 기상과 기품을 찬양한 노래다.

백두산은 우리 민족의 명산으로 단군신화가 깃든 곳이다. 환웅이 인간세계에 내려와 자리 잡은 곳이 바로 태백산의 신단수였던 것이다. 곰이 인간으로 변한 웅녀(熊女)와 결혼하여 낳은 아들이 바로 단군이었고, 그가 우리 한민족의 시조(始祖)다. 단군신화에 나오는 태백산은 백두산이었다. 〈태백산부〉, 〈태백산의 4시〉의 태백산도 백두산의 이칭(異稱)이다.

이러한 최남선의 태백산 찬가는 곧 민족의 영지(靈地)이자 성지(聖地)인 백두산을 찬양함으로서 민족정체성의 근원을 노래하고 있다. 그리고 그는 〈불함문화론〉에서 아시아 문화의 근원지를 불함산에서 찾았는데

불함산 역시 백두산의 다른 이름이다. 백두산에서 잉태된 한민족의 문화가 아시아 문화, 나아가 세계문화의 시원(始原)임을 주창했던 것이다.

이에 비해 정지용의 산은 역사와 현실에서 벗어난 허정무위, 무욕청정의 세계로 그려진다. 동양정신에 기초한 허적(虛寂)의 세계를 노래하고 있다.

> 벌목정정이랬거니 아름드리 큰 솔이 베혀짐즉도 하이
> 다람쥐도 쫓지 않고 묏새도 울지 않아
> 깊은 산 고요가 차라리 뼈를 저리우는데
> 눈과 밤이 조희보담 희고녀!
> 시름은 바람도 일지 않는 고요에 흔들리우노니
> 오오 견디란다
> 차고 올연(兀然)히 슬픔도 꿈도 없이 장수산 속 겨울 한밤내
> -정지용, 〈장수산1〉

장수산은 온통 정적(靜寂)으로 휩싸여 있다. 다람쥐도 움직임을 멈췄고 묏새조차 울지 않는다. 종이보다 더 흰 눈이 숲속에 고요히 쌓여 있을 뿐이다. 바람조차 일지 않는 고요 때문에 시름마저 흔들린다. 장수산 속의 긴 겨울밤에 시인은 올연히(홀로 우뚝하게) 앉아 슬픔도 꿈도 없는 고적(孤寂) 속에 빠져든다. 명상시를 넘어 기도시(祈禱詩)에 가까운 경지를 보여준다. 모든 걸 초월한 듯한 초연(超然)의 자세가 올연히 앉은 그의 모습에 묻어 있다. 장수산의 겨울은 오롯이 시인의 초상이 되어 고요 속에 투사된다. 정지용은 옛 선비들이 그랬듯이 혼탁한 속세를 떠나 장수산의 정적 속으로 숨어들었던 것이다.

이렇게 산은 늘 그 자리에 있으면서도 천태만상의 얼굴로 우리에게 다가온다. 때로는 속세를 떠난 죽림칠현의 안식처로, 역사의 숨결이 머문

신화의 공간으로, 허정부위의 도상(道場)으로, 만물이 평화롭게 공존하는 에덴동산으로 떠오른다. 그 자리에 그대로 머물면서 우리 인간들에게 수많은 교훈과 계시, 지혜의 길을 묵묵히 밝혀준다. 말 한마디 없이 침묵의 가르침을 주는 산의 모습이 염화시중의 미소를 띠고 있는 부처를 닮았다. 그것이 산의 매력이요, 아름다움이다.

이카로스의 비상

새들은 비록 가축은 아니지만 우리 주변에서 우리와 함께 살고 있다. 잠이 깨면 들려오는 참새소리, 나뭇가지에서 깍깍 울어대는 까치, 광장을 구구대는 비둘기들은 일상에서 흔히 보는 새들이다. 새에 관한 속담도 많은데 이 역시 새가 사람의 이웃임을 보여준다. '낮에는 새가 듣고, 밤엔 쥐가 듣는다', '나는 새도 떨어 뜨린다', '새도 깃을 쳐야 난다', '새도 가지를 가려 앉는다', '새발의 피' 등 부지기수다. 모두 인간의 삶과 관련된 지혜를 내포하고 있다.

어디 속담만 그런가. 아이들은 '까치 까치 설날은 어저께고요, 우리 우리 설날은 오늘이래요'하는 동요를 들으며 설날을 기다리고, '방울새야 방울새야 쪼로롱 방울새야' 라는 노래를 부르며 한 마리 방울새가 되기도 한다. 어른들은 '새가 날아 든다, 온갖 잡새가 날아 든다'는 새타령을 부르며 흥을 돋구고, '새야 새야 파랑새야 녹두밭에 앉지 마라'를 부르며 녹두장군을 떠 올렸다. 이처럼 새에 관한 동요나 민요가 많다는 것은 새가 우리 삶의 동반자라는 증거다. 동요는 동심을 키우고, 민요는 백성들의 노고를 달래준다.

어린 시절 우리 동네에는 새들이 참 많았다. 산골마을이라 그렇겠지만 참새, 까치, 비둘기, 부엉이, 딱따구리, 수리, 두루미는 물론 이름 모를 철새들도 많이 날아왔다. 봄에는 제비가 오고, 겨울에는 독수리도 출현했다.

어른들 따라 꿩이나 물오리 사냥도 다녔다. 그중에서 봄이면 찾아오는 제비가 기억에 많이 남는다. 처마 밑에 집을 짓고 먹이를 물어 오면 새끼들이 노란 부리로 받아먹으며 재잘대는 모습이 참 귀엽다. 다른 새둥지는 수풀 깊숙이 숨겨 있는데 제비집은 처마 밑이라 훤히 보였다. 엄마제비와 새끼제비가 함께 재잘대며 어울리는 모습을 생생히 볼 수 있는 것이다. 더구나 어머니께 들은 흥부제비 이야기를 떠올리며 바라보니 신기한 느낌이 들었다. 행여 우리집에 큼지막한 복덩이 박씨라도 하나 물고 오지 않을까 엉뚱한 생각도 해보았다. 동심으로 들은 전설은 진실이기 때문이다.

  인간의 삶 속에 새가 있다 보니 새는 속담과 민요뿐 아니라 신화나 전설의 중요한 소재가 되었다. 시인들 치고 새 한 마리 안 키워 본 시인은 없을 것이다. 박남수 같은 시인은 새 사랑에 빠져 아예 '새의 시인'으로 불렸다. 그는 『갈매기 소묘』라는 새 시집을 내기도 했다.

  시인들은 새에 자신을 투사하여 새로 환생한다. 자유롭게 창공을 나는 새가 되거나 이상과 꿈을 쫓는 이카로스(Ikaros)의 새가 되기도 한다. 때로는 나이팅게일이 되어 밤중에 홀로 울기도 한다. 새로 변신한 시인들은 다양한 목소리로 우리의 삶을 노래한다.

  새는 자유롭게 창공을 난다. 영국의 인류학자 프레이저(Frazer)는 그의 명저 『황금가지』에서 새를 자유로운 영혼의 표상으로 보았다. 하늘을 나는 새에서 영혼의 군무(群舞)를 본 것이다. 심리학자 융(Jung)이 새에서 자유와 초월성을 발견한 것도 같은 맥락이다. 지상에 묶이지 않고 훨훨 창공을 나는 새를 보며 시인들은 자유를 꿈꾼다. 자유는 인간의 삶에서 얼마나 소중한 가치인가. 인간은 생활의 질곡(桎梏)이나 구속에서 벗어나야 자유로운 삶을 구가하고자 한다. 그것이 진정한 삶의 조건이다. 하지만 현실은 늘 인간을 얽매여 놓는다. 보이지 않는 일상의 창살에 묶여 있는 것이다. 그래서 사람들은 자유롭게 나는 새를 부러워한다.

  날개를 가지고 싶다

어디론지 날 수 있는 날개를 가지고 싶다
나는 어디론지 가고 싶다

날개가 있으면 소원 성취다
하느님이여
날개를 주소서 주소서
-천상병, 〈날개〉

시인은 날개를 꿈꾼다. 날개를 달고 새처럼 자유롭게 날고 싶다. 지상의 삶에 얽매이지 말고 날개를 달고 훨훨 날아오르기를 꿈꾼다. 천상병이 발 딛고 있는 지상은 영혼의 자유가 없는 질곡의 땅이다. 그래서 그는 그 사슬을 끊고 자유를 찾아 날고자 했다. 신석정도 '종달새가 오늘도 푸른 하늘의 먼 여행을 떠납니다'(〈봄의 유감〉)라고 노래하며 종달새가 되어 자유롭게 창공을 날 것을 꿈꿨다. 신화 비평가 프라이(Frye)는 새를 별, 산, 나무와 함께 상승과 초월의 이미지로 간주했다. 천상병 시에서 날개는 상승과 초월을 위한 자유의 날개였던 것이다.

때로는 자유로 표상된 새가 정치적 의미로 변형되기도 한다.

자유를 위해서 비상하여 본 일이 있는
사람이라면 알지
노고지리가 무엇을 보고 노래하는가를
어째서 자유에는 피의 냄새가 섞여 있는가를
혁명은 왜 고독한 것인가를
-김수영, 〈푸른 하늘을〉

김수영은 하늘을 나는 노고지리에서 자유를 찾는다. 그 자유는 정치적 구속으로부터의 자유다. 억압과 핍박의 사슬을 끊고 자유를 얻어 새처럼 마음껏 날고 싶은 것이다. 노고지리가 되어 자유롭게 나는 하늘은 물론 민주주의의 하늘일 것이다. 그 하늘을 자유롭게 나는 새가 되는 길이 혁명의 길인 것이다.

때로 새는 꿈을 향해 비상하는 이카로스의 새가 되기도 한다. 불가능을 가능으로 바꾸는 희망과 이상을 꿈꾸는 새가 되는 것이다. 이카로스는 그리스 신화에 나오는 새다. 크레타 섬을 지배하던 미노스 왕의 명을 거역하여 다이달로스는 아들과 함께 자기가 지은 미궁(迷宮)에 갇혀버린다. 미궁을 탈출하려는 궁리 끝에 초로 빚은 인공 날개를 만들어 힘차게 하늘로 솟아 오른다. 하지만 지중해에 떠 있는 뜨거운 해의 햇살을 받아 초가 녹아 내리고 이카로스는 바다로 추락한다. 이 신화는 무한한 인간의 꿈과 그에 대한 도전을 암시하고 있다. 비록 추락은 했지만 꿈은 원대했던 것이다. 인간은 꿈과 이상이 있어야 살 수 있음을 보여주는 신화다.

이러한 모티브를 소설화한 것이 1970년에 나온 리처드 바크(R. Bach)의 〈갈매기의 꿈〉이다. 40개 국어로 4천만 부가 팔린 초베스트 셀러였다. 이 작품은 갈매기가 의인화 된 주인공 조나던의 꿈과 이상을 그리고 있다. '더 높이 나는 새가 더 멀리 볼 수 있다'는 명제는 인간의 삶의 지표에 시사점을 던진 화두(話頭)였다. 조나던은 멀리 보기 위해 높이 나는 훈련을 거듭한다. 그리고 마침내 높이 날아 꿈을 이룬다.

제비는 종종 희망의 표상으로 흔히 쓰인다. '봄 없는 지역에, 강남제비가 물고 가 떨어뜨릴 푸른 씨앗'(〈제비〉)처럼 김소월은 겨울을 이기고 제비가 날아와 생명을 잉태할 씨앗을 뿌려 줄 것을 희망하고 있다. 제비는 그 희망의 표상이 된다. 박세영의 〈산제비〉도 '땅이 거북등처럼 갈라졌다, 가난한 농민을 위하여 구름을 모아는 못 올까, 날러라 빙빙, 구름을 꼬리에 달아 오너라'라고 노래하며, 가뭄으로 갈라진 땅을 촉촉이 젖셔 줄 비를 몰고 오는 희망의 제비로 그려진다.

마침내 이육사의 제비는 민족해방을 꿈꾸는 희망의 화신으로 나타난다. 〈꽃〉에서 그는 얼어붙은 동토(凍土)인 조선 땅에 제비 떼 날아올 봄을 기다리고 있다. 언젠가 제비가 날아들고 해방의 봄이 올 것이라는 꿈을 노래하고 있는 것이다. 이처럼 제비는 시인들에게 희망의 표상으로 그려진다.

추락하는 것은 날개가 있다. 언젠가 새는 다시 지상으로 내려와야 한다. 어쩌면 내려오기 위해 날아오르는 것인지도 모른다. 그렇게 새의 존재는 모순성을 갖는다. 추락하기 위한 비상, 땅과 하늘의 이중적 삶, 그런 존재론적 모순과 한계를 보여주는 것이 새의 존재다. 창공을 힘차게 날아오르던 이카로스도 마침내 지중해 깊은 바다에 추락했다. 이처럼 새는 인간존재의 이중성과 역설적 한계를 그대로 보여준다. 이문열의 〈추락하는 것은 날개가 있다〉는 이러한 명제를 소설화한 것이다.

새들은 혼자 날아다닌다. 때로는 무리지어 군무(群舞)도 하고, 철새처럼 떼지어 비행도 하지만 대부분 혼자 표표히 난다. 그래서 시인들은 새에서 고독의 그림자를 본다. 홀로 나는 새의 모습에서 인간조건을 유추하는 것이다. 아프리카에 사는 전설의 새, 렌(Ren)은 생애 단 한번 울음소리를 내고 숨을 거둔다고 한다. 말없이 외로웠던 고독한 생애를 한 맺힌 울음소리로 생을 마감하는 것이다. 모윤숙의 〈렌의 애가〉는 이러한 렌의 운명을 그린 작품이다.

인간존재 역시 근본적으로 고독하다. 더불어 사는 것 같지만 결국 혼자 살아가는 것이다. 자기만의 그림자와 함께 쓸쓸한 인생길을 가야 한다. 살다가 돌아보면 문득 나 혼자인 것을 깨달을 때가 많다. 그저 일상에 파묻혀 나 혼자임을 잠시 잊고 살 뿐이다. 그러므로 '나는 고독하다, 그러므로 나는 존재한다'는 명제는 참이다. 그런 인간존재의 길을 새에게서 볼 수 있다. 그래서 많은 시인들이 새를 고독의 표상으로 노래하고 있다.

고독을 노래한 첫 시는 고구려 유리왕이 지은 〈황조가〉일 것이다. 부인

송씨가 죽자 화희, 치희 두 여인을 계실로 삼았시만 서로 질투가 심해 헤어지고 만다. 부인이 떠나고 혼자가 된 심정을 '펄펄 나는 꾀꼬리는 암수가 정다운데, 외로이 이내 몸은 뉘와 함께 돌아갈까'라고 탄식하였다. 사랑을 잃은 왕의 외로운 심사를 꾀꼬리에 빗댄 것이다. 고대 가요에서 '염아지독(念我之獨)'이라는 서정적 표현과 '고독'이라는 말을 쓴 것은 이 노래가 처음이었다.

고려 시대 노래인 〈청산별곡〉은 이에 비해 인간의 절대고독을 표현하고 있다. 〈청산별곡〉에는 두 마리의 새가 나온다. '울어라 울어라 새여, 널라와 시름한 나도 자고 니러 우니는' 새와 '가던 새 가던 새 본다, 잉무든 장글란 가지고, 믈 아래 가던 새 본다'의 새가 그것이다. 나와 함께 울던 앞의 새는 고독의 표상이다. 나도 외로운 새가 되어 울고 있다.

그 외로움은 '오리도 가리도 없는 밤이란 또 어찌 하리라' 하는 구절과 댓구를 이룬다. 올 사람도 갈 사람도 없는 외로운 밤을 어찌 보낼 것인가 한탄하고 있다. 후자의 새는 외로움을 떨치려 속세로 돌아가는 자기 모습을 그린 것이다. 이끼 묻은 농장기를 털어 내어 물 아래 마을로 다시 돌아갈까 하는 환속(還俗)의 마음이 드러난다. 그래도 끝내는 실패하고 술 한 잔 마시며 마음을 달랜다. 절대고독의 존재조건에서 벗어날 길이 없었던 것이다.

〈청산별곡〉은 이처럼 청산에서 외롭게 사는 새처럼 인간조건의 절대고독을 노래하고 있다. 청산에 있어도, 환속을 해도 그 고독은 풀 수가 없다. 그것은 인간에게 운명처럼 지어진 절대고독이기 때문이다.

김소월의 〈산유화〉는 현대판 〈청산별곡〉이다.

산에는 꽃 피네 꽃이 피네
갈 봄 여름 없이 꽃이 피네

산에 산에 피는 꽃은
저만치 혼자서 피어 있네

산에서 사는 작은 새여
꽃이 좋아 산에서 사노라네

산에는 꽃 지네 꽃이 지네
갈 봄 여름 없이 꽃이 지네
-김소월, 〈산유화〉

  시인은 꽃이 피었다 지는 산에서 한 마리 새로 살아간다. 산에는 봄, 여름, 가을마다 꽃이 피고, 꽃이 진다. 그렇게 자연은 돌고 돈다. 어쩌면 꽃은 영원히 피고 질 것이다. 졌다 피는 꽃이지만 다른 꽃이 피어나기에 꽃의 생명은 영원하다. 꽃이 피고 지는 것은 단지 현상에 불과한 것이다.
  그 변함없는 산속에서 시인은 한 마리 외로운 새로 살아간다. 하지만 그 새는 언젠가 죽을 것이다. 꽃이 피는 산은 영원하지만 새는 유한한 존재다. 곧 인간은 자연에 비해 하잘 것 없는 일시적 존재다. 그래서 고독은 더 피할 길이 없다. 이처럼 이 시는 짧지만 인간의 존재론적 고독과 한계를 노래하고 있다.
  새의 시인 박남수도 새를 고독의 객관적 상관물로 형상화하고 있다.

면(面) 위에 갈매기는 혼자 있었다
혼자면 또한
가슴에 스미는 고독을 안고
벅찬 기류 속에
갈매기는 축제같은 어제를 생각한다

> 헤아리지 못할 어제가
> 즐거움 같고
> 즐거움이 어제 같은
> 오늘, 오늘은 없었다
> -박남수, 〈갈매기 소묘 6〉

시에서 시인은 한 마리 갈매기로 표상된다. 갈매기는 바다에 외롭게 떠 있다. 바다 위의 갈매기는 가슴에 스미는 고독을 안고 어제를 생각한다. 지나간 추억에 잠기는 것이다. 축제같던 과거는 가고, 오늘은 존재하지 않는다. 갈매기는 공간적 단절과 시간적 단절에 의한 절대고독의 오브제(object)가 되고 있다. 박남수의 갈매기는 외로운 심해(心海)를 떠도는 외로운 존재였다. '어쩌면 갈매기는 육면 거울 속에 춤추고 있는 것인지도 모른다'(〈갈매기 7〉) 이처럼 닫힌 거울 속에 홀로 추는 실존무(實存舞)가 박남수의 새춤이었다.

이러한 고독의 실존무는 유치환의 시에서도 변주된다.

> 무엇이 싫어서
> 땅과 낮을 피하여
> 음습한 폐가(廢家)의 지붕 밑에 숨어
> 파리한 환상과 괴몽(怪夢)에
> 몸을 야위고 날개를 길러
> 저 푸른 밤 몰래 나와서
> 호올로 서러운 춤을 추려느뇨
> -유치환, 〈박쥐〉

푸른 밤 홀로 서럽게 추는 박쥐의 춤은 시인 자신이 추는 고독의 실존무(實存舞)다. 야위어진 날개로 모든 것을 피한 채 혼자만의 고독의 춤을 추고 있는 것이다. 이처럼 시인은 모든 것과 단절한 채 자신만의 세계에 침잠하고 있다. 그것이야말로 절대고독의 구경(究竟)일 것이다. 그 구경을 박쥐에 투사하여 노래하고 있다.

이러한 절대고독의 구경은 〈까마귀의 노래〉로 연장된다. '그 거리에는 다시 돌아가지 않으려노니, 나는 모자를 눌러 쓰고 까마귀 모양, 이대로 황막한 벌 끝에 남루히 얼어 붙으려노라'(〈까마귀의 노래〉). 사람들이 사는 거리를 피해 모자를 눌러 쓰고 얼음처럼 얼어붙어 살겠다는 의지를 드러내고 있다. 외부와 단절된 절대고독의 경지가 차가운 얼음장으로 표상된다. 유치환의 절대고독은 마침내 차가운 얼음장이 되고 만 것이다.

이육사의 박쥐도 고독의 표상으로 나타나지만 그의 고독은 실존적 고독이 아니라 상황적 고독이다.

광명을 배반한 아득한 동굴에서
너 홀로 돌아 다니는 가엾은 박쥐여
어둠의 왕자여

검은 세기의 상장(喪章)이 갈갈이 찢어진 긴 동안
비둘기 같은 사랑을 한 번도 속삭여 보지 못한
가엾은 박쥐여
고독한 유령이여
-이육사, 〈편복(蝙蝠)〉

이육사는 독립운동에 투신하여 고향을 등진 채 유랑의 생활을 전전했다. 투쟁의 길은 늘 어두운 밤길이었다. 어둠을 나는 박쥐처럼 숨어서 투쟁해야 했다. 그의 청춘도 사랑도 투쟁에 바쳤다. 그래서 자신은 어둠의 왕자가 되고 고독한 유령이 되었다. 그에게도 청춘은 있었건만 '비둘기 같은 사랑을 한번도 속삭여 보지' 못한 채 세월만 흘려보낸 것이다. 이러한 자신의 모습을 홀로 밤을 나는 박쥐에 비유하고 있는 것이다. 일제 강점기의 혹독한 시대상황이 그를 어둠을 나는 박쥐로 만들었던 것이다. 그의 편복(蝙蝠, 박쥐)의식은 이러한 시대상황이 잉태한 비극적 자기인식이었다.

김현구의 갈매기도 외로움의 표상으로 나타난다. '내 마음은 물 위에 뜬 갈매기, 서러운 갈매기, 날마다 아득한 물결 새에 떴다 잠겼다, 외로움이 잦아 푸른 그림자 흐른 물에 떨치고, 하늘에 솟아 끝없는 한탄을 노래하노니'(〈물 위에 갈매기〉)처럼 시인은 한 마리 외로운 갈매기가 되어 서러움에 젖은 채 바다 위를 표랑한다.

이러한 새에 투사한 고독감의 표출은 천상병에서 와서 절정에 달한다.

외롭게 살다 외롭게 죽을
내 영혼의 빈터에
새날이 와 새가 울고 꽃잎 필 때는 내가 죽는 날

산다는 것과 아름다운 것과
사랑한다는 것과의 노래가 한창인 때에
나는 도랑과 나뭇가지에 앉은 새 한 마리

살아서 좋은 일도 있었다고
나쁜 일도 있었다고
그렇게 우는 한 마리 새
-천상병, 〈새〉

시인에게도 아름다운 청춘이 있었고 사랑의 계절도 있었다. 그렇게 아름다운 인생의 계절에 그는 나뭇가지에 홀로 앉은 새처럼 고독하게 보냈다. 삶과 청춘과 사랑이 한창인 때에 그저 인생의 방관자로 살았던 것이다. 그렇게 외롭게 살다 삶을 마감할 때 영혼의 빈터에 꽃이 피고 새가 운다. 그리고 그는 한 마리 영혼의 새가 된다. 그래서 살아서 좋은 일도 있었고, 나쁜 일도 있었다고 울며 떠돈다. 그의 고독한 삶을 조상(弔喪)하는 접동새가 된 것이다. 이처럼 시는 고독을 죽음까지 몰고 간 절대고독의 예찬시가 되었다.

나도 주택에 살 때는 참새소리와 함께 아침을 깼다. 참새가 내 잠을 깨우면서 하루의 일상이 시작됐던 것이다. 집 마당에서 울던 그 참새소리가 지금도 들리는 듯하다. 지금은 아파트에 살기에 그 흔한 참새소리조차 듣기가 힘들다. 내 잠과 의식을 깨우던 그 참새들은 다 어디로 갔을까. 지금 그 소리를 듣질 못하니 나는 잠결에, 무의식 속에 살아가고 있는 것은 아닐까.

정한모 시인은 유난히도 새가 많은 성북동 '새언덕'에 살았다. 새언덕에서 울던 참새들이 정한모의 아침잠을 깨우고 하루의 일상에 눈 뜨게 했다.

아직은 꿈의 자락이
이불로 덮여 있는 깸과 이슬잠의 틈 사이에서
들려오는 참새소리
새벽마다 내 머리맡 언 비탈길
중턱 쯤 가지에 앉아
혼신의 힘을 모아 첫 마디 우짖는 참새소리
밤새도록 시달려 온 암흑의 공포
그 두꺼운 벽을 향해

건곤일척하는 철권같은 울음소리
-정한모, 〈새벽 7〉

  시인은 아스름한 꿈결 속에서 새소리를 들으며 깬다. 참새는 새 언덕 나뭇가지에 앉아 아침을 알리는 첫 울음을 쏟아 내는 것이다. 그 참새소리가 시인에겐 건곤일척(乾坤一擲)의 철권(鐵拳) 같은 소리로 들린다. 작은 참새가 울어 봤자 철권소리가 날 리 없지만 혼신의 힘을 다해 울고 있음을 강조한 것이다. 울음소리가 단순히 잠을 깨우는 것이 아니라 시인의 의식을 깨웠기 때문에 더 크게 들린 것이다. 어쩌면 천둥번개 치는 소리처럼 들렸을지도 모른다. 그래서 '소리는 깨어 있는 의식에 들어와 날카로운 빛의 칼날을 휘두르고'(〈새벽4〉) 있는 것이다.
  마침내 시인은 나만의 소리를 갖게 된다. '이제는 나도 내 목청대로 소리내며 살아야겠습니다. 한 마리 새의 바람에 쓸려 사라지는 가늘고 여린 소리일지라도, 내 소리는 아무 누구의 것과도 섞일 수 없습니다'(〈한 마리 새〉)처럼 자신만의 목청을 내며 사는 새가 되겠다는 인식에 도달하게 된다. 자기각성, 자아인식의 길에 이른 것이다. 그 길을 가능하게 해준 것이 아침마다 머리맡에 울던 참새였다. 참새소리는 시인의 의식을 깨워 자아각성의 길에 들어서게 한 '철권의 소리'였다.
  서정주는 늘 고고한 학이 되고자 했다. 그래서 '창망한 하늘에 세월 천년을 향해 학이 떠오른다, 천년의 세월을 우러러 학이 하늘에 오른다, 진정 흰 깃에 때 묻히고 싶지는 않아, 차라리 고요와 하늘을 얹고, 더 높이 오늘도 한 마리의 학이 떠 오른다'(〈오늘도 한 마리의 학이 떠 오른다〉)고 노래하였다. 그는 한 마리의 학이 되어 천년 세월을 날고자 했다. 나도 미당처럼 '흰 깃에 때 묻히지지 않고' 고고하게 순결하게 한 마리 학이 되어 푸른 하늘을 날고 싶다.

거울아, 거울아

거울은 일상생활에서 **빼놓을** 수 없는 필수품이다. 아침에 눈 떠 잠들 때까지 하루에 몇 번은 거울을 봐야 한다. 거울을 보면서 세면을 하고, 화장대에 앉고, 옷차림을 단정히 한다. 새 옷을 샀을 때도 마음에 드는지 거울에 비쳐 봐야 한다. 그 만큼 거울은 우리 일상생활의 필수품이요, 도구다. 여자들은 남자들에 비해 더 거울을 가까이 한다. 화장을 하거나 옷차림에 신경을 쓰기 때문에 보는 시간도 훨씬 더 길어진다.

그래서 선조들은 거울이 발명되기 전부터 돌로 만든 석경(石鏡), 구리로 만든 동경(銅鏡)을 이용했고, 그도 없으면 잔잔한 물 위에 자신을 비쳐 보기도 했다. 물 위에 비치니 수경(水鏡)인 셈이다. 그만큼 여성들에겐 거울은 필수적이었다. 아름다움을 가꾸기 위해선 자기 모습을 비쳐 봐야 하기 때문이다. 가난하게 사는 시골 여인네들이 방물장수를 애타게 기다리는 것도 예쁜 거울을 구하기 위해서다. 비록 싸구려 '동동구루무'를 발라도 예뻐진 얼굴을 보려면 거울이 필요했다.

물 위에 얼굴을 비추는 수경에 관한 이야기는 이미 그리스의 나르시스 신화에 등장한다. 강의 요정 리리오페는 자기가 낳은 아들이 너무 예뻐 망연자실에 빠진다. 그래서 아들 이름을 '망연자실'이란 뜻을 가진 나르시스로 지었다. 아름다운 나르시스를 모든 이가 사랑했지만 그는 어느 누구에게도 정을 주지 않았다. 마침내 그가 16살 되던 해 호숫가에 앉아 수면을 바라보다 한 미소년을 발견한다. 그리고 그 소년을 끌어안으려고 물속에 뛰어든다. 결국 자기를 안아 보기 위해 목숨을 잃은 것이다. 그리고 그 자리엔 수선화 한 송이가 피어났다. 자기애의 비극이 한 송이 꽃으로 핀 것이다.

　나르시스의 비극은 궁극적으로 그가 사랑한 자신이 진정한 내가 아니라는 점에 있다. 나르시스 신화에는 3개의 자아가 존재한다. 살아서 호수를 들여 다 본 실아(實我), 호면에 비친 경상자아(鏡像自我), 그리고 보이지 않으나 진정한 자아 곧 진아(眞我)로서의 나르시스다. 3개의 자아는 물론 나르시스와 한 몸이지만 서로 일치하지 않는 데서 비극이 탄생했다. 나르시스는 호수에 비친 경상자아가 자신의 실체적 자아, 곧 진아로 착각하고 물에 뛰어든 것이다.

　나르시스 신화는 현대를 사는 우리들에게 많은 시사점을 남긴다. 나도 가끔 거울을 들여 다 보며 과연 거울에 비친 내 자신이 나의 진정한 모습일까 생각해 본다. 어느 날 거울 속에 비친 내 모습이 나 같지 않고 낯선 타인처럼 느껴질 때가 있다. 나이 들어가니 흰 머리에 주름살까지 잡혀 저 모습이 진짜 나인가 깜짝 놀라기도 한다. 젊었을 때 검은 머리에 팽팽하던 얼굴은 다 어디 가고 늙고 추레한 한 노인이 서 있는 것이 아닌가. 분명 나지만 내가 아니다. 그런 심리현상이 바로 나르시즘이다. 진짜 나는 어디 가고 가짜 나만 남은 것일까. 아름다웠던 청춘시절의 나에 집착하는 것이다.

　가수 두리가 불러 인기를 끈 〈거울아 거울아〉 라는 노래도 나르시즘의 새로운 버전(version)이다. '거울아 거울아 누가 제일 예쁘니' 하면서 거울에 비친 내 모습에 빠져 들어간다. 늘 내 곁에서 예쁜 나를 비쳐주며 지켜주는 유일한 친구가 거울이었던 것이다. 그녀가 거울을 사랑하는 이유는 오직 세상에서 제일 예쁜 나를 보여주기 때문이다. 〈거울아 거울아〉는 노래로 변형된 나르시즘이다.

　이에 비해 괴테의 〈젊은 베르테르의 슬픔〉에 나오는 뿔 하나가 달린 일각수(一角獸, Ein Horn) 이야기는 진실을 비쳐주는 거울 이야기다. 일각수가 들고 다니는 거울은 오직 진실한 모습만 보여준다. 가짜거나 진실이 아닌 것은 거울에 나타나지 않는다. 그래서 그 사람의 말이 진심인지 아닌지는 거울에 비쳐 보면 알 수 있다. 거짓말을 하거나 위선일 경우 거울에 안 나타나는 것이다. 진실일 때만 보인다. 참으로 신비한 거울이요, 기적의 거울이다. 저 사람이 사랑을 고백할 때 그 말이 진실일까 알려면 그 거울에 비쳐 보면 알 수 있다. 거울에 비치지 않으면 다 거짓이고 허위인 것이다. 그렇게 진실을 비추는 거울 하나가 있으면 좋겠다. 우선 내 모습부터 볼 수 있을 테니까. 아마도 그 거울엔 결코 내 모습이 비쳐지지 않을 것만 같다.

 우리가 매일 거울을 보는 '얼굴'의 어원은 '얼의 꼴'이었다. 곧 '얼'(정신, 영혼)이 어떤 '꼴'(모습, 형태)로 나타난 것이 얼굴이다. 곧 육체적 얼굴이 아니라 정신과 영혼의 형태가 얼굴인 것이다. 얼 곧 영혼과 정신의 모양에 따라 꼴(모양)도 달라진다. 마음이 곱고 아름다우면 거울에 비친 얼굴도 아름답다. 영혼이 혼탁하면 추한 얼굴이 나타난다. '덕윤신(德潤身)'인 것이다. 마음 속에 덕을 쌓으면 저절로 몸도 윤택해진다는 말이다. 거울에 비친 내 얼굴을 보면 내 영혼을 읽을 수 있다. 갈수록 이그러지고 추해지는 얼굴을 보며 영혼마저 혼탁해지는 것 같아 자신이 부끄럽다.

 관수세심(觀水洗心)이란 말이 있다. 곧 물을 바라보며 마음을 닦으라는 뜻이다. 물에 비친 내 얼굴을 보고 '얼의 꼴'을 바르게 하라는 뜻이다. 마음을 닦으면 물 위에 곱고 아름다운 얼굴이 비칠 것이다. 그렇듯이 단지 화장하고 세면하기 위해 거울을 봐서는 안된다. 거울을 보며 나의 영혼과 정신의 꼴을 다듬어야 한다. 곧 거울을 보는 것은 외면화장이 아니라 내면화장인 것이다.

 여학생들이 화장을 진하게 하고 강의실에 오면 야단을 치곤했다. 그런 외적화장에 시간 보내지 말고 내면화장에 신경쓰라고 했다. 배우는 학생이니 만큼 립스틱 바르고 눈썹 그리는 일보다도 독서와 여행을 통해서 자신의 영혼을 아름답게 가꾸라고 했다. 여행은 자신을 찾는 지름길이라고 앙드레 지드는 말했다. 1시간씩 화장대에 앉아 외면화장으로 닝비하지 말고 그 시간에 독서와 사색으로 '덕윤신' 하게 되면 얼의 꼴은 훨씬 더 예뻐질 것이다.

예로부터 선인들은 감어수(鑑於水) 하지 말고 감어인(鑑於人) 하라 일렀다. 곧 얼굴을 물(거울)에 비추지 말고 사람에게 비추라는 말이다. 거울에 비친 얼굴은 겉모습에 불과한 것이다. 그리고 그 겉모습에 집착하여 허위의 삶을 산다. 나르시스의 비극도 여기에 있다. 겉모습이 아니라 다른 사람에게 비친 내 모습이 진정한 자기 모습일 것이다. 내가 내 모습에 도취하는 나르시즘이 아니라 남이 보는 나, 다른 이가 생각하고 판단하는 내가 진정한 나인 것이다.

결국 다른 사람들 거울에 비친 내 모습이 진정한 자기모습이다. 자기 생각에 빠져 집착과 아집만을 내세우는 심리현상을 바흐친은 단성주의(單聲主義, monologism)라 일렀다. 곧 타인의 목소리에 귀 기울이지 않고 자기 목소리만 내는 것이다. 감어인은 곧 이러한 단성주의를 극복하라는 말이다. 어짜피 우리는 이웃과 더불어 사는 공동체적 존재가 아닌가. 무소의 뿔처럼 혼자서 독불장군으로 살아 갈 수는 없는 일이다.

미국의 심리학자 조세프(Joseph)와 하리 잉검(Ingham)은 나와 타인과의 관계를 창문이라는 거울로 비쳐 보았다. 그래서 '조하리의 창문'(Johari's window)을 만들었다. 4개의 창틀로 나뉜 창문은 1) 나도 알고 남도 아는 '열린 창', 2) 나만 알고 남이 모르는 '숨겨진 창', 3) 나는 모르고 남은 아는 '보이지 않는 창', 4) 나도 모르고 남도 모르는 '미지의 창'으로 나누어진다.

여기서 열린 창과 미지의 창은 어쩔 수 없는 창이다. 나도 알고 너도 알며, 나도 모르고 남도 모르는 창이기 때문이다. 내가 남과 소통하기 위해선 나머지 두 개의 창인 '숨겨진 창'과 '보이지 않는 창'이 열려야 한다. 그러기 위해선 숨겨진 창은 내가 열고, 보이지 않는 창은 남이 열어 주어야 한다. 그때 비로소 닫힌 창이 활짝 열리며 소통이 이루어질 수 있다. 이렇게 서로의 교류를 위하여 창문을 열 생각을 안 하고 자신의 창을 꼭 꼭 걸어 잠근 채 살아가는 것이 우리들 모습이다. 조하리의 창이 모두 활짝 열릴 때 비로소 인간세상도 환해질 것이다.

나르시즘적 자아는 이미 불교에서도 등장하고 있다. 불교에서는 인간의 자아를 실아(實我), 가아(假我), 진아(眞我)로 구분한다. 목숨이 붙어 있는 생명체로서의 실아는 곧 가아이며 나 아닌 나로 살아간다. 하지만 도를 닦아 세심(洗心)함으로써 진아, 곧 아나트만(anatman)의 경지에 이르게 된다. 아나트만은 실아를 초월한 진정한 무아(無我)의 구경(究竟)이다. 아나트만을 찾기 위하여 불자들이 밤낮으로 도를 닦는 것이다.

우리는 과연 어떤 나로 살아가고 있는 것일까. 밥을 먹고, 직장에 나가고, 많은 사람들을 만나며 하루를 보내는 나는 과연 누구인가. 나르시스 신화나 불교에서 가르치는 진정한 자아, 곧 진아인가. 아니면 가아나 현상에 불과한 실아로 사는 것은 아닐까. 실존철학자 키에르케고르는 인간을 두 개의 얼굴을 가진 야누스적 존재라고 했다. 한 몸이지만 두 개의 얼굴을 갖고 있는 것이다. 두 개의 얼굴은 서로 모순된 얼굴이다. 도스토에프스키의 〈카라마조프가의 형제〉는 이러한 야누스적 존재를 형상화한 작품이다. 그는 여기서 인간의 가슴을 천사와 악마의 싸움터라고 했다.

부스까리아도 명저『살며, 사랑하며, 배우며』에서 인간은 아침에 천사로 깨어나 악마로 돌아간다고 하였다. 아침에 눈을 뜰 때 오늘은 좋은 일만 하는 천사로 살리라 다짐하지만 저녁에 잠자리에 누우면 악마로 살았다는 후회에 빠진다. 그렇게 매일 천사와 악마가 교차하는 것이다. 그런 점에서 우리 일상은 천사와 악마의 변증법적 고리인 셈이다. 영국 작가 스티븐슨(Stevenson)이 만들어 낸 '지킬박사와 하이드'가 바로 전형적인 천사와 악마의 모습이다.

사회학자들이 이야기 하는 '바나나 인간'도 같은 유형이다. 바나나는 겉은 노랗지만 속은 하얗다. 겉과 속이 다른 것이다. 그런 이중인격으로 살아가는 사람이 바로 바나나 인간이다. 마음으로 웃지 않고 얼굴로 웃는 사람도 같은 유형이다. 면전에서는 환한 얼굴로 미소 짓지만 마음속에선 찡그리고 있는 것이다. 회사 생활을 하다 보면 싫어도 싫은 척 할 수가 없다. 싫고 거북스런 상사(上司)일수록 더 고개 숙이고 상냥하게 대해야 한다. 직장에서 살아남으려면 어쩔 수 없는 일이다. 이런 심리현상을 프로이트는 반동형성(reaction formation)이라 했다. 생각과 반대로 행동하는 것이다. 좋아하는 선생님께 오히려 미운 짓을 하여 관심을 끌려는 학생 심리가 좋은 예다.

김소월은 〈진달래꽃〉에서 자기가 역겨워 떠나는 사람에게 오히려 꽃을 뿌려 축복했다. 화를 내도 시원찮을 텐데 그 반대로 행동한 것이다. 그것은 떠난 임이 다시 올 것을 기대하기 때문이다. 반동형성에는 이처럼 반드시 숨은 의도가 작용한다.

나 보기가 역겨워 가실 때에는
말 없이 고이 보내 드리오리다

영변에 약산 진달래꽃
아름따다 가실 길에 뿌리오리다

가시는 걸음걸음 놓인 그 꽃을
사뿐히 즈려 밟고 가시옵소서

나 보기가 역겨워 가실 때에는
죽어도 아니 눈물 흘리우리다
-김소월, 〈진달래꽃〉

이처럼 시적 자아는 내가 역겨워 떠나는 임을 위해 원망의 눈물을 흘리지 않고 오히려 임의 떠나는 발길에 진달래를 뿌려 산화공덕(散花功德)을 빌고 있다.

전후 세대 영국 작가인 윌슨(C.Wilson)은 인간을 타인지향형(other-direction)과 내면지향형(inner-direction)으로 구분했다. 타인지향형은 말 그대로 남이 하는 대로 생각없이 따라 하는 인간형이다. 말하자면 주체성, 자기정체성 없이 무작정 편한 대로 남을 따라 하는 것이다. 유행이 그 좋은 예다. 남들이 다 좋다고 입고 다니니까 나도 따라 입는다. 내 개성과는 관계가 없다. 1970년대에 미니스커트가 크게 유행한 적이 있었는데 몸매에 어울리지 않는 여성들도 너도나도 미니스커트를 입고 다녔다. 그런 현상이 바로 유행심리고 타인지향형이다.

반면에 내면지향형은 자기 주체성과 신념, 개성이 뚜렸한 인간유형이다. 누가 뭐래도 내가 옳다고 믿으면 그것을 실천하는 주체형 인간이다. 여기서 내면은 육신이 아닌 정신, 현상이 아닌 본질을 의미하는 영혼의 세계를 의미한다. 괴테가 애기한 이상과 꿈을 찾는 '아름다운 영혼'이 된다. 시인 윤동주도 끝내 풍화작용으로 삭아가는 자신을 버리고 아름다운 영혼을 찾아 '또 다른 고향'으로 떠났던 것이다. 윤동주의 탈향(脫鄕)은 바로 내면지향형의 자신을 찾기 위한 새 출발이었던 것이다.(〈또 다른 고향〉)

꽃과 새는 남과 비교하지 않고 자기만의 개성을 자랑한다. 호박꽃은 볼품이 없지만 나름 대로의 자태를 자랑하며 매년 똑같은 꽃을 피워낸다. 누가 뭐래도 자기 모습을 바꿀 생각이 전혀 없다. 이름 없는 풀꽃들도 눈에 띄지 않지만 나름 대로의 개성과 향기를 내뿜으며 꽃을 피운다. 새들도 모양이 가지각색, 그만큼 다양한 소리로 운다. 꾀꼬리처럼 듣기 좋은 소리도 있지만 꽥꽥 울어대는 페리칸의 목소리도 있다. 그래도 그들은 다른 새와 비교하지 않고 자기만의 목소리로 개성을 뽐낸다.

사람들도 그래야 할 것이다. 꽃과 새가 그럴지언정 인간으로서 당연히 해야 할 일이다. 빵과 포도주로 가정을 꾸려가며 만족하는 소시민적 타인지향형의 인간이 아니라, 나 자신과 이웃을 위하여 무엇인가 의미 있는 일을 하며 사는 내면지향형의 인간이 돼야 할 것이다. 성경에 나오는 요나 이야기가 타인지향형의 좋은 예이다. 바다에 빠져 고래 뱃속에 들어간 요나는 어머니 뱃속처럼 편안한 시간을 보낸다. 외부와 차단된 채 두려움을 모르고 평화와 안식에 빠졌던 것이다. 요나처럼 외부와 차단된 채 안락한 자신만의 세계에 빠지려는 자아도취 현상이 바로 요나컴플렉스다.

이상의 양파컴플렉스도 그렇다. 양파는 껍질을 까면 또 껍질이 나오고 계속 껍질로 싸여있다. 그리고 마지막 속은 텅 비었다. 그래서 그는 양파를 여자 같다고 했다. 무언가 있을 것 같은 비밀에 싸였지만 결국 속이 텅 빈 존재가 여자라는 것이다. 그만큼 그는 여자에 대해서 편견을 가졌다.

이상은 철저히 외부세계와 차단한 채 그만의 성벽을 구축했다. 그 성이 바로 양파의 성이다. 그는 양파 속에 갇혀 밖으로 나오려 하지 않았다. 그러한 폐쇄지향성, 내면지향성은 마침내 '네모난사각형의사각형의사각형의사각형의사각형'(《건축무한육면각체》)과 같은 이상한 시를 낳고 말았다. 폐쇄된 사각형 속에 스스로 몸을 숨겼던 것이다. 고아로 컸던 가족컴플렉스, 20살 때부터 폐결핵으로 피를 토하던 건강컴플렉스, 찢어지게 가난했던 가난컴플렉스를 탈출하는 길은 오직 양파 속에 몸을 숨기는 일이었다.

요즘 우리 사회에 팽만한 개인주의 현상도 일종의 요나현상이라 볼 수 있다. 외부세계, 현실에 눈 감고 오직 자신만의 행복과 기쁨에 만족하는 젊은이들이 점점 늘어난다. 우리는 그들을 '누에고치족'이라 부른다. 누에고치가 실을 뽑아 자기 몸을 감싸서 외부와 단절된 채 그 속에 침잠하는 것이다. 세상이 어떻게 돌아가든, 이웃이 어찌되든 그것은 내가 알 바가 아니다. 오직 나, 나만 좋으면 좋은 것이다. 극도의 이기주의, 개인주의 현상이다.

이기주의(egoism)보다 더 무서운 게 개인주의(egotism)다. 이기주의는 자기 이익을 위해 남에게 관심이라도 갖지만 개인주의는 전혀 타인을 의식하지 않는 것이다. 오지 나만 존재하고, 나의 세계만 있는 것이다. 그리되면 결국 세상은 '나'만 있고 '우리'는 없는 세상이 될 것이다. 하이데거가 말했듯이 인간은 '세계 내 존재'(In-der-Welt)다. 혼자만의 즉자존재(即自存在, Ansich Sein)가 아니라 남과 더불어 공존하는 대자존재(對自存在, Fursich Sein)인 것이다. 대자로서 남을 생각하고 이웃을 배려하며 살아가야 할 일이다.

거울 속의 시인

시인들은 저마다의 거울을 하나씩 들고 다닌다. 거울에 자신을 비쳐보며 내가 누군인가, 내 삶은 어떤 모습인가를 살펴본다. 곧 거울을 통해 자신의 내면을 들여다보고 초상화를 그리는 것이다. 이름하여 자의식 탐구, 그 중요한 매체가 거울인 것이다. 이때 거울은 금속거울도 있고, 우물이나 호수 같은 물거울도 있다. 시인들이 거울을 드는 순간 한국 근대시는 자의식 탐구라는 형이상학적 시경(詩境)에 진입했다. 그만큼 한국시에서 거울 탐구는 중요한 의미를 갖는다.

거울을 들고 자신의 초상화를 그려낸 대표적인 시인이 이상이다. 그는 〈거울〉, 〈명경〉, 〈오감도 8호〉, 〈오감도 10호〉, 〈오감도 15호〉 등 5편의 거울 연작시를 발표했다. 가히 '거울의 시인'이라 할만하다. 거울과의 인연은 일찍 고교시절부터 시작됐다. 그는 늘 호주머니에 거울을 넣고 다녔다. 그리고 종종 방과 후 텅빈 교정에 앉아 손거울로 햇빛을 반사하는 놀이를 즐겼다. 이상의 별난 취미였던 권태놀이가 시작된 것이다. 권태놀이는 이상 문학의 특질인 관념유희로 승화된다.

그런데 과연 거울에 비친 이상의 모습은 어떠했을까. 거울 속의 이상은 나르시스도 아니었고 우아한 초상화도 아니었다. 철저히 자기해체, 자기분열로 나타난다. 거울을 들여다보는 거울 밖의 이상과 거울 속에 있는 이상이 서로 다른 모습으로 나타나고 마침내 갈등을 일으킨다. '+이상'과 '-이상'의 분열과 대립이 일어나는 것이다.

거울속에도내게귀가있소

내말을못알아듣는딱한귀가두개나있소
거울속의나는왼손잡이요
내악수를받을줄모르는왼손잡이요
나는지금거울을안가졌소마는
거울속에는늘거울속의내가있소
외로된사업에골몰할께요
-이상, 〈거울〉

거울 속에 있는 나도 귀가 있지만 거울 밖의 내 소리를 듣지 못한다. 손을 내밀어도 악수를 하지 못한다. '+이상'과 '-이상'은 한몸이지만 이질적인 타인일 뿐이다. 곧 자기분열, 자기해체 현상이 나타나는 것이다. 그리고 마침내 거울 속의 내가 '외로된 사업'을 시작하는데 그것은 거울 밖으로 나와 거울 밖의 나를 살해하는 일이었다.

〈거울〉의 후편인 〈오감도 제15호〉에서 거울 속의 내가 거울 밖의 나를 향해 권총을 발사하는 장면이 나온다. 이쯤 되면 자기해체나 갈등이 아니라 자기파멸의 경지다. 거울에 비친 이상의 모습은 자기면서도 자기가 아닌 탈(persona)을 쓰고 이중의 삶을 살아가는 현대인의 초상화를 닮았다. 비록 이상의 거울탐구가 자기분열과 해체라는 비극에 도달했지만 현대인의 자아탐구는 이상의 거울탐구의 한 성과다.

윤동주의 거울은 금속거울이 아니라 우물로 표상된 물거울, 곧 수경(水鏡)이다. 동주가 살던 고향 집 마당에 큰 우물이 있었다. 그리고 소년 동주는 그 우물에 얼굴을 비추고 하늘을 보며 놀기를 좋아했다. 우물 속에 소리를 내면 큰 소리가 되어 메아리치는 것도 재미있었다. 이상이 손거울을 들고 다녔던 것과는 대조적이다. 물에 자기 모습을 비쳤다는 점에서 동주는 나르시스와 비슷하다. 그리고 그런 유년기의 경험을 담아 한 편의 시를 빚어낸다. 그것이 〈자화상〉이다.

산 모퉁이를 돌아 외딴 논가 우물을 찾아 가선
가만히 들여다 봅니다
우물 속에는 달이 밝고 구름이 흐르고
하늘이 펼치고 파아란 바람이 불고
가을이 있습니다
돌아가다 생각하니 그 사나이가 가엾어집니다
도로 가 들여다 보니 사나이가 그리워집니다
-윤동주, 〈자화상〉

   윤동주가 들여 다 본 우물에는 달이 밝고, 구름이 흐르고, 파란 하늘이 펼쳐지고, 바람이 불고, 가을이 있다. 그리고 추억처럼 내가 있다. 그런데 우물을 보던 시인은 내가 미워져서 돌아선다. 하지만 돌아가다 생각해 보니 다시 내가 그리워진다. 돌아가 바라보니 가엾은 생각이 든다. 이처럼 동주는 자기갈등을 겪는다. 자신에 대해 미움과 가엾음이 교체하는 것이다. 미움의 대상에서 그리움의 대상으로 뒤바꾼다. 하지만 그것은 자기분열이나 대립의 양상은 아니다. 결국 자기연민으로 귀결되는 것이다. 달과 구름, 하늘과 바람, 그리고 가을이 있는 우물이기에 나의 모습도 가을을 닮았다. 가을을 닮은 자신을 미워할 수 없는 것이다.
   우물 속에서 만난 동주는 누구일까. 그 단서는 '추억처럼 사나이가 있습니다'라는 시구에 있다. 우물 속에 있는 나는 추억의 사나이인 것이다. 그리고 그 추억은 고향 북간도 명동에서 보내던 유년기의 동주다. 티 없이 맑고 깨끗했던 동심 속의 동주인 것이다. 하지만 지금의 동주는 세파에 찌들린 초라한 성인이다. 그래서 거울 속의 자신이 미운 것이다. 결국 이 시에도 두 명의 동주가 나온다. '가엾은 사나이'는 속세를 살아가는 동주고, '그리운 사나이'는 맑고 깨끗한 동심 속의 동주다. 결국 거울 속과 밖의 자아 갈등은 세속과 양심의 내면갈등이었던 것이다.

마침내 그 양심의 자아는 역사의 거울을 손바닥, 발바닥으로 닦는 양심의 수난자로 전이된다. 〈참회록〉에서 동주는 파란 녹이 낀 구리거울을 밤이면 밤마다 닦는 고행자로 나타난다. 역사의 거울인 구리거울에 파란 녹이 슬어 있다. 그 녹을 닦는 것은 식민지 지식인의 사명이었다. 특히 〈참회록〉은 그가 일본 유학을 가기 위해 필요한 도항증(渡航證, 일종의 비자) 때문에 창씨개명을 한 후에 쓴 시로 알려져 있다. 부끄러움의 시인, 양심의 시인 동주가 창씨개명이라니 충격적인 일이다. 하지만 그의 높은 향학열은 창씨개명도 불사했던 것이다. 그러한 양심적 고뇌와 현실적 번민이 참회록을 쓰게 한 것이었다. 그래서 그는 참회하기 위해 밤마다 고행자처럼 손바닥, 발바닥으로 거울의 녹을 닦아냈던 것이다.

이처럼 이상과 윤동주의 거울 이미지는 사뭇 다르다. 이상은 자기해체, 자아분열로 끝났고 윤동주는 자기연민, 자기애로 나타난다. 이러한 차이는 두 사람의 개인적 캐릭터에 의한 것이지만 매체의 차이도 간과할 수 없다. 곧 자기탐구로 쓴 매체가 금속거울이냐 물거울이냐에 결과가 달라진 것이다. 프랑스 철학자 바슐라르는 〈물과 꿈〉에서 물을 무한한 상상력과 꿈, 근원과 추억을 이끌어 내는 질료로 보았다. 그만큼 물은 유연성과 포용력을 내포한 인자(因子)다. 그러한 물을 소재로 한 거울은 자연 따뜻하고 부드럽고 포근할 수 밖에 없다. 따라서 윤동주의 자기탐구가 자기연민, 자기애(self love)로 나타난 것은 자연스런 귀결이다. 하지만 금속성 거울은 차갑고 딱딱한 물리적 현상만 나타날 뿐이다. 이상의 자기분열을 드러내기에 금속성 거울은 알맞은 매체였다.

물거울에 초상화를 그려낸 또 한 명의 시인은 노천명이다. 그는 〈사슴〉에서 호수에 비친 자신의 모습을 자화상으로 그려냈다.

모가지가 길어서 슬픈 짐승이여
언제나 점잖은 편 말이 없구나

관이 향기로운 너는
무척 높은 족속이었나 보다

물 속의 제 그림자를 들여다 보고
잃었던 전설을 생각해 내고는
어찌할 수 없는 향수에
슬픈 모가지를 하고 먼 데 산을 바라 본다.
-노천명, 〈사슴〉

  사슴이 된 시인은 호수에 비친 자기모습을 들여다본다. 늙고 병들어 초라해진 모습이지만 문득 잃었던 전설을 생각해 낸다. '언제나 점잖고 말이 없던, 관이 향기로운, 무척이나 높은 족속' 이었던 자신의 모습이 떠오른 것이다. 그리고 그랬던 자신이 살던 먼 데 산을 바라보며 추억에 젖는다. 결국 호수에 비친 사슴의 모습을 통하여 과거의 화려했던 자신과 현재의 초라한 자신을 대조적으로 드러낸다.

  물 속에 비친 초라한 현재의 자신에 과거의 화려했던 모습을 오버랩 시킨다. 그런 점에서 노천명의 사슴은 나르시스를 닮았다. 비록 현재는 아니지만 지난날 그는 나르시스보다 더 아름답던 자기가 있었던 것이다. 비록 과거지만 그것으로 현재의 자기모습을 지우려는 보상심리를 드러낸다.

  거울 이미지를 통한 자아탐구는 서정주의 〈국화 옆에서〉도 반복된다.

그립고 아쉬움에 가슴 조이던
머언 먼 젊음의 뒤안길에서
인제는 돌아 와 거울 앞에 선
내 누님같이 생긴 꽃이여

노오란 네 꽃잎이 피려고
간밤에 무서리가 저리 내리고
내게는 잠도 오지 않았나 보다
-서정주, 〈국화 옆에서〉

시인은 국화를 통해 누님을 본다. 그런데 그 누님은 거울 앞에 서 있다. 그리고 누님은 한송이 우아한 국화로 피어난다. 거울 앞에선 누님은 국화였던 것이다. 국화는 가을에 피는 꽃이다. 소쩍새 우는 봄, 천둥치는 여름을 지나 찬 서리 내리는 가을에 와서야 비로소 꽃잎을 피워낸다. 그렇게 누님의 생애는 간고(艱苦)한 젊음의 뒤안길을 걸어 왔다. 그래서 누님과 국화는 닮았다. 결국 국화를 통해 성숙하고 완숙한 한 여인으로 태어난 누님을 그려내고 있는 것이다. 그 모습을 비쳐준 것이 바로 거울이었다.

어쩌면 거울 앞에 섰다는 것은 하나의 형상이 만들어졌다는 의미일 것이다. 이제 누님은 제대로 하나의 형태를 갖춘 모습으로 거울 앞에 선 것이다. 이런 점에서 이 시는 통과제의의 성격을 갖는다. 갖은 고난(suffering)을 거친 후 성인으로 태어나는 입사식(inition) 구조를 보여 준다. 그러기 위해 동원된 것이 거울이었다. 거울은 미숙했던 누님이 한 송이 우아한 국화로 거듭나는 과정을 함께 지켜 본 동반자요, 반려였다.

한의 미학, 선의 시학

여자가 한이 맺히면 오뉴월에도 서리가 내린다고 한다. 따뜻한 오뉴월에 서리가 내릴 리가 없다. 그만큼 여자의 한이 얼마나 무서운가를 나타내는 반어적인 표현이다. 한(恨)은 보통 원망, 원통, 비탄, 한탄, 비애, 분노와 같은 뜻으로 쓰인다. 다소 부정적이고 비관적인 정서지만 적극적인 성향을 드러내기도 한다.

한은 단순한 감정이 아니라 복합적인 정서다. 사랑하다 보면 헤어지기 마련이다. 사랑하는 순간 이별이 시작된다는 말도 있지 않은가. 하지만 이별을 순수히 받아들이기는 쉽지 않다. 이별의 원인이 여러 가지가 있듯이 헤어지는 감정도 복잡한 것이다. 사랑하면서도 헤어져야 할 때가 있다. 때로는 배신감에 몸서리를 치기도 한다. 그러면서도 언젠가 다시 만날 것을 기대하기도 한다. 그래서 이별은 절망과 희망, 체념과 미련 등 상반된 감정이 뒤엉킨 복잡한 양상을 띤다.

그때 바로 한(恨)이 생기는 것이다. 한은 직선처럼 단순한 감정이 아니라 긍정적이고 부정적인 감정, 우호적이고 배타적인 감정이 뒤섞인 혼합 감정이다. 비유컨대 엉킨 실타래 같은 정서인 것이다. 사랑의 반대말은 증오가 아니라 무관심이다. 증오는 상대방에 대한 적극적인 관심에서 나오기에 부정적이긴 하지만 사랑의 한 표현이다. 하지만 무관심은 완전히 타인으로 치부되는 것이다. 나와 무관한 대상이니 관심 밖이다. 증오든, 질투든 부정적이고 공격적인 감정 역시 상대방에 대한 관심의 징표로 볼 때 그것 역시 사랑의 감정이라 할 수 있다. 한은 그야말로 미해결의 상태로 남아 있는 마음속에 응어리진 감정인 것이다.

한은 원망, 한탄, 절망, 비애처럼 대체로 부정적인 정서가 지배적이지만 긍정적인 측면도 있다. 지금은 한이 맺혀 있지만 점차 한이 풀리며 모든 것이 원만히 이루어질 것에 대한 기대와 희망이 있는 것이다. 소월이 〈진달래꽃〉에서 떠나는 임의 발길에 꽃을 뿌려주는 산화공덕도 그러한 기대에서 온 것이다. '가시리 가시리잇고 잡사와 두어리 마나난 선하면 아니 올세라' 하며 떠나는 임을 곱게 보내주는 〈가시리〉도 그렇다. 모두 미래에 대한 믿음과 기대, 희망과 바램을 갖고 있다. 포기하고 절망으로 끝내 버리면 한이 맺힐 리가 없다. 좌절과 원망 속에 미련과 집착을 갖고 있기에 한이 생긴다. 결국 한은 부정적 감정과 긍정적 감정이 뒤엉킨 실타래 같은 정서다.

그래서 심리학자 프로이트는 한을 모순되는 충동이 일으키는 역설적 감정으로 보고 있다. 의식 속에서는 좌절과 원망같은 부정적 감정이 지배한다. 하지만 무의식에는 미련과 자책 같은 긍정적 감정이 깔려 있는 것이다. 행여 내가 잘못하여 임이 떠난 것은 아닌가 후회하는 것이 자책이다. 자책은 상대방에 대한 배려와 사랑 때문에 나온다. 그래서 임에 대한 우호적 감정이고 긍정적 정서다.

이처럼 한은 의식과 무의식 속에 부정적이고 긍정적인, 배타적이고 우호적인 감정이 뒤엉켜 회오리치는 복합정서인 것이다. 체념하면서도 미련을 갖고, 원망하면서도 자책하는, 그래서 역설적인 감정이다. 한은 부정적인 모습에선 원한(怨恨)으로, 긍정적인 모습에서 원한(願恨)으로 나타나는 야누스적 감정이다.

국학자 조윤제는 우리 민족의 특성을 '은근과 끈기'에서 찾았다. 그리고 그러한 특성이 선(線)의 미로 나타나고 그것이 한국 예술의 근간이 되었다고 하였다. 그가 은근과 끈기의 예로 삼은 예가 무궁화꽃이다. 무궁화는 한 송이가 피었다 지면 또 다른 송이가 피어나서 여름에서 가을까지 줄줄이 이어진다. 화려한 자태는 아니지만 은은한 향기를 뿜어 내는 것도 아름답다. 그래서 무궁화야 말로 은근과 끈기의 표상이라고 본 것이다. 우리 민족이 즐겼던 장구나 피리소리도 가늘고 길게 이어지는 은근과 끈기의 미를 보여 준다. 또한 동양화 특유의 빈 공간은 여백의 미를 보여준다. 미완성이로되 영원성을 지향한 여백이요, 공간인 것이다.

은근과 끈기는 선의 미학으로 나타나는데 기와집 추녀 끝이나 버선코가 그렇다. 기와의 추녀는 밋밋하게 내려가다 끝을 살짝 들어 올려 마무리된다. 변전(變轉), 파격(破格)의 미를 보여 주는 것이다. 버선코 역시 콧등이 밋밋하게 내려가다 끝부분을 살짝 들어 올린다. 이 역시 파격의 미다. 끊어지지 않고 계속 이어지는 선의 모습에서 은근과 끈기의 기질을 드러내며, 거기에 변형을 줌으로서 파격의 미를 창출하는 것이다. 버선코나 치맛자락의 유연한 흐름은 은근과 끈기로 모진 생명을 이어온 우리 한민족의 민족성을 표상한다.

한민족은 오랫동안 내우외환(內憂外患)에 시달려 왔다. 내부적으로 잦은 왕권 다툼에 민란까지 겹쳤고, 외세의 침입과 전쟁은 다반사였다. 무엇보다 봉건왕조의 지배하에 왕족과 귀족들의 압제와 핍박에 시달리며 백성들은 신산(辛酸)한 삶을 이어갔다. 그리고 그것이 물질적인 가난과 정신적인 생채기로 남았다. 그 고통의 생채기가 결국 한으로 응어리진 것이다. 그래서 한은 우리 민족을 표상하는 민족정서, 전통정서로 굳어진다. 어느 민족인들 한 없는 민족은 없겠지만 유독 우리 한민족은 한이 많던 민족인 것이다. 한(韓)민족은 그야말로 한(恨)민족이다. 우리 민족을 백의민족이라 하듯이 흰색이 순수를 상징하는 만큼 순수한 심성은 상처받기 쉽고 그래서 비애의 민족이 된 것이다.

은근과 끈기, 선의 미학으로 나타난 한은 예술과 문학으로 표출되어 국문학의 특질이 되었다. 고전에 나오는 인물들은 대부분 한맺힌 여인들이다. 〈심청전〉의 심청은 아버지의 눈을 뜨게 하려고 인당수에 몸을 던진 비극의 여인이었고, 〈춘향전〉의 춘향은 지조와 절개를 위해 모진 옥중생활을 견뎌야 했다. 〈장화홍련전〉의 장화, 홍련은 억울한 죽음을 당해야 했던 한맺힌 자매였다. 내방가사나 민요들도 소외되고 핍박받는 삶을 살던 여인들의 한과 설움을 토해내는 신세 한탄가(恨歎歌)가 대부분이다. 대부분의 한은 주로 여성층의 한맺힌 삶에서 분비된 감정이다. 그만큼 여성들은 핍박받던 계층이었던 것이다.

〈공무도하가〉는 물에 **빠져** 죽은 남편의 죽음을 초월의 정서로 노래한 것이고, 〈정읍사〉는 행상 나간 남편의 안위를 빌며 외로움을 토해 낸 노래다. 〈가시리〉는 무정하게 나를 두고 떠나는 임에 대한 원망과 기대가 엇갈린 감정을 노래하고 있다. 〈서경별곡〉 역시 이별의 아픔을 딛고 다시 만날 날을 노래했다. 〈정석가〉는 '구슬이 바위에 떨어진들 끈이야 끊어지겠느냐'고 스스로 자위(自慰)하고 있다. 대부분 이별의 슬픔과 한을 노래한 주인공들은 여성들이다. 한의 주체가 여성이라는 특질을 고전작품에서도 확인할 수 있다.

선의 미학을 형태미학으로 승화시킨 대표적 시가 양식이 시조다. 시조는 3장 6구의 정형시인데 초중장에서 3+4+3+4의 단조로운 운율이 지속되다가 종장에 와서 3+5+4+3으로 변형되어 파격을 이룬다. 이와 같은 시조의 운율구조는 파격미를 창출하는 선의 미학을 극명하게 보여 준다. 말하자면 시조는 처마끝이나 버선코의 파격이 문학에 수용된 양식인 것이다.

시의 형식은 내용을 감싸고 내용은 형태로 표출된다. 문학에서 형식, 내용은 분리될 수 없는 불가분의 관계에 있다. 그렇듯이 시조 역시 이처럼 3장 구조의 파격을 통해 시적 정서의 긴장미를 표출하는데 성공하고 있다. 시적 자아의 내면표출을 담담하게 풀어가다 종장에서 극적인 긴장미를 동원하며 끝맺음하는 것이다. 말하자면 기(승)전결의 3단구조로 시적 감정을 고조시키는 것이다. 시조의 시적 텐션(tension)은 바로 파격적인 운율구조에서 창출된다. 곧 시조는 선의 미학의 산물이다.

한의 미학을 현대시로 승화시킨 대표적 시인이 소월이다. 소월시학의 근간은 한의 미학에 뿌리를 두고 있다. 그의 시에는 어느 작품이나 눈물 자국이 촉촉이 남아 있으며 한맺힌 울분이 담겨 있다. '첫 치마를 눈물로 함빡이 쥐어 짜며'(〈첫치마〉) 울거나, '한갓 더운 눈물로 어룽지게'(〈전망〉) 울기도 한다. 한맺힌 눈물로 밤을 지새는 여인이 소월시의 시적 페르소나(persona)다.

소월은 가족사적으로 한맺힌 삶을 살았다. 어렸을 때 아버지가 일찍 정신 질환자가 되어 가정에 비극의 그림자가 드리워졌다. 어머니는 일밖에 모르는 억척 부인으로 감수성이 예민했던 아들과는 대화가 없었다. 결혼도 사랑했던 오순이 아닌 조부가 정해준 여인과의 강제결혼이었다. 부인과는 지아비로서 의무적인 사랑을 했을 뿐 대화가 없는 생활이었다.

그나마 대화와 소통을 이룬 대상이 숙모 계희영이었는데 그녀 역시 남편 없이 홀로 사는 외로운 여인이었다. 그 외로움을 소월에게 풀며 불행한 삶을 꾸려갔다. 다행히 문학적 소양이 깊은 숙모여서 그녀를 통해 소월은 문학적 감수성에 눈 뜨고 재질을 키워 갔다. 소월은 치맛자락 끝에서 성장했는데 대부분 불우한 여인들이거나 한맺힌 여자들이었다.

소월이 좀 더 적극적인 사고방식의 인물이었다면 가족사적 비극을 극복할 수 있었을지도 모른다. 그러나 불행히도 소월은 소극적이고 수동적이며, 외롭고 수줍음을 잘 타는 내성적 성격의 소유자였다. 어렸을 때부터 혼자 있기를 좋아해서 뒷동산에 올라 노을을 보며 풀피리 불기가 취미였다. 그러한 성격으로 가족사적 상황을 극복하기는 힘들 것이다. 오히려 그러한 개인적 기질은 오히려 비극성을 심화시키는 결과로 작용했다.

소월이 사랑했던 사람들의 때 이른 죽음도 한의 깊이를 더해 갔다. 첫사랑이던 오순은 시집가서 얼마 되지 않아 병사했다. 문단의 소외자였던 소월에게 유일한 친구가 돼준 김유정 역시 폐결핵으로 일찍 죽어 절망에 빠졌다. 그리고 계속되는 사업 실패는 소월을 죽음의 문으로 몰아갔다. 따뜻한 감성으로 시를 쓰던 그가 오죽하면 술장수, 종이장수뿐 아니라 끝내 고리대금업자가 되었겠는가. 민족시인이자 서정시인 김소월이 고리대금업을 했다는 사실이 충격적이다. 하지만 가장으로, 생활인으로 어쩔 수 없는 선택이었다.

그마저 실패하고 그가 선택할 길은 죽음 밖에 없었다. 그의 33세의 자살은 이처럼 가족사적인 불행과 개인사적 기질에 의한 필연적 귀결이었다. 이러한 소월의 삶은 결국 한의 미학이라는 소월시의 기본정서를 이룬다. 그의 시에 나타나는 눈물은 가정사가 빚어낸 비극의 결정체(結晶體)였던 것이다.

소월시에 나타난 한은 프로이트가 지적한 한의 구조를 선명하게 드러낸다.

산산이 부서진 이름이여
허공중에 헤어진 이름이여
불러도 주인 없는 이름이여
부르다가 내가 죽을 이름이여

심중에 남아 있는 말 한마디는
끝끝내 마저하지 못하였구나
사랑하던 그 사람이여

선 채로 이 자리에 돌이 되어도
부르다가 내가 죽을 이름이여
사랑하던 그 사람이여
-김소월, 〈초혼〉

이 시의 모티브는 죽은 자의 혼령을 다시 불러내는 초혼제(招魂祭)다. 시에서 사랑했던 사람은 이미 죽고 없다. 산산이 부서지고 허공중에 헤어진 주인 없는 이름이 된 것이다. 그러나 시적 자아는 죽은 사람의 이름을 계속해서 부르고 있다. 이와 같이 죽은 사람의 이름을 부르는 행위에서 두 가지 상반된 감정이 내포되어 있다. 하나는 죽은 사람에 대한 체념이고 또 하나는 그에 대한 연민이다.

현실적으로 죽은 사람이지만 마음속에는 살아있는 사람인 것이다. 죽은 사람은 결코 돌아오지 않는다. 다시 말해 현실적으로 사랑은 다시 이루어질 수 없다. 그러나 망자일망정 그에 대한 사랑은 지속되어 헤어짐은 결코 인정할 수 없는 것이다. 초혼제라는 의식 자체가 바로 이러한 재생 모티브를 내포하고 있다.

뿐만 아니라 시적 자아는 죽은 자에 대한 체념과 그에 대한 미련 외에 좀더 복잡한 감정의 갈등을 겪고 있다. 시적 자아는 서산에 올라 사랑하던 사람의 이름을 부르고 있는데 그 태도가 심각한 양상을 띠고 있다. 설움에 겹도록 부르고 선 채로 돌이 될 때까지 부르고 있는 것이다. 설움을 넘어서 죽음에 이를 지경의 슬픔이라면 그것은 단순한 이별의 정한은 아니다. 원한이 빚어낸 죽음인 것이다. 나를 두고 가버린 연인에 대한 원망이기도 하고 심중에 남아 있던 사랑한다는 말 한 마디를 못한 자책이기도 하다.

이처럼 소월시는 상반된 모순감정의 표출을 기본으로 하고 있다. 좌절과 원망, 미련과 자책이라는 상반된 정서들이 감정의 실타래를 이루고 있는 것이다. 그러한 자세로는 결코 한을 풀어낼 수 없다. 〈초혼〉에서도 끝내 한을 풀지 못하고 선 채로 돌이 되고 마는 것이다. 이러한 한맺힘[結恨]의 양상은 〈진달래꽃〉에서도 선명히 드러난다. 울고 싶지만 '죽어도 아니 눈물' 흘리는 것이다. '오늘도 어제도 아니 잊고 먼 훗날 그 때에 잊었노라'(〈먼후일〉)는 망각의 극단적 양상을 보여준다. 그의 한은 과거,

현재로 끝나는 것이 아니라 먼 미래로 연장된다. '바드득 이를 갈고 죽어 볼까요'(〈원앙침〉) 라는 절규는 오뉴월에 서리를 내리게 하는 한맺힌 여인의 심정을 극단적으로 보여준다.

한을 시로 녹여 낸 또 한 명의 시인은 1950년대 소월로 불리는 박재삼이다. 그가 소월로 불리는 이유는 전통정서인 한을 기본정서로 하고, 우리말을 갈고 닦아 현대시의 언어미학을 개척한 시인이라는데 있다. 무엇보다 비애와 슬픔을 한의 미학으로 승화시킨 궤적은 소월과 동일하다. 그야말로 박재삼은 소월 못지않은 한의 시인이요, 비애의 시인이었던 것이다.

박재삼의 한의 노래 역시 그의 개인사적 비극에서 빚어진 것이다. 그의 부친은 생계를 위해 일본까지 갔지만 끝내 실패하고 삼천포로 돌아온다. 부두에서 노동이나 행상으로 생활을 이어갔고, 어머니마저 생선장수로 나서야 했다. 가난의 어두운 그림자가 박재삼의 어린 시절을 따라 다녔던 것이다.

성년이 돼서도 가난의 꼬리표는 끊어지지 않았다. 그는 평생 마땅한 직업 없이 가난뱅이로 전전했다. 조연현 선생이 주관하던 〈현대문학〉 편집, 바둑평으로 원고 쓰는 일이 거의 유일한 직업이었다. 게다가 위장병과 당뇨병에 시달리다 64세로 삶을 마감했다. 가난과 병이 그의 생애를 괴롭혔던 것이다. 가난 컴플렉스의 시인, 그것이 박재삼 시인의 자화상이다.

그러한 개인사적 그늘이 그대로 시 속에 들어와 한의 결정을 빚어냈다. 그래서 그의 시는 한의 노래요, 슬픔의 비가(悲歌)가 된 것이다. '제 시에 눈물이 많은 것은 어린 시절에 못 살아서 그런 것 같아요'라는 고백을 들으면 가난의 그림자가 어떻게 한으로 맺어지게 되었는가를 짐작할 수 있다. 그런데 그는 가난으로 인한 비애를 인생의 본질로, 나아가 시의 근간으로 삼았다. 그리고 그 한을 우리시의 전통으로 이해했다.

'눈물이 없는 삶은 진정한 삶이 아니다'라는 그의 말은 비애와 비극이 삶의 본질이라는 인식을 잘 보여준다. 아리스토텔레스가 비극을 권장한 것도 비극을 인생의 본질로 보았기 때문이다. 인생은 궁극적으로 비극이기 때문에 비극을 보면 저항력이 생긴다는 것이다. 곧 비극은 인생의 비극을 막아주는 항생제요, 면역제였던 것이다.

야스퍼스도 비극이 삶의 본질을 깨닫게 하는 각성체임을 강조했다. 그는 '비극은 진리에 이르는 길'이라는 유명한 명제를 남겼다. 사람들은 비극적 상황에 부딪혔을 때 비로소 삶의 진실을 깨달을 수 있는 것이다. 원효는 송장물을 먹고 크게 깨달았고, 종교개혁가 마르틴 루터는 번개를 맞아 죽은 친구를 보고 신에 귀의했다. 우리도 가까운 사람들의 죽음을 보고 그들에 대한 사랑과 소중함을 뒤늦게 깨닫는다. 죽음의 의미는 죽음을 겪으면서 비로소 깨닫는 것이다. 그러니 비극이야말로 인생의 진실, 삶의 본질을 깨닫게 해주는 모멘트가 되는 것이다.

박재삼은 아마도 이러한 비극적 진실을 가난과 병을 통해 깨달은 것이다. 그리고 그러한 비극적 진실을 한의 정서로 풀어냈던 것이다. 박재삼의 시에서 아리스토텔레스나 야스퍼스의 목소리가 들려오는 이유는 여기에 있다. 그들의 비극의 철학이 시로 승화한 것이 박재삼의 시인 것이다.

'가장 슬픈 것을 노래하는 것이 가장 아름답다'는 그의 말은 그대로 그의 시학이 되고, 시의 바탕이 되었다. 슬픔을 미로 승화시키는 마술사, 그것이 시인으로서의 박재삼의 진면목이다. 하지만 이 지점에서 소월과 한의 빛깔이 달라진다. 소월은 슬픔이 한으로 맺혔지만 박재삼은 슬픔을 한으로 풀어 낸 것이다. 두 사람 다 한을 노래하되, 소월은 한이 맺힌 결한(結恨)의 시를 썼고, 박재삼은 한의 실타래를 풀어내는 해한(解恨)의 시를 쓴 것이다. 결한과 해한이 소월과 박재삼의 한의 차이점이다.

하루에 한번쯤 푸른 산 언덕들을 눈 아래 보았을까나
그러면 일렁여 오는 푸른 그리움에 어울려
흐느껴 물결짓는 어깨가 얼마쯤 하였을까나
만리같은 물살을 굽어 보는 춘향은 바람에 어울린
수정빛 임자가 아니었을까나
-박재삼, 〈수정가〉

감나무쯤 되랴
서러운 노을빛으로 익어가는
내 마음 사랑의 열매가 달린 나무는
그 열매의 빛깔이 내 전 설움이요 전 소망인 것을
알아내기는 알아 낼런지 몰라
-박재삼, 〈한〉

　〈수정가〉는 옥중에 갇힌 춘향이 이도령을 그리워하며 부른 노래다. 옥중 창 너머로 보이는 푸른 산언덕을 내다보며 푸른 그리움에 흐느껴 운다. 하지만 임 계신 그곳까지 만리로 뻗어 가는 슬픔의 물살은 바람에 수정빛으로 빛나고 있다. 눈물이 수정빛으로 빛나는 것은 언젠가 반드시 만날 것이란 희망과 믿음이 있기 때문이다. 춘향은 그 믿음으로 한의 눈물을 기쁨의 눈물로 승화시키고 있는 것이다.
　서러운 노을빛으로 익어가는 감나무의 색깔도 설움이자 소망의 빛을 띠고 있다. 겉으로 보기엔 서러움의 빛깔이지만 내면에는 소망의 빛깔인 것이다. 이처럼 박재삼의 한은 한으로 뭉쳐진 결한이 아니라, 믿음과 사랑으로 풀어내는 해한이었던 것이다.
　생선장사 하는 어머니의 슬픔에서도 박재삼은 한의 아름다움을 찾아내고 있다. 새벽에 눈을 떠서 밤늦게 귀가하는 어머니의 고달픈 하루를 슬픈 눈으로만 보지 않는다. 오히려 어머니의 눈물에서 영롱한 밤하늘의 달빛을 보는 것이다.

>진주 남강 맑다 해도 오명가명
>신새벽이나 밤빛에 보는 것을
>울 엄매의 마음은 어떠했을꼬
>달빛 받은 옹기전의 옹기들같이
>말 없이 글썽이고 반짝이던 것인가
>-박재삼, 〈추억에서 67〉

신새벽에 나가 밤늦게야 귀가하는 어머니의 눈은 슬픔에 잠기어 글썽이면서도 옹기전의 옹기처럼 달빛을 받아 빛나고 있다. 힘들지만 자식들 먹여 살리는 보람에 기쁨의 눈물을 흘리는 것이다. 슬픔 속에 피어나는 기쁨의 눈물, 그것이 박재삼의 해한의 눈물이고, 기쁨의 눈물이다. 그의 시에서 한은 결코 한으로 맺어지고 굳어지는 법이 없다. 봄강물 풀어지듯 풀어지는 것이다.

그러한 해한의 양상은 대표시 〈울음이 타는 가을강〉에서 절정에 이른다.

>그 기쁜 첫사랑 산골 물소리가 사라지고
>그 다음 사랑 끝에 생긴 울음까지 녹아 나고
>이제는 미칠 일 하나로 바다에 다 와 가는
>소리 죽은 가을 강을 처음 보겠네
>-박재삼, 〈울음이 타는 가을 강〉

산골짜기 물은 경사지고 울퉁불퉁 파인 만큼 요란스럽게 흐른다. 마치 젊은 날의 혈기와 패기를 닮았다. 젊은 날의 사랑도 그럴 것이다. 그 산골짜기 물이 모여 강이 되어 고요히 흐른다. 나이 들어가며 성숙해지고 조용해지는 것이다. 그리고 그 강물은 다시 흘러 바다에 이른다. 인생의 노년기, 완숙기에 접어드는 것이다. 사랑도 깊어져 애정의 깊은 바다를 이룬다. 이처럼 삶은 물 흐르듯이 흐르는 것이다.

  살아가다 보면 실수도 하고 후회도 한다. 친구의 죽음을, 사랑하는 사람과의 이별을, 때론 사업에 실패하고 병에 걸리기도 한다. 그래서 한 많은 삶을 살아가는 것이다. 불교에서도 인생을 고해(苦海)라 하지 않던가. 젊은 날은 젊은 만큼 실수도 많고 후회도 많다. 그래서 한이 맺힌다. 박재삼의 삶도 그러했으리라.

  하지만 그런 고통의 강은 바다에 이르면서 '소리를 죽이며' 고요하고 평화롭게 펼쳐진다. 바다는 모든 고통과 한을 어머니 품처럼 끌어안는 것이다. 그러한 인생의 고뇌와 해한의 긴 여로(旅路)를 보여주고 있는 것이 〈울음이 타는 가을강〉이다. 산골짜기 물이 소리 죽여 흐르는 강이 되고, 마침내 바다에 이르는 여정은 결한에서 해한에 이르는 인생의 여정인 것이다.

사랑의 비가

하늘의 별처럼, 땅의 꽃처럼, 그렇게 아름다운 것이 사랑일 것이다. 별 없는 하늘, 꽃 없는 땅을 상상할 수 없듯이 사랑 없는 인간 세상도 상상할 수가 없다. 그만큼 사랑은 인간에게 소중한 것이다. '청천 하늘은 별을 가졌고, 푸른 바다는 진주를 품었고, 나의 가슴엔 사랑이 있네'라는 독일 시인의 시구도 비슷한 말이다. 꽃 대신에 바다의 진주로 표현했을 뿐이다. 바다가 품은 진주는 얼마나 아름다운가.

플라톤은 사랑할 때는 모두 시인이 된다고 했다. 시인은 모든 것을 따뜻한 애정과 아름다운 눈으로 바라보는 사람이다. 이름 없는 풀꽃에서 아름다운 향기를 맡고, 흘러가는 구름으로 아름다운 궁전을 짓는 사람이다. 현상 저 너머에 보이는 꿈의 세계를 미적 상상력으로 그려내는 마술사다. 시인의 눈에는 모든 것이 아름답고 따뜻하다. 영국 작가 블라이스(Blais)는 사람들이 예수를 따르는 것은 그가 시인이기 때문이라고 했다. 예수님은 사랑하는 마음으로 세상을 본다. 시인이 풀꽃을 사랑하고 별을 사랑하듯이 그렇게 세상을 보는 것이다. 부처님이 중생에게 베푸는 무한한 자비도 사랑이다. 그래서 부처님도 시인이다.

이어령은 빙하시대에 남은 사랑의 불씨 하나가 인류를 살려냈다고 했다. 빙하시대에 지구의 생명들은 거의 다 소멸했다. 인간도 그 위기에 처했지만 사랑의 불씨가 살려낸 것이다. 사랑은 열정 때문에 뜨겁다. 그 열정이 빙하의 얼음을 녹여 초원의 삶을 이어갈 수 있게 한 것이다.

사랑은 물론 종족보존의 본능이요 방법이다. 독일의 작가 실러(Schiller)는 세상에서 가장 작은 오두막도 진정한 연인들이 살기에는 충분하다고 했다. 비록 작고 초라한 오두막이지만 사랑의 힘으로 얼마든지 행복한 가정을 꾸릴 수 있는 것이다. 그것이 사랑의 힘이다. 인간이 빙하시대의 위기를 이겨 낸 것도 결국 사랑이었던 것이다.

인간은 누구나 홍역을 한번 치룬다. 홍역은 성인이 되기 위해 반드시 치루는 통과제의 같은 것이다. 지금은 백신도 있고 치료법도 좋아 가벼운 증상으로 넘어가지만 예전에는 큰 병이었다. 인간이라면 한 번은 치러야할 병, 그것이 홍역이다.

사랑도 그렇다. 미국의 작가 헌(Hearn)은 참다운 사랑은 일생 한 번뿐인 홍역과 같다고 했다. 홍역처럼 오는 병, 인간이라면 피할 수 없는 병, 그것이 사랑이다. 하지만 헌의 말대로 진정한 사랑일 경우에만 그렇다. 진정한 사랑은 단 한 번뿐인 것이다. 다른 사랑은 사랑의 그림자거나 가상(假像)일 뿐이다. 그러니 홍역 같은 사랑은 운명에 가까운 것이다. 정호승이 '너에게는 우연이지만 내게는 운명이다'(〈첫눈〉)라고 노래한 것도 운명적 사랑을 말한 것이다. 우연이 아니라 운명처럼 오는 사랑, 그것이 홍역 같은 사랑이다.

하지만 홍역처럼 오는 사랑을 모르는 경우가 많다. 사랑하고 살아가면서 이것이 운명이구나 라고 늦게 깨달을 경우가 많다. '시간은 사랑을 잊게 하고, 사랑은 시간을 잊게' 하는 법이다. 그처럼 깨달음의 시간이 늦을 수도 있다. 어쩌면 우연으로 만난 사랑을 필연으로 착각하는 것이 사랑인지도 모른다. 처음에 그저 우연히 밋밋하게 시작한 사랑이지만 시간이 지날수록 필연임을 깨닫는 것이다. 어쩌면 그러한 사랑이 진정한 사랑일지 모른다. 번개 치고 천둥소리를 내며 만났지만 순간에 불꽃처럼 꺼져버리는 사랑은 진정한 사랑이 아니다.

때로는 짝사랑에 빠질 수도 있다. 우연히 만난 사람을 일방적으로 홀로 사랑하는 것이다. 농민작가 김유정은 어느 날 동네 골목길에서 우연히 만난 한 여인을 사랑했다. 길을 걷는 뒷모습이 너무 아름다워 사랑에 빠진 것이다. 사랑은 장님이라 했던가, 맹목적이고 무모한 사랑이 시작된 것이다. 첫 모습에 반한 김유정은 그녀 집까지 따라가 주소를 알아낸 후 연속해서 연서(戀書)를 보낸다. 얼마나 공을 들여 편지를 쓰는지 편지 한 통을 쓰면 몇 십 그램씩 살이 빠졌다 한다. 알고 보니 그녀는 당대를 풍미한 여류 명창 박록주였다. 처음에 그런 유명인사인 줄도 모르고 사랑에 빠진 것이다. 결국 성공하지는 못했다. 그야말로 김유정 혼자만의 짝사랑이요, 외사랑이었던 것이다. 하지만 그는 비록 실패했지만 '사랑한다는 것은 홀로 있는 것'이라는 릴케의 말(〈벗을 위한 행진곡〉)을 실천한 셈이다. 사랑은 겉으로 두 사람이 하는 것이지만 결국 자신의 문제인 것이다. 사랑에 빠지면 외로워지는 것도 그런 이유일 것이다.

희망이 없는 사랑을 하고 있는 자만이 사랑을 아는 법이다. 그런 뜻에서 김유정이야말로 진정한 사랑을 했던 사람이 아닐까. 사랑은 영혼의 날개가 자라는 것이니 김유정의 실연(失戀)은 오히려 문학혼의 날개를 키우는 에너지가 됐을 것이다. 물론 백여 통의 연서를 쓰면서 지병(持病, 폐결핵)을 더 키우긴 했지만 사랑만큼은 순수하고 열정적이었다. 그야말로 김유정은 홍역같은 사랑을 앓았던 것이다. '사랑을 하고 잃는 것은 사랑하지 않는 것보다 낫다'는 테니슨의 말이 떠오른다. 그는 끝내 결혼도 못하고 병으로 29세의 나이로 세상을 떠났다. 장례식에서 친구들이 장가도 못 보내주어 미안하다는 말을 했다고 한다. 하지만 그는 누구보다 홍역 같은 사랑을 했으니 여한(餘恨)은 없을 것이다.

이어령의 말 대로 빙하시대에도 사랑의 불씨가 있었듯이 인간이 존재하는 한 사랑은 있다. 그리고 사랑은 사람들의 삶 속에서 다양한 모습으로 나타난다. 무엇보다 사랑은 문학과 운명적인 인연을 맺고 있다. 문학이 사람과 사람의 일을 그리는 것인 만큼 사랑을 다루는 것은 자연스런 일이다. 사랑이 없는 삶을 상상할 수 없듯이 사랑이 빠진 문학을 상상할 수 없다. 문학은 궁극적으로 인간의 문제, 삶의 문제, 사랑의 문제로 귀착

될 수밖에 없는 것이다. 문학의 영원한 주제는 사랑이다.

그래서인지 우리문학도 고대 시가부터 사랑을 노래했다. 우리문학에 나타난 사랑의 색깔과 모양은 어떠했을까. 시대별로 살펴보는 것도 흥미로운 일일 것이다. 그것은 우리 민족의 정서구조와 세계관을 밝혀내는 일이기도 하다. 사랑은 인간의 기본정서고 가치관이기 때문이다

고시가의 효시를 이루는 〈황조가〉, 〈정읍사〉는 모두 사랑가다.

〈정읍사〉는 현존하는 유일한 백제가요로 행상 나간 남편을 그리워하는 노래다.

달이여 높이 돋으시어
어기어차 멀리멀리 비치어 주소서
시장에 가 계신가요
어기어차 진 곳을 디딜세라
어느 것에 다 놓고시라
당신이 가는 곳에 저물세라
-〈정읍사〉

'달이여 높이 돋으시어 멀리멀리 비추어 주소서'라는 대목이 절절하다. 낭군이 행상 다니는 어둡고 험한 길을 달빛으로 밝게 해달라는 아내의 간절한 염원을 담고 있다. 가난하지만 아내의 사랑은 지극하다. 그야말로 사랑을 하면 작은 오두막살이도 행복하다는 말이 실감이 난다. 〈황조가〉는 임금의 사랑임에 비해 〈정읍사〉는 행상으로 살아가는 서민의 사랑이다. 더구나 〈황조가〉는 여자의 질투와 원한이라는 다소 감성적 주제를 담고 있지만 〈정읍사〉는 오직 한 사람만을 위한 숭고한 사랑이라는 점이 더 감동적이다. 왕이 아닌 행상인 남편에 대한 지극한 사랑이기에 더욱 진솔함을 느낄 수 있다. 가난하기에 그 사랑은 더 아름다웠던

것이다.

〈공무도하가〉 역시 사랑을 주제로 한 노래지만 다소 환상적이고 초월적인 느낌을 준다. 그저 평범한 사람들의 사랑이 아니다. 주인공 백수광부는 흰 머리를 하고 술이 취한 채 강 속으로 들어간다. 그의 아내가 뒤쫓아 왔으나 결국 물에 빠져 죽고 만다. 그러자 아내는 강변에서 공후(箜篌, 현악기)를 타며 노래를 부르고 자신도 물속에 빠져 죽는다. 4언 4구로 된 짧은 시지만 이렇게 드라마틱(dramatic)한 내용을 담고 있다. 마치 극서정시(劇抒情詩)같은 형식을 취하고 있다.

그런데 왜 백수광부는 물에 빠져 죽고, 아내는 악기를 타며 노래를 부르는 것일까. 일반인이라면 상상하기 힘든 괴이한 풍경이 강변에 펼쳐진다. 마치 강을 무대로 한 편의 드라마를 보는 느낌을 준다. 그래서 혹자들은 이 노래를 신가(神歌)로 보고 백수광부를 주신(酒神)인 디오니소스, 노래를 부르는 아내를 악신(樂神)으로 간주하기도 한다. 〈공무도하가〉는 사랑을 노래하되 삶과 죽음을 초월한 형이상학적인 사랑을 그린 작품이다.

〈공무도하가〉에서 '임이여 물을 건너지 마오'(公無渡河)라 했듯이 임에 대한 호칭이 나온다. 물론 원래 표기는 '공(公)'으로 되어 있다. 우리 시가에서 '임'이 나오는 것은 이것이 처음이다. 이러한 흐름은 계속 이어져 '임지향성'이라는 모티브로 굳어졌다. 임지향성은 한국시가의 주요한 특질이자 모티브다. 고려, 조선을 거쳐, 현대의 변영로, 김소월, 한용운 시의 핵심 모티브가 임지향성이다. 그 발단의 씨앗이 〈공무도하가〉에서 배태된 것이다. 그런 점에서 〈공부도하가〉는 중요한 시사적 의미를 갖는다.

이처럼 고시가에서부터 사랑은 문학의 기본 주제가 되고 있는데 그것이 대체로 비가(悲歌)라는 점이 공통적이다. 〈황조가〉, 〈정읍사〉, 〈공무도하가〉 모두 사랑의 찬가이기보다 비가에 가깝다. 이별과 죽음을 바탕으로 사랑의 아픔을 노래하고 있는 것이다. 사랑을 노래한 우리 시가들이 이렇게 사랑의 기쁨보다 아픔을 노래하고 있다는 사실은 두 가지 의미를 갖는다. 하나는 사랑의 본질이 비극이라는 점이고, 또 하나는 그 비극이 한을 낳아 한국문학의 기본정서가 되었다는 점이다.

박경리가 〈토지〉에서 '만남은 이별의 시작'이라 했듯이 사랑의 출발은 곧 이별의 시작이다. 출발부터 비극을 안고 출발하는 것이다. 그리고 끝내 이별로 종결되고 그 슬픔은 한으로 남는다. '벽불망서(壁不忘鼠)'라는 말이 있듯이 쥐는 갉아 먹은 벽은 잊어도 벽은 상처 남긴 쥐를 결코 잊지 못하는 법이다. 그 아픔이 결국 한으로 맺히는 것이다. 그렇게 한은 비가를 잉태한다. 비가로서의 사랑 노래는 강물처럼 면면히 흘러 하나의 전통을 이룬다. 이렇게 우리의 사랑가는 대부분 비가였던 것이다.

고려시대로 오면서 사랑의 변주곡은 더욱 다양해지고 깊어진다. 비가로서 사랑을 노래한 불후의 명곡은 〈가시리〉다.

가시리 가시리잇고
버리고 가시리잇고

날러는 어찌 살라 하고
버리고 가시리잇고

잡사와 두어리 마나난
선하며 아니 올세라

설온 님 보내 옵나니
가시는 듯 다시 오소서
-〈가시리〉

비교적 짧은 시형 속에 애절한 사랑의 심사(心思)를 담아내고 있다. 이 노래 역시 이별을 주제로 하고 있다. 이별은 비가의 기본정서요, 핵심 모티브다. 애절하고 가냘픈 어조로 볼 때 시의 주인공은 여자다. 하소연에도 불구하고 연인은 끝내 내 곁을 떠난다. 나 혼자 어찌 살라 는 것인지 무책임하고 비정하기 짝이 없다. 하지만 떠남과 이별은 피할 길이 없음을 안다. 그러나 미련이 남아 있다. 다시 돌아올 것을 믿고 있는 것이다. 그래서 미움을 주어서는 안된다. 떠나는 임을 고이 보내 주어야 다시 돌아올 것이다. 실망을 주지 않기 위해 슬픔을 무릅쓰고 임을 고이 떠나보낸다.

그야말로 이 노래는 프로이트가 말한 체념과 미련, 원망과 자책이라는 감정의 갈등을 선명하게 보여준다. 한이 맺힌 것이다. 하지만 갈등 속에서도 확실한 것은 임에 대한 사랑이고 믿음이다. 이러한 〈가시리〉의 한의 모티브는 현대시로 이어져 소월의 〈진달래꽃〉으로 피어났던 것이다.

〈공무도하가〉에서 선보인 임지향성은 고려조 〈이상곡〉으로 이어진다. 〈이상곡〉은 헌신적인 애정을 노래한 사랑가다. 물론 정서적으로 비가의 아우라(aura)를 짙게 깔고 있다.

눈이 많이 내린 날에
좁은 수풀 속 구불구불한 길에

잠을 앗아 간 내 임을 생각하지만
그렇게 무서운 길에 임이 자러 오겠습니까

때로 벼락이 쳐서 죽어갈 내 몸이
임을 두고 다른 임과 걷겠습니까

마소서 임이시여
　임과 함께 살아 가고자 하는 기약 뿐입니다
　-〈이상곡〉

　비록 고려조에 발표된 시가지만 현대에 불러도 손색이 없을 만큼 세련된 비유와 상상력이 돋보인다. 시의 주인공은 잠결에 눈이 내린 수풀 속 구불구불한 길을 걷고 있다. 그리고 사랑하는 사람과 함께 길을 걷는 상상에 빠져있다. 그 화려한 꿈을 꾸느라 잠마져 뺏겼다. 하지만 내 임이 그 길에 올 리가 없다. '그렇게 무서운 길에 임이 자러 오겠습니까'라고 반문하고 있는 것이다. 하지만 비록 길이 험하고 벼락이 쳐서 죽을지언정 임과 함께 걷겠다는 믿음은 굳건하다. 결국 그의 소망은 임과 함께 살아가는 것뿐이다. 오직 한 사람에게 자기 인생과 목숨을 걸겠다는 사랑의 맹서를 하고 있다. 이처럼 고려인들의 사랑은 숭고하고 아름다웠던 것이다.
　고려인의 사랑의 열정은 마침내 〈만전춘〉이라는 에로티시즘의 연가(戀歌)를 창출한다.

　얼음 위에 댓잎자리 보와
　임과 내가 얼어 죽을망정
　정든 오늘 밤 더디 새오시라
　-〈만전춘〉

　사랑하는 두 사람은 얼음 위에 댓잎을 깔고 사랑을 나눈다. 결코 따뜻할 리가 없다. 하지만 사랑의 열기로 추위를 이겨낸다. 설령 그러다 얼어 죽을지언정 밤늦게까지 사랑을 나누고 싶다는 것이다. 이쯤 되면 열정적인 사랑의 극치라 할 수 있다. 얼음까지 녹여 내는 뜨거운 사랑이다. 이처럼 고려인들은 얼음까지 녹여 내는 열정적인 사랑을 구가하는 자유인들이었다.

이에 비해 〈정석가〉는 '구슬이 바위에 떨어진들 끈이야 끊어지겠는가' 라고 변함없는 정신적 사랑을 노래하여 〈만전춘〉과 대조를 이룬다. 〈만전춘〉이 관능적이고 육체적인 사랑이라면 〈정석가〉는 혼과 혼이 만나는 정신적 사랑을 노래한다. 춘원이 강조했던 문명적 사랑, 곧 플라토닉 러브(platonic love)를 구가한 것이다. 사랑은 영혼의 날개를 키우는 일이다.

조선조에 와서 사랑의 진수를 노래한 명시로는 황진이의 시조가 있다. '동짓달 기나긴 밤을 한 허리를 베어내어'로 시작되는 시조다. 동짓달은 길고 봄 밤은 짧으니 동짓달의 밤 허리를 베어서 봄 밤에 이어 붙이는 것이다. 상상만 해도 기발한 발상이다. 마치 17세기 영국의 형이상학파 시인들이 추구했던 기상(奇想, conceit)에 가까운 상상력이다.

이것이 시적 진실(poetic truth)이다. 시에서는 과학적으로 불가능한 것이 가능해진다. 시는 상상을 통해 꿈의 세계를 그리기 때문이다. 황진이의 상상 속에서는 얼마든지 밤의 허리를 자르고 붙일 수 있다. 과학적 진실만이 인생의 진실은 아니다. 시적 진실이 오히려 인생의 진실에 다가설 수 있다.

이러한 시적 진실, 시적 상상력은 서정주의 〈동천〉으로 부활한다. 서정주는 〈동천〉에서 '내 마음 속 우리 임의 고은 눈썹을 즈믄 밤의 꿈으로 맑게 씻어서 하늘에 옮기어 심어' 놓는다. 이 역시 현실적으로 불가능한 일이다. 황진이가 밤의 허리를 잘라 이불 속에 감추듯이 서정주는 눈썹을 잘라 밤하늘에 붙여 놓는 것이다. 사랑이 깊으면 밤의 허리도 자르고, 눈썹을 잘라 하늘에 붙여 놓을 수 있는 것이다. 그것이 시적 진실이다.

사랑의 대상은 반드시 이성간의 연인은 아니다. '호미도 날이언 마라난 낫같이 들리 없어라, 어머니같이 괴실이 없어라' 라며 어머니의 지극한 사랑을 노래한 〈사모곡〉도 있고, 친구를 밤 하늘의 달에 비춘 〈찬기파랑가〉도 있다. 그러다가 나라의 임금 곧 군주가 연인의 대상이 된 사랑 노래가 등장한다. 〈정과정곡〉이 대표적이다. 〈정과정곡〉에 오면은 사랑의 대상이 순수한 연인이 아니라 군주로 바뀐다. 사랑의 범주가 이성간의 세계가 아니라 군주와 신하라는 정치 세계로 바뀌는 것이다.

〈정과정곡〉은 고려 18대 의종 때 동래로 유배 갔던 정서가 임금에게 자신의 무고함을 호소하는 노래다. 표면적으로는 연인 사이에 사랑을 호소하는 형식을 취하고 있다. '내 임을 그리워하여 울고 있나니, 두견새와 나는 비슷합니다, 아 임께서 나를 잊으셨습니까, 돌려 들으시어 사랑하소서'처럼 사랑을 잃고 슬피 우는 두견새에 자신을 비유하고 있다. 하지만 그 두견새의 사랑은 나의 진실을 믿고 유배를 풀어달라는 호소인 것이다. '나는 넋이라도 임과 함께 한 자리에 가고 싶었지만' 임은 나를 끝내 버렸다는 원망을 토로하고 있다.

이런 방식으로 군주에 대한 충성과 믿음을 노래하는 흐름은 송강의 〈사미인곡〉, 〈속사미인곡〉으로 이어진다. 고려말의 충신 정몽주가 이방원의 〈하여가〉에 답하여 부른 〈단심가〉도 마찬가지다. '이 몸이 죽고 죽어 일백 번 진토되어 넋이라도 있고 없고, 임 향한 일편단심이야 가실 줄이 이시랴'는 애절한 노래는 그야말로 임, 곧 군주를 향한 일편단심을 보여주고 있다. 군주를 향한 사군가(思君歌)는 대부분 '미인'이라는 추상적 호칭으로 불려졌다. 〈사미인곡〉이 대표적이다. 아름다운 연인, 미인이 군주로 변한 것이다. 순수한 이성간의 사랑의 노래가 군신간의 충정의 노래로 바뀌어 정치색을 띤 것은 아쉬움을 남긴다. 사랑은 순수한 사랑이어야지 목적과 의도가 개입하면 그것은 이미 사랑이 아니기 때문이다.

1920년대 들어 우리문학에 나타난 두드러진 현상이 '임지향성'이다. 임지향성은 어느 한 시인의 개별 성향이 아니라 여러 시인의 공통적인 시적 경향이었다. 변영로, 김소월, 한용운, 이상화가 대표적이다. 그들은

1920년대를 대표하는 시인들이기도 하다. 그들의 시에서 한결같이 나타나는 공통현상이 임지향성이었던 것이다. 그런 점에서 임지향성은 한국 근대시의 라이트 모티브(light motive)라고 할 수 있다.

이러한 임지향성은 우리 시가의 전통인 임지향성을 계승한 것으로 볼 수 있다. 거기에 일제 강점기라는 시대상황이 함께 작용한 것이다. 일제 강점기는 국가와 국권을 표상하는 임이 부재하는 시대였다. 부재하는 임에 대한 그리움과 부활을 애타게 그렸던 것이다. 한용운이 〈님의 침묵〉을 노래하고, 변영로가 〈조선의 마음〉을 노래했던 이유가 거기에 있다. 그들에게 임은 민족과 조국이었다. 다시 말해 그들에게 있어 임은 국가와 민족의 '객관적 상관물(objective correlative)'이었던 것이다.

변영로의 시집 『조선의 마음』(1924)은 태반이 임의 노래로 되어있다. 그의 임은 개인적 사랑이 아니라 민족과 국가였다.

끔직하게 넓은 하늘 당신의 천막
만유(萬有)는 또 당신의 군대이로소이다
왕도 거지도 바다도 산도
오오 임이시여
-변영로, 〈가을 하늘 밑에 서서〉

넓은 하늘, 왕, 거지, 바다, 산 등 모든 만유(萬有)가 당신의 군대가 된다. 그 모든 것을 품고 있는 당신은 누구겠는가. 그것은 신같은 존재니 바로 국가요, 민족일 것이다. 변영로는 그렇게 국가를 신적 존재로 보았다. 그런데 그 신이 힘을 잃고 국가를 빼앗긴 것이다. 그러나 '말 없이 서로 알아듣고, 음욕 없이 서로 껴안을'(〈그 때가 언제 옵니까〉) 그 때가 반드시 올 것을 믿고 있다. 그 날은 신이 주권을 되찾고 국권을 회복하는 날일 것이다. 이처럼 변영로에게 임은 국가와 국권이요, 민족의 다른 이름이었다.

> 나는 집도 없고 다른 까닭을 겸하여 민적(民籍)이 없습니다
> 민적 없는 자는 인권이 없다, 인권이 없는 너에게 무슨 정조냐
> 하고 능욕하려는 장군이 있었습니다
> 그를 항거한 뒤에 남에게 대한 격분이 스스로의 슬픔으로
> 화하는 찰나에 당신을 보았습니다
> -한용운, 〈당신을 보았습니다〉

시의 주인공은 민적을 잃고, 인권을 뺏겨 장군에게 능욕을 당한다. 그 순간 떠오르는 사람이 바로 당신이었다. '갈고 심을 땅을 빼앗겨 길거리를 헤매는 거지'가 되었을 때 떠오른 사람도 당신이었다. 그가 누구겠는가. 지금은 침묵을 지키고 있지만 언젠가 돌아올 임인 것이다. '무서운 구름 사이에 푸른 하늘로 나타날 사람, 꽃도 없는 나무에 향기를 가져올 사람, 연꽃 같은 발꿈치를 들어 아름다운 노을을 몰고 올 사람, 그래서 영원히 타고도 기름으로 남아 밤을 지켜줄 사람'(〈알 수 없어요〉) 바로 그이가 한용운이 꿈꿨던 임이었다.

나비야 청산 가자

어렸을 때 우리 동네에는 장다리꽃이 많이 폈다. 따뜻한 봄날 노오란 장다리꽃이 펴서 어린 동심을 들뜨게 했다. 푸른 하늘과 샛노란 장다리꽃은 좋은 대조를 이루어 한 폭의 수채화를 빚어내곤 했다. 그런데 그 풍경화 속에 날아드는 나비들이 수채화를 살아있는 그림으로 만들었다. 단순한 정물화가 아니라 살아서 생기 넘치는 역동적인 영상으로 바꾸어 놓았다. 바로 그 주인공이 배추흰나비들이었다. 어른 손톱 크기의 자그만 나비들이 날개를 팔랑거리며 장다리꽃 사이를 날아다닌다. 그래서 '배추흰나비라'는 이름이 붙은 모양이다. 장다리꽃은 배추에 피는 꽃이기 때문이다. 내가 생애 처음 나비를 본 건 장다리 꽃밭의 흰 나비였다.

진해 시절 휴가나 주말에 남해섬을 많이 여행했다. 그런데 그중에서 욕지도에 핀 장다리꽃이 아직도 기억에 남는다. 온통 섬 전체가 노란 물감을 풀어놓은 듯 장다리꽃이 넘실거렸다. 제주도의 유채꽃은 또 어떻던가. 봄이 되면 제주도는 유채꽃으로 섬 전체가 노랗게 물든다. 그 꽃밭에도 어김없이 흰 나비, 노랑나비들이 날아다닌다. 꽃과 나비, 떼야 뗄 수 없는 운명 같은 인연은 그렇게 장다리꽃, 유채꽃과 함께 시작됐나 보다.

어린 시절 동네에서 뛰놀던 여자아이들도 한 마리 나비였다. 까만 단발머리에 나비 모양의 핀을 꽂고 깡충깡충 뛰어 다니는 모습이 영락없는 나비였다. 때론 긴 머리채에 나비 모양의 댕기를 하고 팔랑거리면 정녕 나비가 나는 듯했다. 마치 나비가 사람으로 변신한 듯 소녀나비들이 온 동네를 날아 다녔다. 유년기의 여자애들은 모두 나비였다.

대개는 꽃은 여자고 나비는 남자로 생각한다. 남자는 꽃이라는 여자를 찾아서 날아드는 나비이기 때문이다. 그래서 이 꽃, 저 꽃을 찾아 날아다니는 남자들을 바람둥이로 비유하기도 한다. 한 꽃에 만족하지 않고 향기와 꿀을 찾아 여러 꽃에 앉는 것이다. 하지만 나비의 형상을 보면 나비는 여자를 닮았다. 가냘프고 여린 허리, 우아하고 부드러운 날갯짓을 보면 영락없는 소녀요, 여자의 형상이다.

초등학교 시절 방학 숙제로 나비표본을 만들기 위해 벌판으로 나비를 잡으러 다녔다. 표본을 만들면서 행여나 날개나 몸통, 실처럼 가는 발을 부서뜨리지나 않을까 조심하며 본을 떠야 했다. 그만큼 나비는 여리고 약한 몸체를 지녔다. 그리고 꽃을 좋아하는 습성도 여자를 닮았다. 물론 생태적인 욕구에 의한 것이겠지만 아름다운 꽃을 좋아한다는 것 자체가 여성적인 취향인 것이다. 나비 자체의 형상이나 습성에서 여성성이 묻어난다. 나비는 여성인 것이다. 꽃(여자)을 쫓아다니는 남성성을 공유하면서.

나비의 종류는 2만 종이 넘고, 한국에 사는 나비는 250여 종이라 한다. 실로 수많은 나비가 산다. 한국에 사는 나비 중, 배추흰나비, 노랑나비, 공작나비, 팔랑나비, 제비나비, 멋쟁이나비, 호랑나비, 부전나비, 굴뚝나비, 표범나비가 대표적이다. 흰 나비나 노랑나비를 보면 가냘픈 소녀 모습이 떠오르지만 호랑나비, 표범나비를 보면 강인한 남성을 연상시킨다.

나비는 늘 우리들 가까이 살며 친구처럼 지내기에 인간의 삶과 연관성이 깊다. 그래서 나비는 인간의 존재와 의미를 나타내는 상징적 표상으로 여겨진다. 곧 인간의 모습을 나비의 형상에 투사(投射)하여 의미를 부여하는 것이다. 그러한 인식패턴을 원형(原型) 이미지라 부른다. 나비의 표상적 이미지에서 인간의 존재론적 의미를 끌어낸다.

나비의 원형 이미지(archetypal image)는 일반적으로 정신, 상상력, 영혼을 의미한다. 그리스인들은 사랑과 승리를 날개 달린 인물로 묘사하여 아르테미스, 아프로디테 같은 신들은 날개 가진 존재로 나타난다.

플라톤에 의하면 날개는 지성을 상징하는 바, 날개 달린 가공의 동물들이 나오는 것은 이러한 이유 때문이다. 날개 달린 모든 존재들은 정신적 승화를 상징한다. 심리학자 융은 날개 달린 것(나비, 새)은 정신, 혹은 천사, 초자연, 사고, 환상적인 비상을 나타내는 생물이라고 했다. 고대인들은 나비를 영혼을 상징하거나 빛의 세계를 지향하는 무의식적 표상으로 간주했다. 불에 의한 영혼의 순화는 불꽃에 접근하는 나비 이미지로 표상되기도 한다. 불에 뛰어드는 나방이 대표적이다. 이처럼 나비는 정신이나 초월적 존재, 영혼과 동일시되는 존재다.

또한 나비는 시적 상징으로서, '영적인 힘의 떠오르기'로 해석되기도 한다. 이 '떠오르기'는 인간의 존재조건을 더욱 높은 수준으로 승화시키고자 하는 욕망에서 비롯된다. 나비가 보여주는 날개짓은 그 자체가 하나의 초월적인 행동으로 인식되며, 그것은 또한 인간을 구속하고 있는 온갖 외부의 사슬에서 벗어나는 한 방법이다. 나비는 언제나 초월과 비상(飛上)의 문을 열어 놓고 있는 것이다. 그러므로 나비 이미지는 아름다운 상승(ascension)의 의미로 연결된다. 때로는 높은 곳에서 들려오는 말씀의 형상이기도 하고, 혹은 희생적 존재, 편안한 안식처로 간주되기도 한다.

인간은 현실에 묶여 있는 존재로 자유로운 상상에 제한을 받는다. 그래서 시인은 정신의 자유로운 비상을 위하여 자신의 일부에 날개를 달거나 날개 달린 생명으로 변신한다. 현대시에서 나비가 자주 등장하는 이유가 여기에 있다. 나비에 자신의 상상력을 투사하여 마음껏 영혼의 날개짓을 펼칠 수 있는 것이다.

이처럼 다양한 원형 이미지를 갖고 있는 나비는 전설이나 신화의 중요한 소재로 쓰인다. 전설에 나오는 나비로는 중국의 4대 민간 설화의 하나인 양산백과 축영대 설화가 대표적이다. 설화는 동진(東晉) 시대를 배경으로 한다. 집을 떠나 공부하고 싶어 하던 축영대는 남장(男裝)을 한 채

항주로 떠난다. 거기서 만난 양산백과 공부하면서 사랑을 느끼지만 끝내 자기 신분을 밝히지 않은 채 고향에 돌아와 다른 남자와 결혼하게 된다. 이를 뒤늦게 안 양산백은 후회하며 상사병에 걸려 죽고 만다.

결혼하던 날 그의 무덤을 지나던 축영대가 장례를 치루고자 무덤 앞에 서니 천둥 번개가 치며 무덤이 갈라져 축영대가 들어간다. 그러자 무덤이 닫히고 무지개가 피며 무덤 속에서 두 마리 나비가 날아오른다. 양산백과 축영대가 죽어서야 마침내 나비로 승천하여 사랑을 이룬 것이다. 이렇게 나비는 사랑의 화신으로 여겨졌다.

그리스 신화에 나오는 프시케(Psyche)도 마찬가지다. 프시케는 나비라는 뜻을 가진 희랍어인데 미의 여신 비너스의 아들 에로스가 사랑했던 미인이다. 로마 시대에 와서는 에로스가 큐피트로 바뀐다. 희랍 신화에서 나비는 이처럼 미의 신의 형상이었다. 프시케는 인간이었지만 신들의 사랑을 받으며 신격화된 것이다. 프시케를 '사이키'로 발음하면 정신, 영혼, 숨결로 해석되는데 인간의 영적인 활동의 총체가 된다. 아무튼 프시케라는 나비는 인간의 사랑과 영혼을 의미하는 영적 표상이다.

나비는 때로는 인생의 무상과 허망함을 보여주는 상징이기도 하다. 호접몽 이야기가 대표적이다. '호접지몽(胡蝶之夢)'은 중국 전국시대 사상가인 장자의 『제물론편』에 나오는 이야기다. 장자가 어느 날 꿈속에서 한 마리 나비가 되어 즐거운 날들을 보낸다. 그러다가 문득 깨어 보니 나비는 어디 가고 자신만 홀로 남는다. 그러자 '내가 나비 꿈을 꾼 것인가, 나비가 내 꿈을 꾼 것인가'라고 자문했다는 것이 호접몽이다.

호접몽은 현실과 가상(꿈)이 구분될 수 없는 물아일체(物我一體)의 경지를 비유적으로 설파(說破)한 것이다. 만물의 본질은 변함없는 것이고, 오직 변화만 있을 뿐이라는 본체론을 말해 주고 있다. 그러한 심오한 존재론적 의미를 보여주는 동시에 인생무상의 의미도 내포하고 있다. 꿈속의 나비처럼 잠시 이승에 머물다 떠나는 것이 인생이라는 것을 암시하고 있다. 살아생전 누리는 즐거움은 한순간의 일이라는 깨우침을 전해주는 것이다. 인생은 호접몽, 한바탕 '나비꿈'에 불과한 것이리라. 그런 점에서 양소유가 꿈속에서 8선녀와 즐겼던 '구운몽(九雲夢)'은 호접몽의 자매편이다.

종종 인생의 덧없음을 비유하는 일장춘몽(一場春夢) 역시 호접몽과 유사하다. 노생이 좁쌀을 솥에 얹혀 놓고 잠시 잠들어 꿈속에서 80 평생 부귀영화를 누리다 깨어보니 좁쌀밥조차 익지 않았다는 한단지몽(邯鄲之夢) 역시 비슷한 내용이다. 남가지몽(南柯之夢)도 마찬가지다. 한 남자가 왕의 사위가 되어 남가군을 통치하며 호사롭게 살았으나 깨어보니 한바탕 낮잠에 불과했다는 것이다.

1973년에 개봉되어 많은 사람들의 사랑을 받은 영화 〈빠삐용〉은 인간의 삶의 조건이 자유라는 것을 인식시켜준 영화였다. 자유는 인간존재의 필수적 요건임을 보여준다. 살인죄의 누명을 쓰고 프랑스령 기아나 섬으로 유배된 죄수 빠삐용은 목숨을 걸고 탈출을 시도한다. 여러 번의 실패에도 불구하고 탈출 시도는 반복된다. 탈출 죄목으로 다시 악마의 섬에 유배되지만 야자나무 껍질로 만든 부유물과 파도를 이용하여 마침내 탈출에 성공한다.

이 영화는 자유를 위해서는 어떤 고난도 감수한다는 생의 의지를 보여준다. 인간의 자유는 죽음보다 더 가치있는 일인 것이다. 주인공이 문신으로 그려놓은 것이 빠삐용이 바로 나비였다. 나비처럼 자유롭게 날고 싶은 인간의 욕망 앞에는 어떤 장애물도 문제가 될 수 없음을 보여준다. 곧 빠삐용은 자유의 화신(化身), 자유의지를 표상한다.

이처럼 나비는 사랑, 인생무상, 자유의지 같은 다양한 삶의 의미를 표상하는 이미지로 활용되고 있다. 인간과 인생을 무대로 삼고 있는 것이 문학이니 만큼 그러한 나비심상을 중요한 소재로 삼는 것은 자연스런 일이다. 나비는 이미 장자의 '호접몽'을 위시하여 동서고금의 시에서 중심

심상으로 자리 잡고 있다. 특히 나비는 꽃과 수미상응의 짝을 이루며 등장한다. 꽃이 시 창작의 주된 대상이었던 만큼 시에서 나비심상의 수용은 자연스러운 결과였다.

　　나비야 청산 가자 범나비 너도 가자
　　가다가 저물거든 꽃에 들어 자고 가자
　　꽃에서 푸대접하거든 잎에서 자고 가자

　조선 시대 3대 가집(歌集) 중 하나인 김천택의 『청구영언』에 실려 있는 작자 미상의 시조다. 여기서도 나비와 꽃이 주인공이다. 나비는 청산을 향해서 먼 길을 떠난다. 친구인 범나비도 함께 동행한다. 날이 저물면 꽃에 들어 자고, 때로는 풀잎에서 쉬기도 한다.
　여기서 '청산'은 속세의 때가 묻지 않은 청정(淸淨)세계를 가리킨다. 홍진(紅塵)에 묻혀 살던 나비가 꿈꾸던 이상세계, 곧 이상향(理想鄕)이 바로 청산인 것이다. 그 청산을 향해서 떠나는 길, 현실의 욕망의 탈을 벗고 훨훨 나비처럼 자유롭게 비상하는 노정(路程)을 그리고 있다. 인간이 한 마리 나비가 되어 꽃잎 이슬을 먹고 살더라도 참된 삶을 지향해야 함을 비유한 노래다.

나비가 된 시인들

나비의 다양한 이미지는 현대시에 와서 주된 시적 소재로 쓰였다. 대부분의 시인들이 '나비시'를 쓸 정도로 나비는 현대시의 보편적 소재였다. 특히 황석우, 정지용, 정한모, 김규동, 박봉우, 조지훈, 이성선, 황금찬, 최진성 등은 '나비시인'이라고 불러도 좋을 정도로 나비시를 집중적으로 창작하였다.

특히 황금찬은 『분수와 나비』(1971), 『나비제』(1983), 그리고 최진성은 『蝴蝶賦』(1972) 등의 나비시집을 상재하기도 하였다. 비록 양적으로 이들 시인을 따라가지는 못하나 최승구의 〈潮에 蝶〉, 윤곤강의 〈나비〉, 이상의 〈나비〉, 김기림의 〈바다와 나비〉, 조향의 〈바다의 층계〉, 문덕수의 〈나비의 수난〉 등은 현대시의 절창으로 평가되고 있다.

우리 시인들은 나비의 원형심상을 어떻게 수용하고 있을까. 대체로 크게 세 가지로 나눠 볼 수 있다. 존재론적 탐구, 초월성의 매개, 현실인식이 그것이다. 나비를 매개로 하여 자의식을 표출하거나 삶의 무상성과 죽음의식에 천착하는 것이 존재론적 탐구의 세계이며, 존재초월을 통한 자유의지의 실현이 초월성의 영역이다. 현실인식은 나비가 현실의 삶과 관련하여 역사의식 및 문명비판 의식을 드러내는 경우다.

먼저 존재론적 탐구양상을 보자. 나비심상을 시적 지표로 수용한 시인들은 대부분이 나비에게 자아를 투사하여 자아의 세계화에 이른다. 한 마리 나비를 객관적 거리를 두고 관조함이 아니라 그를 내면으로 끌어들여 자아화의 경지로 승화시키는 것이다. 그때 나비는 심미적 대상이나 관조의 대상이 아니라 자아가 구현된 자의식의 표상으로 전이된다. 한 마리 나비의 움직임, 날갯짓에서 존재의 실체를 보는 것이다. 내가 나비가 되고, 나비가 내가 되는 외연적 거리의 무화(無化), 그 과정을 통해서 시인은 자기존재의 정체성을 탐색하게 된다.

먼저 정지용의 〈나비〉를 보자.

크기 손바닥만한 어린 나비가 따악 붙어 들여다 본다
가엾어라 열리지 않는 창, 주먹 쥐어 징징 치니 나를 氣息도 없이
네 벽이 도로히 날개와 떤다
해발 오천 척 위에 떠도는 한 조각
비 맞은 환상 호흡하노라 서툴게 붙어 있는 이 自在畵 한 폭은
활활 불 피어 담기어 있고 이상스런 계절이 몹시 부러웁다
날개가 찢어진 채 검은 눈을 잔나비처럼 뜨지나 않을까 무섭어라
-정지용, 〈나비〉

인적 없는 가을 산장에서 시인은 홀로 외로운 밤을 보낸다. 그때 창유리 밖에 나비 한 마리가 달라 붙어 날개를 떤다. 길을 잃고 방황하다 창밖에 붙어서 기진해 있는 한 마리의 나비에서 시인은 문득 한 폭의 자재화(自在畵)를 떠올린다. 그 나비의 모습은 바로 시인의 자화상이었던 것이다. 절속(絶俗)하여 해발 오천 척, 산 위의 별장에 몸을 숨겼지만, 오히려 그 산 위에 떠도는 '한 조각 비맞은 환상'이 자신의 실체임을 확인하고 있는 것이다. 길 잃고 방황하다 기식(氣息)해버린 고달픈 나비의 모습, 그 형상에서 시인은 자신의 자화상을 그려내고 있다. 『백록담』시절의 정지용의 우울한 내면세계가 한 마리 길 잃은 나비에 가탁(假託)되어 절창을 빚어냈다. 나비의 생애는 짧다. 화려한 무늬로 우아한 춤을 추며 자태를 뽐내지만 그의 삶은 순간적인 것이다. 화려하지만 짧은 삶, 그것이 나비의 야누스적 존재인지도 모른다. 시인들은 이러한 나비의 존재성에서 인

간의 삶을 유추해 낸다. 나비를 관조하면서 나비의 삶이 인간의 삶과 얼마나 유사한 것인가를 인식하게 된다. 인생무상, 삶의 무상성을 한 마리 나비로부터 깨닫게 되는 것이다.

  바위에 나비가 앉는다
  나비는 얼마 동안 바위에서 꿈을 꾸다가
  날아가 버렸다

  바위에는 나비의 발자국이 남아 있지 않았다
  구름이 호수에 잠겼다 가도
  체온을 남기지 않는다

  내가 살던 자리엔 무엇이 남아 있을까
  한 마디의 말로 그것은 풀벌레의 웃음같은 것이리
  모두 빈 의자일 뿐이다 싸늘히 식어가는
  -황금찬,「바다와 나비」

  바위에 한 마리 나비가 앉아 꿈을 꾸다 날아가 버린다. 하지만 그 바위 위엔 나비의 흔적은 남아 있지 않다. 인간이 살던 삶의 현장에도 풀벌레의 웃음 같은 것만 남고 흔적은 없다. 모두 '싸늘히 식어 있는 빈 의자'일 뿐이다. 시인은 진정 인간의 삶이 나비가 앉았다 간 흔적없는 빈 자리임을 인식하고 있다. 인생무상, 삶의 무상성에 대한 깨달음이다. 한낱 나비처럼 가벼운 존재, 바위에 흔적조차 남기지 않는 가벼운 날갯짓같은 것이 인간의 삶임을 깨닫는 것이다.
  나비의 원형적 의미 중 하나가 자유의지 혹은 자유로운 비상이다. 자유롭게 허공을 넘나드는 나비의 형상에서 어느 것에도 구속받지 않는 자유의지의 존재성을 유추할 수 있다. 시인은 비상의 의지 또는 자유로운 정신(bohemian temper)의 화신인 나비로부터 자유로운 상상력의 날개를 얻는다.

또한 나비는 상승 및 수직 이미지의 원형성을 내포한다. 지상에서 천상으로 향하는 수직성은 무엇인가. 그 수직성은 존재초월의 의미로 읽힐 수 있다. 천상으로의 상승은 지상의 현실과 삶을 초탈하는 존재초월의 방법인 것이다.

밤 새도록 내 눈시울 속에서 나래 접고 쉬던 너는
새벽의 창을 넘어 날아 간다
해방된 하늘의 두려움 속을
무엇 하나 볼 수 없는 눈부신 공간
그저 날아가야만 하는 시간을 견디며 날고 있는 나비여
-정한모, 〈귀향〉

시에서 나비는 시적 자아가 투사된 주관화된 상관물이다. 자아화 된 나비가 내 눈시울 속에서 쉬다가 해방된 하늘로 날아오른다. 정한모는 나비를 통하여 자유로운 비상을 꿈꾸고 있다. 때로 나비는 '하늘을 향하는 뜨거운 갈망을 이렇게 발돋움하고 그리움인 채'(〈정상에서〉) 날기도 한다. 정한모에게 나비는 자유의 비상이자 그리움의 대상이 된다. 하늘을 향하는 나비의 비상은 곧 시인의 꿈이었던 것이다.

나비는 종종 존재초월의 매개로 그려진다. 지상에서 천상, 현실에서 이상, 현상에서 본질의 세계로 승화되는 상징적 매개물로 나비가 활용된다. 이러한 존재초월의 매개로서의 나비는 이미 고전이 된 장자의「호접몽」에서 그 효시적 징후를 발견할 수 있다. 꿈속에서 한 마리 나비가 된 장자는 현실에서 누릴 수 없었던 욕망을 성취한다. 꿈속의 나비를 통하여 지상(현실)에서 천상(이상)으로의 존재초월이 가능했던 것이다.

　존재초월의 매개로서 나비심상의 형상화는 이성선의 산시(山詩)에서 정점을 이룬다. 범신론적 세계관을 바탕으로 우주적 상상력과 천체미학을 구축하고 있는 이성선은 나비를 통해 존재초월에 이르는 구도의 길을 모색하고 있다. 그의 나비에 대한 집착은 일련의 나비 연작시, 〈서시〉, 〈풀잎과 앉다〉, 〈산차〉, 〈그물〉, 〈비법〉 등의 시에서 엿보인다. 그는 스스로 '벌레시인'으로 자처했지만 실로 '나비시인'이었던 것이다. 애벌레에서 나비로의 부화와 승천을 꿈꿨던 것이다.

　　최초 땅에 허리 구부리고 살던 벌레는 어둠에서 나와 땅 위를 기어갑니다
　　그러나 그의 내부는 하늘로 날아 오르려는 일념, 우주를 소유하려는 정신으로 불 타
　　아무도 모르는 사이 아무도 모르는 곳에서 집을 짓습니다
　　해탈의 순간을 기다립니다
　　드디어 그는 자기를 파괴하고 자기 안의 우주를 파괴하고 한 마리 나비로
　　완성되어 하늘로 날아 오릅니다
　　우주를 소유합니다
　　- 이성선, 〈서시〉

　시인이 벌레이고자 하는 것은 우주를 소유하기 위해서다. 천형(天刑)의 무늬로 독방 속에 갇혀 있다가 끝내는 허물을 벗고 한 마리 나비가 되어 우주의 품안에 안기는 해탈의 과정, 즉 득도(得道)의 경지에 이르고자 함이다. 인간으로부터 벌레로의 변신, 다시 벌레에서 나비로의 부화, 그리하여 시인은 마침내 우주의 품에 안기고, 우주의 일부가 되며, 우주를

소유하게 되는 것이다.

'벌레시인' 이성선, 나비의 부화를 꿈꾸는 그는 이 시대의 살아있는 장자(莊子)였다. 또 다른 시 〈장자나비〉는 불 앞에 앉아 있던 아이가 한 마리 나비가 되어 승천하는 광경을 그리고 있다. '마음을 넘어서, 시간을 넘어서, 바다 위로' 솟아오르는 한 마리 나비가 되고, 그 모습을 장자가 지켜보며 웃고 있는 장면이 묘사된다. 물론 나비가 된 아이는 시인 자신이다. 그는 이렇게 스스로 장자의 호접몽을 꿈꿨던 것이다.

나비는 자의식의 투사체나 존재초월의 매개로 활용되는 한편 현실인식의 통로로도 수용되고 있다. 현실인식의 표상으로 나비를 형상화한 시인들은 주로 1950년대 시인으로 집중되어 있다. 박봉우, 조향, 김구용, 전봉건이 그들이다. 이들 시에서 나비는 심미적 대상이거나 자의식의 투사, 존재초월이 아닌 현실인식, 특히 전쟁 및 분단 이데올로기의 표출기제로 활용되고 있다. 전쟁의 폭력성과 분단의 비극성을 나비심상에 병치시켜 주제론적 대위법을 이뤄낸다. 생명을 무화(無化)시키는 전쟁의 폭력성과 철조망으로 상징되는 분단 상황을 나비가 환기하는 생명력과 자유의지에 대비시켜 극명하게 부각하고 있는 것이다.

모진 바람이 분다.
그런 속에서 피 비린내 나게 싸우는 나비 한 마리의 생채기,
첫 고향의 꽃밭에 마지막까지 의지하려는 강렬한 바라움의 향기였다.
벽, 벽… 처음으로 나비는 벽이 무엇인가를 알며 피로 적신 날개를 가지고도
날아야만 했다.
바람은 다시 분다.
얼마쯤 날으면 我方의 따시하고 슬픈 철조망 속에 안길
이런 마지막 〈꽃밭〉을 그리며 숨은 아직 끝나지 않았다.

어설픈 표시의 벽 旗여…
- 박봉우, 〈나비와 철조망〉

아방(我方)과 적지(敵地)로 양분된 공간 위를 나비가 피 묻은 생채기를 안은 채 날고 있다. 나비가 지향하는 곳은 아방도 적지도 아닌 꽃밭이다. 아방과 적지는 철조망으로 갈라진 분단의 벽을 의미한다. 나비는 분단의 어느 쪽도 아닌 제 3의 공간, 즉 꽃밭을 지향하고 있다. 이러한 나비의 행로에서 시인의 분단극복의 의지를 읽을 수 있다. 나비의 두 날개를 통일의 상징으로 해석할 수도 있다. 나비는 날 때 두 날개를 동시에 작동한다. 이처럼 두 날개가 함께 펴져야 나비는 날 수 있다. 두 날개가 분단된 남북을 의미한다면 날개를 함께 펴는 일은 곧 통일을 의미하는 것이다.

그러나 분단 이데올로기의 극복은 그리 쉬운 일이 아니다. '모진 바람, 피비린내 나는 생채기, 피로 적신 날개' 등이 이러한 상황을 암시한다. 그만큼 분단극복의 길은 험난한 길인 것이다. 〈저항의 노래〉에서도 '모진 바람이 불어도 끝끝내 날아올 저 꽃밭에, 피 먹은 나비여' 라고 노래하고 있다. '피 먹은 나비'는 분단의 질곡에서 허덕이는 민족의 고난으로 읽혀진다.

1950년대 전후 시인인 김규동과 조향은 박봉우가 예리하게 설파한 분단 이데올로기를 전쟁 이데올로기로 전이(轉移)하고 있다. 그리고 전쟁을 문명비판적 시각에서 포착하고 있다. 물론 이 경우에도 나비가 중심 심상을 이룬다. 전쟁은 문명화 된 이기(利器)의 충돌이다. '총, 칼, 대포, 비행기' 등 문명화의 이기들을 동원하는 살육전인 만큼 전쟁은 곧 문명의 전쟁이라 부를 수 있다.

비록 한국전쟁이 냉전 이데올로기의 충돌이었지만, 본질적인 시각에서 볼 때 그것은 문명의 충돌이었던 것이다. 문명의 이기에 의한 살육전인 만큼 전쟁은 반휴머니즘적 성격을 내포한다.

조향은 전쟁을 문명비판적 시각에서 포착하고 있다.

소녀의 손바닥이 나비처럼 총 끝에 와서 사뿐히 앉는다
이윽고 총 끝에서 파아란 연기가 물씬 올랐다
뚫린 손바닥의 구멍으로 소녀는 바다를 내다 보았다
아이! 어쩜 바다가 이렇게 동그랗니?
-조향, 〈Episode〉

소년과 소녀의 천진난만한 전쟁놀이를 통하여 문명비판의 예리한 시각을 드러내고 있다. 파란 연기를 내는 총과 총알로 뚫린 손바닥 구멍으로 보이는 바다의 절묘한 병치를 통하여 전쟁의 폭력성을 고발하고 있다. 동그란 바다에 감동하는 순진한 소녀의 표정, 그 천진성 아이러니가 전쟁의 비극성을 더욱 고조시키고 있다. 이 시는 마치 소년소녀의 눈으로 전쟁의 참화를 그린 영화 〈금지된 장난〉을 연상시킨다.

이러한 전쟁을 소재로 한 문명비판 의식은 기계문명에 의한 생명과 인간성 상실의 문제로 전화(轉化)되기도 한다. 문덕수의 「나비의 수난」을 보자.

비실 비실 포도를 가로 질러가는
연두빛 어린 나비
신이 찢어버린 한 점의 색종이다
느린 시내버스의 옆구리에 부딪힐 듯
날쌔게 몸을 빼는 택시의
그 소용돌이치는 기류 속에 휩쓸려
치솟듯이 몸부림을 치다가
간신히 빠져 나온다

-문덕수, 「나비의 수난」

　도심 한복판 나비 한 마리가 시내버스와 택시를 피하여 생명을 건 탈출을 시도하고 있다. 문명의 이기인 택시와 버스, 페이브먼트가 깔린 도시 공간, 그리고 그 위를 위태롭게 나는 연두빛 어린 나비, 이러한 카운터 이미지(counter image)의 절묘한 병치를 통하여 문명의 반생명성과 반인간성을 고발하고 있다. 〈나비의 수난〉은 현대 사회의 메커니즘의 공포를 나비의 연약함에 대비시켜 문명비판 의식을 고조시키고 있는 것이다.

박인환과 명동시대

 8.15 해방과 함께 서울은 새로운 도시로 탈바꿈해 갔다. 아직 진정한 의미로서 민족해방에까지 이르지는 못했지만 36년간의 일제 강점하에서 벗어난 우리에게는 모든 것이 새로웠고 이채로웠다. 일제 말기 단말마적인 억압과 폭력으로 우리말과 문화와 예술이 압살당하고 있던 상황이었기에 해방은 문학 예술인에게도 상상력의 빛줄기를 되찾는 정신적 광복(光復)으로 다가왔던 것이다.
 해방으로 새로워진 도시, 그 서울 한복판에 문화 예술인들의 희망에 찬 합창이 넘쳐 흘렀다. 박인환이 주도했던 「새로운 도시와 시민들의 합창」이라는 동인지 이름은 이러한 시대적 조류를 압축해 놓은 상징적 명칭이었다. 이 새로운 도시, 명동 한복판에 새 시대의 선두주자를 자처했던 시인 박인환이 모던보이(modern boy)의 가면을 쓰고 힘찬 발걸음을 내딛기 시작했다. 1946년 문단에 데뷔한 후 박인환의 행보는 더욱 활기찼다. 그는 해방의 자유와 기쁨을 마음껏 누리면서 새로운 명동문화를 가꾸는데 선봉에 섰다.
 해방 후 명동은 한국의 대표적인 문화촌이요, 예술촌이었다. 중요한 신문사, 잡지사, 문총(文總)이 있었고, 예술가들이 모여 예술혼을 불태웠던 찻집, 목로주점, 회관들이 모여 있었다. 시인, 작가, 영화인, 연극인, 화가, 음악가들이 베레모를 옆으로 걸쳐 쓰고 파이프 담배 연기 속에 인생의 번민과 예술적 고뇌를 모락모락 피어내고 있었다. 때로는 목로주점, 선술집에서 시대고(時代苦)와 인생고(人生苦)를 안주 삼아 술잔을 비워내기도 했다. 해방과 함께 찾아온 미국 문물(文物), 실존주의 문화에 기댄 채, 사르트르, 쟝콕토, 버지니아 울프, 에디뜨 삐아프, 거쉬원, 험프리 보가트, 그레타 가르보의 시와 음악, 미술과 영화에 빠져들었던 것이다.

박인환은 커다란 키에 정장(正裝)을 하고 한 손에 영문 서적을 든 채 조금은 과장된 제스처를 취하며 명동거리를 휘젓고 다녔다. 당시 명동은 문화촌이면서 동시에 예술가들의 만남의 장소였다. 일정한 직장도 없고 전화도 귀한 때였기에 밥만 먹으면 모두 명동으로 진출하여 친구들을 만나고 소식을 주고받았다. 「에덴」, 「돌체」, 「하루방」, 「휘가로」, 「라아뿌룸」, 「세븐」 다방이 주로 예술인들이 즐겨 찾던 곳인데, 이들 찻집은 일종의 이동살롱 같은 곳이었다. 이곳에서 프랑스처럼 '살롱문화'를 꽃 피웠던 것이다.

예술인들은 이곳에 모여 서로의 안부를 물으면서 국내외의 예술동향에 대해서 정보를 교환하고 때로는 토론에 심취했다. 자연스럽게 단골손님이 형성되어 「에덴」에는 송지영, 이봉구, 김용호, 「마돈나」에는 김동리, 조연현, 김송, 「하루방」에는 김기림, 김광균, 김병욱, 「휘가로」에는 최재덕, 양병식, 김수영 등이 진을 치게 되었다. 박인환은 그의 절친한 친구 이진섭의 누이가 경영하던 「휘가로」의 단골손님이었다. 이진섭의 누이 이정자는 동경서 공부하고 온 멋쟁이 인테리로서 부산 피난 시절, 그리고 수복 후 명동시절까지 박인환을 가까이 지켜 본 정신적 후견인이기도 했다.

이 무렵 박인환은 술과는 일정한 거리를 두고 있었다. 원래 술에 약한 그였기에 적어도 전쟁 전까지는 찻집 출입이 주된 취미였다. 그의 동료 김차영은 그와 술좌석을 같이 한 적이 거의 없었다고 증언하고 있다. "나와 사귄 박인환은 늘 단정한 신사였다. 우리가 술좌석을 함께 한 일은 흔한 편이 아니었다. 우리끼리는 주로 문학만 갖고 접촉했다. 그래선지 그의 차림이나 언행은 너무나 반듯했다."(강계순, 『아! 박인환』) 고 김차영은 회술한다.

이정자도 그를 예의 바르고 깨끗한 신사였고, 술이 약했으며 거의 술주정하는 것을 본 적이 없다고 회고하였다. 그가 술을 마시기 시작한 것은 신혼 초를 지나 신문사 생활을 하면서부터였다. 그리고 전쟁과 함께 주량도 늘어났다. 그는 명동의 찻집들을 전전하면서 많은 사람들을 만났고 예술혼을 불태웠다. 박인환을 '앙팡 테러블(무서운 아이, enfant terrible)'로 지칭했던 양병식은 박인환이 늘 파리와 파리의 예술가들을 동경하며 종로와 명동거리를 몽마르트 거리로 착각한 채 배회하고 다녔다고 술회하고 있다.

박인환의 친교는 남다른 바가 있었는데 그는 너댓살 위의 친구는 아예 박형, 이형으로 호칭했다. 그리하여 주변 사람들로부터 버릇없는 친구로 낙인찍혀 상종하지 않으려는 사람조차 있었다. 실제로 그는 자신의 나이보다 너댓살 올려 말했고, 옷도 늘 나이 들게 입고 다님으로써 동년배 형세를 했던 것이다. 실로 그의 나이를 장례식 때 위패에 씌여진 '병인생(丙寅生, 1926)'을 통해서 안 사람도 태반이었다.

왜 그는 그렇게 정신 연령의 허세를 부렸던 것일까. 이는 물론 자유분방하고 거침없는 성격 탓이기도 했지만 그보다도 새로운 문단의 선두주자로서 정신적 조숙을 스스로 자임했기 때문이었다. 21세의 이른 나이에 문단에 데뷔했으나 문학 초년병답지 않게 새로운 문학운동을 주도하고자 했던 선도의식이 강하게 작용했던 것이다. 따라서 나이가 문단활동에 장애일 수도 있었을 것이다.

그러나 때로는 독선적인 경우도 있었던 바, 그가 존경하지 않는 사람은 아무리 문단 선배라 하더라도 '선생' 자를 떼어버리기도 했다. 변영로가 그 피해자였는데 그가 피난 시절 단주(斷酒)를 선언하자 술도 못 마시는 위인은 사람도 아니라고 서슴없이 선생 자를 떼어 버렸던 것이다. 이런 안하무인격의 그의 언동은 때로 오해를 받기도 했지만 그것이 순진무구한, 과장된 제스처에서 비롯한 것임을 알고 있었기에 대체로 묵인하는 분위기로 흘렀다.

멋부리기 좋아하고 재기발랄한 언변은 때로 경망스러움으로 해서 비난받기 쉬웠지만 박인환은 오히려 귀여움을 받는 묘한 매력을 갖고 있었다. 그것은 무엇보다 세속에 물들지 않은 그의 순수함 때문이었다. 〈자유신문〉사에 함께 근무했던 동료 이혜복은 당시의 박인환을 이렇게 떠올리고 있다.

> 박인환은 티 없이 웃는 얼굴과 탁 트인 성격, 두 어깨를 좀 치켜세우고 검정색 외투 양쪽 주머니에 두 손을 푹 찌른 채 성큼성큼 걸어오는 모습이 마치 검은 독수리가 껑충껑충 걸어 오는 것 같았다.
> 그 당시의 신문사 월급은 재정 형편이 좋지 못해서 몇 달씩 월급을 미루는 수가 많아서 생활의 계획을 세울 수가 없었는데 그 어려운 생활 조건 속에서도 박인환은 한번도 어려운 눈치를 내보이지 않았을 만큼 현실적인 생활에 대해서는 초연한 자세였고, 자존심이 강한 사람이었다. 또 그는 세속의 질서에 구애받지 않는 자유로운 정신의 소유자였다. 계산이 없고 즉흥적이고 솔직하며 좀 비상식적인 사람이었다.
> –이혜복, 『아! 박인환』

이혜복이 비싼 원고료를 받아 시계를 사려했으나 박인환의 꼬임에 넘어가 술값으로 탕진해 버린 일도 있었는데 '시계쯤은 없어도 그뿐이지 뭘 그래. 나중에 사도 되고'라고 넘겨버리는 그 한마디에 싱긋 웃어 버릴 수밖에 없는 묘한 매력이 있었다고 회술하고 있다.

장만영 역시 당시의 박인환을 다음과 같이 기억하고 있다.

> 그가 지껄이는 이야기란 주로 외국의 젊은 예술가들에 대한 것이었지만 나는 그가 가십(gossip)에 가까운 그들 이야기를 그처럼 많이 알고

있는데 놀라지 않을 수 없었다. 확실히 그에게는 서구적인 기질과 풍토가 있었다. 옷차림이나 사람을 대하는 태도가 또한 그러하였다. 그런 면에서 그는 젊은 여성들의 마음을 사로잡을 수 있는 품격을 지니고 있었다고 생각한다. 깨끗한 옷차림에 외국 잡지나 신간서적을 손에 들고 다니는 그를 군색한 친구로 보기는 힘들었다.
- 장만영, 「세월이 가면」

이런 댄디(dandy)한 모습이 박인환의 매력이었다. 박인환은 스스로의 매력을 의식하였는지 말과 말 사이, 행동과 행동 사이에 묘한 단절을 둠으로써 늘 연기하는 듯한 포즈를 취하곤 했다. 그러나 원고를 쓸 적에는 꼼꼼하여 구두점 하나까지 신경 쓰고, 마지막 순간까지 재점검하는 깔끔한 일면도 가지고 있었다.

1948년 이른 봄 이정숙과의 사랑이 결실을 맺어 마침내 결혼식을 올리게 된다. 박인환의 멋내기 취향에 맞게 아주 화려한 결혼식이었다. 결혼 후 두 사람은 종로구 세종로 135번지(지금 교보빌딩 뒤뜰)에 있는 처가에 보금자리를 마련했다.

결혼 후 박인환은 1948년 겨울 〈자유신문〉사 문화부 기자로 취직했다. 그러나 월급도 나오지 않는 직책이었기에 신혼초의 가정 경제는 곤궁하였다. 여기저기 실린 글의 원고료는 박인환의 찻값과 술값으로 다 나갔고 처가살이 덕분에 근근히 살림을 꾸려가고 있었다. 그해 12월 첫 아들 세형(世馨)이 태어났다. 전쟁 때까지 그의 가난은 지속됐지만 단란한 가정을 구려 갔다.

다음 시는 그의 가족애의 단면을 보여주고 있다.

나와 나의 청순한 아내
여름날 순백한 결혼식이 끝나고

우리는 유행품으로 화려한
상품의 쇼윈도우를 바라보며 걸었다.

평범한 수확의 가을
겨울은 백합처럼 향기를 풍기며 온다
죽은 사람들은 싸늘한 흙 속에 묻히고
우리의 가족은 세 사람
- 「세 사람의 가족」

'청순한' 아내와의 '순백한' 결혼식을 통해 일궈낸 세 사람의 가정을 어두운 시대 상황 속에서도 굳건히 지켜가겠다는 박인환의 삶의 의지가 내비치고 있다.

마침내 1953년 7월 휴전협정이 타결되고 전쟁은 종식됐다. 모두들 고난의 피난살이를 마치고 속속 서울로 귀환했다. 박인환도 7월 중순경 가족을 이끌고 서울로 돌아왔다. 서울 시가지는 폐허 그 자체였다. 시가전과 폭격으로 인해 건물들은 앙상한 뼈대를 드러내고 그 잔해들 사이에 잡초가 무성하게 자라났다. 귀환한 사람들은 또 한번 절망해야 했다. 그러나 어쨌든 살아있는 사람은 살아가야 하는 법, 생존의 몸부림이 다시 시작됐다. '존재가 의식을 규정한다'는 사르트르의 명제가 실감나는 상황이었다.

박인환은 세종로 옛집으로 돌아와 반파된 집을 어렵사리 수리하여 그럭저럭 생활의 거처를 마련했다. 서울은 쏟아져 들어오는 피난민들과 반공포로 및 귀환장병들로 넘쳐 났고, 상이군인, 양아치, 동냥아치, 창녀, 고아들이 우글거리는 무질서와 혼란의 도시였다. 그러나 이런 가운데서도 명동은 조금씩 살아나기 시작했다. 아담한 찻집이 들어서고, 양장점이 생기고, 술집이 하나둘씩 늘어났다. 피난에서 돌아온 예술인들도 그 모습을 드러냈다. 그리고 떼를 지어 찻집과 술집으로 몰려 다녔다. 폐허의 공간 명동은 청춘의 공간이 되었고 방황하는 보헤미안들의 천국이었다.

서울에 거처를 마련한 박인환은 이내 명동으로 진출하기 시작했다. 마땅한 일자리도 없고, 친구들 소식도 궁금하여 그가 닫는 발길은 명동일 수밖에 없었다. 해방과 함께 미군들을 통해 조금씩 묻어 들어온 미국문화는 6.25를 치루면서 어엿한 명동문화로 자리잡고 있었다. 이른바 GI문화, 미군부대로부터 흘러 들어오는 각종 문물들이 한국 토종문물들을 하나씩 대체해 가고 있었다. C레이션, 군복과 군화, 양주, 양담배, 초콜릿, 츄잉검, 커피, 잡지, 탭댄스, 서부영화, 팝송 등 이러한 문물의 교체로 가치관의 혼돈 현상이 일어나 사회적 무질서는 도를 더 해 가고 있었다. 고은은 당시의 명동 풍경을 다음과 같이 스케치하고 있다.

비 오는 명동은 황혼이 없이 곧 어두워 버리고 만다. 가을비는 전후가 아니라도 어떤 시대의 평화로도, 아니 실존주의가 멸망한 뒤에도 술을 마시게 하는 것이다. 더구나 실존주의 술과 그레코 샹송과 가을비의 우수가 얼마나 파리의 암울한 신화였던가.
 명동의 술집은 지붕이 없었다. 술도 술을 마시는 사람도 비어 가는 술잔도 비에 젖는다. 이러한 명동은 누구나 주인도 아니고 손님도 아니었다. 구호물자를 골라 입은 댄디맨 박인환만이 명동백작이라는 칭호를 받았을 뿐이다.
그러나 명동은 슬픔만이 주인인 것이다. 이곳에서 50년대의 젊은이들은 어떤 희망과 태양을 찾을 것인가를 번민하고 방황하고 포기하고 있었다. 알베르 까뮈의 알제리아 지중해와 태양은 그들에게 와서 어둠이 될 뿐이었다. 명동의 술은 이렇게 환도한 것이다. 저 슬픈 겨울의 길고 좁은 항구 부산에서, 전곡 초성리와 스탈린 고지에서 돌아온 것이다.

-고은, 『1950년대』

　폐허의 거리, 무질서와 혼돈의 거리, 그러나 청춘과 낭만의 거리, 명동 한복판에 박인환은 마치 영화의 주인공처럼 입성한 것이다. 이봉구의 증언에 따르면 박인환은 밥만 먹으면 명동에 뛰쳐나와 방황했다고 했다. 그리고 그 일은 죽을 때까지 지속됐다. 그러므로 그를 가히 '명동의 백작'이라 부를만했다. 명동백작 박인환이 선두에 서고 이진섭, 이봉구, 이봉래, 김광수, 김훈, 김소동 등 집시의 무리들이 그 뒤를 따랐다.
　박인환과 그의 추종자들의 주된 안식처는 「동방살롱」, 「박카스」, 「향원」, 「피카소」, 「몬타나」, 「포엠」, 그리고 화식집 「명덕」, 「경상도집」이었다. 특히 「경상도집」은 빈대떡으로 유명한 곳이었는데 술값도 싸고 외상도 잘 주어 박인환의 단골 술집이었다. 이 집은 인구에 널리 회자된 「세월이 가면」이라는 노래가 만들어진 곳이기도 하다.
　당시 유행하던 노래는 그리이그의 「솔베이지의 노래」였다. 명동 다방마다 이 노래를 레코드 판이 닳도록 틀어 주었다. 왜 그리 이 노래가 인기를 끌었던가. 「솔베이지의 노래」는 솔베이지가 돌아오지 않는 애인 페르퀸트를 기다리며 눈 덮힌 노르웨이의 숲속 통나무 집에서 물레를 돌리며 부르던 슬픈 노래였다. "그 겨울이 가고 봄은 가고, 또 봄은 가고, 그 여름날이 오면 세월은 간다. 세월은 간다. 아 그러나 그대는 내 임이었다." 이처럼 노래의 정서가 당시 헤어진 가족, 사별한 연인을 그리는 시대감정에 그대로 부합될 수 있었기 때문이다.
　박인환이 다시 명동으로 입성해서 먼저 관심을 쏟은 것은 영화였다. 중학시절부터 영화광이었던 그는 「후반기」 동인 해체에서 오는 정신적 공백을 영화예술 쪽으로 메꾸었다. 박인환은 주변 친구들을 규합하여 한국 최초로 「영화평론가협회」를 발족했다. 박인환, 김규동, 이봉래, 이진섭, 오종식, 허백년, 유두연 등이 중심 인물이었다.

당시 서구 영화들은 네오리얼리즘(neorealism) 기법에 힘입어 2차 대전 후의 사회적 혼란과 부조리를 리얼한 필치로 담아내고 있었다. 르네 끌레망의 「인생유전」, 쥬리앙 두비에의 「무도회의 수첩」, 쟝콕토의 「오르페」, 그 밖의 「가스등」, 「제3의 사나이」, 「카사블랑카」, 「맨발의 백작부인」, 「마음의 행로」 등이 주류를 이루었다. 비교적 박인환이 주장한 대로 예술성 있는 영화들이었다.

실제 그는 영화감독이거나 배우이기를 꿈꿨다. 영화 제작자였던 차태진은 박인환이 살아있으면 영화배우거나 감독 아니면 시나리오 작가가 됐을 것이라고 장담한 바 있다. 늘 자기 보고 주연을 맡겨 달라고 졸랐다는 것이다. 실제 시나리오는 직접 쓰지 않았지만 「공포의 보수」(1953)같은 작품을 번역하는 등 아르바이트 일을 챙기곤 했다. 아울러 그는 영화와 시장르가 결합한 시네포엠(cinepoem)에도 관심을 가졌다. 또한 연극에도 흥미를 느껴 한때는 테네시 윌리엄스의 「욕망이라는 이름의 전차」(1947)를 번역해서 이해랑 연출로 신협극단이 공연한 적도 있었다.

박인환이 끝내 영화배우는 되지 못했을망정 그 자신의 삶이 한편의 영화였고, 영화의 주인공이었다. 박인환은 자신의 준수한 외모를 의식하고 나르시즘에 빠져 스스로가 서구 영화의 주인공처럼 착각했다. 술 마시면 테이블에 올라가 영화 속의 멋진 대사를 외우면서 연기까지 했던 것이다. 영화 「무도회의 수첩」을 보고 '귀족은 남의 빚으로 사는 거야' 라고 외치며, 몰락한 귀족 역을 맡았던 쥬리앙 두비에처럼 일상에서도 그 모습을 그대로 흉내내고 다녔다. 실제 무직이고 가난에 시달렸던 박인환이 명동백작 행세를 흉내냈던 것은 바로 자신을 쥬리앙 두비에로 착각한 것이었는지 모르겠다. 외상 인생조차 그는 영화 속에서 모티브를 찾았던 것이다.

「카사블랑카」의 험프리 보가트를 흉내내기 위해 상고머리를 하고 다녔다는 일화는 그의 나르시즘이 어느 정도였는가를 짐작케 해준다. 그는 험프리 보가트의 상고머리를 하고 다니며 "머리 길다고 예술가답다고 하는 견해는 이미 낡은 세대의 유물이야. 구역질나서 볼 수가 없어"라고 자기변명을 하기도 했다. 여위고 흰 얼굴로 한참 머뭇거리다가 문득 과장된 굵은 목소리와 묘한 제스쳐로 이야기하는 모습은 영락없는 영화배우의 몸짓이었다. 손짓 하나, 담배 피우는 동작까지도 그는 연기로 착각하고 있었다. 종종 시 낭송회를 가질 때도 한쪽 포켓에 손을 지르고 옆으로 비스듬히 서서, 시선은 조금 위쪽으로 둔 채, 목소리도 영화 대사를 외우듯이 흥얼거리곤 했던 것이다. 그야말로 박인환은 명동의 슬픈 삐에로였던 것이다.

박인환의 영화에의 관심은 끝내 쟝콕토의 우상화에까지 이른다. 그는 열렬한 '쟝콕토맨'이었다. 술만 취하면 쟝콕토 이야기였고 그의 영화「오르페」이야기였다. "쟝콕토는 나의 둘도 없는 정신의 친구지. 우리 집엔 쟝콕토의 것은 뭐든지 있어. 멋쟁이야"라고 외쳐댔고, 실제 박인환은 쟝콕토 수집광이었다. 쟝콕토의 시, 영화, 그림, 그에 관한 가십(gossip)들을 부지런히 주어 모았다.

명동 백작답게 박인환의 외모는 늘 세인의 주목을 받았다. 물자가 귀하던 때라 닥치는 대로 입고 걸쳤지만 박인환만은 달랐다. 어디서 구했는지 늘 핸섬한 의복을 착용하고 다녔다. 단정히 깎은 상고머리, 외제 고급천에 일류 양복점의 라벨이 붙은 초콜릿색 싱글, 홍시빛 단색 넥타이, 커피색 양말, 초콜렛색 구두, 검정 박쥐우산 등등, 이쯤 되면 패션모델로도 손색이 없다. 그는 늘 그렇게 완벽한 토탈패션(total fashion)을 즐겼다.

계절마다 거기에 맞는 옷을 즐겨 입었는데 봄, 가을에는 우유빛 레인코트를 걸쳤고, 겨울에는 러시아풍의 깃 넓고 기장이 긴 쥐색빛 외투를 입었다. 심지어 계절마다 마시는 양주의 종류도 달랐다. 봄에는 진피스, 가을에는 하이볼, 겨울에는 죠니워카 그런 식이었다. 찌는 듯한 여름에도 정장을 하고 나타나서 "어서 겨울이 왔으면 좋겠다. 여름은 통속이고 거지야. 겨울이 와야 두툼한 홈스펀 양복, 바바리를 걸치고 머플러도 날리고, 모자도 쓸게 아니야"라고 불평을 늘어놓곤 했다.

박인환에게는 계절을 위한 계절이 아니라 패션을 위한 계절이었던 것이다. 그는 분명 정신적 귀족이었고 댄디보이였다. 좌중을 압도하는 언변, 핸섬한 외모에 오만스러운 거동, 재치와 유우머, 정열적인 몸짓, 타협을 거부하는 결벽증, 감동과 감격벽, 통속 혐오증 등 그 모든 것이 정신적 귀족의 풍모였다. 이봉래는 그를 가리켜 '명동의 연인'으로 칭하고 있다. "한마디로 박인환은 광기의 시인이었으며, 그 광기라는 것이 그저 미쳐 날뛰는 단순한 치기가 아니라 소위 그의 멋이 될 수 있는 것이었으며, 대포집 마담도 싸롱 마담도 그의 모든 친구들에게도 사랑 받는 명동의 연인이었다"고 이봉래는 회술하고 있다.

명동의 모든 사람에게 사랑 받았던 연인, 그러나 그것은 슬픈 삐에로의 가면에 불과한 것이었다. 키에르케고르가 말한 이른 바 야누스(Janus)적 두 얼굴을 갖고 있었다. 다변과 쾌활의 얼굴 뒤에 고독과 우수의 얼굴을 감추고 있었던 것이다. 그의 모습은 파멸과 폐허의 도시 배경에 비참할 정도로 어울리지 않는 이질적인 풍경이었다. 왜 그는 야누스의 이중가면을 쓰고 있었던 것일까. 그의 「마리서사」 시절의 은사 박일영의 말처럼 '속세에서는 얄팍한 가면이라도 쓰고 다녀야 해'라는 충고에 충실하고자 했던 것일까. 세속에 물들지 않고 살아가기 위해서 또 하나의 가면이 필요했던 것일까. 그에 대한 해답은 그의 시 「낙하」에서 엿볼 수 있다.

미끄럼판에서
나는 고독한 아킬레스처럼
불안의 깃발 날리는

땅 위에 떨어졌다.
머리 위의 별을 헤아리면서

그 후 20년
나는 운명의 공원 뒷담 밑으로
영속된 죄의 그림자를 따랐다.
-「낙하」

미끄럼판에서 고독한 아킬레스(호머의 서사시 「일리아드」에 나오는 무적의 장군)처럼 떨어지는 불안감, 늘 그를 따라다니는 죄의 그림자, 영원히 반복되는 증오와 불행, 전쟁의 상흔과 고뇌, 비극의 그늘에 놓여 있는 청춘…. 바로 이러한 것들을 망각하고 부정하기 위한 방법적 저항이었던 것이다. 가혹하리 만치 잔인했던 박인환의 시대, 그 시대를 살아가기 위해서 비정상적인 방법이 필요했다. 그가 택한 것이 바로 그 역설적 방법이었다.

가난과 굴욕, 좌절과 증오, 죽음과 허무, 고독과 번민에서 이겨내는 방법은 이 세상을 연극 무대화하는 것이다. 그리고 그 무대 위에서 삐에로의 포즈를 취하고자 했던 것이다. 마치 1930년대 이상이 죽음의 공포에서 벗어나기 위해 자신을 거울 속에 밀어 넣어 추상화시켰듯이 박인환도 스스로의 삶을 무대화시켰던 것이다. 박인환의 댄디즘(귀족풍, dandyism)은 경박한 서구취향이나 컴플렉스의 잔영이 아니라 그 암울한 시대에 박인환이 선택한 최선의 삶의 방식이자 수단이었던 것이다.

1955년 여름, 다니던 대한해운공사를 사직하고 박인환은 시 쓰는 일에 전념한다. 그해 말에 나올 시집 발간을 준비하기 위해서였다. 시 쓰는 일과 함께 박인환은 다시 사랑, 친구, 술에 탐닉했다. 명동은 그 무렵 폐허의 잔재를 정리하고 어느 정도 안정된 시가지를 형성하고 있던 때였다. 그래도 전후였던 만큼 다소 어수선하고 들뜬 분위기는 여전했다. 명동의 찻집과 술집은 전쟁 망명객들로 흥청거렸다. 당시 술집의 풍경을 보면 그때의 풍속도를 짐작할 수 있다. 그 몇몇을 스케치해 보자.

「포엠」은 서구적인 상호답지 않게 여주인이 늘 자주색 끝동을 단 노란 저고리에 자주색 치마를 입고, 깊은 눈매로 미소하며 손님들을 맞았다. 벽에 당시 이름난 만화가인 코주부 김용환의 그림이 걸려 있고, 단골 손님들은 붓글씨로 이름을 거꾸로 써 놔야 회원자격이 됐다. 박인환은 이 집에서 죠니워카와 진피즈를 마시고 술에 취하면 광대처럼 몸을 흔들면서 시를 외다가 끝내는 카운터에 올라가 '청춘이다, 청춘. 멋지고 흥겨워야지'하고 소리치기도 했다. 이 모습을 지켜본 문단의 대선배, 공초 오상순이 담배 연기를 흩날리며 술잔을 들어 이를 축하해주기도 했다. 이봉구는 박인환의 술은 풋술로서 맛으로 먹는 것이 아니라 멋으로 먹었다고 회고하고 있다.

「무궁원」은 늘 안주가 구운 아지(전갱이) 밖에 나오지 않아 술꾼들 사이에 '아지테이션'으로 불렸던 곳이다. 오상순, 서정주, 조지훈, 김동리, 조연현 등 문단 선배들의 아지트였고, 김수영과 박인환도 가끔 들락거렸다. 「명동장」은 주인 형제가 손님과 함께 술 마시는 것으로 이름난 곳이었다. 때로 주인이 기분이 좋아지면 술값은 무료였다. 조병화, 이진섭, 화가 박고석이 단골손님이었다.

「삼미정」 술집은 외상 잘 주기로 소문난 집이었는데 그 바람에 끝내 문을 닫게 되었다. 문닫던 날 주인은 세간살이를 트럭에 실어 놓고 문인들이 자주 모이는 문인회관 「동방살롱」에 나타났다. 그리고 단골들이 외상값 대신 맡겼던 라이타, 만년필, 시계, 시민증 따위를 돌려주었다. 참으로 지금 생각하면 꿈만 같은 일이다. 박인환도 이에 감동한 나머지 외상값은 자기가 주선해서 다 갚도록 해줄 테니까 잊지나 말고 자주 찾아오라고 당부했다.

그렇게 박인환의 시대는 갔고, 그 속에서 박인환도 30세의 짧은 나이로 떠났던 것이다. 박인환이야말로 시대의 풍운아요, 증인이었다.

Ⅱ
추억의 오솔길

연변 풍경

중국 조선족 자치주인 연변의 주도(州都) 연길시에 처음 발을 디딘 것은 2006년 2월이었다. 연길시에 있는 연변과학기술대에 교환교수로 파견된 것이다. 3월이 개강이니 부득이 2월에 부임해야 했다. 연길 공항에 내리자 그곳은 아직 매서운 겨울이었다. 길가에 치우지 못한 눈들이 산더미처럼 쌓여 있고 굴뚝마다 시커먼 석탄 연기를 뿜어내고 있었다.

거리를 다니는 사람들도 방한복을 몇 겹으로 껴입어 마치 펭귄처럼 뒤뚱뒤뚱 걷고 있었다. 그러다 눈길에 미끄러져 엉덩방아를 찧기도 했다. 무엇보다 눈에 띄는 것은 길거리 좌판에 늘어놓은 아이스크림이었다. 너무 추워 녹지 않으니 아예 길거리에 내놓고 파는 것이었다. 그런 낯선 풍경을 처음 목격하며 연길 생활을 시작했다.

학교에서 마련해 준 숙소에서 학교까지는 버스로 세 정거장 정도였지만 걸어서 가기도 충분했다. 학교가 언덕배기에 있어 가볍게 등산한다는 생각으로 다녔다. 하지만 매연이 심한 날에는 별수없이 버스를 탔다. 겨울에 난방으로 석탄을 때기 때문에 싯누런 연기가 연길시를 뒤덮는다. 사람들은 너도나도 마스크로 무장했다. 당시에는 아파트가 많이 없었고 단독주택이 태반이라 집집마다 석탄을 땠다. 아파트도 대부분 기름 아닌 석탄난방이었다.

동네 어귀에는 석탄 더미가 수북히 쌓여 있다. 그걸 삽으로 퍼서 파는 것이다. 석탄은 열량은 좋지만 연기가 많이 나온다. 이산화 탄소량도 엄청나다. 그런데도 마땅한 연료가 없어서 석탄을 사용하는 것이다. 아마 지금도 중국 지방의 주택들은 겨울에 석탄 난방을 할 것이다. 그렇게 매서운 추위와 매연을 견디며 봄을 기다려야 했다.

중국 연변 조선족 자치주에는 2백만 명 가까운 우리 동포가 살고 있다. 이제는 한국에 취업 및 유학으로 많이 들어 왔고, 중국 대도시로 진출하여 숫자가 많이 줄었을 것이다. 내가 연변에 갔던 2006년만 해도 조선족의 정체성이 제대로 유지된 편이었는데 이후 많은 변화가 생겼다. 물론 가장 큰 변화는 1992년 한중수교였을 것이다.

내가 머물던 연길시만 해도 60만 인구 중 절반 이상이 조선족이었다. 지금은 많이 줄어 자치주의 존립조차 위협받고 있다 한다. 버스를 타면 들리는 말이 반은 한국어고 반은 중국어였다. 시내 상가의 간판들도 모두 한글로 되어 있어 여기가 한국인지 중국인지 구별이 안됐다. 조선족 자치주라 의무적으로 한국어를 사용해야 했기 때문이다. 그렇게 연길은 중국도 한국도 아닌 낯선 풍경으로 내게 다가왔다.

잠시 조선족이라 부르는 중국동포들의 역사를 살펴보자. 두만강, 압록강을 건너 중국 땅에 농사짓고 장사하러 이주한 유이민들의 역사는 이미 조선 시대부터 시작되었다. 청나라 말기에는 지금의 연변지역을 만주족의 발상지로 보고 신성시 해 왔기 때문에 사람이 살지 않는 변방으로 여겨왔다. 덕분에 기름진 옥토와 사냥감이 많았던 북간도에 많은 조선의 이주민들이 생겨났다. 월경죄(越境罪)로 단속하였으나 먹고 살기 힘든 시절에 월경은 문제가 되지 않았다.

그러다가 조선이 일제 식민지가 되면서 유이민들이 기하급수적으로 늘어났다. 일제와 지주들의 등살에 못 이겨 야반도주한 유랑민들이 줄을 지어 두만강과 압록강을 건넜던 것이다. 유이민의 대량 발생은 특히 일본인의 조선이주와 관련이 깊다. '쪽발이가 한 놈 들어오면 30명의 한국인이 나라에서 쫓겨났다'는 말이 있듯이 일본인의 조선진출은 곧 조선인의 국외탈출을 의미했다.

청일전쟁 당시 2만여 명이던 조선 거주 일본인은 동양척식회사가 세워져 토지조사 사업이 완료된 1918년에는 33만 7천 명으로 늘어났다. 물경 4만 6천여 정보의 조선땅을 갖게 된 일본인 지주와 토착지주들의 횡포와 착취에 못 이겨 조선 농민들은 분해되고 말았다. 소작농, 농업 노동자로 전락하거나 화전민, 도시 노동자로 연명하게 된다. 이조차 힘든 상황이 되어 만주, 일본, 하와이, 멕시코로 노동이민의 길을 떠났던 것이다.

또한 의병들이나 독립군들이 월경하여 독립운동을 전개하면서 만주, 연해주가 조선인들의 제2의 삶의 터전이자, 독립운동의 전초기지가 되었다. 의병, 독립군은 일종의 정치적 망명, 정치적 유이민인 셈이다.

이런 유이민의 이주는 1930년대 일제의 중국침략과 병행하여 대규모로 전개된다. 1931년 만주사변이 터지고 일본이 승리하자, 일제는 만주국이라는 위성국가를 세워 대륙침략의 야욕을 본격화했다. 1937년 중일전쟁이 터지자 국가 총동원령이 내리고, 1941년 대동아 전쟁, 태평양 전쟁으로 확산되면서 조선은 인적, 물적 지원의 병참기지로 전락된다.

일제는 선만일체(鮮滿一體), 오족협화(五族協和)라는 기치를 내걸고 온갖 회유와 압박으로 조선인들을 만주땅으로 내몰았다. 만주의 실질적 지배를 위하여 조선인 거주가 절실했던 것이다. 1931년 만주사변 후 조직적이고 광범위하게 실시된 이민정책에 따라 국책이민들이 대량으로 발생하여 만주행 이민열차에 몸을 실었던 것이다. 땅을 주고 일본 국적을 준다는 회유책으로 반강제적으로 만주 땅을 밟게 했던 것이다.

1920년대 이농(離農)현상이 토지수탈 정책에 의한 것이었다면 1930년대는 이처럼 강제 이주정책에 의한 것이었다. 가난과 궁핍을 견디다 못해 고향을 떠나 만주, 러시아 땅을 헤매도는 유이민들이 대규모로 발생한 것은 바로 이러한 일제의 식민정책에 기인한 것이다.

그렇게 모인 인구가 근 200만 명, 엄청난 조선인들의 민족 대이동, 곧 민족의 엑소더스(exodus)가 발생했다. 그 엑소더스로 인하여 대규모의 조선족 디아스포라가 탄생한 것이다. 디아스포라(diaspora)는 어원적으로 그리스어 'diasperien'(dia+sperien)에서 유래되었으며 일반적으로 '가로 지르다'와 '씨를 흩뿌리다'라는 의미를 지니고 있다. 여기저기 씨가 퍼진다는 뜻으로 결국 함께 살던 사람들이 여러 곳으로 흩어진다는 뜻이 내포되어 있다.

디아스포라는 애초에 팔레스타인에서 추방된 유태인을 지칭하는 의미로 사용되었다. 하지만 오늘날 디아스포라의 개념은 그것과 다른 의미로 사용되고 있다. 폭넓게 '국제이주·망명·난민·이주노동자·망명자공동체·소수민족공동체·초국가민족공동체' 등을 아우르는 포괄적인 개념으로 사용되고 있다. 일제 강점기에 대규모로 발생한 조선의 유이민들은 이 개념에 따르면 국제이주, 망명, 난민, 이주노동자에 해당될 것이다.

역사의 강- 두만강!
네 거울에 비친 흰 옷의 그림자들
너는 기억하고 있으리라

너를 건너 오던
흰 옷 입은 서러운 나그네
쪽박 차고
막대 짚고
지게 지고

금이 간 쪽박 안엔 겨떡 하나
휘어든 막대엔 휘친휘친 지친 몸
지게 위엔 배고파 우는 철부지 아이

나는 그 때
그 배고파 우는 철부지 아이
아들의 아들의 아들

설움의 강- 두만강!
너를 한번 건너 오기는 쉬워도
다시 건너 가기는 쉽지 않았더라

너 도도히 감도는 물결이여
너는 예나 제나 다름 없으련만
묻노라, 오늘 따라
무슨 한 많은 설움 실었느냐
-홍용암, 〈두만강〉

 중국 조선족 3세대 시인인 홍용암의 시다. 아버지의 아버지, 곧 유이민 1세대가 두만강을 건너 중국땅을 밟는 처연한 모습을 그리고 있다. 쪽박 차고, 막대집고, 지게지고 손주를 지게에 얹어 겨떡으로 배고픔을 달래 가며 넘던 두만강, 그 한 많은 강을 건너던 흰 옷 입은 사람들, 바로 그들이 현재의 연변동포들의 선조들이다. 손자가 지게 위에서 배고프다고 철 없이 칭얼대던 추억을 되살리며 쓴 시다.
 그렇게 건너 왔지만 다시는 건너갈 수 없는 강이 두만강이었다. 그야말로 돌아올 수 없는 강이 돼버린 것이다. 시에서 흰 옷 입은 사람들은 백의민족으로 일제 강점기에 먹고 살기 위해 떠난 우리 동포들이다. 그렇게 낯선 이국땅에 정착하여 힘든 유이민의 삶을 개척해 갔던 것이다.
 하지만 그들은 중국땅에 살아도 엄연한 조선인들이었다. 그래서 조선인의 정체성을 지키기 위해 언어와 문자는 물론 생활풍습까지도 전통을 지키려 노력했다. 그 덕분에 아직도 그곳은 우리말, 우리글이 그대로 통용되고 있다. 물론 설이나 추석, 한식 같은 명절과 민속문화도 지키고 있다.

하지만 세월이 지나면서 점차 후세대들은 살아남기 위해 어쩔 수 없이 현실에 동화되어 갔다. 그래서 결혼도 중국인과 하고, 학교도 중국학교에 다니며 점차 한민족의 정체성을 잃어 갔다. 지금 조선족 4세대는 그렇게 동화된 사람들이 많다. 심지어 조선족이면서도 우리말과 글을 모르는 사람조차 생겼다.

국적은 중국인이면서 조선인으로 사는 민족 정체성(national identity)의 혼란은 연변의 특산물인 '핑거리'라는 과일에서 잘 나타난다. 핑거리는 사과와 배를 접목시킨 '사과배'라는 독특한 과일이다. 모양과 맛이 사과와 배를 혼합해 놓은 퓨전 과일이다. 모양은 얼핏 사과같지만 씹어 보면 배맛이 난다. 조선족은 핑거리처럼, 중국인이면서 조선인인 이중성을 갖고 있다. 이 이중성(doubleness)이 민족의 정체성 혼란으로 이어지는 것이다.

연변의 겨울은 춥고 길다. 그야말로 북간도의 겨울답다. 길게 잡으면 10월부터 이듬해 4월까지 될 것이다. 6개월이니 거의 반년이 겨울인 셈이다. 그러다 보니 생활 모습도 우리네와 많이 다르다. 가정집에는 부엌과 방이 따로 구분되지 않고 같은 공간을 쓴다. 부엌에서 취사할 때 나오는 열을 아끼기 위해서다. 방안에 연기가 자욱하지만 매서운 추위보다는 낫다.

식당이나 슈퍼의 문은 이중으로 되어있다. 입구는 자그마한데 문을 열고 복도를 지나면 다시 큰 문이 나오고 큰 홀이 펼쳐진다. 이렇게 입구문을 작게 한 것도 추위를 방지하기 위해서다. 출입문을 여닫는 입구엔 어김없이 가죽이나 비닐로 된 두꺼운 커튼이 놓여 있다. 얼굴에 부딪히면 상처를 입기도 하고 많은 사람이 들락거려 때가 시커멓게 묻어 있다. 그렇게 비위생적이고 위험하지만 추위를 이기기 위해서는 어쩔 수 없는 장식품이다.

길거리나 시장에 보이는 간판은 모두 우리글로 되어 있어 이용하기가 편하다. 중국어를 몰라도 얼마든지 음식을 사먹고 물건을 살 수 있다. 길거리 간판만 보면 여기가 과연 중국인가 하는 생각이 든다. 간판에는 곱게 한복을 차려입은 아가씨들 사진이 그려 있어 정감이 간다. 심지어 식당 상호와 메뉴도 한국 그대로다. 신당동 떡볶이집, 신림동 순대집, 춘천 닭갈비집, 남원 추어탕집 등등 한국 그대로다. 이쯤되면 여기는 한국인 것이다.

백화점에 가도 조선족 복무원이 많아서 불편할 게 없다. 한국 사람인 듯하면 중국 종업원이 금방 조선족 통역을 데려온다. 그곳에서는 종업원을 복무원이라 부른다. 사회주의 국가의 관습인 듯하다. 인민에게 봉사하고 복무하는 사람이란 뜻이다. 덕분에 연길에서 중국어 배우기는 쉽지 않다. 언어는 생활 속에서 배워야 하는데 중국어를 쓸 기회가 별로 없기 때문이다. 잘 안 통해도 계속 중국어로 말해야 당연히 회화실력이 늘 텐데 그럴 기회가 별로 없다. 시장이든 식당이든 어디를 가나 그저 돈만 있으면 충분하다.

연길시장에서 라디오 한 대를 샀는데 역시 우리말 방송을 들을 수 있었다. 연길의 지역 방송인 연길방송 외에 길림성 성도인 장춘에서 보내는 우리말 방송이 있고, 북경에서 송전되는 방송도 있다. 대부분 중국 내 뉴스나 지역 소식이지만 국제뉴스라고 해서 한국 소식도 종종 들려준다. 먼 이국땅 연길에서 듣는 한국 소식은 반갑기 그지없었다. 방송에 나오는 음악들도 조선족 노래와 한국노래가 주류를 이룬다. 티브이도 라디오와 비슷하다. 다양한 한국어 방송프로로 구성되어 있다. 하지만 나는 라디오를 많이 들었다.

연길에는 위성티브이가 집집마다 설치되어 한국방송을 쉽게 접할 수 있다. 비용을 많이 주면 한국방송 프로그램도 다 볼 수 있다. 연속극이든 뉴스든 실시간으로 방송된다. 그야말로 위성방송의 위력을 보여준다. 연길 주변 도시인 도문, 용정, 훈춘, 안도, 왕청은 물론 시골에도 어김없이 위성방송 안테나가 집집마다 솟아 있다. 조선족 대부분 중국에 살고 있지만 위성티브이로는 한국에 사는 셈이다. 안방에 앉아 광화문 네거리, 한강변을 걷고 있는 셈이다.

종종 불법 위성방송을 단속하기도 한다. 허가를 받아야 보는데 불법으로 보는 사람들이 태반이다. 더구나 중국 당국은 한국방송을 봐서 한국에 동화되는 것을 경계한다. 나도 숙소에 위성방송을 설치해 한국방송을 봤다. 돌아가는 국내 사정이 궁금해서 뉴스만큼은 빠뜨리지 않고 보았다. 한국에서는 별로였는데 외국에 나가니 자동으로 애국심이 발동했던 것이다. 그런데 그것도 불법이어서 단속이 날 때마다 집안으로 위성 접시통을 끌어들이느라 소동을 벌였다. 단속이 끝나면 베란다에 다시 내놓고 보았다. 그래도 먼 이국땅에서 우리방송을 보는 것이 얼마나 반가운 일인가.

연길에는 서시장과 동시장이 있다. 서시장은 동포들이 주로 가는 곳이고, 동시장은 한족들이 주로 간다. 아예 시장조차도 연길답게 조선족, 한족으로 나뉘어 있는 것이다. 서시장은 조선음식이 주류를 이루고 동시장은 중국음식을 판다. 서시장은 규모가 남대문만큼 크다. 연길시뿐 아니라 인근의 조선인 마을에서 몰려들기 때문이다.

주로 파는 품목들은 된장, 고추장, 김치, 장조림, 젓갈, 생선 등 한국시장에서 파는 것들 그대로다. 다른 게 있다면 북한에서 나온 해산물이다. 조선 명태, 고등어, 털게, 조개 등이 많이 팔린다. 남한에서 보기 힘든 북한 생선들을 보면 반갑기 그지없다. 특히 그중에서 털게는 최고의 별미였다. 그냥 물에 넣고 삶기만 하면 속살맛이 일품이다. 하지만 북한에서도 귀한 것인지 값이 비싼 게 흠이었다. 털게에 소주 한 잔 기울이며 타국에서의 외로움을 달래곤 했다.

　밥은 주로 해 먹었는데 반찬은 주로 서시장에서 사 왔다. 김치, 장아치, 된장, 젓갈 등 기본 식재료는 서시장 것이 한국보다 오히려 더 맛있었다. 함경도가 가까워서인지 함경도 맛이 들어간 것 같다. 연길 조선족 말투도 함경도 말투가 대부분이다. 초기에 한국에서 제일 먼저 가까운 함경도 사람들이 들어가고 남한 사람들은 한발 뒤늦게 할빈이나 목단강 등 북만주 쪽으로 밀려났다. 그래서 연길에는 함경도 사람들이 많다. 함경도 특유의 거칠고 강한 악센트가 말투에 들어간다. '했다, 말입니다' '했씀둥', '에미나이' 심지어 '쫑간나' 같은 욕설도 툭툭 튀어 나온다.

　중국어는 성조가 들어가 발음하기가 쉽지 않다. 같은 말이라도 성조에 따라 뜻이 달라진다. 특히 강한 엑센트가 들어가는 말 때문에 거칠고 듣기가 거북하다. 한국어는 성조가 없는 언어라 부드럽고 잔잔하다. 북한 언어 특히 함경도 방언에는 성조가 들어간다. 그래서 함경도 사람들 말이 더 거칠게 들리는 것이다.

　한국에는 경상도 방언이 그렇다. 비록 사성(四聲)은 아니지만 특유의 엑센트가 있다. '했다, 말입니다' '했능교?' '와카노' 같은 말투가 그렇다. 경상도 사람들의 대화를 처음 들으면 마치 싸우는 것처럼 생각되는 이유도 여기에 있다. 그리 보면 연길 말투는 가까이는 함경도, 멀리는 경상도를 닮았다. 영락없는 한국인 말투인 것이다.

　가끔 밥해 먹기 싫으면 시내에 나가 식당을 이용했다. 자주 들른 곳이 전주비빔밥, 한양설렁탕집이었다. 물론 한국을 흉내낸 곳이지만 오히려 더 맛있어 그곳이 원조인 것 같은 착각이 들었다. 특히 한양설렁탕집은 그랬다. 육질도 부드럽고 국물도 진국이었다. 밑반찬으로 나오는 김치와 젓갈맛도 별미였다.

　또 하나 단골메뉴는 진달래 냉면이다. 서시장 입구에 있던 진달래 냉면집이 본점이고 시내 곳곳, 변두리에도 지점이 많은 일종의 체인점이다. 그만큼 진달래 냉면을 찾는 고객이 많다는 이야기다. 육수가 진하고 면이 쫄깃한 것 외에 특이한 것은 조그만 국자로 국물을 떠먹는다는 것이다. 숟가락 대신에 국자로 국물을 떠먹게 되어 있다. 맛은 물론이고 양도 푸짐한데 값조차 저렴하여 종종 이용했다. 당시 보통 수준의 냉면이면 천원으로 충분했다. 지금은 값도 올랐고, '순희냉면'이 나와 경쟁체제가 되었다 한다. 혹 연길에 가면 진달래 냉면을 꼭 드실 것을 추천한다. 연길의 버킷 리스트다.

가끔은 북한에서 파견되어 나온 북한식당에도 갔다. 연길은 북한에서 가까워 북한식당이 곳곳에 있다. 주로 북한식이 주메뉴였고 술도 들쭉술, 룡성맥주 등 북한산 술이었다. 식사 중간중간에 노래와 연주를 하는 공연이 펼쳐진다. 나는 공연을 하는 큰 식당은 거의 안 갔고 숙소 근처에 있는 자그만한 식당을 이용했다. 조용해서 식사하기엔 안성맞춤이었다.

북한 식당은 종업원들이 한복 차림에 복무원 뱃지를 달고 일을 한다. 인공기는 물론이고, 김정일이나 김일성 사진이 들어간 뱃지도 있다. 한복을 입고 우리말을 하는 것을 보면 분명 우리 동포임에 틀림없는데 뱃지를 보면 아니구나 하는 낯선 느낌이 든다. 분단의 현실을 그들 모습에서 보는 것이다.

북한 음식은 평양냉면, 온반, 가재미 식혜, 김치말이 국수, 두부밥, 초계탕 등 조선식이 중심인데 나는 그중에서 온반을 주로 먹었다. 온반의 주재료는 밥, 닭, 소고기고 고명으로 녹두전 야채, 나박김치를 얹어 나온다. 따뜻하고 진한 맛을 주는 국물에 말아 먹는 온반은 북한에서도 서민들이 즐겨 먹는 음식이다. 그래서 값도 비교적 싼 편이었다. 온반을 먹으며 북한동포들의 입맛과 생활풍경을 떠 올렸다. 그렇게 같은 민족끼리 온반처럼 따뜻한 정이 오갔으면 하는 바램을 가져 보기도 했다.

5월이 되니 그제서야 봄기운이 돌기 시작했다. 파릇파릇 쑥도 자라고 민들레도 방긋 피었다. 진달래도 여기저기 얼굴을 내밀었다. 그러자 진달래 축제가 열렸다. 용정 근처 산마을에서 마련한 조선족 봄축제였다. 용정은 오래전부터 조선족들이 많이 사는 곳이다. 북간도 개척기부터 조선인들이 모여 들어 조선인 개척촌으로 발달한 도시다. 용정은 연길과 달리 70프로 이상이 조선인이다. 윤동주도 이곳에서 학교를 다니고 시인이 되었다. 그의 생가와 무덤도 이곳에 있다.

  진달래 축제가 열린 산에는 그야말로 진달래 꽃밭이었다. 일부러 심었는지 자연적인 것인지 모르나 온 산이 진달래로 만산홍화(滿山紅花)를 이루었다. 그 속에서 풍악놀이를 겸해 씨름대회가 열리고 여자들은 줄넘기, 그네타기를 했다. 대부분 곱게 한복을 차려입고 있었다. 한편에서는 봄놀이 중 빼놓을 수 없는 화전(花煎)도 부쳐 입맛을 돋궜다. 화전 한 입에 막걸리 한 잔 걸치니 춘흥이 절로 돋았다. 진달래 향기 속에 펼쳐진 조선족들의 봄 축제, 그것은 중국땅이 아니라 한국땅 어디메인 것 같은 착각을 일으켰다. 말도, 옷도, 민속도, 진달래까지 모두 한국의 풍경이 아닌가. 그렇게 그들은 한국의 전통과 풍속을 잊지 않으며 살고 있었다. 말 그대로 중국 속의 한국이었다.

  또 하나의 진풍경은 과기대의 핑거리 꽃밭이다. 학교 경내에 커다란 핑거리 과원이 있는데 봄이 되자 꽃을 피워 낸 것이다. 진달래와 달리 핑거리 꽃은 유달리 흰색과 향이 진하다. 핑거리가 배나무의 일종인 만큼 배꽃이요, 이화(梨花)인 것이다. 모양도 색도 향기도 영락없이 배꽃을 닮았다. 교정 너머 멀리 보이는 만주평원의 과수원에도 핑거리꽃이 지평선을 이루었다. 말 그대로 꽃으로 된 지평선, 화평선(花平線)이었다.

  하지만 연길에서 용정으로 넘어가는 고개인 모아산의 핑거리 꽃밭은 비교할 수 없는 장관을 이룬다. 산 전체가 핑거리 꽃으로 뒤덮힌다. 여기가 진정 무릉도원이 아닌가 착각을 할 정도다. 복숭아꽃은 아니니 무릉이원(武陵梨源)일 것이다. 지금도 그 장관은 꿈속에서나 본 풍경같다.

  중국동포들은 글과 말 만큼은 잊지 않으려고 노력하고 있다. 그러한 노력이 조선족 문학이라는 결실로 나타났다. 500만 해외동포들 중에서 연변 조선족처럼 한민족의 정서를 우리말, 우리글로 표출하고 있는 동포들이 어디 있는가. 재일교포, 재미교포들은 일찍이 한글문학을 포기한지 오래됐으며, 중앙아시아 고려인들의 한글문학도 소멸의 경지에 놓여 있다. 이런 점을 고려할 때 한글문학을 고수하고 있는 연변 조선족 문학에 대해서 뜨거운 갈채와 성원을 보내야 할 일이다.

잘 살려고 고향 떠나 못 사는게 타향살이
간 곳마다 펼친 心荷 뜰 때마다 허실됐다

흐뭇할 품을 찾아 들뜬 마음 잡으려고
동해를 둘러서 어선에 실려 대인 곳은
막막한 벌판이었다

싸늘한 북풍받이 허넓은 곳 떼장막을 치고 누워
떠돌던 몸 쉬이려던 심사 불쌍한 유랑민의 꿈이었다
서글퍼 가엾던 부모형제 헐벗고 주림을 참던 일
지금도 뼈 아픈 눈물의 기록
잊지 못할 拓史의 혈흔이었다
-심연수, 「만주」

제2의 윤동주로 알려진 심연수의 시다. 신산한 유이민의 가족사가 눈에 보이듯 선명하게 그려지고 있다. 짧은 시행 속에 고향을 떠나 이국땅에 자리잡기까지의 유이민의 여정을 눈에 보듯 압축하고 있다. 좀더 나은 삶을 위해 정든 고향을 떠나 어선에 몸을 실었건만 도착한 곳은 '막막한 벌판'이었다. 만주의 '싸늘한 북풍'을 '떼장막'으로 막아가며, 굶주림에 시달리며 연명해 가던 유이민의 '拓史', 그 간난(艱難)과 고난의 여정이 생생히 기록되어 있다. 유이민들의 유맹의식(流氓意識)이 극명하게 드러나고 있는 것이다.

무엇보다 시인 자신의 가족사의 생생한 체험의 기록이라는 점에서 리얼리티가 살아난다. 이 시는 이용악의 「낡은 집」처럼 일종의 가족사시(family poetry) 양식을 보여준다. '뼈아픈 눈물의 기록과 혈흔'으로 끝난 '불쌍한 유랑민의 꿈'은 조부의 죽음에서 절정으로 치닫는다. 이 시는 단순히 심연수라는 한 시인의 가족사를 넘어 민족사의 생생한 삶의 기록이라는 점에서 유이민의 역사라 할 만하다.

심연수(沈連洙)는 뒤늦게 알려진 일제 강점기의 유이민 시인이다. 강릉에서 태어나 어린 나이에 러시아로 이주해서 여러 곳을 유랑하다가 해방을 며칠 앞둔 채, 27세의 젊은 나이로 비극적 삶을 마감한 전형적인 유이민 시인이다. 작고한지 55년의 긴 세월이 흐른 뒤 2000년 육필 원고가 시집으로 간행되어 세상에 빛을 보게 된 비운의 시인이기도 하다.

공교롭게도 윤동주와 같은 시기, 같은 공간에서 활동하여 '제2의 윤동주'로 평가받고 있다.

나는 한 조각 흰 구름
오고 돌아오지 못하는 한 조각 흰 구름
산산이 흩어진 한 조각 흰 구름
회오리 선풍에 휘말려 오락가락
낯선 이역 만리 타향에서 떠돌다
눈 못 감고 승천한 흰 옷의 원혼들이
정든 고국 못 잊어 죽어서 찾아가는
나는 한 조각 흰 구름
-홍용암, 〈나는 한 조각 흰 구름〉

현재 활동하고 있는 조선족 3세대 시인 홍용암의 시다. 시에서 흰 구름은 일제 강점기에 북간도로 쫓겨난 유이민들의 표상이다. 시에서 '회오리 선풍'은 조선말기부터 불어 닥친 민족 수난의 역사적 광풍을 암시하고 있다. 그 광풍에 휩쓸려 멀리 중국까지 떠밀려 온 것이다. 그리고 '어디 가나 발길 닿는 곳, 거기가 바로 내 집이라, 긴긴 세월 방랑살이'(생략부분)가 시작되었던 것이다.

홍용암은 바로 그 유이민 세대의 후손이다. 말하자면 한 조각 뜬 구름인 것이다. '구름세대', 그것이 홍용암이 그리고자 하는 중국 조선족의 자화상이다. 그리고 그것이 흰 구름이라는 점에서 의미 심장하다. 이미 시에서 암시하고 있듯이 흰 구름은 '흰 옷'의 환유다. 다시 말해 백의민족의 표상인 것이다. 일제 강점기 북간도로 정처없는 삶의 표랑을 떠났던 우리 민족의 슬픈 역사를 암시하고 있다.

'백운(白雲)'이라는 홍용암의 아호는 얼핏 낭만적인 분위기를 풍기지만 기실 이러한 심오한 의미를 내포하고 있다. 어쩌면 민족시인으로 평가받고 있는 홍용암으로서 걸맞는 아호인 것이다. 이처럼 그는 유이민 3세대로서, '흰 구름'의 후손으로서, 민족 정체성을 상실한 채 덧없는 삶을 영위하고 있다. '어제도 오늘도 한 조각 흰 구름, 정처없이 떠도는 한 조각 흰 구름, 세월따라 바람따라 하염없이 표류'하고 부유(浮遊)하는 존재로서, 조선족의 정체성을 표명하고 있다.

뿌리가 없는, 뿌리 내리지 못하고 떠도는 부평초 같은 존재, 그것이 홍용암이 인식하고 있는 민족 정체성의 본질이다. 앞서 지적했듯이 연변의 특수 산물인 핑거리, 사과도 아니고 배도 아닌 그 과일의 속성이 그대로 중국 조선족의 자화상인 것이다.

홍용암은 전형적인 중국 조선족이다. 그는 중국 흑룡강성에서 태어났지만 그의 선조는 조선 땅에 뿌리를 둔 유이민들이었다. 친할아버지는 함경북도가 고향이고, 외할아버지는 경기도가 고향이다. 말하자면 홍용암은 유이민 3세인 것이다. 유복자로 태어난 그는 어머니의 간고한 보살핌으로 교육을 받고 지금은 연길에서 사업가로 활동하고 있다. 그의 고학(苦學)과 입지전적인 사업가로의 변신은 연변사회에서 화제가 되고 있다.

이러한 그의 성장환경이나 가계보를 볼 때 그의 시에 주조를 이루는 정체성의 혼란과 자아찾기의 몸부림은 어쩌면 자연스러운 현상이라 할 수 있다. 중국 조선족들이 겪는 민족정체성의 혼란, 즉 나는 누구인가, 나는 어디서 왔고, 그 뿌리는 어디인가에 대한 끊임없는 회의와 방황은 홍용암에게도 결코 예외가 아니었던 것이다. 더구나 시인으로서 감수성이 깊었던 그로서는 민족 정체성의 문제가 인생의 화두(話頭), 나아가 시적 화제로 떠올랐던 것이다. 그의 시 도처에서 정체성에 대한 질문과 뿌리찾기의 흔적이 남아 있다.

호롱불의 추억

호롱불은 호롱(oil lamp)에 기름을 넣어 켜는 불이다. 호롱이 등잔(燈盞)과 같은 말이어서 등잔불이라고도 한다. 원시시대에는 코코넛 같은 열매껍질이나 속이 움푹 파인 돌 같은 데 기름을 붓고 심지를 꽂아 사용했다. 점차 사기나 유리, 혹은 양철판으로 밑을 둥글게 만들고 윗부분은 뾰쪽하게 하여 심지를 박아서 사용했다. 조선 영조 때 유중림의 『증보산림경제』에 따르면 호롱에 넣는 기름은 들기름, 피마자기름, 머구나무기름, 쉬나무기름이 주로 쓰였는데 그 중 쉬나무기름이 최고였다고 한다.

쉬나무기름은 나무에서 기름도 많이 나오고 기름이 불에 잘 타 그을림 없이 밝고 깨끗하여 많이 사용됐다. 선비들이 많이 사는 고장엔 어김없이 쉬나무를 많이 심고, 선비들이 이사갈 때는 반드시 쉬나무 씨앗을 챙겼다. 때로는 생선기름도 쓰였는데 정어리기름이 호롱불에 제격이었다. 정어리기름으로 밝히는 호롱을 어유등(魚油燈)이라고 했다.

어렸을 때 우리집 뜨락에 피마자가 몇 그루씩 자라곤 했다. 어머니가 호롱불이나 머릿기름으로 쓰려고 심은 것이다. 피마자는 아주까리라고도 하는데 한해살이풀로 8-9월에 꽃이 피고 9-11월에 열매를 맺는 열대성 식물이다. 씨앗에는 기름이 풍부하여 머리를 다듬는 머릿기름으로 사용하거나 호롱불의 연료로 사용했다. 아주까리기름은 특히 털을 생산하는 기능이 뛰어나 탈모 예방에 많이 쓰였고, 속눈썹을 길게 해 준다 하여 여성들이 즐겨 쓰던 민간약품이었다. 민간요법에선 그 밖에 변비, 관절염, 상처치유에 효능이 있는 것으로 알려져 백성들이 즐겨 쓰던 약재였다.

지금 생각해 보니 머릿기름이 흔치 않던 시절이었으니 어머니가 뒤뜰에 아주까리 몇 그루 심어 놓고 그 기름으로 머리를 다듬지 않았나 싶다. 먹고 살기 힘든 시절이었지만 어머니도 여자였기에 때로는 멋을 내고 싶었을 것이다. 지금이야 온갖 머릿기름이 넘쳐나는 시대지만 전쟁통이던 1950년대에는 물자가 귀한 시절이었고, 더구나 멋을 내는 미용재료는 서민들이 구하기 힘든 고급품이었다.

내가 초등학교 가기 전이었으니 어머니는 40대 초반이었을 것이다. 초로의 여인답게 흰 머리가 검은 머리 사이에 간간히 솟아 있었는데 그걸 뽑아주면 눈깔사탕 사 먹을 용돈을 주곤 하셨다. 머리카락 한 개에 1환씩, 열 개를 뽑아야 십환이다. 십환이면 왕눈깔 사탕 한 개 값이었다. 그때 어머니는 젊은 나이어서 흰 머리가 드문드문 피었기에 열 개를 뽑기는 여간 힘든 일이 아니었다. 아주까리기름 때문에 미끄러워서 뽑기가 더 힘들었다. 그렇게 흰 머리를 뽑다 보면 아주까리기름 냄새가 무슨 꽃향기처럼 느껴지곤 했다. 어머니 향기였다.

고사리 같은 손으로 흰 머리를 뽑다 보면 어머니는 그새 스르르 잠이 들곤했다. 향긋한 머릿기름 향내를 풍기며 잠든 젊은 어머니의 모습이 그리 평온하고 아름다울 수가 없었다. 일상에 자식들 뒷바라지 한다고 고생하던 어머니지만 잠든 그 모습은 세상만사를 잊으신 행복한 여인의 얼굴이었다. 내가 평생 기억하는 어머니의 가장 행복한 얼굴이었다.

멋을 내고 싶은 여인의 마음은 우리 어머니도 예외는 아니었던 셈이다. 여동생들도 어디서 들었는지 아주까리기름을 바르면 속눈썹이 길어진다는 말에 눈썹에다 기름을 발라 달라고 보챘던 기억도 난다. 나이 든 여자나 어린 아이나 멋을 내고 싶은 마음은 똑같은 모양이다. 정녕 멋내기는 여자의 본능인가 보다.

아주까리는 일제시대의 생활에서 서민들에게 많이 알려진 식물이었다. 대중가요에도 노래의 소재에 자주 쓰였는데 1943년 차홍련이 부른 〈

아주까리 선창〉이 대표적이다.

  아주까리 선창 위에 해가 저물어
  천리 타향 부두마다 등불이 피면
  칠석날 찾아 가는 젊은 뱃사공
  뱃머리에 흔들리는 피마자 초롱
  어서 가자 내 고향 아주까리 선창
  -차홍련, 〈아주까리 선창〉

고향 선창에는 아주까리 꽃이 피고, 고향 찾아가는 뱃머리에도 아주까리 등불이 환하게 켜졌다. 온통 고향도 배도 아주까리 세상이다. 이처럼 노래는 아주까리를 매개로 하여 고향에 대한 그리움을 절절하게 풀어내고 있다. 차홍련이 처음 불렀으나 뒤에 백난아, 백설희가 다시 부르며 많은 사랑을 받은 곡이다. 그만큼 아주까리는 대중가요로 불릴 만큼 민중들에게 사랑받던 식물이었다.

아주까리기름은 호롱불에 많이 쓰였다. 석유가 없던 시절 밭에 쉽게 심을 수 있던 아주까리가 어둠을 밝히는 등불로 요긴하게 사용된 것이다. 일제시대 접어들면서 석유등이 보편화 되었지만 석유값이 비싸 시골에서는 아주까리 등불이 그대로 켜졌다. 때로는 동해에서 많이 잡히던 정어리기름으로 밝히는 어유등이나 동백기름, 송진기름이 많이 쓰이기도 했다.

내가 태어나 살던 때가 1950년대였고 시골 벽촌이었기에 석유등보다는 값이 싼 아주까리 호롱불을 많이 썼다. 우리 집에도 큰 방은 '호야'라고도 부르던 남포등을 켜고, 작은 골방에는 흐릿하게 어둠을 밝히는 호롱불이 켜졌다. 촛불도 있었지만 값이 비싸 제사나 명절 때 쓰였을 뿐이다.

당시 시골에는 볏집과 흙을 반죽해서 지은 흙벽집이 많아서 세월이 지나면 담벼락에 금이 생겨 그 틈으로 바람이 들어오곤 했다. 바람이 잦은 겨울에는 창틈이나 문틈으로도 바람이 들어왔다. 그 바람 때문에 호롱불이 너울너울 춤을 춘다. 호롱불 그림자가 어린 마음에 도깨비불 같아 무서운 생각이 들었지만 때로는 너울거리는 그림자가 재미있어 동생들과 어울려 그림자 춤을 추기도 했다. 어렸을 때 즉흥적으로 하던 그림자 놀이요, 춤판이었다.

생각해 보니 그것이 어린 영혼을 깨우던 혼의 춤이 아니었나 생각이 든다. 호롱불 그림자를 따라 장난삼아 추던 춤이었지만 결국 내 미래의 영혼을 키우던 성장의 윤무(輪舞)였던 것이다. 호롱불의 그림자 춤과 함께 나의 영혼도 조금씩 성장했던 것이다. 그런 점에서 호롱불 그림자 춤은 나를 깨우고 키우던 일종의 통과제의였다.

성경에 나오는 호롱불 역시 이러한 영혼의 제례(祭禮)와 밀접한 관계를 보여준다. 성경에 이르기를 "여호와께서 이스라엘 자손에게 이르시길 저녁부터 아침까지 감람을 찍어 낸 순결한 기름으로 여호와 앞에 호롱불을 켜 둘지니 이는 너희 대대로 지켜야 할 영원한 규례(規例)라" 일렀던 것이다. 결국 성경 속의 호롱불은 마음속에 간직해야 할 성령(聖靈)의 불이요, 진리의 불이었던 것이다.

호롱불은 진리가 세상을 비추는 상징임으로 곧 하느님의 복음을 세상에 널리 전파하라는 말씀이었다. 그처럼 호롱불은 단순히 어둠을 밝히는 불이 아니라 세상에 복음을 전파하는 진리의 빛이요, 성령(聖靈)의 빛이었던 것이다. 그렇듯이 어렸을 때 내 방을 비추던 호롱불은 내 영혼의 불이요, 정신적 성장을 위한 의식(儀式)의 불이었다.

박남수의 시 〈초롱불〉(1939)을 보면 호롱불은 길을 밝혀주는 길라잡이로 표상된다.

별 하나 보이지 않는 밤 하늘 밑에

행길도 집도 아주 감초였다
풀 짚는 소리 따라 초롱불은 어디로 가는가
흔들리는 초롱불은 꺼진 듯 보이지 않는다
조용히 조용히 흔들리던 초롱불
-박남수, 〈초롱불〉

호롱불은 때로 초롱불이라고도 불렀다. 초롱초롱 한 눈처럼 어둠을 밝혀주는 빛이라는 시적인 느낌을 주는 표현이다. 시에서 초롱불은 별 하나 보이지 않는 어두운 밤길을 밝혀주는 길잡이 빛으로 쓰이고 있다. 초롱불이 세상을 밝혀주는 빛이 되는 것이다.

호롱불은 단지 어둠만 밝히는 불은 아니었다. 그 불빛 아래 모여 오순도순 이야기꽃을 피우던 만남과 인정의 불이었다. 긴 겨울밤 식구들이 모여 앉아 질화로에 알밤, 고구마를 구워 먹으며 할머니에게 구수한 옛날 얘기를 듣던 즐겁고 행복한 공간을 지켜주던 사랑의 불이었다. 어린 시절을 밝혀주던 호롱불은 내 생애에서 가장 따뜻한 불빛이었다. 사랑하는 사람들끼리 모여 추운 겨울밤을 보내던 정겨운 대화와 인정, 그보다 더 따뜻한 불빛이 어디 있겠는가.

한국에 석유가 처음 들어온 것은 1880년대로 알려졌다. 미국 스탠다드 석유회사의 석유가 조선 땅에 처음 들여온 것이다. 개화기 선교사 알렌의 연표 〈Korea Fact & Fancy〉에 따르면 1898년 서울 시가에 처음 석유등이 켜졌다는 기록이 있다. 하지만 산업용 석유와 일반 가정용 석유가 보급된 것은 일제 강점기 와서다. 이렇게 석유가 생활화되면서 차츰 석유로 켜는 호야, 남포등이 켜졌다. 남포등은 자그만 호롱불에 비교가 안 될 정도로 밝다. 좀더 밝게 하려고 호롱불 심지를 돋우면 시커먼 검댕이가 피어올라 숨쉬기도 탁하고 천장과 벽에 그을림이 앉는다. 그에 비해 호롱불은 적당한 불빛만 키워내는 절제의 미덕을 보여주는 등불이었다. 절제의 미덕이란 점에서 호롱불은 우리에게 보이지 않는 교훈을 준 셈이다.

남포불은 밝긴 하지만 유리를 씌워 사용하기에 종종 등피를 닦아 주어야 한다. 그렇지 않으면 그을린 검댕이로 제대로 빛을 낼 수 없다. 남포등은 위아래 열린 곳이 좁아 어른들의 손이 들어가지 않아서 등피닦기는 어린 내 몫이었다. 조그만 고사리 손으로 밀짚이나 헝겊을 넣어 개울가에서 닦곤 했는데 어쩌다 등피유리를 깨먹곤 했다.

당시에 등피유리는 제품 기술이 부족하고 싸구려 불량품이 많아 툭하면 짱 하고 금이 가거나 깨지고 만다. 아예 등피유리에 물방울 같은 공간이 듬성듬성 있었으니 쉽게 깨지는 것은 당연한 일이었다. 그러면 아버지한테 혼나기 일쑤였다. 비싼 등피를 깨먹었으니 말이다. 등피를 냇가에서 닦으며 깨 먹지 않으려고 끙끙대던 내 모습이 지금 생각해도 가상하다. 송송 공기 구멍이 난 엉터리 등피를 팔던 가게 아저씨가 그렇게 원망스러울 수가 없었다.

그러다가 1960년대 들어와서 우리 동네에 환한 전깃불이 켜졌다. 하지만 개인이 운영하던 발전소에서 나오는 전기라 밤에 3시간 정도 밖에 밝힐 수 없는 소규모 전기였다. 중고 발전기 한 대 구입해서 휘발유로 가동하여 보내는 전기라 용량도 적고 값도 비싸서 아껴 써야만 했다. 오직 저녁에 어둠을 밝히는 유일한 수단이었다. 그래도 어두운 호롱불, 깨지기 쉬운 남포등에 비할 수 있으랴. 이런 것이 말 그대로 개명천지(開明天地)가 아닌가 싶었다.

우리 집에서는 전기값 아낀다고 짧은 형광등 하나를 가지고 방 셋을 밝혔다. 큰 방, 부엌, 작은 방으로 이어지는 모서리에 형광등을 가로지르로 설치하여 1등(燈) 3실(室)의 조명효과를 냈던 것이다. 1미터도 채 안 되는 조그만 형광등으로 방 3개를 밝혔으나 호롱불이나 남포불보다는 훨씬 밝았다. 역시 전기의 힘은 큰 것이었다. 하지만 밤 10시가 되면 전기가 나가 그 전에 하루 일상을 마무리해야 했다. 전기가 나가면 다시 암흑시대로 돌아간다. 전기야말로 원시시대와 문명시대를 넘나드는 경계선이었다.

대학입시를 앞두고 나는 일부러 호롱불을 켜고 공부했다. 새벽에 일어나 호롱불을 켜고 책과 씨름했던 것이다. 그때는 하루 종일 전깃불이 들어오던 때지만 호롱불을 켜면 산만하지 않고 집중이 잘 되어 글이 머리에 쏙쏙 들어왔다. 촛불의 시인 신석정은 새벽에 정한수 떠 놓고 한복으로 정장한 채 촛불을 켜고 시를 썼다. 신석정에게 있어 시쓰기는 일종의 의식(儀式)이었다. 경건한 영혼의 제례(祭禮), 그것이 그의 시쓰기였다. 그래서 신석정의 시에는 촛불의 향훈이 은은히 배어 있다. 나는 대학입시라는 현실적인 목표를 위한 것이지만 형식은 비슷한 것이었다. 다행히 호롱불 덕분에 원하던 목표를 달성하여 나의 주술적 행위가 성공한 셈이다. 물론 덕분에 눈은 엄청 나빠졌다.

호롱불에서 남포등, 남포등에서 전깃불로 이어지던 시대변천은 나의 성장과정에 일정한 흔적을 남겼다. 어두운 불에서 밝은 불로 옮겨갈수록 생활환경과 문명도는 높아졌지만 영혼의 맑기는 차츰 줄어 들었다. 돌아보면 전깃불 시대에 남는 기억과 추억이 없다. 오직 호롱불 시절에 따뜻한 불빛 속에서 나누던 인정과 추억이 초롱초롱 남아 있을 뿐이다. 내게 있어 호롱불은 그런 점에서 영혼과 추억의 불이다.

유년기의 꿈, 스피커

스피커는 어린 시절 시골에서 듣던 공용 라디오였다. 지금은 사라진지 오래, 그저 라디오가 없던 한 시절 시골에서 사용되다 없어진 추억의 유물이다. 1950, 60년대에 살던 사람들, 그것도 시골에 살던 사람들이나 어렴풋이 기억하는 유물일 것이다.

스피커는 원래 확성기라는 뜻을 가진 라우드 스피커(loud speaker)에서 온 말로 1861년 필립 라이스가 전화기에 전기 스티커를 설치해서 음성을 재현한데서 시작되었다. 역사가 오래된 셈이다. 지금은 바야흐로 유선 확성기를 넘어서 무선으로 작동되는 블루투스 스피커 시대로 접어들었다.

내가 어렸을 때 본 스피커는 동네 면사무소 안내방송과 라디오를 겸한 이중 기능을 위한 확성기였다. 면사무소에서 알리는 각종 안내방송, 공지사항, 기념행사, 정부구호품 수령 같은 공적 소식을 담아서 전달하였다. 지금도 시골에 가면 동네 공영 확성기가 있어 안내방송을 내 보낸다. 어른들은 발음하기 편하게 '스피카'라고 부르고 애들도 어른들 따라서 스피카라고 했다.

그런데 흥미로운 것은 스피커가 라디오를 겸하고 있다는 사실이다. 공지사항 외에는 대부분 라디오 방송을 연결해 주었다. 1960년대에는 방송이 많지 않았고 공영방송이던 KBS가 주 채널이었다. 방송선택은 불가능하고 오직 켜다 껐다 하는 스위치와 볼륨 단추만 달려있는 단조로운 소리통이었다. 소리통이란 말이 제격일 것이다. 소리가 나오는 통, 그렇게 단순한 기기였다. 가로 세로 30센티 정도 크기였는데 볼륨을 높이면 제법 큰 소리가 나왔다. 소리가 큰 대신 '찌찌직' 하는 잡음은 덤으로 감수해야 했다.

집집마다 방이나 마루 구석퉁이에 스피커를 걸어 놓고 동네 소식을 접할 수 있었다. 티브이는 물론 라디오조차 흔하지 않던 시절이라 오직 스피커 하나에 귀를 기울이고 세상을 접할 수밖에 없었다. 소리통은 그야말로 바깥세상으로 가는 유일한 길이요, 수단이었다. 어른들은 스피커에 귀를 기울여 '대한늬우스'는 물론 당시 인기있던 라디오 드라마를 들으며 눈물을 찍어내고, 고춘자 장소팔의 만담에 폭소를 터뜨리곤 했던 것이다. 아이들은 5시부터 시작하는 어린이 방송에 귀를 기울이며 소년의 꿈을 키웠다.

당시 부유한 집에서는 제니스 라디오를 들었다. 제니스 라디오는 최고의 제품이었는데 값이 비싸고 구하기도 쉽지 않은 사치품이었다. 1923년 미국에서 제니스가 '제니스 라디오 컴퍼니' 회사를 설립하여 만들어 내기 시작했는데 우리나라에는 미군들의 손에 의해서 본격적으로 들어오기 시작했다. 미군부대에서 흘러 나오는 제니스 라디오 한 대 갖는 것이 꿈이었다.

미군들이 야외 훈련을 나와 찝차나 탱크에서 휴식을 취하며 듣던 제니스 라디오가 그렇게 예쁘고 탐스러울 수가 없었다. 귀여운 소리통에서 흘러나오는 슈 톰슨의 〈새드 무비〉가 너무나 흥겨웠다. 미군부대를 다니는 종업원이나 양공주들은 제니스 라디오를 한 대씩 갖고 있었다. 미군부대 종업원 아빠를 둔 아이들이 그렇게 부러울 수가 없었다. 멋없는 스피카 소리통에 비해 얼마나 세련되고 우아했던가. 같은 노래라도 스피커보다 제니스 라디오로 흘러나오는 노래가 더 세련되고 멋져 보였다.

당시에는 라디오는 물론 티브이도 귀한 때였다. 아마 내 기억으로는 면 소재 전체를 통틀어 티브이가 있는 집은 만화방 가게 하나뿐이었던 것 같다. 만화방을 꾸려가면서 꼬마 손님들을 끌어 모으기 위해 티브이를 설치한 것이다. 당시 인기를 끌던 것이 박치기왕 김일의 레슬링이었다. 1960년대부터 70년대 흑백티브이가 막 보급될 무렵 전 국민을 티브이 앞에 불러 모았던 것이 김일의 레슬링이었다.

볼거리가 별로 없던 시절 박치기 한방으로 덩치 큰 선수가 나가떨어지는 모습을 보며 온 국민들이 환호했던 것이다. 흑백티브이조차 사치품인 때라 김일의 레슬링을 보러 티브이가 있는 이웃집이나 거리에 있는 티브이 판매점으로 몰려들곤 하였다. 바로 우리 동네에서 그 역할을 하던 곳이 만화방이었다. 거기에 동네 사람들이 모두 모여 열심히 김일 박치기에 환호하며 갈채를 보냈던 것이다. 방이 좁아서 마당까지 인파가 몰려들었다. 아이들은 물론이고 어른들도 체면 불구하고 기웃거렸다.

한국에서 티브이가 방영된 것은 1961년 12월 31일 KBS TV가 처음이었다. 이어서 TBC TV가 1964년, MBC TV가 1969년에 개국했다. 라디오는 이미 1927년에 일찍 개국했지만 티브이는 훨씬 늦게 1960년대 들어 온 것이다. 컬러티브이는 훨씬 늦게 1980년대 들어 등장했다. 1980년 8월 2일 KBS, 1980년 12월 22일 MBC가 연달아 전파를 내보냈다.

컬러티브이는 1974년 아남 전자가 일본 마쓰시타와 합작하여 한국 내 셔날이란 이름으로 2만 9천여 대를 수출한 것이 출발이었다. 1977년에는 금성, 삼성전자가 11만대를 수출하는 쾌거를 이루었다. 이렇게 컬러티브이를 국내에서 제작하였지만 모두 수출용이었고 방송은 금지되었다. 이유는 박정희 대통령이 흑백티브이도 귀한 판에 컬러티브이는 국민들의 계층 위화감을 조성한다는 명목으로 금지시켰기 때문이다. 아무튼 어린 시절 내가 볼 수 있었던 티브이는 만화방에 있던 흑백티브이였고, 제일 신나는 프로는 김일의 박치기였다. 김일 박치기를 보면서 나도 레슬링 선수나 되어 볼까 하는 어이없는 꿈을 꾸기도 했다.

어린 시절 우리 동네는 몇 개 안되는 우물이 식수원이었다. 그나마 겨울이 되면 갈수기라 수량이 대폭 줄어들어 물을 구하기가 여간 힘든 게 아니었다. 물이 많은 여름날에는 여기저기 샘물이 솟고 냇가에도 물이 넘쳐 물 걱정은 안 하고 살다가 겨울이 오면 제일 큰 일이 물 문제였다. 빨래할 물은 커녕 밥을 해 먹을 물조차 구하기 힘들었다.

빨래는 개울가에 얼음을 깨고 그 밑에 흐르는 찬물로 하거나 여유있는 집은 그 물을 길어다 데워서 했다. 비누도 없던 시절이라 거품이 안 이는 양잿물을 쓰고 그것도 찬물이니 더욱 빨래하기가 힘들었다. 얼음장으로 덮힌 냇가에서 얼음을 깨고 얼음처럼 찬물에 양잿물로 빨래하던 동네 아주머니들을 보면서 어린 마음에도 안쓰런 생각이 들곤 했다. 불쌍한 아주머니들 얼마나 춥고 힘들었을까. 그렇게 우리 어머니들은 고생하면서 식구들 뒷바라지를 했던 것이다. 지금 주부들은 상상하기도 힘든 일이다.

여성들의 가정생활에 혁명을 가져온 세 가지가 세탁기, 전기밥솥, 냉장고라고 한다. 밥하고 빨래하고, 음식 저장하기가 실로 주부생활의 전부가 아닌가. 그 모든 것이 한 번에 해결된 것이니 여성들에겐 그야말로 해방이요, 혁명인 것이다. 진정한 여성해방은 바로 생활노예로부터의 해방이었던 것이다. 밥하고, 빨래하며 음식 장만하는 일에 여자들은 평생을 바쳐야 했다. 가사일은 그야말로 중노동이다. 그 중노동에서 여성들을 해방시켜 준 것이 바로 세탁기, 냉장고, 전기밥솥이었던 것이다.

갈수기인 겨울철에 그나마 물이 제대로 나오는 곳은 면사무소 우물이었다. 다행히 면사무소가 집 근처에 있어서 그 물을 길어다 독에다 채워놓고 식수와 생활용수로 사용했다. 그런데 그 물을 주로 담당했던 것이 바로 나였다. 3형제가 있었지만 형님은 다른 볼 일로 늘 바쁘고 남동생은 아직 어려서 부득이 내가 물지게를 져야 했다. 초등학교 4, 5학년이라 아직 물지게를 질 나이는 아니지만 별 수 없었다. 물을 가득 담아 물지게를 지면 무겁기도 하고 키가 작아 물통이 땅에 질질 끌릴 정도였다. 그래도 힘들게 독을 채우면 어머니가 '우리 꺼먹 강아지가 최고네' 하고 칭찬해

주시곤 하였다. 내 어렸을 때 별명이 꺼먹 강아지였다. 누나가 나를 업고 나가면 눈동자가 까만 게 똑 강아지 같다고 해서 생긴 별명이었다. 물론 어렸으니까 강아지처럼 귀엽기도 했으리라.

새벽마다 고요히 꿈길을 밟고 와서
머리맡에 찬 물을 쏴 퍼붓고는
그만 가슴을 디디면서 멀리 사라지는
북청 물장수

물에 젖은 꿈이
북청 물장수를 부르면
그는 삐걱삐걱 소리를 치며
온 자취도 없이 다시 사라진다
날마다 아침마다 기다려지는
북청 물장수
-김동환 〈북청 물장수〉

김동환의 〈북청 물장수〉다. 새벽의 고요한 꿈길을 밟고 와서 머리맡에 찬 물을 퍼붓고 가는 물장수, 그래서 새벽꿈은 늘 물에 젖기 마련이다. 새벽 단잠을 깨고 하루를 열어주는 물장수의 찬물은 꿈과 현실의 경계를 깨는 표상이다. 물장수처럼 또 하루를 힘차게 살아가야 하는 것이다.

수도가 놓이기 전까지는 큰 도시에서 물을 사서 먹었다. 우물이 있는 집안은 다르겠지만 대부분 물장수를 통해 식수를 조달했다. 지금이야 수도꼭지만 틀면 줄줄이 나오는 것이 물이건만 그걸 일일이 사 먹고 살았다니 얼마나 불편했을 것인가. 이 작품이 나온 것이 1924년이니 그때 물장수가 많았음을 알 수 있다.

실로 물장수는 1800년대부터 한양에서 시작되어 6.25전쟁 때까지 이어졌다. 오랜 역사를 갖고 있는 생업이었다. 당시에 많은 물장수들이 있고 각기 조합까지 만들어 경쟁했지만 함경도 북청 사람들이 규모도 크고 조직도 튼튼했다. 북청인 특유의 부지런함과 단결력이 서울 물장사를 제패한 셈이다. 그래서 물장수 하면 의례 북청 물장수를 떠 올리게 된다. 북청 물장수가 워낙 유명하다 보니 시뿐만 아니라 노래, 드라마로까지 만들어졌다. 물장사로 아들, 조카들까지 대학에 보낸 성공담을 노래한 백난아의 〈북청 물장수〉, 북청 물장수와 사랑을 속삭이는 여인의 연정을 노래한 문희옥의 〈북청 물장수〉, 그리고 1982년에는 KBS 드라마로 방영되기도 했다.

냇가에서 찬물로 빨래하는 어머니의 수고를 덜어 줄 일은 내가 물지게 지는 일뿐이었다. 어린 체격으로 힘에 부치는 일이지만 어머니 생각하며 마다하지 않고 자진해서 짊어졌다. 겨울이라 빙판길이 돼서 미끄러지기 일쑤였다. 눈이라도 오면 몽땅 얼어붙어 더 힘들었다. 가끔 미끄러져 엉덩방아를 찐 적도 있었다. 하지만 어머니를 위한다는 효심 하나로 힘들게 버텼다. 그렇게 물지게를 지고 걸어올 때 신나게 들려오는 소리가 있었다. 그것이 바로 스피커에서 흘러 나오는 어린이 방송 노래였다. 그때는 오후 5시가 되면 어린이 방송이 시작됐다. 그리고 방송을 알리는 시그널 뮤직이 바로 〈어린이 왈츠〉였다.

꽃과 같이 곱게 나비같이 춤추며
아름답게 크는 우리

무럭무럭 자라서 이 동산을 꾸미면
웃음의 꽃 피어나리
-〈어린이 왈츠〉

원치호 작사, 권일상 작곡의 〈어린이 왈츠〉다. 이 노래가 울려 퍼지면서 신나는 어린이 방송이 시작된다. 지금이야 어린이 방송이 따로 있고 다양한 채널이나 앱으로 어린이 세상을 마음껏 만날 수 있다. 하지만 티브이도 라디오도 귀했던 세상이라 오직 스피커에서 흘러나오는 한 시간짜리 어린이 방송으로 어린 꿈을 키울 수 밖에 없었다. 저녁밥 지으려면 물이 필요하고 그래서 어린이 시간이 시작되는 5시 무렵에 물지게를 졌던 것이다.

스피커로 흘러 나오는 이 노래가 어찌나 맑고 곱던지 그 노래를 부르는 소녀가 마치 천사가 아닌가 생각했다. 어쩌면 그렇게 목소리가 곱고 예쁘던지 아마 내 또래니까 이젠 할머니가 되었을 것이다. 물지게 지는 고역도 그 노래 소리로 말끔히 가셔지곤 했다. 세월이 흘러 지금 그 노래를 들으면 물지게 지던 꿈 많은 소년이던 나를 만날 수 있다. 〈어린이 왈츠〉는 그런 점에서 나의 꿈이요, 내 인생의 미래의 찬가였다.

또 하나 스피커로 기억나는 프로는 〈김삿갓 북한 방랑기〉였다. 낮 11시 55분에 방송되던 KBS 라디오의 5분짜리 단막극이었다. 당시만 해도 반공정책으로 남북한 대립이 극심하던 때였다. 북한의 실상을 알리기 위해 정책적으로 기획한 단막극이었다. 어린 마음에 북한 사람들은 어떤 생활을 할까, 어떻게 먹고 살고, 공부는 어떻게 하나 궁금한 게 한두 가지가 아니었다. 학교에서 반공교육을 받았기에 북한이 '나쁜 나라'인지는 알고 있었지만 실제 주민들의 삶과 일상은 전혀 몰랐기 때문에 궁금증이 컸다. 어린 마음에 북한 동포에 대한 막연한 호기심과 애국심을 충족시켜 준 것이 바로 그 프로였다. 짧지만 늘 여운을 남기고 알 수 없는 슬픔과 동정심을 불러 왔던 것 같다.

〈김삿갓 북한 방랑기〉는 1964년 5월 18일부터 30년 간 총 11000회나 방송되던 장수프로였다. 공산체제 하에서 신음하는 북한동포의 생활상을 5분 단막극으로 극화해서 보여주는 프로다. 반공이라는 국가시책에 맞춘 것이니 일종의 정치극이요, 목적극인 셈이다. 시그날 곡은 김정구의 〈눈물 젖은 두만강〉으로 시작해서 끝부분은 내용을 요약한 4행 시조로 마무리한다. 7.4공동 성명 후에는 〈김삿갓 방랑기〉로 바꾸어 북한은 빼고 남한의 새마을 운동과 발전상을 소개하는 것으로 개편했다. 하지만 다시 남북관계가 단절되자 김삿갓이 다시 북한땅을 밟게 된다. 구수한 목소리의 오정한(60년대), 김형직(70년대), 구민(1987년 후)이 프로를 이끌어 갔다. 최장수 인기 단막극으로 국민들이 오랫동안 기억하고 있다.

아무튼 〈김삿갓 북한 방랑기〉는 어린 시절에 체험한 북한 답사였고, 현실과 역사에 대한 최초의 깨달음이었다. 정치이론은 물론 현실감각도 없던 어린 시절에 감성적으로 단순하게 역사와 정치를 경험한 통로였다. 나에게 북한의 실상과 역사를 가르쳐 준 김삿갓은 지금도 북한 땅 어디를 방랑하고 있을까. 이젠 내가 김삿갓이 되어 북한 땅을 한번 유람해 보고 싶다. 하지만 내 생애에 과연 그런 기회가 찾아올 수 있을까. 아직도 통일은 하늘에 걸린 무지개일 뿐이다.

스피커에 대한 기억으로 빼 놓을 수 없는 것이 고등학교 합격 방송이었다. 당시에는 서울에 있는 명문교의 합격을 알리는 방송을 따로 편성해 주었다. 그래서 라디오를 통해 미리 합격 여부를 알 수 있었던 것이다. 나는 당시 한국에서 최고의 사립 명문이던 중앙고등학교를 지원하고 초조하게 합격을 기다리고 있었다. 벽촌 시골 중학에서 1등으로 졸업은 했지만 전국 최고의 사립 명문교 합격은 쉽지 않은 일이었다. 그래서 더 마음이 조급하고 긴장되었다.

예정된 날 발표가 시작되었는데 아나운서가 너무 빨리 합격자 번호를 알리는 바람에 바짝 긴장되었다. 696, 699, 703, 712, 718… 그렇게 번호가 휙휙 넘어갔다. 703번, 분명히 들은 것 같은 데 어리둥절하고 있는 판에 함께 모였던 가족들이 '와 합격이야 축하해' 하는 것이 아닌가. 분명

703번이 있었던 것이다. 그것도 믿기지 않았는데 얼마 안 있다가 담임선생님까지 달려와 '영철아 축하한다' 하시는 것이 아닌가. 그때서야 합격한 걸 실감했다. 그렇게 스피커 방송을 통해 합격 소식을 들은 것이다. 스피커가 내가 안겨준 생애 최초의 큰 선물이었다. 마치 스피커가 나를 합격시켜 준 것이 아닌가 착각이 들 정도였다.

스피커를 통해서 대중가요라는 것도 알게 되었다. 중학교 사춘기가 되어서 이성에 조금씩 눈 뜨게 되고, 사랑이 무엇인가 막연한 핑크빛 감성이 싹틀 때 그 감성을 자극한 것이 대중가요다. 물론 대중가요는 어른들 세계의 노래였지만 그래도 기다림, 설레임, 만남과 이별, 그런 사랑의 감정은 막연하나마 느낄 수 있었다. 그러한 사춘기 소년의 감정을 자극하고 충족시켜 준 것이 스피커로 흘러나오는 대중가요였다.

한명숙의 〈노란 셔츠의 사나이〉(1961), 이미자의 〈동백 아가씨〉(1964), 남일해의 〈빨간 구두 아가씨〉(1964), 문주란의 〈동숙의 노래〉(1966), 배호의 〈안개 낀 장춘단 공원〉(1967) 같은 노래가 그것이다. 이 노래들을 들으며 나도 노란 셔츠를 입고 빨간 구두 아가씨와 함께 안개 낀 장춘단 공원길을 걸어보는 사랑을 꿈꿔 보곤 했다.

이렇게 스피커는 내 어린 시절을 장식한 꿈의 장신구였다. 비록 보잘 것없는 칙칙한 소리통이었지만 그 속에는 어린이 왈츠의 무지개가 있었고, 역사현실에 대한 막연한 깨달음이 있었으며, 미래에 대한 희망이 있었고, 무지갯빛 연정이 피어나고 있었다. 그런 점에서 스피커는 내 인생의 길잡이고, 등대 불빛이었다.

버스에 추억을 싣고

어렸을 때 우리 동네서 서울 가는 버스는 두 대가 있었다. 경향버스와 신신버스가 그것이다. 두 대가 번갈아 가며 하루에 오전, 오후 2번씩 운행됐다. 총 하루에 4번 왕복하는 셈이니 서울에 한번 가려면 시간을 잘 맞추어야 했다. 한 대 놓치면 두어 시간씩 기다려야 한다. 지금은 시내버스까지 연장되어 아무 때고 탈 수 있지만 그때는 한산한 시골버스 정류장이었다.

그런데 꼬마들끼리 두 패로 나뉘어 어느 버스가 잘 달리느냐를 놓고 씨름을 했다. 신신버스냐 경향버스로 나뉜 것이다. 나는 신신파였는데 신신버스가 777번을 달고 있었기 때문이다. 행운의 숫자 7이 3개나 달려 있으니 정말 그 버스는 행운을 가져오는 버스로 생각했다. 실로 싸울거리도 못되는 것을 가지고 이렇게 겨루며 컸다.

더 잘 달리는 것은 문제가 되지 않았다. 777번을 타고 서울 나들이 해 보는게 꿈이었다. 하지만 특별한 일도 없고 서울행 버스 타는 일은 거의 없었다. 한 30분 걸리는 용주골이나 법원리를 가 보긴 했으나 서울 나들이는 쉽지 않았다.

그러다가 경쟁자가 나타났다. 신신과 경향은 통일로로 가는 버스인데 고양리로 가는 고양버스가 새로 생긴 것이다. 용미리 고개를 넘어 고양리로 해서 구파발, 서울역까지 가는 버스노선이 신설되었다. 그때는 길이 포장이 안돼서 버스가 달리면 뽀얀 먼지가 일어났다. 뽀얀 먼지를 일으키며 산모퉁이를 돌아가는 버스가 그렇게 멋있을 수가 없었다. 마치 장난감 버스처럼 예쁜 생각이 들기도 했다. 학급 친구 중에 바로 그 고양버스를 운전하는 아버지를 둔 녀석이 있었다. 녀석은 툭 하면 버스 탄 걸 자랑하곤 했다. 그래서 그 친구가 그렇게 부러울 수가 없었다. 아마도 기사 아버지 덕분에 공짜였을 것이다.

내가 신신버스를 제대로 탄 것은 고등학교에 입학했을 때부터다. 서울에 있는 학교에 진학해서 주말엔 집에 내려오곤 했는데 그 버스가 바로 신신버스였다. 물론 시간이 안 맞으면 경향버스를 타기도 했다. 철이 들어 이젠 어느 버스가 좋으냐는 문제가 되지 않았다.

대신 시골에서 서울에 있는 학교를 다니며 어떻게든 공부를 열심히 하여 좋은 대학에 가야겠다는 생각만 했다. 그야말로 시골 출신다운 청운의 꿈이었다. 특히 서울 입구에 들어서서 구파발, 불광동 쪽에 이르면 그런 결심이 더욱 단단해지는 것이었다. 촌놈이지만 반드시 서울놈들을 이길 것이다 하는 오기 같은 결심을 하곤 했다. 그런 점에서 신신버스는 청운의 꿈을 싣고 달리는 나의 희망버스였는지 모른다.

주말에 집에 오면 어머니가 이것저것 먹을 것을 챙겨주곤 했다. 김치, 만두, 장조림 등 입맛 잃지 말라고 골고루 챙겨 주셨다. 고1 때는 장위동에서 하숙을 했는데 서울역에서 내려 다시 장위동까지 가는 시내버스를 갈아타야 했다. 그러다가 한번 크게 실수를 한 적이 있다. 그 날 따라 버스가 만원이었다. 가야 할 거리는 멀고 앉을 자리는 없고, 짐도 무겁고 해서 운전석 옆 엔진커버가 있는 곳에 비집고 자리를 잡았다.

그런데 청계천 2가쯤에서 어디선가 김치냄새가 물씬 풍기는게 아닌가. 혹시나 해서 내 짐을 살펴보니 짐 속에 있던 김치통이 열려서 국물이 새어 나온 것이다. 사람들이 김치 냄새 때문에 많이 불쾌했을 것을 생각하니 부끄럽고 미안했다. 다행히 고등학교 학생인 줄 알고 모른 척해준 게 너무 고마웠다. 만원버스에서 김치냄새, 지금 생각해도 당혹스럽고 창피하다. 시골 유학생의 촌티를 유감없이 발휘한 셈이다.

장위동 살 때 지각한 적이 있었다. 학교까지 장거리여서 나도 몰래 깜박 조는 바람에 눈을 떠 보니 서울역이었다. 내려야 할 청계천 2가를 놓친 것이다. 영락없는 지각이었다. 그때 당황스럽고 초조한 마음은 지금 생각해도 가슴이 콩닥거린다. 나는 결석은 물론 지각 한번 안 해본 소위 '범생이'였던 것이다. 30분이나 늦어 학생들이 보이지 않는 길고 긴 계동 골목을 헐떡거리며 뛰면서 세상이 무너지는 느낌이 들었다. 긴 계동골목이 그렇게 원망스러웠던 적이 없었다.

고2 때는 종암동에 사는 작은 아버지 집에서 학교를 다녔다. 아무래도 친척집이 하숙집보다는 낫겠다는 부모님들의 판단이 선 것이다. 종암동은 장위동보다 학교 가기가 훨씬 수월했다. 미아리 고개를 넘고 창경원을 지나면 바로 학교가 있는 계동이기 때문이다. 학교까지 채 30분도 안 걸렸다. 대신 버스가 늘 만원이었다. 우리 학교가 있는 계동과 가회동, 안국동 주변에는 학교가 참 많았다. 휘문, 창덕, 대동, 경기, 풍문, 덕성, 숙명, 중동 등 그야말로 안국동 주변은 학교촌이었다. 그래서 등하교 시간에는 학생들이 구름떼처럼 몰려 들었다. 그러니 아침 등교버스는 늘 만원이었다.

그래서 운전기사는 나름대로의 노하우를 발휘했다. 조리질이 그것이다. 조리에 곡식을 넣고 요리조리 흔들듯이 학생들을 조리질하는 것이다. 조리질은 기사가 운전대를 급회전하여 사람들을 한군데로 몰리게 하는 수법이다. 그렇게 한군데로 사람들이 쏠리면 희한하게 빈 공간이 생겨난다. 위험한 일이지만 기사는 그 일을 아주 기술적으로 해내곤 했다. 그러면 다음 정거장에서 빈 공간만큼 사람을 더 태우고, 태우면 다시 조리질을 하는 것이었다. 학생들을 상대로 좀 심하다는 생각도 들었지만 등교 시간에 쫓기는 학생들을 태워줘서 고맙기도 했다.

또 학생들이라 무거운 책가방을 들고 탔는데 많은 인파에 조리질까지 당하고 보면 가방이 손에서 떨어져 사람들 사이에 붕 떠 있기도 했다. 가방을 손에 안 들어도 사람들 틈에 그대로 끼어 있는 것이다. 그러다 보니 종종 도시락이 찌그러지고 반찬도 뒤섞일 때가 많다. 그야말로 자동 잡탕밥, 비빔밥이 되고 만 것이다. 식욕이 왕성하던 학창시절이라 그것도 감지덕지 맛있게 해치웠다. 찌그러진 양은 도시락의 자동 비빔밥, 잡탕밥, 그 시절의 잊을 수 없는 별미요, 특미였다.

시외버스든 시내버스든 옛날에는 차장과 조수가 따로 있었다. 대개는 앞쪽에 여차장, 뒷쪽에 남자 조수가 있어 합동으로 일을 했다. 여차장은 주로 돈을 받고 승객을 태우는 일을 했고, 조수는 출발과 승하차시 승객 안전을 도와주는 역할을 했다. 운전기사까지 합치면 3명이었으니 지금 기사 한 분이 버스 한 대를 운행하는 시대와 사뭇 다르다. 아날로그 시대니 만큼 모든 걸 인력으로 해결해야 했던 것이다.

물론 차비도 현금으로 또박또박 내야했다. 그러더니 승차권이라는 게 생겨 돈 대신 차표를 내고 타는 식으로 바뀌었다. 승차권은 워낙 얇고 작아서 잘 구겨지고 분실하기도 쉬웠다. 비라도 맞으면 몽땅 구겨지고 만다. 그래서 다시 토큰이라는 것으로 바뀌었다. 놋쇠로 만든 자그마한 동전이었다. 조선시대 1전 짜리처럼 귀엽게 생긴 동전이었다. 회수권보다 재활용이 가능하고 훼손 염려가 없길래 토큰으로 바꾼 것 같다. 학생들은 장난삼아 토큰으로 동전치기를 하기도 했다.

지금은 바야흐로 카드만 대면 결제되는 자동결제 시대가 되었다. 간편하게 바뀐 것이다. 하지만 돈이든 토큰이든 무언가 주고받는 과정이 없어서 아쉬움도 느낀다. 전자결제로 바뀌면서 차장, 조수 같은 인력도 사라지고 오가는 정도 없어진 것이다. 일자리뿐 아니라 사람 사는 맛을 잃어버린 것 같아 안타깝다. 간편한 것만 사람의 행복은 아닐 것이다.

젊은 여차장과 조수가 함께 일하다 보니 서로 눈이 맞아 평생의 인연으로 이어지는 경우도 종종 있었다. 버스로 맺어진 커플인 것이다. 만원 버스에 손님들을 실어 올리는 여차장들의 모습을 보면 늘 안쓰러운 생각이 들었다. 그 연약한 몸으로 사람들을 밀어 올리며 '오라잇' 탕탕 문을 여닫는 풍경은 금방이라도 사고가 날까봐 조마조마하다. 어떤 때는 차장이 문에 매달린 채 떠나는 경우도 많았다. 그래서 사고도 많이 일어났다. 지금이야 문이 자동으로 닫혀야 출발하게 되어 있지만 그 때는 수동이라 그만큼 사고가 많았다. 만원버스로 혼잡해서 차장의 '오라잇' 소리도 못 듣고 버스가 출발하곤 했던 것이다. 정말로 목숨을 내놓고 하는 위험한 직업이었다.

어느 날 손님이 없는 한가로운 버스를 탄 적이 있었다. 차장 아가씨도 여유가 있어서인지 깜박깜박 조는 것 같았다. 그러다가 벌떡 깨서 문 앞에 있는 무언가를 바라보며 모자와 머리를 다듬는 것이 아닌가. 나중에 내리면서 자세히 보니 문 위에 조그마한 거울이 붙어 있었다. 조그만 거울을 차문에다 붙여놓고 머리와 옷깃을 여민 것이다. 그 순간 차장도 여자구나 하는 생각이 들었다. 만원버스에서 승객들한테 시달리면서도 틈틈이 자기 얼굴과 머리를 단장했던 것이다. 여차장이라는 힘든 직업 속에서 여심(女心)을 가꾸는 여인의 모습이 그렇게 아름다울 수가 없었다.

시외버스 차장은 아무래도 시내버스보다 여유가 있기 마련이다. 한가로운 시골풍경과 훈훈한 시골인심을 실어 날랐다. 다음 노래를 보면 이러한 시외버스 여차장의 여유와 낭만을 엿볼 수 있다.

오라이 스톱 읍내 가는 버스입니다
멀미하는 할머니 창 옆에 가소
친정가는 떡동구리 선반에 놔요
족도리 사모관대 신랑각시는
뿌붕뿡 덜컹덜컹 흔들리면 싱글벙글
시골버스 여차장은 명랑하구마
-심연옥, 〈시골버스 여차장〉

심연옥이 부른 〈시골버스 여차장〉(1956)이다. 1950년대 시골버스의 풍경이 잘 나타나 있다. 읍내로 장 보러 가며 멀미하는 할머니, 떡동구리 이고 친정 가는 아낙네, 족도리 사모관대 쓰고 신혼 나들이 가는 신랑각시의 풍경이 정겹고 펼쳐지고 있다. 빵꾸가 나서 마차로 끌고 가기도 하고, 차 속에서 옥동자를 분만하여 한두 시간 연착하기도 한다.(2절) 이 노래에서 운전수는 제대 병장 총각으로 여차장과 은밀한 연인관계를 맺고 있다. 그야말로 노래에 나오는 버스는 훈훈한 인정과 연정이 꽃 피는 낭만버스였던 것이다.

  이처럼 옛날 버스에는 인정과 낭만이 흘렀다. 훈훈한 인심이 있고, 오가는 정이 있고, 애틋한 사랑이 있었다. 비록 시내버스처럼 혹독하고 힘든 일도 많았지만 그래도 인간이 사는 냄새와 훈기가 있었다. 모든 것이 자동화된 현재의 버스는 그야말로 승객을 짐처럼 실어 나르는 단순한 도구에 불과하다. 사람들을 목적지에 실어 나르는 것이 버스지만 옛날 버스가 그리운 것은 무엇 때문일까. 아마도 그것은 사람뿐만 아니라 인정과 인심을 실어 날랐기 때문일 것이다.

장날 풍경

　옛날에는 5일장이 있었다. 물론 지금도 큰 읍을 중심으로 5일장이 서 긴 하지만 규모나 참여도에 비하면 옛날 장과는 사뭇 다르다. 모든게 잘 구비된 상설장이 있어서 장날이라고 해봤자 거기에 떠돌이 장사꾼들이 전을 펴는 정도에 그친다. 대형 슈퍼도 많고 골목마다 가게들이 자리잡고 있어서 특별히 장날에 대한 필요성을 느끼지 못하고 산다. 심지어 주문 택배까지 발달되어 집에 앉아서 장을 보는 세상이 되었으니 장날의 의미는 이미 퇴색된 지 오래다.
　하지만 1970년대까지만 해도 장날은 서민들의 생활에서 꼭 필요한 동네잔치였고 축제날이었다. 5일간 기다렸다가 장날이 돼야 비로소 필요한 물건들을 살 수 있었기에 일상생활을 위해서 반드시 필요한 날이었다. 읍이나 면 단위로 장이 섰는데 시골 구석구석에서 지게나 달구지에 내다 팔 물건을 싣고 새벽부터 먼 길을 나서야 했다. 장날이 되면 꼭 필요한 생필품은 물론이고 아내의 장신구나 화장품, 아이들 군것질 거리와 장난감을 사오기도 한다.
　그래서 식구들 모두가 기다리는 잔칫날이다. 집에서 기르던 채소나 닭, 산에서 해 온 나뭇짐을 짊어지고 가서 팔아 필요한 공산품이나 해물을 사 오는 것이다. 장에 간 아버지를 애타게 기다리며 설레던 아이의 마음을 노천명은 다음과 같이 노래하고 있다.

　대추 밤을 돈사야 추석을 차렸다
　이십 리를 걸어 열하루장을 보러 떠나는 새벽

> 막내딸 이쁜이는 대추를 안 준다고 울었다
> 절편같은 반달이 싸리문 위에 돋고
> 건너편 성황당 사시나무 그림자가 무시무시한 저녁
> 나귀방울이 지껄이는 소리가 고개를 넘어 가차워지면
> 이쁜이보다 삽살개가 먼저 마중을 나갔다
> -노천명, 〈장날〉

노천명의 시 〈장날〉이다. 대추 밤을 장에 내다 팔아야 추석에 쓸 제수들을 사올 수 있다. 철없는 이쁜이는 대추를 안 준다고 칭얼거린다. 새벽에 이십 리 길을 나귀짐을 지고 떠난 아버지가 대추보다 더 맛있는 과자나 예쁜 고무신을 사올지도 모른다. 그래서 이쁜이는 아버지를 삽살개와 함께 애타게 기다리고 있는 것이다. 이 시를 보면 1930년대 황해도 어느 시골 장날의 풍경이 아련히 그려진다.

시의 주인공 이쁜이처럼 나도 장날은 신나는 날이었다. 맛있는 호떡과 눈깔사탕을 얻어먹을 수 있는 날이기 때문이다. 놀거리, 볼거리도 없는 시골 벽촌에서 장날은 무료한 일상을 날려주는 신명나는 날이었다. 볼거리도 많았고 먹을거리도 풍성했다. 장날은 어른들이 바쁜 날이었지만 아이들에게도 신나는 잔칫날이었다. 장날이 되면 공연히 마음이 설레고 들뜨기 마련이다. 그러다가 하루해가 저물고 파장(罷場)이 되면 왠지 허전하고 쓸쓸한 느낌마저 들었다. 마치 세상이 저문 것처럼 적막감에 휩싸이곤 했다. 돌아오는 5일이 5년처럼 길게 느껴지는 것이었다.

무엇보다 장날은 먹을거리가 많은 날이었다. 뻥튀기, 호떡, 번데기, 눈깔사탕을 먹을 수가 있고 뭉게구름처럼 탐스럽던 솜사탕도 맛볼 수 있는 날이다. 아껴 놓았던 용돈을 털어 친구들과 몰려다니며 이것저것 맛있는 걸 사 먹었다. 튀밥장수 아저씨의 뻥튀기는 공포와 스릴을 맛보는 시간이었다. 드디어 터뜨릴 시간이 되면 '뻥이요' 하고 큰 소리를 내며 대포를 쏘아 올린다. 우리들은 그 소리가 너무 신나고 재미있어서 주변 골목에 귀를 막고 숨어 있다가 대포가 터지면 환호성을 내며 달려가곤 했다. 그러면 여기저기 널려 있는 튀밥 부스러기 주워먹는 재미도 쏠쏠했다. 솜사탕은 여자애들이 좋아했던 것인데 어린 나이에도 여자애들은 우아하고 예쁜 솜사탕을 좋아했다. 어려도 여자는 여자였던 모양이다. 커다란 왕사탕을 입에 넣으면 볼이 볼록 튀어 나와 우스꽝스럽기 짝이 없지만 열심히 아껴가며 빨아 먹었다. 왕사탕을 입에 넣고 있으면 온 세상이 사탕같이 달콤해졌다. 그 기분을 아끼려고 왕사탕이 좁쌀이 될 때까지 씹지 않고 빨아 먹었다. 아이들의 꿈은 그렇게 왕사탕처럼 둥글고 달콤하고, 솜사탕처럼 우아하고 예뻤던 것이다.

시골에서 키우던 집닭도 지게에 실려 나왔다. 지금처럼 공장에서 키우는 공장닭이 아니라 시골마당에서 키우던 닭이라 튼실하고 신선해 보였다. 하지만 팔리자마자 즉석에서 목이 댕강 잘리는 모습을 보면서 어린 마음에 여간 슬픈 것이 아니었다. 더구나 같이 있던 친구가 저렇게 목이 잘리고 있는데 닭장에서 꼬꼬댁 거리며 먹이를 쪼는 닭들을 보면서 어렴풋하게 삶과 죽음의 의미를 떠올리곤 했다. 삶과 죽음은 한순간에 갈리는 데 산 놈은 살려고 모이를 쪼며 발버둥 치고 있는 것이 아닌가. 삶과 죽음의 경계, 그것이 한순간에 갈리는 모습을 보며 산다는 것에 대한 막연한 두려움을 느꼈다.

시골 벽촌이고 냉장시설도 없던 때라 생선은 생물은 거의 없고 소금에 절인 갈치, 고등어, 전갱이, 꽁치가 전부였다. 말린 생선도 좀 있었다. 시골에서 회라는 건 먹어본 적이 없다. 회를 처음 먹어본 건 군에 가서 진해에서 처음 먹었다. 소금에 절인 생선만 먹다가 싱싱하고 감칠맛 나는 회를 먹고 감탄했던 기억이 있다.

비록 소금에 절인 생선이지만 그걸 숯불에 구우면 그렇게 맛있을 수가 없었다. 특히 '아지'라고 불리던 전갱이가 참 흔했는데 소금에 구운 것이 일미였다. 짚끈으로 한손씩 묶여져 아버지 손에 들려오던 아지, 세상에서 생선은 아지가 전부인 줄 알았다. 전쟁이야말로 내게 생선맛을 알려준 최초의 해물이었다.

특히 장날에는 약장수, 놀이패, 야바위꾼, 만화경 장수들이 우리 꼬마들을 신명나게 했다. 동네에는 병원은 물론 약국도 없었다. 조그만 간이 약방이 하나 있긴 했으나 활명수, 이명래 고약, 옥도정기 같은 아주 간단한 약만 팔아서 아프면 금촌이나 서울로 나가야 했다. 그래서 아프면 큰일이었다.

그때만 해도 민간치료법이 유용했던 때라 체하면 왕소금을 한주먹씩 집어 먹고, 겨울에 손발이 트면 오줌통에 손발을 담궜다. 골절됐거나 뼈에 상처가 생기면 오래 숙성된 똥국물이 특효였다. 아저씨들이 노름판에서 싸우다가 크게 다쳐 똥물을 벌컥벌컥 마시던 모습도 종종 봤다. 나는 똥물을 먹어보지 못했지만 왕소금을 먹고, 요강에 손을 담군 적은 많았다. 명절날 음식을 한꺼번에 많이 먹어 체하면 쓰디 쓴 왕소금을 한주먹 털어 넣었던 것이다. 참으로 원시적인 민간요법이 1950년대까지 살아 있었던 것이다. 아무튼 소금을 먹으면 트림이 나며 금방 속이 시원해지고, 거북등처럼 갈라졌던 손등도 오줌발에 부드럽게 펴졌던 기억은 생생하다. 치약도 없어 소금으로 이를 닦았다.

그래서인지 장날은 유별나게 약장수들이 많이 몰려왔다. 장판 여기저기에 약장수들이 진을 치고 호객행위를 했다. 조금 규모가 큰 약장수들은 놀이패들까지 동원해서 홍보효과를 노렸다. 한바탕 깽깽이 놀이패들의 놀음이 끝나고 사람들이 운집하면 본격적으로 약을 팔기 시작했다. 우리들은 약보다도 그 놀이패들의 놀이가 신이 나서 모여들곤 했다. 가면춤, 광대놀이, 줄타기, 접시 돌리기, 차력(借力) 그리고 3류 가수나 창꾼들의 노랫가락도 들을 수 있었다. 놀이 한판이 끝나면 모금통을 들고 돈을 수금하러 다닌다. 놀이패는 놀이로, 약장수는 약으로 돈을 벌었던 것이다. 누이 좋고 매부 좋은 격이었다.

  약장수들이 약을 팔기 시작하면 '아이들은 집에 가, 정력에 좋은 보약이요' 하는 소리를 고정 레파토리로 쏟아냈다. 특히 뱀 장수가 뱀을 팔 때는 빠짐없이 아이들은 집에 가라고 호통을 쳤다. 어린 마음에 왜 뱀 장수가 아이들 보고 집에 가라고 했는지 아리송하기만 했다. 조금 조숙한 아이들은 킥킥거리며 자리를 떴지만 쑥맥이던 나는 도대체 무슨 일인가 싶었다. 아무튼 약 대신에 신명나는 놀이패들의 신나는 놀이를 구경할 수 있었다. 땡전 한푼 보태지 못한 공짜 손님이긴 했지만 열심히 박수도 치고 환호했으니 응원부대의 고수(鼓手) 역할은 해 낸 셈이다.

  장날에는 땜쟁이, 수리쟁이 아저씨들도 있었다. 구멍난 솥이나 냄비, 찢어진 우산이나 신발을 수리해 주는 수선공들이었다. 깨지고 구멍난 생활도구를 수리하고 땜질을 해서 다시 사용하는 것이다. 지금 용어로 치자면 일종의 재활용인 셈이다. 하지만 지금 재활용은 아예 쓰레기로 처리해서 버린 물건을 재생하는 것이지만, 그때 재활용은 쓰레기로 버리는 것이 아니라 물건을 다시 고쳐서 사용하는 것이라 큰 차이가 있다. 고장난 물품을 고치고 수리해서 재사용하는 알뜰한 근검절약의 시대였던 것이다. 물론 가난해서 생긴 일이긴 하지만.

  지금이야 구멍난 냄비를 때우고, 찢어진 우산을 수리해서 쓰는 사람이 누가 있는가. 재사용과 재활용은 이처럼 차원이 다른 이야기다. 이렇게 우리 어른들의 알뜰한 절약정신 덕분에 이 만큼 살게 된 것은 아닌가 생각해 본다. 풍요로운 자본주의 시대로 접어든 지금 근검절약이란 말은 이미 사라진지 오래다. 금석지감(今昔之感)을 느낀다.

  장날 아이들 놀이감 중에는 만화경이 인기였다. 만화경은 거울로 된 통에 형형색색의 유리구슬, 종잇조각을 넣어 아름다운 무늬를 볼 수 있도록 만든 통이다. 구멍을 통해 들여다보면 안에 들어 있는 색유리 조각의 영상이 거울에 비쳐 기하학적인 대칭 무늬를 이루며 다양하게 나타난다. 원통을 돌리면 무늬가 끝없이 변화하여 기기묘묘한 영상의 세계가 펼쳐진다. 그야말로 꿈같은 별세상이 통 속에 들어 있었던 것이다.

그래서 요지경이라고 불렀다. 그야말로 요지경 같은 세상이 펼쳐지는 것이다. 새장에 갇힌 채 조그만 벽촌마을을 떠나 보지 못한 아이들에게 만화경 속 세상은 그야말로 요지경이었다. 왕자가 살고 있는 궁궐도 있고, 온갖 패물이 쌓여 있는 보물섬도 있었다. 만화경을 보면서 아이들은 미래에 펼쳐질 자기들의 세계를 꿈꿨는지 모른다. 장터에서 만난 만화경은 그런 점에서 아이들이 미래를 내다보는 투시경이고, 망원경이었던 것이다.

또 하나 기억나는 것은 야바위꾼들의 사기놀이였다. 카드나 화투를 요리조리 돌려서 정해진 패를 찾는 게임같은 것이다. 그 귀신같은 손놀림에 당하는 사람이 한둘이 아니었다. 신들린 야바위꾼 손놀림에 어른이나 아이들 할 거 없이 모조리 걸려들었다. 또 젓가락 뽑기는 어떤가. 젓가락 끝에 동그란 표시가 있는 젓가락을 찾는 것이었는데 아무리 뽑아도 표시는 안 나온다. 처음부터 아예 표시가 없었던 것이다. 설마 누가 그렇게까지 하려니 하는 순진한 생각을 역이용한 것이다. 그런 야바위꾼들의 속임수를 보면서 웃음이 나고 재밌기도 했다. 한편 속으론 나는 저렇게 살지는 말아야지 하는 다짐도 해보았다. 적어도 누굴 속이며 살지는 말자 는 결심을 했던 것 같다. 어쨌든 지금 생각해 봐도 재미있는 추억거리였다.

장터에는 책방도 있었다. 흙마당에 전을 펴고 옛날 이야기책을 팔았다. 〈춘향전〉, 〈심청전〉, 〈흥부전〉 그런 것들이다. 물론 흔치않게 〈충무공전〉, 〈을지문덕전〉 같은 위인전도 있었고, 〈벌레 먹은 장미〉 같은 소설책도 있었다. 하지만 대부분 옛날 이야기를 담은 설화책이 대부분이었다. 어린 나이라 동화책이 아니면 눈에도 안 들어와 대충대충 구경했다. 하지만 돋보기를 두껍게 쓴 책장수 노인의 기다란 장죽이 참 의젓하고 멋지다는 생각은 해봤다.

돌이켜 생각해 보니 장터에 여기서기 널려 있던 그 책들이 혹시나 최남선이 신문관에서 발행하던 '육전(六錢)소설'이 아니었는지 모를 일이다. 내가 장차 문학을 공부하는 사람이 될 줄 알았으면 그때 눈깔사탕 안 사 먹고 책을 샀으면 얼마나 좋았을까. 육전소설은 이제 희귀본이 돼서 돈 주고 사기 힘든 보물이 되지 않았는가. 하지만 어린 나이에 육전소설을 장터에서 구경한 행운은 있었다. 그냥 스치고 만 거품같은 행운이었지만 말이다.

이처럼 나의 어린 시절의 장날은 잔칫날이요, 축제날이었다. 동심의 소박한 욕구를 채우고 미래에 대한 무지개 꿈을 키울 수 있는 통과제의의 날이었다. 장날을 통해 어른들의 세계를 엿보면서 내가 어른이 되었을 때의 자화상을 그려 보곤했으니 일종의 입사식(入社式)인 셈이다. 가공(架空)의 세계도 있었고, 야바위꾼들의 거짓도 보았지만 옳고 그름, 삶과 죽음 그런 의미들을 조금씩 깨우쳤던 것 같다. 장날과 함께 나의 영혼도 조금씩 성장했고 사람과 사물에 대한 생각의 폭도 조금씩 넓어졌다. 그런 점에서 장날은 어린 시절 나를 키운 촉매제였다.

노아의 방주

내 고향 파주는 이름 그대로 자그만 구릉들이 모여 도읍을 이룬 고을이다. 파주의 파(坡)는 언덕이란 뜻이고 주(州)는 고을이란 뜻이다. 그래서 파주는 높은 산이 없고 자그마한 구릉이 많다. 파주를 통틀어 높은 산이라곤 감악산, 고령산 꾀꼬리봉 정도일 것이다. 적성에 있는 감악산은 해발 674미터 정도고, 고령산 꾀꼬리봉은 622미터에 불과하다.

그러다 보니 여름에 장마철이 되면 홍수나기가 일쑤였다. 비만 조금 내리면 구릉지라 비가 그대로 산비탈로 쏟아 내렸다. 특히 그 시절엔 땔감이 부족해서 주로 산나무를 베다가 사용했기 때문에 벌거숭이산이 많았다. 1970년대 돼서야 연탄, 조개탄이 보급되어 벌목현상이 잦아 들었다. 그래서 봄이 되면 사방공사가 대대적으로 벌어졌다. 많은 인원을 동원하기 위해 미국에서 들어온 구호물자인 밀가루, 옥수수가루 표를 배급했다. 식목량에 따라 배급표를 나눠줬던 것이다.

그때 제일 무서웠던 것이 산간수였다. 지서에 파견된 간수는 불법으로 벌목하는 나무꾼들을 단속하는 감시원이었다. 일제시대에는 칼 찬 순경이 무서워 보채는 아이들에게 '저기 순경 온다' 하면 울음을 뚝 그쳤다지만 해방 후에 그 자리를 차지한 건 산간수였다. 땔감이 산나무였기에 벌목은 피할 수 없는 생활필수품이었다. 아니면 나무장수에게 솔가루나 마른나무를 사서 사용해야 하는데 나무값 대기도 힘든 때였던 만큼 서민들은 불법 벌목에 의지할 수밖에 없었다. 아이들도 땔감에 보태기 위해 망태기와 갈퀴를 들고 솔가루, 솔방울, 삭정이를 주우러 온 산을 헤매고 다녔다.

그러다 보니 비만 좀 내리면 민둥산의 흙까지 섞여 토사물이 넘쳐흐른다. 그렇게 파주는 홍수나기가 딱 알맞은 지형과 조건을 갖고 있었다. 지금 생각해 보니 그때는 비도 참 많이 왔던 것 같다. 기후변화가 있는 것인지 분명 지금에 비해 강수량이 훨씬 많았다. 그러다 보니 홍수도 빈번할 수밖에 없었다. 지금도 여름날 벌건 흙탕물이 온 동네를 삼킬 듯 흘러가던 풍경이 눈에 선하다.

우리집은 불행히도 개울가에 있었다. 개울가에 있어서 빨래하기도 좋고, 아이들 미역감기도 좋았지만 여름이면 물난리가 문제였다. 비만 좀 세차게 내리면 우리집은 늘 비상이었다. 캄캄함 밤에 혹시 집이 떠내려가는 건 아니지 두려움 때문에 잠을 이룰 수가 없었다. 그러다가 물이 위험 수위까지 불어나면 플래시를 들고 비상조가 출동한다. 아버지를 비롯한 3형제, 곧 남자들이 뒷산으로 올라가는 것이다. 뒷산은 지서(支署)가 있어 채목을 못 했기 때문에 제법 큰 나무들이 많았다. 그래서 홍수를 핑계 삼아 마구잡이로 베어오는 것이다. 그렇게 베어온 생나무를 물가에 갖다 대면 집을 삼킬 것 같은 물살도 다소 잠잠해진다. 다행히 홍수용 벌목만큼은 허용되었다. 자연재해였기 때문이다.

홍수가 끝나고 물살이 잦아들면 산에서 베어온 생나무들이 시들시들 말라간다. 그렇게 일주일이 지나면 마른 나무가 되어 땔감으로 알맞은 화목(火木)이 된다. 그래서 동네 사람들은 위험하지도 않은데 홍수만 나면 너도나도 산으로 올라가 생나무를 마구 베어왔다. 홍수방지용이라는 명목하에 땔감용으로 썼던 것이다. 그러다 보니 산에 나무가 자꾸 없어지고 홍수는 더 심해졌다. 악순환인 셈이다. 홍수를 당장 막으려면 산에 나무를 베야 하고, 홍수를 막으려면 나무를 심어야 했던 것이다. 그렇게 나무의 운명은 홍수로 갈라지는 것이다.

생나무를 베어서 급한 물길을 막고 나면 다음 날 할 일은 느긋하게 홍수를 구경하는 일이었다. 넘실거리는 황토물의 위세는 물론 물에 떠내려오는 온갖 부유물 구경하기가 여간 재밌는게 아니었다. 역시 아이는 아이었나 보다. 어른들은 논밭이 잠기고, 길이 끊어지고 걱정이 태산인데 신나는 기분으로 홍수구경을 했던 것이다.

성난 파도처럼 넘쳐흐르는 싯누런 흙탕물에 떠내려오는 부유물들이 한두 가지가 아니었다. 솥단지, 바가지, 냄비 같은 생활도구는 물론 호박, 참외도 넝쿨 채 둥둥 떠내려온다. 그러다가 아뿔싸 초가지붕에 얹혀 돼지새끼도 꿀꿀대며 내려오기도 했다. 어떤 때는 개나 염소도 나타났다. 지붕이나 널빤지에 얹혀 비를 맞은 채 옹크리고 내려오는 가축들을 보면 불쌍한 생각이 들었다. 저놈들이 결국 임진강까지 떠내려가 서해바다에서 목숨을 잃는 건 아닌가 걱정이었다.

동네 총각이나 어른들은 긴 장대를 준비해서 떠내려가는 가구들이나 널빤지에 얹혀 있는 가축들을 끌어 내렸다. 물살이 셀 때는 함께 휩쓸릴 수도 있어 위험천만이었다. 그래도 용케 건져 내는데 성공하면 사람들이 박수를 쳤다. 가축을 건져낼 때는 아슬아슬한 긴장감이 돌았다. 목숨을 건져내기 위한 사투였기 때문이다. 구해 낸 가축들이 주인한테 잘 돌아갔는지 모르겠다. 아무튼 목숨을 구해 낸 일에 안도의 한숨을 내쉬곤 했다.

이렇게 홍수구경은 긴장과 스릴이 넘치는 한 여름날의 드라마였다. 돈 주고도 보기 힘든 드라마가 흙탕물과 함께 펼쳐졌던 것이다. 집 떠내려갈까 하는 걱정도 잠시 접고 홍수구경에 신바람을 냈다. 그렇게 내가 어린 날 겪은 홍수는 고난과 유희의 이중 드라마였다.

홍수가 나면 임진강에 살던 물고기들이 상류로 올라온다. 물고기는 위로 올라가는 습성이 있어서 홍수 때는 마구잡이로 상류로 몸을 트는 것이다. 덕분에 임진강 상류인 동네 개울에도 평소에 볼 수 없던 잉어, 가물치, 민물게 등이 올라 왔다. 그러면 동네 사람들이 투망을 들고 떼를 지어 고기잡이에 나선다.

특히 어두운 밤에는 물고기들이 눈이 어두워 보이는 대로 주워 담으면 된다. 그렇게 날렵하던 붕어, 피라미들이 장님이 되어 순순히 맨손으로 잡히는 게 여간 신기한 게 아니었다. 맨손으로 붕어잡기는 여름날 최고의 놀이거리였다. 그렇게 잡은 물고기는 파주의 명물인 매운탕 털래기감으로 쓰였다. 홍수가 선물해 준 물고기들은 여름철의 별미요, 풍부한 단백질 공급원이 되었다.

성난 홍수를 쳐다보며 나는 문득 교회에서 주워들은 노아의 홍수를 생각했다. 에덴동산에서 추방당한 아담과 이브는 자손들을 낳아 번성했다. 그러나 인간들이 늘어남과 동시에 그들의 악행도 만연했다. 이를 본 신은 인간을 창조한 것은 과오였다고 후회하고, 홍수를 내려 지표면을 쓸어버릴 결심을 한다. 하지만 단 한 명 선한 인물이던 노아만 살려주기 위해 홍수를 대비해 방주를 만들도록 지시했다. 지구를 덮은 대홍수에서 노아만이 살아남고 악한 인간들은 모두 사라지고 만 것이다.

밤 사이 이 땅이 강이 되어
도도히 흐르고 있었다

들판은 간 곳 없고
강심에 미루나무가 목을 내놓고
구원의 손짓을 보내고 있었다.

집들이 강변에서 허우적거리고
쏟아 내는 울분과 외침의 소리가 굽이쳐
저 붉은 물살 위로 떠 흐른다

저 한맺힌 강물은

언제쯤 저 슬픈 들판을
빠져 나갈지

개구리도 두꺼비도 모두 산으로 기어 올라가
두꺼운 회색빛 하늘만 쳐다본다

이 아침
저 물의 심판 위에 노아가 보인다
-박덕중, 〈홍수〉

박덕중의 〈홍수〉다. 〈홍수〉는 바로 노아의 방주를 소재로 한 시다. 끝부분 '저 물의 심판 위에 노아가 보인다'라는 시구가 이를 암시한다. 산으로 올라가 살아남은 개구리, 두꺼비는 노아의 방주에서 살아난 동물들을 의미한다. 강물에 떠 내려가며 구원의 손짓을 보내는 미루나무는 노아의 홍수에서 희생된 불행한 인간들을 표상하고 있다. 강변에서 허우적거리며 쏟아내는 울분과 외침은 삶의 부조리에 대한 인간들의 목소리요 고통의 소리다. 그 고통을 홍수에 몽땅 쓸어 내달라고 시인은 호소하고 있는 것이다.

이처럼 홍수는 부정적이고 부조리한 모든 폐악들을 쓸어내는 정화(淨化)의 기능을 갖고 있다. 홍수에 둥둥 떠내려가는 온갖 쓰레기들을 보면 그것이 진정 삶의 찌꺼기와 폐기해야 할 부조리임을 깨닫게 해준다. 이향아 시인도 〈다시 한번 홍수를〉이란 시에서 '다시 한번 홍수를 주옵소서/ 모두들 약삭 빠르게 말라버린/ 광대뼈며/ 가뭄 때문에 오르는 쌀값을/ 흠씬 적셔 둥둥 떠내려가게 하옵소서'라고 기도하고 있다. 그리고 나서 '정말이지 사랑을 주옵소서 늘상 길거리에서 사랑하게 하옵소서'라고 애원하고 있다. '약삭빠른 인심', '치솟는 쌀값 걱정'을 싹 실어가고 사랑을 남겨 달라고 기원하고 있는 것이다.

　나는 홍수 앞에서 무엇을 빌었던가. 우선은 우리집 떠내려가지 않길 빌고, 널빤지 위에 떠 내려가는 돼지 살려 달라고 빌고, 밭두렁의 옥수수 감자 살려 달라고 빌었던 것 같다. 하지만 홍수 뒤에 깨끗해진 동네를 보며 '그렇구나 홍수는 온갖 쓰레기들을 쓸어버리고 새로운 세상을 만드는구나'라는 생각을 했다. 그것이 아마도 홍수의 재생과정 즉 헌 것, 낡은 것, 몹쓸 것들을 모두 정화하고 맑고 깨끗한 세계를 창조하는 부활의 의미임을 깨달은 것이다. 그래서 홍수는 필요한 것이라는 것도 깨달았다. 홍수는 말하자면 필요악인 셈이다.

　그렇다. 홍수가 지고 나면 온천지가 새 세상이었다. 하늘도 푸르고 논밭의 초록도 눈부셨다. 맑은 물이 시냇물로 넘쳐흘렀다. 동네거리도, 뒷골목도 깨끗해지고 초가지붕에 걸린 박넝쿨도 싱싱해 보였다. 사람들조차 달라 보였다. 분명 홍수는 두 얼굴을 가진 존재였다. 물난리라는 어두운 얼굴과 세상을 정화해 주는 밝은 얼굴을 가진 야누스였다.

한여름 밤의 꿈

어린 시절 고향 마을은 유난히도 더웠다. 사방이 산으로 둘러 싸인 분지라 더 더웠던 것 같다. 사방이 산으로 막혀 바람이 통하지 않으니 솥단지처럼 끓어올랐던 것이다. 아프리카 더위를 연상시켜 '대프리카'라는 별명을 얻은 대구도 분지형태다. 하지만 그보다도 더위를 식힐 마땅한 생활용품들이 없어서 더 더위를 탔다. 냉장고는커녕 선풍기도 없던 시절이었으니 말이다. 지금은 에어컨까지 있어 여름나기가 훨씬 쉬워졌다. 그저 시원한 바람이나 나무 그늘을 찾거나 부채질로 더위를 식혀야 했다.

옛날 선비들은 시원한 계곡물에 발을 담그는 탁족(濯足)으로 더위를 식혔다. 점잖은 체면에 의관을 벗을 수는 없고 그저 발만 살짝 담근 상태로 더위를 식혔던 것이다. 때로는 계곡에 근사한 정자를 지어놓고 물바람, 골바람에 몸을 맡긴 채 술 한 잔, 시 한 수로 한여름을 보냈다. 지금 남아있는 정자는 그런 선비들의 여름 별장이었다. 더위조차 낭만적인 분위기로 즐겼던 것이다. 정자가 유별나게 많은 거창, 함양 지방은 덕유산, 지리산의 수려한 계곡이 많아 자연스럽게 정자문화가 발달했다. 탁족으로 몸을 식히고 잠잘 때는 시원한 죽부인을 끌어안고 잠을 청했다. 죽부인은 본부인보다 여름을 잘 나게 하는 일등부인이었다.

서민들이야 서민들답게 돈 안들이고 손쉬운 방법을 택했다. 그중에 하나가 등멱이다. 웃옷을 벗은 채 시원한 물을 쏟아붓는 방법이다. 우물에서 길어 올린 물은 여름에도 차기 마련이다. 그 시원한 물을 한꺼번에 쫙 퍼부으면 전기에 감전된 듯 깜짝 놀라곤 했다. 하지만 이내 시원한 냉기가 온몸을 파고들어 더위가 한순간에 가신다. 등멱은 '등미역'의 줄임말이다. 미역은 냇물이나 강물에 들어가 몸을 담그고 씻거나 노는 일을 뜻한다. 그러니 등멱은 등에다 물을 부어 미역감는 효과를 낸다는 말인 것이다. 아무튼 일하거나 놀다가 땀을 식히는 방법으로는 등멱이 최고였다. 여자들은 차마 옷을 벗을 수가 없어 부러운 눈빛으로 남자들을 쳐다보곤 했다.

여름은 더위 때문에 힘든 계절이지만 그래도 신나는 일도 많았다. 그 중에 하나가 달콤한 아이스캐키를 먹는 것이다. 아이스캐키(ice cake)는 얼음과자라 했는데 지금처럼 입에 넣으면 살살 녹는 아이스크림이 아니라 식수에다 달콤한 사카린을 넣고 색소를 가미하여 얼린 얼음 덩어리다. 주 원료인 사카린은 톨루엔을 원료로 하여 만든 인공 감미료로 단맛이 설탕보다 500배로 많아 설탕 대용품으로 많이 쓰인다. 설탕은 구하기 힘들고 비싸서 싸구려 아이스캐키에는 쓸 수가 없다. 당시에는 설탕은 귀한 물건이라 명절선물로 주고받았을 뿐이었다.

가끔 팥이 들어간 아이스캐키도 있었는데 물론 값이 비쌌다. 그래서 보통 막대기 모양이나 수류탄처럼 둥글게 생긴 아이스캐키를 사 먹었다. 크기와 모양이 꼭 수류탄 같아서 우리들은 수류탄 캐키라고 불렀다. 불량 색소에 인공 가미료로 만든 싸구려 아이스캐키지만 그렇게 맛 있을 수가 없었다. 단맛과 시원한 맛만으로도 아이들에게는 최고의 먹거리였다. 그걸 얼음통 상자에 매고 다니며 '아~이~스~캐~키'하고 노랑목을 빼며 팔았다. 대개 아이스캐키 장수는 어린애들이 많았는데 가냘픈 어깨에 무거운 통을 들고 땀을 찔찔 흘리며 길거리를 헤매던 모습이 애처로웠다.

또 하나는 마장리 냇가에서 즐기던 미역감기와 천렵이었다. 다이빙하기 좋은 큰 바위가 솟아 있어서 그 위에 올라가 물속에 뛰어들곤 했다. 그리고 개구리헤엄으로 물살을 가르며 물장구를 쳤다. 때로는 편을 갈라

공놀이도 했다. 그렇게 물놀이에 지치고 출출해지면 물고기를 잡아 매운탕을 끓여 먹었는데 그걸 천렵이라 했다. 천렵은 여름 별미를 맛볼 수 있는 최고의 잔치였다. 투망으로 고기를 잡아 밭에서 서리해 온 푸성귀를 넣고 얼큰하게 끓여내는 즉석 매운탕이다. 지금도 매운탕집이 많지만 그 시절 천렵으로 해먹은 털래기 매운탕에 비할 수가 없다. 그야말로 털래기는 순수 자연 매운탕이기 때문이다.

우리 동네에는 유서깊은 '왕뎅이'라는 샘터가 있었다. 사시사철 샘물이 끊이지 않고 솟아난다. 물맛도 좋아 의주로 행차하던 임금이 찾아와 목을 추겼다 해서 왕뎅이라는 별명이 생겼다. 왕뎅이는 왕이 다녀간 곳이란 뜻이다. 그러니 왕뎅이물은 왕수(王水)인 셈이다. 여름엔 너무 시원해서 더위를 식히기엔 최고였다. 그래서 너도나도 줄을 서서 물을 길어오곤 했다. 그물은 자연 청정수라 물맛이 단맛이었는데 그래도 단걸 좋아하는 아이들을 위해서 사카린을 조금 섞어 달달한 냉수도 해 먹었다. 물론 과일을 동동 띄워 먹기도 했다. 과일을 넣어 둘 냉장고가 없으니 왕뎅이 물이나 개울물을 길어와 과일을 띄워 먹었던 것이다. 참으로 원시적인 냉방법인 셈이다.

예전에는 궁중에서는 겨울에 한강의 얼음을 잘라서 보관했다가 여름에 시원한 음식 장만시에 썼다. 그 얼음을 보관하던 곳이 바로 동빙고, 서빙고다. 기계로 얼음을 만드는 지금과는 전혀 다른 풍속이었다. 내가 어렸을 때는 동네마다 얼음가게가 있었고 거기에서 얼음을 크기에 따라 톱으로 잘라서 팔았다. 새끼줄에 가로세로 묶어서 들고 오다 보면 그 새에 얼음이 녹아내린다. 집에 오면 어떤 때는 1/4이나 줄어들기도 했다.

그 얼음에 설탕을 타서 냉수도 해 먹었고 수박이나 참외를 넣고 화채도 해 먹었다. 그런데 간혹 얼음물에서 가느다란 실타래나 새끼줄이 나오기도 했다. 불량으로 얼린 것이다. 물론 얼음을 만드는 식수원이 어딘지도 모른다. 혹 개울물을 퍼서 만들었을지도 모를 일이다. 그래도 그런 생각없이 시원한 맛으로 먹었다. 그만큼 모든 게 허술하고 불량한 시설이었다. 위생개념이라곤 찾아보기 힘든 시절이었다.

아이들은 여름 한철 내내 러닝셔츠 몇 장과 팬티 몇 장으로 보냈다. 러닝셔츠도 우아한 흰색이 아니라 울긋불긋 조잡하게 물들인 칼라셔츠가 대부분이었다. 빨래하기도 힘드니 색이 들어간 칼라셔츠로 며칠씩 입곤 했던 것이다. 빨래할 때 쓰는 비누는 비싸고 귀한 물건이었다. 비누 대기도 힘들고 여름철 농사일로 바빠서 매일같이 빨기가 힘들었던 것이다. 팬티도 물론 칼라팬티였는데 주로 검정색이었다. 검정색은 때 안타는 최고의 칼라였다. 그래서 동네 남자애들은 대부분 까만 팬티에 퍼런 러닝셔츠를 입고 한여름을 났다. 때로는 물감이 빠져 얼룩덜룩한 강아지 신세가 되곤 했다. 땀 냄새가 진동하고 먼지투성이지만 시원하고 때 안타면 최고였다. 그렇게 얼룩 강아지처럼 뛰놀면서 컸던 것이다.

당시에는 아스팔트가 깔리지 않아 우리 동네길도 먼지가 폴폴 일어났다. 신작로는 일제시대에 달구지가 다니던 길을 차가 다닐 수 있게 정비한 새 도로다. 그래서 신작로(新作路)라고 불렀다. 그래도 흙길이라 여름이 되면 먼지가 폴폴 일어나고 열기가 푹푹 올라왔다. 90도로 쏟아지는 햇볕으로 흙길이 부글부글 끓어올랐던 것이다.

그래서 그걸 막아 보려고 등장한 것이 물차다. 커다란 드럼통에다 물을 가득 담고 입구에 구멍을 송송 뚫어 물이 졸졸 새 나오게 만든 것이다. 그걸 끌고 신작로에 물을 뿌리면 잠시나마 길가가 시원해진다. 물론 자동차 먼지도 사라진다. 먼지와 더위를 없애는 이중효과를 노린 셈이다. 물차가 신작로에 뜨면 까만 팬티를 입은 악동(惡童)들이 그 뒤를 줄줄이 따라간다. 가끔 소독차가 와서 방제할 때도 그 뒤를 따라 다녔다. 비록 방제가스지만 매콤하고 향긋한 냄새가 너무 좋았다. 물론 서커스단이나 천막극장의 가두공연 때도 악동들이 앞장선다.

어머니들은 여름엔 화덕으로 밥을 지었다. 아궁이에 불을 짚히면 방이 더워지기 때문에 부득이 이동식 난로인 화덕을 사용했다. 화덕은 상부에 연탄이나 숯, 나무토막 같은 연료를 채워놓고 하단에 구멍을 뚫어 불을 일으키는 이동식 난로다. 바람을 넣어서 불을 지피기 때문에 풍로(風爐)라고도 했다. 그때는 석유가 귀해 등잔불 외에 연료로 쓰기 힘든 시절이었다. 그저 석유통도 없이 술병에다 석유를 사다가 벽에 걸어 놓고 조금씩 아껴 쓰던 시절이었다. 간편한 석유곤로는 훨씬 후에 등장했다.

화덕이 잘 타려면 공기를 불어 넣어야 한다. 그러기에 아궁이에 입을 대고 불거나 부채로 부쳐야 한다. 여유있는 집은 손풀무를 사다가 돌리면 불이 잘 타올랐다. 손풀무에는 도르레가 달려 그것을 빙빙 돌리면 바람이 폴폴 일어났다.

그렇게 힘든 하루가 가면 어머니들은 야음을 이용해서 냇가에 나가 미역을 감았다. 집안에 마땅한 목욕간도 없고 남자들처럼 등멱도 할 수 없으니 최후의 방법은 야음을 타 미역을 감는 것이다. 한밤중에 여자 몸으로 멀리 갈 수도 없었기에 주로 동네 다릿간을 이용했다. 다리 밑이라 어둡고 눈에 안 띄여서 안성맞춤이었다. 아낙들이 여럿 모여 희희낙락하며 미역을 감으며 하루의 피로와 더위를 날려 보낼 수 있었던 것이다. 궁금한 것은 그것도 힘든 처녀애들은 어떻게 더위를 식혔는지 궁금하다. 여자들은 참으로 비밀스럽고 신비한 게 많았다.

여름에는 밤에도 열기가 식지 않아 덥기 마련이다. 그래서 평상이라고 하는 이동식 간이마루를 마당에 펴 놓고 더위를 식혔다. 그러면 모기들이 기다렸다는 듯이 총공습을 시작한다. 모기는 특히 연한 아이들의 피부를 좋아해서 물리기만 하면 벌겋게 달아오른다. 가려워서 못 참고 긁고 나면 상처까지 남는다. 그래서 가려움을 없애려고 침이나 된장을 바르기도 했다.

그래서 등장한 것이 모깃불이다. 모깃불은 모기를 쫓기 위해 임시로 피우는 일종의 화톳불이다. 모깃불 재료로는 쑥이 최고였다. 연기도 많이 나고 쑥향이 진해서 모기들이 달려들지 않았다. 매캐한 쑥 연기는 갈 칼하긴 하지만 그 향내가 좋았다. 그래서 저녁 무렵이 되면 온 동네 여기 저기 모기향을 피웠다. 쑥 줄기를 뜯어 오는 것은 물론 아이들 몫이었다. 나도 모기한테 물리지 않으려고 열심히 쑥을 뜯으러 다녔다. 매캐한 쑥 연기가 피어오르는 동네 풍경은 한여름밤의 이색 풍경화였다.

평상은 단지 더위를 식히는 곳이 아니라 거기서 저녁밥도 먹고, 밤이 깊어져 출출하면 모깃불에 감자나 옥수수를 구워 먹기도 했다. 그러면서 할머니들이 들려주는 옛날이야기를 듣다가 스르르 잠들곤 했다. 평상에 누워서 바라보던 밤하늘의 별들은 얼마나 아름답고 영롱했던가. 아마도 그렇게 많은 별이 쏟아진 별밭은 그 이후론 못 본 것 같다. 돌팔매라도 하면 별들이 밤송이처럼 우수수 떨어질 것만 같았다. 어린 마음에 몇 번 돌팔매질도 해보았다.

모깃불이 사그라들면 기운도 싸늘해져 모기들도 사라지고 졸음이 쏟아져 하나씩 둘씩 방으로 들어간다. 나는 별보기가 좋아서 담요를 뒤집어쓰고 새벽까지 버티곤 했다. 하지만 새벽이 되면 별빛도 잦아들고 아침이슬이 내려 별수 없이 방으로 들어가야 했다.

가슴 속에 하나 둘 새겨지는 별을
이제 다 못 헤는 것은
쉬이 아침이 오는 까닭이요
내일 밤이 남은 까닭이요
아직 나의 청춘이 다 하지 않은 까닭입니다
별 하나에 추억과
별 하나에 사랑과
별 하나에 쓸쓸함과
별 하나에 동경과

별 하나에 시와
별 하나에 어머니, 어머니
어머님, 나는 별 하나에 아름다운 말 한마디씩 불러 봅니다
-윤동주, 〈별 헤는 밤〉

그렇다. 나도 윤동주처럼 별 하나를 불러 보며 나의 꿈을 꾸었던 것이다. 저렇게 별처럼 아름다운 사람들이 사는 별세계에서 우정도 나누고 사랑도 해볼 것이라는 꿈을 키우곤 했다. 멘델스존의 '한여름 밤의 꿈' 길에서 윤동주를 만났던 것이다.

나의 어린 시절의 밤은 윤동주의 '별 헤는 밤'으로 깊어갔다. 그리고 윤동주처럼 아름다운 시를 쓰는 시인이 되고 싶었다. 그러고 보니 나는 영락없는 문학소년이었던 셈이다.

수학여행의 추억

학창시절 빼놓을 수 없는 추억거리가 수학여행이다. 수학여행에서 '수학(修學)'이라는 말은 배움을 닦는다는 뜻이니 수학여행은 곧 학교에서 배우고 익힌 것을 현장에서 체험으로 터득한다는 뜻이 된다. 단순한 여행이 아니라 배움의 여행이었던 것이다. 경주 불국사에 가서 우리의 역사와 문화유산을 공부하고, 산업현장에서 가서 경제현황과 산업시설을 살펴볼 수 있는 것이다.

소풍이나 야유회도 넓게 보면 수학여행의 연장이다. 초등학교 때는 원족(遠足)이라 부르던 소풍을 갔다. 원족은 일제 강점기에 쓰던 말인데 60년대까지도 그대로 쓰였다. 어린 아이들이니 십리 길도 먼 길일 수밖에 없어 원족이란 말이 생긴 것이다. 고향 파주는 도성인 한양 근교라 유난히도 왕릉이 많다. 파주(坡州)라는 지명도 작은 언덕, 구릉이 많은 고을이라는 데서 기원했다. 구릉은 왕릉을 만들기에 알맞은 지형이다. 그래서인지 파주에는 파주 3릉으로 알려진 공릉, 순릉, 영릉 그리고 장릉, 소령원 등이 자리잡고 있다. 그래서 소풍은 주로 왕릉으로 갔다.

그 중에서도 학교에서 가까운 공릉, 소령원을 자주 갔다. 그리고 광탄에 있는 미륵불, 오래된 사찰인 보광사도 단골 소풍지였다. 지금은 문화재 보호 차원에서 입장이 안 되지만 그때는 아무나 왕릉에 들어갈 수가 있었다. 원족을 가면 무엇보다 신나는 일은 평소에 못 먹던 음식을 실컷 먹는 일이고, 보물찾기를 해서 귀한 선물을 받는 일이다. 무엇보다 왕릉 꼭대기에서 미끄럼 타기가 최고였다. 왕릉이라 고운 잔디로 조성되었기에 잘 미끄러졌다. 신성한 왕릉에 올라 미끄럼타기는 신성모독이요, 문화재 훼손에 해당되는 일이지만 철없는 우리들에게는 거칠 게 없었다. 묘지기 아저씨가 나타날 때까지 우리들의 신성모독은 계속되었다.

  5학년 때는 서울 창경원으로 수학여행을 갔다. 고궁인 창경원도 보고 서울 구경하는 것이 목적이었다. 시골 아이들이라 서울 구경 자체가 흥분되는 일이었다. 교가에도 있듯이 '80리 수도 서울 등에 지고서' 공부하던 학생들이지만 80리 너머에 있는 수도 서울이 멀게만 느껴졌다. 80리면 32키로고 차로는 30-40분밖에 안되는 거리지만 우리에게는 머나먼 꿈의 도시였다. 간혹 친척이 있어서 서울 나들이 하는 애들도 있지만 태반이 서울 구경도 못한 촌뜨기들이었다.

  지금 흑백사진으로 보는 1960년대 서울은 후지고 낙후된 도시였지만 우리가 수학여행에서 본 서울은 눈이 부실 정도로 휘황찬란한 파라다이스였다. 그렇게 많은 사람들과 자동차들, 호화스런 쇼핑점과 백화점, 즐비한 고층건물과 음식점들, 그리고 말만 들던 남대문, 동대문, 광화문도 놀라웠다. 대절버스를 타고 간선도로를 따라 이곳저곳 서울 구경을 했다. 무엇보다 눈에 띈 것은 전차였다. 도로 한복판을 푸른 불빛을 번쩍거리며 내달리는 전차가 그리 멋지고 신기할 수가 없었다. 그 전차를 한번 타보고 싶었지만 그 꿈은 고등학교에 들어가서야 이룰 수가 있었다. 매일 같이 전차를 타고 다니는 서울사람들이 너무 부러웠다.

  최종 목적지는 창경원이었다. 창경원은 1909년 일본이 창경궁을 개조해서 유원지로 바꾼 곳이다. 우리 역사가 숨 쉬는 궁을 훼손해서 유원지로 만든 것이다. 거기다가 일본을 상징하는 꽃인 벚꽃을 심어 놓아 마치 동경에 있는 공원을 연상케 했다. 한국 역사를 훼손하고 식민정책의 상징으로 창경원을 꾸몄던 것이다. 어린 우리들이야 그도저도 모른 채 한참 만개한 벚꽃 구경에 빠져들었다. 벚꽃 구경을 하면서 맛있는 솜사탕도 먹고 동물들 구경을 하는 것으로 신나는 하루해를 보냈다.

  대학시절 창경원은 신입생들 미팅장소로 유명했다. 특히 밤 벚꽃놀이를 겸해서 야년 '야사꾸라' 미팅이 유행했다. 야사꾸라 미팅은 밤(夜)에 사꾸라(벚꽃) 꽃 아래서 하는 미팅이라는 속어였다. 나 역시 야사꾸라 미팅을 해본 적이 있다. 화려한 조명과 벚꽃잎이 날리던 고궁에서 청춘남녀의 축제 그보다 더 황홀한 잔치가 어디 있겠는가. 그것도 처음 만나는 남녀들이니 흥분과 기대가 한껏 부풀어 올랐던 것이다. 그 부산한 축제 속에서 나는 십여 년 전의 초등학교 수학여행을 떠 올렸다. 철없이 벚꽃 그늘에서 솜사탕을 빨던 유년시절이 그리웠다.

6학년 때 졸업여행 겸 수학여행을 간 곳은 인천 월미도였다. 월미도에는 유명한 맥아더 장군 동상이 있다. 한국전쟁을 승리로 이끈 인천상륙작전의 수장인 맥아더 장군을 기리는 동상이다. 1957년 맥아더 장군의 77회 생일을 축하하기 위해 인천상륙 작전에 첫발을 디딘 월미도에 세운 것이다. 동상은 두 다리를 벌리고 곧게 서서 멀리 바다를 내다보는 늠름한 자세를 취하고 있다. 6.25를 치룬지 10여 년 밖에 안됐기 때문에 맥아더가 한국을 구해준 최고의 영웅으로 칭송받던 시기였다. 그러니 당연히 한번쯤은 그를 숭모하고 6.25의 역사적 교훈을 배워야 했던 것이다. 맥아더가 1964년에 별세했으니 우리가 갔을 때는 이미 작고한 뒤였다. '노병은 죽지 않고 사라질 뿐이다'는 유명한 명언을 남기고 영원히 우리 곁을 떠난 것이다.

맥아더 장군을 만나면서 나도 후에 군인이 돼야겠다는 엉뚱한 생각을 해봤다. 내 자신이 장군감으로는 어림없음을 알고 있었지만 맥아더 장군을 보니 불현듯 장군이 돼야겠다는 생각이 들었던 것이다. 늠름하게 서해바다를 바라보는 그의 모습이 너무 멋있고 자랑스럽게 보였다. 그러한 꿈이 고등학교 시절로 이어져 육군사관학교에 진학할 생각도 잠시 했었다. 자칫 내 인생이 바뀔 뻔한 순간이었다. 이처럼 수학여행은 자라는 학생들에게 꿈과 희망을 심어주는 역할을 하는 것이다.

중학교 때 수학여행은 강화도로 갔다. 강화도는 역사 유적지가 많고

전등사라고 하는 고찰도 있어서 수학여행으로는 적격이었다. 단지 섬이 었기 때문에 배를 타고 들어가야기에 교통이 불편했다. 하지만 파주에서 그리 먼 곳은 아니어서 1박 2일의 수학여행지로는 안성맞춤이었다. 버스를 타고 강화도 입구까지 가서 거기서 배를 타고 건너갔다. 버스까지 실을 수 있는 큰 배였다. 지금으로 치면 아마 카페리호였던 것 같다. 지금은 강화도로 들어가는 큰 다리가 두 개나 생겨 금석지감(今昔之感)을 느낀다.

강화도는 근대사의 역사의 산실이요, 증인이다. 서구열강들이 문호개방을 목적으로 외침(外侵)이 심해서 전적지가 많다. 초지진, 광성보, 갑곶돈대 같은 것이 그것이다. 해안가에 대포를 설치하고 외국군대와 맞서 싸웠던 것이다. 결국은 강화도 조약을 통해 문호를 개방하고 말았다. 한국 근대사를 보려면 강화도 탐방은 필수적이다.

아직 어린 중학시절이라 역사공부를 좀 하긴 했어도 모든 게 낯설었다. 하지만 축성이나 대포, 진지를 보면서 실제 그런 전쟁이 있었음을 실감했다. 전쟁을 치루면서 문호가 개방되고 일본의 식민지가 되었던 근대사의 흐름과 비운을 느낄 수가 있었다. 책에서 보던 것과는 사뭇 다른 실감이 전해졌다. 아마도 그것이 수학여행의 의미일 것이다. 하지만 아직 어려서 그랬는지 그러한 역사 공부는 잠깐이고 친구들과 노는 재미로 보냈던 것 같다. 역사현장을 떠나면 금방 어린 중학생으로 돌아오는 것이다. 빛바랜 흑백사진 몇 장이 그 때의 추억을 말해 주고 있다.

나 하늘로 돌아 가리라
새벽 빛 와 닿으면 스러지는
이슬 더불어 손에 손을 잡고

나 하늘로 돌아 가리라

노을 빛 함께 난 둘이서
기슭에서 놀다가 구름 손짓하면은

나 하늘로 돌아 가리라
아름다운 이 세상 소풍 끝나는 날
가서, 아름다웠더라고 말하리라
-천상병, 〈소풍〉

천상병의 〈소풍〉이다. 그렇다, 인생 자체가 소풍인지 모른다. 소풍은 어린 시절 추억이지만 길게 보면은 우리 인생 자체가 소풍일 것이다. 언젠가는 하늘나라로 가야할 터이니 잠시 지상에 머물며 세상구경하며 사는 것인 인생이 아닌가. 천상병은 인생소풍을 아름다운 추억으로 간직한 채 우리곁을 떠났다.

고등학교 때는 문물견학이란 이름으로 구로공단에서 행해진 산업전시회 견학을 갔다. 미개발 지구였던 구로지역을 재정비해서 산업기지로 탈바꿈시킨 것이다. 제2공화국의 경제개발 계획의 첫 산물이었다. 경제개발의 상징적 장소였기에 당시 많은 학교에서 견학을 갔다. 내 기억으로는 고3 때였던 것 같은데 입시에 매진해야 할 시기에 간 걸 보면 정부 시책으로 동원된 느낌도 든다. 아무튼 구로공단에 가서 당시로는 최첨단 산업기술과 공산품을 구경했다. 새로운 기술로 생산한 제품들이 수북이 쌓여 있었다.

산업전시회는 기업별로 구역이 나누어졌는데 당시 가전제품 1위였던 금성사의 금성관이 최고의 인기였다. 그 기술 덕분에 지금의 LG가 있는 것이 아닐까. 그 당시 삼성은 아직 전자제품에 뛰어들지 않은 때였다. 설탕, 제분 등 소비제품으로 면목을 유지하던 때였다. 그런 놀라운 신기술과 제품들을 보면서 나날이 발전하는 한국의 경제성장을 실감했고 근대화의 꿈이 단순한 꿈이 아닌 것을 확인했다. 구로공단 견학을 마치고 오면서 내가 전공을 잘못 택했나 후회도 들었다. 산업역군이 되려면 아무래도 공대로 가야 했기 때문이다. 1학년 때 공대 화공과를 잠시 꿈꿨던 적도 있었다.

하지만 문과를 선택하고 문학을 전공하는 국문학도가 된 것이 결코 구로공단과 무관한 것은 아니었다. 왜냐면 구로공단이 80년대 문학계의 큰 물살을 이루던 노동문학의 산실이 됐기 때문이다. 많은 노동자 문학이 구로공단을 배경으로 쏟아졌다. 구로공단은 초기엔 산업화의 상징이었지만 뒷날에는 노동문학의 산실이 되었다. 수많은 노동자들이 저임금에 시달리며 고생한 덕분에 1977년 100억 달러 수출의 영광을 얻을 수 있었다. 그 노동자들의 피땀과 고달픈 생활을 소재로 한 작품들이 '노동문학'이라는 이름으로 쏟아져 나왔다.

박노해의 〈노동의 새벽〉, 조기조의 〈구로동 아리랑〉, 신경숙의 〈외딴방〉, 이문열의 〈구로 아리랑〉, 조세희의 〈난장이가 쏘아올린 작은 공〉, 황석영의 〈돼지꿈〉, 공지영의 〈동트는 새벽〉 등등 이루 헤아릴 수 없는 작품들이 쏟아졌다. 이러한 작품들을 읽고 평하는 문학평론가가 된 것이다. 그러니 비록 공대에 가서 산업전사는 못됐지만 구로공단과의 인연을 이어간 셈이다. 견학이 맺어준 인연이었다.

당시에는 소풍도 야외수업의 일환으로 진행되던 학교행사였다. 고1 때는 금곡에 있는 홍릉으로 소풍을 갔다. 홍릉은 대한제국의 마지막 임금이던 고종과 왕비인 명성왕후가 함께 묻혀 있는 곳이다. 원래는 서울 홍릉에 있다가 1919년 고종 서거 후 금곡으로 이장해서 합장이 됐다. 원래 있던 홍릉은 수목원으로 바뀌었다. 전차를 타고 청량리역에 내려 다시 경춘선 기차를 타고 금곡역까지 갔다. 홍릉은 그야말로 조선말기 나라가 풍전등화의 위기에 처했던 시절 역사의 두 주역인 고종과 명성왕후가 묻힌 곳이라 감회가 깊었다.

하지만 역시 기억에 남는 것은 기차를 타고 신나게 놀던 추억뿐이다. 기타를 치며 당시 유행하던 팝송을 열창하던 기억이 생생하다. 당시에는 외국팝송이 유행하던 시절이었다. '밤을 잊은 그대에게', '영시의 다이얼' 같은 심야프로가 유행했다. 그래서 부르던 노래들도 대부분 팝송이었다. 지금도 기억에 남는 노래는 해리 벨라폰테의 명곡 〈Day O〉(바나나보트송)이었던 것 같다. 1959년 카네기홀 공연에서 크게 히트한 명곡이었다. 또 한 구절은 '이 세상에 중앙 없으면 무슨 재미로, 해가 떠도 중앙, 달이 떠도 중앙, 중앙이 최고야' 라는 응원곡이었다. 그 노래를 힘차게 부르면서 학교에 대한 긍지와 사랑을 마음껏 뽐냈다.

중간고사나 기말고사가 끝나면 의례히 가는 것이 단체 영화감상이었다. 교육적으로 도움이 되는 좋은 영화들을 골라서 단체로 감상하는 행사다. 학교가 계동에 있어서 계동에서 가까운 단성사나 피카디리극장을 주로 갔는데 때로는 멀리 퇴계로에 있던 대한극장까지 가기도 했다. 〈쿼바디스〉, 〈벤허〉, 〈십계〉 같은 종교물도 있었고, 〈바람과 함께 사라지다〉, 〈전쟁과 평화〉, 〈닥터 지바고〉 같은 역사물도 있었다.

기억에 남는 영화는 대한극장에서 보던 〈콰이강의 다리〉다. 일본군 포로가 된 영국 군인들이 밀림에서 다리를 건설하는 내용이다. 아시아까지 유린하던 일본군의 만행을 보면서 일본 제국주의의 포악함을 실감할 수 있었다. 하지만 무엇보다도 영화 전편에 흐르는 주제가가 마음에 들었다. 영화 OST로 쓰인 휘파람 행진곡은 포로였지만 떳떳했던 영국군의 기상을 잘 보여주고 있다. 콰이강의 다리 주제가는 영화음악의 고전으로 손꼽힐 것이다. 지금도 그 노래를 들으면 단체 관람하던 까까머리 고등학교 시절이 떠오른다.

대학에 교편을 잡은 후 학술답사, 수련회, 수학여행, 졸업여행을 학과 주요행사로 실천에 옮겼다. 비용이나 시간, 노력이 들어가는 행사지만 학생들 견문을 넓히고 심신수련을 위해서 꼭 필요한 일이었다. 학교, 교실이라는 갇힌 공간에서 수행할 수 없는 필수적인 행사였다. 그래서 거의 의무적으로 학생들이 참여하도록 지도했다. 학문과 연구도 중요하지만 과원들끼리의 유대감, 일체감, 선후배 및 사제지간의 애정과 신뢰감이 무엇보다 중요한 일일 것이다. 그것은 강의실 수업만으로는 이루어질 수 없는 일이다. 사람과 사람끼리의 만남을 통해서만 인간관계가 형성되고 공동체 의식이 형성될 수 있는 법이다. 그를 위해서 수학여행은 꼭 필요한 일이다.

지금 졸업생들을 만나면 학창시절에는 너무 강압적이고 의무적인 행사들이라 부담이 됐지만 막상 졸업하고 나니 아름다운 추억으로 남았다고 회고한다. 그런 모임과 행사가 없었다면 밋밋하고 건조한 학창시절로 끝나고 말았을 것이다. 수학여행은 아름다운 인간관계와 추억을 만드는 매력이 있다.

이처럼 수학여행은 학창시절의 아름다운 추억을 남겨준다. 물론 수학여행을 통하여 얻은 학문적 성과와 교양, 지식습득, 견문도 중요하다. 그것이 수학여행의 1차적인 목표이기 때문이다. 하지만 빛바랜 수학여행의 흑백사진을 보며 반추할 수 있는 것은 그 시절을 함께 했던 사람들과 추억들이다. 밤하늘의 별이 반짝이듯이 수학여행의 추억은 흘러간 세월 속에 빛을 낸다. 인간은 어짜피 정신적 반추동물이다. 어린이는 희망을 먹고 살고, 노년은 추억을 먹고 사는 법이다.

갈수록 우리 사회는 인간관계가 삭막해져 간다. 수학여행도 대폭 축소되거나 사라졌다. 세월호 사건 후 그런 현상이 더욱 심화되었다. 하지만 개인주의가 만연한 요즘일수록 인간관계를 형성하고 아름다운 추억을 만드는 수학여행은 존속돼야 할 것이다. 수학여행이야말로 학창시절의 꽃이기 때문이다.

연탄과 복어알

연탄은 무연탄을 주 원료로 해서 불에 타기 쉬운 코크스나 목탄가루, 그리고 점결제인 석회 가루를 섞어서 만든 연료다. 공기가 잘 통해야 잘 타기 때문에 구멍을 뚫었는데 구멍 수에 따라 19공탄, 22공탄, 32공탄 등으로 나뉘었다. 22공탄이 일반적이다. 화력이 좋고 값도 저렴해서 일반 서민들이 즐겨 쓰던 생활필수품이었다. 1950년대부터 보급되어 1970년대 1100여 톤, 1980년대 2600여 톤으로 사용량이 늘어나고 1986년에는 234만 가구가 사용할 정도로 생활필수품이 되었다.

싸고 화력이 좋다는 장점으로 생활 필수품이 되었으나 탈 때 나오는 일산화탄소는 치명적이었다. 공기량의 0.05%만 흡입해도 생명을 잃을 수 있는 유독가스를 배출한다. 또한 불에 잘 안 타 불붙이기가 여간 어려운게 아니다. 처음엔 종이나 신문을 불쏘시개 감으로 쓰다가 뒤에 번개탄이 등장했다. 번개탄은 불에 잘 붙도록 톱밥에 화학물질을 섞어 만든 재료다. 연탄불 피우려면 반드시 번개탄이 따로 있어야 했다. 게다가 타고 남은 연탄재가 양을 많이 차지하고 부스러지기 쉬워 관리하기가 불편하다. 분명 장단점을 함께 가진 연료임이 틀림없다.

연탄 덕분에 좋은 일도 있는데 특히 산림 보호가 그랬다. 연탄이 일상화되기 전까진 산에 있는 나무를 베다가 땔감으로 사용했다. 그래서 많은 산이 온통 민둥산이 되었다. 그래서 4월 5일 식목일이 제정되고 대대적인 나무심기 행사가 벌어졌다. 해방 후까지도 시중에 땔나무를 파는 시전(柴廛)이 따로 설 정도였다. 지게나 소달구지에 장작을 싣고 장에 팔러 나오는 장작바리 풍경은 흔히 볼 수 있는 풍경이었다. 불쏘시개 감으로 솔가루나 잔가지도 마구 채취해서 팔았다.

　게다가 연기가 안 나는 숯은 가정용은 물론 식당에서 흔히 쓰던 연료였다. 그런데 숯도 결국 나무를 베어서 만드는 것이니 벌목은 피할 수 없는 일이다. 그러다 보니 온 산이 민둥산으로 변해 버린 것이다. 그걸 막아 준 것이 바로 연탄이었다. 집집마다 연탄을 쓰고 식당, 가게, 회사, 학교에서조차 연탄을 쓰니 땔나무는 필요없었던 것이다. 학교나 큰 회사, 공공기관은 연탄으로 화력이 부족하여 조개탄, 석탄을 쓰기도 했다. 아무튼 연탄이 산림보호의 1등 공신 역할을 한 것은 틀림이 없다. 지금은 기름이나 가스, 전기로 대체됐으니 금석지감이 있다.

　이렇게 연탄이 생활필수품이 되다 보니 서민들 겨울나기 준비는 김장과 연탄이 필수적이었다. 김장을 마치고 연탄을 헛간에 가득 쌓아 놓아야 안심이 되었던 것이다. 그 시절 겨우살이 준비는 김장과 연탄 두 가지였다.

　연탄은 일단 불이 붙었다 하면 화력이 좋다. 웬만한 크기의 방구들은 금방 쩔쩔 끓어오른다. 비교적 지속 시간도 길어서 저녁에 붙여 놓으면 보통 아침까지 간다. 물론 연탄통 구멍 크기에 따라 달라진다. 공기 구멍을 완전히 열어 놓으면 열기는 높지만 시간은 단축된다. 그래서 연탄 피울 때는 공기구멍 조절을 잘 해야 한다. 너무 틀어막으면 꺼지는 수도 있다. 연탄에 습기가 차지 않도록 공기가 잘 통하는데 보관하는 것도 문제였다. 잘못하다간 습기를 잔뜩 머금어 눅눅해진 연탄은 잘 타지 않는다. 이처럼 좋은 만큼 잘 다루어야 한다. 마치 어린아이 달래듯 보살펴 줘야 했던 것이다.

　그래서 연탄 피우기를 종종 사랑으로 비유하기도 한다. 사랑은 처음에 서로 탐색하고 신중해야 하기에 불이 잘 안 붙는다. 하지만 일단 사랑에 불이 붙기 시작하면 걷잡을 수가 없다. 사랑이 없으면 세상이 무너질 것 같은 착각에 빠지기도 한다. 연탄불에 모든 것이 타버리듯 사랑의 불길이 모든 것을 연소시킨다. 사랑 때문에 목숨을 거는 일도 비일비재하지 않은가. 연탄처럼 뜨거운 사랑도 없을 것이다. 그리고 습기가 안 차도록 신경을 써야 하고, 가스가 잘 빠지도록 공기통도 제대로 설치해야 하고, 바람 들어가는 입구도 잘 조절해야 한다. 할 일이 많다. 이렇게 연탄 한 장 피우기 위해 신경을 쓰듯이 사랑을 하기 위해서도 세심한 노력을 기울여야 한다.

연탄은 자기 몸을 태워 모든 것을 데운다. 밥도 짓고 찌개도 끓인다. 곧 연탄은 희생과 봉사 의 화신(化身)이다. 사랑도 희생과 봉사 없이는 이루어질 수 없다. 거기다가 타고 남은 재는 유용하게 쓰인다. 겨울철 빙판길을 보호해주는 것이다. 이러한 연탄의 쓰임새를 안도현은 다음과 같이 노래하고 있다.

삶이란
나 아닌 그 누구에게
기꺼이 연탄 한 장 되는 것

연탄은 일단 제 몸에 불이 옮겨 붙었다 하면
하염없이 뜨거워지는 것
매일 따스한 국물 퍼 먹으면서도 몰랐네
온몸으로 사랑하고 나면
한 덩이 재로 쓸쓸하게 남는게 두려워
여태껏 나는 그 누구에게 연탄 한 장 되지 못했네

눈 내려 세상이 미끄러운 어느 이른 아침에
나 아닌 그 누가 마음 놓고 걸어 갈
그 길을 만들 줄 몰랐네, 나는

-안도현, 〈연탄 한 장〉

　안도현의 〈연탄 한 장〉이다. 연탄은 제 몸을 태워 국을 끓인다. 그리고 남은 재는 눈 내린 길을 미끄럽지 않게 한다. 살아 있을 때는 물론 죽어서까지도 남을 위해 희생하고 봉사하는 것이다. 시인은 살아생전 남에게 연탄 한 장 노릇 못한 것에 대해 부끄러움을 느끼고 반성한다. 한갓 연탄 한 장 보다 못한 공허한 삶을 산 것이다. 그래서 또 다른 시 〈너에게 묻는다〉에서 '연탄재 함부로 차지 마라/ 너는 누구에게 한 번이라도 뜨거운 사람이었느냐'고 반문하고 있다. 참으로 하찮은 연탄 한 장이지만 그 속에는 심오한 삶의 철학이 들어 있는 것이다. 연탄 한 장보다 못한 삶을 사람들이 얼마나 많은가.
　그래서 연탄은 이웃사랑을 실천하는 도구로 쓰인다. 연탄같은 삶을 살기 위해 사회봉사를 하는 것이다. 연말이 되면 자선단체나 봉사클럽에서 언덕 꼭대기에 사는 독거노인이나 불우한 이웃들을 위해서 연탄을 지어 나른다. 연말이 되면 리어카에 연탄을 가득 싣고 올라가는 봉사자들, 자선가들의 모습을 심심찮게 보게 된다. 독거노인에게 연탄 한 장 보탬으로써 연탄처럼 살지 못한 부끄러움을 조금이라도 지울 수 있을 것이다. 하지만 그것이 정치인들이나 자선단체의 형식적인 행사나 홍보수단으로 활용될 때는 씁쓸한 느낌을 준다.
　이상하게도 오징어나 생선은 연탄불에 구워야 맛있다. 프라이팬이나 전자레인지에 구운 것 하고는 비교가 안 된다. 연탄화덕에 석쇠를 올려놓고 소금을 조금 뿌려서 구우면 자글자글 소리를 내며 노릿노릿 익어간다. 무엇보다 냄새가 먼저 입맛을 돋군다. 그리고 한 점씩 뜨면 천하진미가 따로 없다. 입에서 살살 녹는 느낌이다. 특히 꽁치나 고등어, 전갱이가 제맛이다.
　연탄불이 고기에 닿으면 소금과 함께 화학작용을 일으켜 미각을 돋운다. 연탄구이는 그야말로 냄새로 즐기고 입으로 즐기는 일식이조의 별미다. 집안에서는 연기 때문에 해 먹기 힘들지만 야외 캠핑장은 제격이다. 종로 피맛골의 생선구이는 소문난 장안의 특미였다. 이제는 그 피맛골도 사라져 연탄구이의 추억도 사라졌다. 생선구이 연기로 술꾼들을 끌어 모으던 피맛골의 밤풍경이 눈에 선하다.

연탄은 탈 때 나오는 일산화탄소 때문에 늘 위험했다. 특히 타기 시작하는 초기 단계에 탄소 배출량이 많다. 일단 타오르기 시작하면 괜찮은데 처음이 문제다. 그래서 환기를 잘 해야 한다. 난로로 쓸 때는 배기통이 있지만 연탄곤로나 화덕처럼 부엌조리용으로 쓸 때는 위험하다. 마땅한 배기구가 없기 때문이다. 추워서 부엌문을 열어 놓기도 쉽지 않고 그러다보면 사고가 나기 마련이다.

또 당시에는 불량 난로가 많아서 난로 틈 사이로 가스가 새어 나오기도 했다. 위험천만한 일이다. 연탄이 뿜어내는 일산화탄소는 냄새와 색이 없어 더 위험하다. 탄소를 흡입하면 혈액성분에 있는 헤모그로빈과 결합하는데 헤모그로빈은 몸에 산소를 공급해주는 요소다. 그러니 그게 탄소와 섞이면 산소공급이 안 돼 머리가 아프고, 어지럽고, 결국 온몸이 마비되어 자칫 생명을 잃을 수도 있다.

나는 두 번이나 연탄가스로 일찍 세상을 떠날 뻔했다. 한번은 중학교 사시절이었다. 학교근처 자양동에 하숙을 했는데 초겨울이 되면 연탄을 피웠다. 사고 나던 날은 처음으로 연탄을 피운 날이었다. 아마도 불량 난로거나 연통이 헐었을 것이다. 거기서 새어 나온 가스가 방 틈으로 스며들어 온몸을 마비시켰다. 자면서도 통증을 못 이겨 몸부림을 쳤고 다행히 주인집 아저씨가 문을 부수고 병원으로 실어 갔다. 의식을 되찾고 보니 건대 민중병원에서 산소마스크를 쓰고 있는 것이 아닌가. 내가 조금이라도 신경이 무딘 사람이었다면 아마도 세상을 등졌을 것이다. 23살 대학을 갓 졸업한 총각 시절이었다.

또 한 번은 대구대 시절이었다. 군 제대 후 첫 직장이던 대구대에 취업하면서 자취를 시작했다. 하숙생활도 지겨워서 자유롭게 살아 보자고 자취생활을 택한 것이다. 그게 화근이었다. 학교에서 좀 떨어진 화원에 방을 하나 얻어 셋방살이를 했다. 그 시절 화원은 완전 시골이어서 집 앞 논에는 누런 벼들이 익어가고 있었다. 일부러 전원생활도 할 겸 그곳을 택했다.

그날은 수업이 많아 피곤해서 일찍 밥을 해 먹고 연탄을 갈고 금시 잠이 들어 버렸다. 그런데 연탄불 초기의 위험성을 깜박한 것이다. 결국 연탄가스가 새어 들어와 몸부림을 치고 말았다. 이번에는 내 스스로 고통을 못 이겨 얇은 베란다 문을 부수고 마당으로 뛰쳐나왔다. 의식이 돌아오면서 찬기가 느껴졌는데 첫눈이 마당에 소복히 쌓여 있었다. 그렇게 해서 두 번째 목숨을 구했다. 그 때도 총각 교수였다. 두 번 다 장가도 못 가보고 세상을 일찍 하직할 뻔했다. 늘 너무 민감한 내 성격이 미웠는데 그 민감함이 나를 구해준 것이다. 그래서 그 후부터 민감한 성격을 그리 탓하지는 않았다. 생명의 은인을 어찌 원망할 수 있으랴.

겨울이 시작되면 신문지상에 연탄가스로 중독되어 목숨을 잃은 뉴스가 종종 실렸다. 그만큼 연탄이 생활화되었다는 증거인데 관리가 허술했다. 집이든, 부엌이든, 연탄난로든 무언가 그 중 하나가 허술해서 일어나는 사고였다. 어느 때는 가족 전체가 몰사하는 안타까운 비극도 생겼다. '자나 깨나 연탄조심, 꺼진 연탄 다시 보자'던 시절이었다. 연탄은 식생활을 유지하는 필수품인 동시에 목숨을 앗아가는 저승사자이기도 했다. 비유하자면 스티븐슨의 소설에 나오는 지킬(천사)과 하이드(악마)였던 것이다.

연탄가스 중독사와 함께 신문지상에 실리던 단골손님이 복어알이었다. 복어알은 독성이 강해 먹으면 안 되는 독약이었다. 그런데 집 밖 쓰레기통에 버려진 복어알을 삶아 먹고 죽은 사람들이 많았다. 싱싱하고 먹음직스러워서 부잣집에서 그냥 버린 것으로 알고 끓여 먹었던 것이다. 복어알이 위험하다는 건 알았지만 잘 구별이 안 돼 일어나는 비극이었다. 쓰레기통에 신문지로 싸서 버린 복어알을 끓여 먹었다는 것은 그만큼 가난한 사람이 많았다는 의미다. 1950, 60년대니 전쟁의 후유증이 심각했던 경제난 시절이었다. 연탄가스 중독사, 복어알 참사는 결국 먹고 살기 힘든 시절을 생생히 보여 주는 시대적 비극이었다.

참새와 구렁이

참새는 늘 우리 곁에서 친구처럼 지내는 텃새다. 앙증맞은 작은 몸으로 요기조기 폴짝거리며 앉고 나는 모습이 여간 귀여운 게 아니다. 작은 새라 목소리도 짹짹 귀엽고 살갑다. 진해 군복무 시절 참새소리와 함께 눈뜨던 상쾌한 아침을 잊을 수가 없다. 집 뒤뜰에 심어 놓은 장미 넝쿨과 벚나무 가지에 참새들이 줄지어 앉아 아침이면 노래를 불러 주었다. 아련히 잠이 깨면서 들려오던 참새들의 합창소리는 그 어떤 오케스트라보다 멋진 아침노래였다. 그렇게 참새 소리와 함께 눈을 뜨고 하루를 시작했다.

연보라 빛 안개의 저 편에서
보이지 않는 모습으로 날고 있는
한 마리 새여

문득 눈 뜨는 새벽
연보랏 빛 새벽 안개 저 편에서
보일 듯 나타날 듯 보이고 있는
한 마리 새여
-정한모, 〈새〉

정한모 시인의 〈새〉다. 그는 유난히 참새들이 많이 살던 성북동 '새언덕'에 살았다. 늘 참새소리를 들으며 아침을 열었고, 참새소리를 들으며 '내 가슴에 울려오는 맑은 바람소리'를 맞았다. 그에게 있어 참새는 신선한 아침을 깨워주는 전령사였다.

어렸을 때 우리 동네에는 참새들이 참 많았다. 앞마당에도, 뒤뜰에도, 밭두렁에도, 고목나무 가지에도 참새들이 날아들었고, 그곳은 늘 그들의 먹이터이자 놀이터가 되었다. 우리도 다정한 친구처럼 참새들과 함께 노래하고 뒹굴며 컸다. 포롱포롱 날갯짓을 하며 창공으로 날아오르는 참새를 보면서 나도 날개가 있었으면 얼마나 좋을까 하는 생각도 해보았다. 아마도 날개를 갖고 싶은 것은 빨리 자라 미래의 세계로 날고 싶은 꿈이 있는지도 모른다. 창공에 나는 새를 보며 미래에 펼쳐질 꿈의 세계를 그려 봤던 것이다.

그런데 어른들에게 참새는 우리와는 전혀 다른 대상이었다. 논밭에 있는 곡식을 쪼아 먹는 나쁜 해조(害鳥)였다. 가을볕에 널어둔 벼 낟알들을 열심히 쪼아 먹는 참새의 모습은 흔한 풍경이었다. 먹고 살기 힘든 시절 어렵게 수확한 곡식인 만큼 참새들이 쪼아 먹는 낟알 하나도 여간 아까운 게 아니었다. 그것도 떼로 몰려와 쪼으면 없어지는 낟알도 만만치 않았던 것이다.

그래서 논밭에 허수아비를 세워 놓고 밤낮으로 지키게 하거나 아이들을 시켜 꽹가리나 깡통을 두들기며 쫓아내게 했다. 하지만 우리들에겐 허수아비가 귀여운 인형처럼 보였고, 꽹가리와 깡통 두드리기는 신명나는 놀이었다. 따가운 가을볕을 맞으며 누렇게 익은 들판을 무대로 허수아비, 참새들과 함께 벌이던 한판 깡통춤은 아련한 어린 시절의 추억이다.

때로는 참새가 어른들의 별미의 대상이 되곤 했다. 이른바 참새구이가 그것이다. 참새는 작고 민첩해서 잡기가 여간 어려운 게 아니다. 청둥오리나 꿩 같은 큰 새는 엽총이나 새총으로 잡았지만 참새는 그것이 불가능했다. 그래서 여러 방법이 동원됐는데 그 중에 하나가 마당에 곡식을 뿌려놓고 소쿠리로 잡는 것이다. 큰 채나 소쿠리를 장대에 걸어 놓고 바닥에 곡식을 뿌려 놓는다. 그러면 참새들이 멋도 모르고 몰려든다. 모이를 쪼느라 정신없을 때 막대 끝에 달려있는 줄을 휙 당기는 것이다. 그러면 몇 마리는 고스란히 소쿠리 속에 갇히고 만다. 물론 민첩하고 날쌘 참새들이라 허탕치는 경우가 태반이다.

   앞마당을 백로지인 것처럼
   참새들이 글씨 공부하지요

   짹, 짹 입으로 부르면서
   두 발로는 글씨 공부하지요

   하루 종일 글씨 공부하여도
   짹 자 밖에 더 못쓰는 걸
   -윤동주, 〈참새〉

윤동주의 동시 〈참새〉다. 앞마당에서 모이를 쪼는 참새를 글씨 공부한다고 재미있게 표현하고 있다. 하루 종일 공부해도 '짹' 자 밖에 못 쓴다는 말에 웃음이 나온다. 그렇게 앞마당에서 열심히 공부하는 참새를 잡았으니 나는 나쁜 아이이었나 보다.
   이런 소쿠리 잡기는 아이들이 즐겨 택하던 참새 사냥이었다. 어른들은 좀 더 쉽고 과감한 방법을 택했다. 그것은 밤중에 지붕 속에 잠자는 참새들을 터는 방법이다. 옛날에 시골집은 대부분 초가집이었다. 간혹 기와집, 양철집이 있었지만 초가집이 대부분이다. 1970년대 들어 새마을 운동과 함께 대대적으로 벌어진 가옥개량 운동으로 초가집들도 역사 속으로 사라지고 말았다. 초가집은 볏가리가 빗물에 썩기 때문에 1년에 한번씩은 바꿔 줘야 한다. 낱알을 털어내고 남은 볏단은 겨우내 소먹이와 지붕이엉으로 쓰였다.

추수가 끝나면 논바닥이나 앞마당에 수북이 산처럼 쌓인 볏섬들은 우리들의 재미있는 놀이터였다. 볏섬 속에 구멍을 뚫고 들어가 숨바꼭질하기에 안성맞춤이었던 것이다. 때로는 볏섬 위에서 미끄럼을 타다가 엉덩방아를 찧기도 했다. 참새들처럼 볏단 속을 들락거리며 희희낙락 신나는 시간을 보내곤 했다.

밤이 되면 참새들은 안전하고 편안한 잠자리를 찾기 마련이다. 그렇게 선택한 것이 볏짚단이나 볏단 이엉으로 지은 초가지붕이다. 몸을 숨기기도 좋고 볏가리 속은 따뜻해서 참새들 잠터로 최고의 장소다. 그래서 겨울밤이 되면 참새들이 볏가리나 초가지붕 이엉 속으로 기어든다. 바로 그것을 노리는 것이다.

플래시나 횃불을 들고 사다리를 준비해서 초가집으로 몰려간다. 한 사람은 플래시를 들고, 한 사람은 사다리를 고정하고, 남은 사람이 참새잡기에 나선다. 참새가 들락거렸을 만한 초가 이엉의 구멍을 찾아 그 속에 손을 집어넣는다. 그러면 참새가 잠결에 깨서 짹짹 소리를 내며 바둥거리며 잡혀 나온다. 잠자다가 날벼락을 맞은 것이다. 참으로 잔인한 참새잡이인 셈이다. 물론 목숨을 뺏는 어떤 방법인들 잔인하지 않은 것이 있으랴. 목숨을 뺏는 건 똑같은 일일 것이다.

그렇게 잡은 참새는 그날 밤 소주 한잔의 안줏감으로 희생된다. 계륵(鷄肋)이라는 말이 있지만 참새도 털을 벗기고 나면 먹을 게 없다. 유달리 몸집이 작은 것이 특징인 참새가 실로 먹을거리가 무엇이 있겠는가. 그래도 먹을거리가 귀하던 시절이니 참새구이는 별미 안줏감으로는 최고였다.

그 때만 해도 길거리 포장마차에는 '참새구이'가 단골 메뉴였다. 오뎅, 홍합, 고갈비, 빈대떡, 오징어튀김과 함께 버젓이 참새구이가 포장마차 메뉴판을 장식하고 있었다. 포장마차 메뉴의 중심이 된 참새구이었던 만

큰 수요를 충족하기 위해 직업적인 참새잡이꾼이 있었고 참새를 전문으로 키우는 양식집도 있었다. 1970년대까지만 해도 참새는 술안줏감으로 희생됐던 것이다. 오호 가엾은 참새여, 매정한 인간들이여, 먹을거리가 그리 없어서 귀엽고 예쁜 참새들까지 잡아먹는단 말인가.

나도 동네 형들을 따라 참새잡이에 종종 나섰다. 그냥 팔짱만 끼고 구경하는 정도였다. 워낙 숫기도 없고 여린 마음이라 소쿠리로 잡은 몇 마리 참새도 불쌍해서 그냥 놓아 주던 순진한 아이였다. 그런데 어느 날 형 하나가 초가지붕 처마 끝에 손을 넣는 순간 앗 하며 비명을 지르며 떨어지는 것이 아닌가. 참새한테 물린 게 아니라 이엉 속에 있던 뱀을 건드린 것이다.

초가지붕에는 참새만 사는 게 아니라 구렁이들도 살았다. 아마도 참새나 굼벵이 같은 벌레들이 많으니 지붕에 둥지를 튼 것이리라. 우리는 그걸 집구렁이라 불렀는데 호기심과 공포심의 대상이 되었다. 어른들은 집구렁이를 집이나 마을을 지켜주는 수호신으로 여겼다. 내려오는 많은 전설과 민담의 소재가 된 것도 집구렁이다. 구렁이는 사람을 헤칠지 모르는 짐승이지만 집안의 행운과 복을 지켜주는 가호신이었다. 말하자면 집구렁이는 두 얼굴을 가진 야누스(Janus)였던 것이다.

어렸을 때 시골에서 먹을 것이 없어서 군것질은 꿈에도 못 꿨다. 사탕이나 호떡, 뻥튀기는 장날이 돼서야 조금씩 얻어먹을 수 있는 귀한 요깃거리였다. 그래서 아이들의 군것질 욕구를 채워 줄 수 있는 것은 태반이 자연에서 나는 생물(生物)들이었다. 참새가 그 중 하나지만 겨울이 되면 토끼사냥도 하고, 꿩, 오리사냥도 했다. 수확은 시원치 않았지만 영양가가 높아 부족한 단백질을 채우기엔 최고였다.

우리집 막내 동생이 약골로 태어나 경기(驚氣)까지 있는 편이라 병에 좋다는 개구리도 잡으러 다녔다. 개구리는 한방에서도 취급되는 치료제다. 뱀도 좋다고들 하지만 뱀 잡기는 엄두가 안 나고 어린 나이에 손쉬운 것은 개구리였다. 그 때는 개구리가 논이고 개울이고 지천에 널려 있었다.

　조그만 깡통을 차고 막대기로 풀숲을 뒤지면 애기 손바닥만 한 개구리들이 폴딱폴딱 튀어 나온다. 그러면 놓칠세라 막대기로 내리치면 그만이다. 막대기를 맞고 뒷다리를 바르르 떨며 죽어가는 개구리를 보면서 내가 죄를 짓는 건 아닌가 겁이 나기도 했다. 하지만 오직 병약한 동생을 살린다는 신념(?)하에 용기를 냈다. 그렇게 개구리를 잡아 먹인 탓인지 효험이 있어 동생은 건강하게 잘 자랐다. 내 동생은 개구리가 키운 개구리 동생인 셈이다.

　가을이 되면 메뚜기 잡이도 아이들의 몫이었다. 메뚜기 역시 가난한 시골 아이들의 요긴한 단백질 공급원이었다. 주전자나 빈 병을 하나씩 준비하고 누렇게 익은 황금벌판을 헤집고 다니면서 메뚜기를 잡았다. 준비물이 없으면 즉석에서 강아지풀을 따서 그 줄기에 메뚜기를 굴비처럼 줄줄이 엮기도 했다. 굴비 엮음이 아니라 메뚜기 엮음이었다. 주전자 속에 갇힌 메뚜기들이 살려 달라고 툭툭 튀어 오르던 소리가 생생하다. 그렇게 가을이면 메뚜기잡이에 신바람을 냈다.

　그러다가 한번은 돌부리에 넘어져 유리병 조각에 오른쪽 새끼손가락이 잘리고 말았다. 다행히 손가락이 떨어지지 않고 달랑달랑 남아 있었다. 지금 같으면 병원으로 달려가 치료받으면 멀쩡했을 텐데 옥도정기를 바르고 실로 칭칭 감아 임시요법으로 처리했다. 덕분에 손가락은 잃지 않았지만 베인 상처가 지금도 지문처럼 남아 있다. 새끼손가락의 베인 흔적을 보면 황금벌판을 달리며 메뚜기잡이 하던 유년시절의 모습이 떠오른다. 세월이 흘렀어도 몸의 자그마한 상처는 그 시절의 추억을 화석처럼 간직하고 있는 것이다.

　어렸을 때 나도 여느 아이들처럼 어머니가 해주는 구수한 옛날이야기를 들으며 컸다. 나는 집에 할머니가 안 계셔서 어머니가 그 역할을 대신

했다. 이야기뿐 아니라 가끔 민요가락도 한 자락씩 깔아놓곤 하셨다. 아마 기분이 좋을 때였던가 보다. 지금에도 기억에 남는 노랫가락은 '남원산성 올라가 이화문전 바라보니 수진이 날진이 해동청 보라매, 떴다 보아라 종달새' 하는 민요가락이다. 〈남원산성가〉였다. 어머니가 막걸리라도 한 잔 드시고 기분이 좋으며 부르시던 18번 노래다. 나는 '수진이, 날진이, 해동청 보라매'가 뭔지 모르고 흥에 겨워 따라 부르기도 했다. 수진이, 날진이, 해동청 보라매가 새를 잡는 매의 일종이라는 것을 안건 훨씬 뒤의 일이다.

〈남원산성가〉는 남도 지방 민요다. '둥가타령'이라고도 하는데 후렴구에서 '둥가 어허 둥가'에서 붙여진 이름이다. 선율은 육자배기로 되어 있으며 중중모리 장단으로 흥겹게 부른다. 〈남한산성가〉라고도 부르는데 남도 민요인 만큼 〈남원산성가〉가 맞는 것 같다. 전라북도 남원에는 실제로 남원성이 남아 있다. 어머니도 남원산성으로 부르셨던 것 같다. 민요는 구전가요라 가사나 내용이 와전될 수 있는 법이다.

민요가수 김세레나가 리메이크하여 일반 대중들에게 사랑을 받은 노래다. 지금도 이 노랫가락을 들으면 막걸리 한 잔에 흥에 겨워 노래 부르던 어머니 모습이 떠오른다. 힘겨운 일상을 막걸리 한 잔과 남원산성 민요가락에 흘려보냈던 것이다.

그리고 자장가 대신에 들려주던 옛날이야기가 구렁이 이야기다. 구렁이에 관한 민담과 설화는 많지만 어머니가 들려주던 고정 레파토리는 〈구렁덩덩 서선비〉였다. 하도 들어서 지금도 기억에 남아 있다. 옛날 어느 서씨 집안에 아이가 태어났는데 하필이면 구렁이었다. 그래서 모두 쉬쉬했지만 동네에 소문이 돌아 어떤 집 세 자매가 구경을 왔다. 첫째, 둘째는 징그러워했지만 이상하게도 막내는 호감을 가졌다. 성장한 후 구렁이 아들이 호감을 보여준 막내딸에게 청혼을 하고 마침내 결혼을 했는데 첫날밤 구렁이가 허물을 벗더니 멋진 미남으로 변신하였다. 낮에는 구렁이,

밤에는 사람으로 바뀌다가 마침내 결혼하면서 완전히 사람이 된 것이다.

신랑이 과거 보러 떠나면서 자기 허물을 보여 주지 말라고 했으나 샘이 난 언니들이 허물을 태워버렸다. 그래서 땅 속으로 다시 들어간 구렁이에 새 약혼녀가 생겨 곤란한 상황에 처하게 되었다. 그래서 전 아내와 새 약혼녀가 큰 신발 신고 물 길어 오기, 호랑이 눈썹 가져오기 같은 내기를 했는데 아내가 시합에서 이겨 다시 결합하고 행복하게 살았다는 이야기다.

다소 황당한 이야기지만 어린 마음에 너무 재밌고 사람과 동물을 초월한 사랑이 너무 감동적이었다. 나도 커서 사랑을 한다면 저렇게 헌신적이고 아름다운 각시를 만나 영원한 사랑을 해야지 하는 엉뚱한 생각도 해보았다. 어머니가 들려준 옛날이야기가 어린 아들에게 조숙한 사춘기의 꿈을 깨워 줬던 것이다. 까짓것 뱀이면 어떠랴, 아름답고 헌신적인 짝이라면 영원한 사랑과 행복을 누릴 수 있을 것만 같았다.

한국의 대표적인 민족시인 김소월을 키운 것은 숙모 계희영이었다. 그녀는 소월 집안에 시집을 왔으나 남편이 광산업 운영 차 외지로만 떠돌아 과부 아닌 과부로 살아야만 했다. 그때 그 외로움을 풀어 줄 대상이 네 살박이 소월이었다. 어린 소월에게 옛날이야기를 들려주면서 적적한 나날을 보냈던 것이다.

계희영은 평북 선천의 토호의 딸로 넉넉한 집안 덕분에 신교육을 받은 개화된 여성이었다. 신여성으로서 자기의 길을 걸어보지 못한 채 이른 나이에 시집을 와서 청상과부 생활을 해야 했다. 소월 역시 일찍 정신병자가 된 아버지, 집안 살림에 여념이 없는 어머니뿐이어서 유일한 대화 친구는 오직 숙모뿐이었다. 나중에 성장한 후에 동네 친구 오순이를 만나 풋사랑을 나누게 된다. 어렸을 때 소월의 유일한 대화 창구는 숙모뿐이었다. 그러한 사정은 계희영이 쓴 『내가 키운 소월』(1969)에 자세히 나와 있다.

숙모에게 얻어들은 전설, 민담이 후에 그의 시의 주된 소재가 된다. 그렇게 소월에게 문학적 상상력의 눈을 뜨게 하고 시적 감수성을 일깨워준 사람은 숙모였다. 숙모 없는 소월은 상상하기 힘들다. 그의 대표작 〈접동새〉, 〈초혼〉, 〈물마름〉 등이 모두 숙모에게서 들은 이야기를 시로 쓴 것이다.

접동 접동 아우래비 접동
진두강 앞 마을에 와서 웁니다
옛날 우리나라 먼 뒤쪽의
진두강 가람가에 살던 누나는
의붓어미 시샘에 죽었습니다

시샘에 몸이 죽은 우리 누나는
죽어서 접동새가 되었습니다
야삼경 남 다 자는 밤이면
이산저산 옮겨 다니며 슬피 웁니다
-김소월, 〈접동새〉

김소월의 시 〈접동새〉다. 의붓엄마 시샘에 죽은 누이가 접동새가 되어 이산저산 옮겨 다니면서 아홉이나 되는 동생들을 위해서 슬피 운다는 내용을 담고 있다. 이 시의 소재는 바로 소월이 어렸을 때 숙모에게 들은 이야기다. 이처럼 그의 대부분의 시, 특히 이야기를 담고 있는 설화시(說話詩)들은 숙모에게서 들은 이야기를 소재로 하고 있다. 그런 점에서 숙모 계희영은 소월시의 공동 저자인 셈이다.

이렇듯이 나도 어렴풋하나마 어머니의 옛날이야기를 듣고, 민요가락에 접하면서 문학에 대해 조금씩 눈 떴던 것 같다. 시 한 편 제대로 써본적 없는 사람이고 기껏해야 문학평론가로 문단의 한구석을 차지하고 있지만 어쨌든 어려서부터 시를 좋아하고 책읽기를 좋아한 것은 어머니의 역할이 컸던 셈이다. 그런 점에서 〈남원산성가〉, 〈구렁덩덩 서선비〉는 나의 문학적 상상력을 일깨워 준 어머니의 선물이었다. 참새와 구렁이는 그렇게 어린 감수성을 키워준 옹달샘이었다.

질화로와 동치미

옛날 길고 추운 겨우살이를 위해서 질화로는 필수품이었다. 아궁이에 남은 불씨를 모아서 화로에 담아 방안에 갖다 놓으면 훈훈한 열기가 퍼진다. 보일러도 없던 시절 거의 온돌이라 아궁이에 불을 때고 조금 지나면 방바닥이 식기 시작한다. 불을 땔 때 반짝하던 온기는 사라지고 차가운 냉기가 구석구석 서린다. 아궁이 불을 다 땐 후 찬 바람이 들어가지 말라고 철판으로 아궁이 문을 닫지만 겨울밤은 길어 새벽녘이 되면 이내 냉골이 되기 일쑤다. 그 냉기를 막아주는 역할을 한 것이 바로 질화로였다.

질화로는 진흙으로 구워서 만든 화로다. 값도 싸고 가벼워서 서민들이 주로 사용했다. 돈 있는 대가집들은 누런 놋쇠로 된 놋화로나 철화로를 사용했다. 놋화로는 품위도 있고 정갈한 반면 무거워서 들고 다니기가 힘들었다. 철화로도 그랬다. 그에 비해 질화로는 가볍고 열기도 오래간다. 진흙으로 만들어 잘 식지 않기 때문이다. 그러고 보면 실용성이 떨어지는 놋화로는 품위 과시용이었던 셈이다.

질화로에 쓰이는 불감은 단단한 나무, 예를 들면 전나무나 소나무 같은 것이 좋다. 특히 나무 기둥을 자르고 난 등걸은 속질이 단단해 열기도 오래간다. 그에 비해 솔가루나 잔가지들은 화로에 옮겨 놓으면 곧 식어버린다. 그래서 있는 집들은 따로 숯을 준비해서 추가로 집어넣곤 했다. 하지만 숯은 비싼 연료라 서민들은 엄두도 못 냈다.

그러다가 점차 석탄이나 조개탄을 때는 난로가 나오고, 열효율이 높은 연탄이 나오면서 질화로는 점차 사라졌다. 대신 연탄가스 때문에 목숨을 잃는 사고도 자주 일어났다. 연탄은 편하고 열효율도 좋지만 가스중독의 위험이 컸다.

훨씬 뒤에 온돌에서 기름보일러로 바뀌면서 온돌과 질화로 시대는 끝이 났다. 지금은 가스보일러, 전기난로까지 나왔으니 질화로는 아득한 원시시대 유물처럼 여겨진다.

하지만 질화로는 많은 추억과 풍속을 간직한 값진 보물이다. 단지 열효율성, 편의성으로만 가치를 매길 수 있는 것은 아니다. 질화로야말로 가족공동체, 이웃공동체 문화를 상징하는 대표적인 유산이다. 춥고 긴 겨울날 가족끼리, 또는 이웃 사람들이 모여 옹기종기 음식을 나눠 먹으며 따뜻한 웃음의 꽃을 피우던 만남의 수단이던 것이다. 가족 이야기, 동네 이야기, 할머니의 구수한 옛날이야기를 들으며 겨울밤의 무료함을 달랠 수 있었다. 아직도 기억에 남아 있는 옛날이야기는 그때 화로가에서 어른들께 들었던 이야기다. 그렇게 정을 나누면서 가족간, 이웃간의 사랑과 친밀감과 유대감을 가질 수 있었다.

오누이들의 정다운 애기에
어느 집 질화로엔
밤알이 토실토실 익겠다
-김용호, 〈눈 오는 밤에〉

질화로에 재가 식어지면
비인 밭에 밤바람 소리 말을 달리고
엷은 졸음에 겨운 늙으신 아버지가
짚베개를 돋아 고이시는 곳

흐릿한 불빛에 돌아 앉아

도란도란 거리는 곳
-정지용, 〈향수〉

이처럼 시에도 질화로가 중요한 소재로 쓰이고 있다. 모두 겨울밤에 질화로에 밤알을 구워 먹으며 도란도란 이야기꽃을 피우던 정겨운 풍경을 그려낸다. 질화로가 식으면 이야기꽃도 시들고 졸음에 겨워 잠자리를 찾아간다. 그야말로 질화로는 가족공동체의 중심에 있었던 생활 용품이었다.

무엇보다 눈싸움이나 썰매를 타다 집에 들어와 꽁꽁 얼어붙은 손을 녹이기엔 화로불처럼 요긴한 게 없었다. 파주는 유난히도 눈이 많이 오고 추워서 겨울나기가 여간 힘든 곳이 아니다. 마당에서 세수를 하고 들어오다 문고리를 잡으면 손가락이 쩍쩍 달라붙었다. 그 순간 전기에 감전된 듯 깜짝 놀라곤 했다. 감전의 충격을 맛본 셈이다.

머리맡에 놓아둔 물그릇이 꽁꽁 얼어붙기도 하였다. 그만큼 추웠고 추위를 이길 난방거리도 없었다. 유일한 것이 질화로였던 것이다. 추워서 친구들은 동상에 걸려 손등이 거북이처럼 쩍쩍 금이 가기도 했다. 심해지면 갈라진 틈에서 피까지 흘러 나왔다. 동상 치료제도 구하기 힘들어 할 수 없이 민간요법인 요강에 손을 담가야 했다. 아마 오줌 성분이 소독을 해주고 치료 효과가 있었던 모양이다. 그런데 이미 갈라진 손등이니 요강에 담구면 짜릿하게 통증이 왔다. 오줌통이라 어린 마음에 지저분해서 손 넣기가 싫었다. 그래도 참고 해냈던 것이다.

어린 시절 질화로는 옛날이야기보다 화로에 구워먹던 간식거리가 더 기억에 남는다. 밤, 콩, 옥수수, 고구마, 감자에다 설날 때 먹고 남은 가래떡이 주메뉴였다. 고구마는 너무 커서 잘 안 익기 때문에 주로 밤, 감자를 구웠던 것 같다. 구운밤과 감자는 맛있기도 했지만 구울 때 풍기는 구수한 냄새가 더 먹음직스러웠다. 음식은 코로 먹고 입으로 먹는다 했던가.

맛있는 음식은 코와 입으로 먹는 후각과 미각이 어우러져야 제맛이다. 5감각이 총 동원돼야 음식맛을 제대로 즐길 수 있는 것이다. 비록 감자와 밤은 보기는 그랬지만 후각미와 미각미는 탁월했다.

겨울에 질화로에 구워 먹을 밤을 준비하기 위해 가을이 되면 동네 뒷산은 물론 시오리 떨어진 마장리 박달산까지 올라가곤 했다. 집밤은 알도 굵고 싱싱하지만 산밤은 알이 작고 벌레도 많아 보잘 것이 없다. 하지만 집밤은 함부로 딸 수 없으니 별 수 없이 산밤을 딸 수 밖에 없었다.

자그마한 포대자루를 매고 먼 길을 떠났다. 어떤 때는 하루가 걸릴 길이라 도시락까지 준비하기도 했다. 산밤따기는 여간 힘든 일이 아니었다. 대부분 깊은 산 속에 있었고 나무들이 내 키보다 몇 배나 높았으니 장대로도 힘들었다. 그래서 땅에 떨어진 알밤을 주어야 하니 양이 적어 여러 산을 헤매야 했다. 그렇게 힘들게 한 자루 가득 따서 돌아오는 길은 힘든 줄도 몰랐다. 가을에는 그렇게 밤따기로 짧은 해를 보내곤 했다.

덕분에 겨울밤 질화로의 밤굽기는 풍성한 편이었다. 나 덕분에 식구들이 맛있게 군밤을 먹을 수 있었던 것이다. 밤이 떨어지면 감자를 구웠는데 감자는 시간이 많이 걸려 화로불이 식을 때쯤 해서 골라 먹었다. 불은 식었는데도 감자는 뜨거운 열기가 남아 있어 손을 호호 불어가며 먹어야 했다. 곤란하고 힘든 일을 '뜨거운 감자'라고 표현하는 이유를 알 것 같았다.

질화로에 구워 먹는 일 외에 푼돈을 모아 국화빵을 사 먹거나 국수도 해 먹었다. 때로는 내기를 하기도 하였다. 내기는 주로 스무고개가 주메뉴였다. 스무 가지나 되는 문제를 풀어서 제일 못 푼 사람이 돈을 내는 것이다. 겨울이 되면 동네에 국화빵 집이 한 군데 있었다. 즉석에서 사 먹는 간식거리는 거의 국화빵이 전부였다. 금방 구워낸 국화빵은 따근한 게 그만이었다. 특히 속에 든 팥고물이 그렇게 맛있을 수가 없었다. 바삭바삭 익은 반죽과 달콤한 팥고물이 조화를 이룬 것이다. 무엇보다 추위를 이기는데 최고였다. 따끈한 국화빵 한 개를 먹으면 얼었던 몸도 스르르 풀렸다. 신문봉지에 담아서 팔던 국화빵은 내겐 아련한 추억거리로 남아 있다.

또 하나 별미는 땅속에 파묻어 둔 무였다. 김장하고 남은 무를 광이나 땅속 깊이 항아리에 묻어 두었다가 꺼내 먹는 것이다. 땅속이어서 얼지도 않고 싱싱한 게 금방 밭에서 캐온 무 같았다. 대신 빛을 못 봐 끝부분에 노란 싹을 달고 있다. 그걸 씻어서 듬성듬성 잘라서 나눠 먹었던 것이다. 선듯하면서도 새콤달콤한 무맛 향기는 일품이었다.

무는 디아스타제라는 소화액이 들어 있어 먹고 나면 트림이 나오면서 뱃속이 편안해진다. 무트림 냄새는 좀 불쾌하지만 참을 만했다. 생무는 그대로 깎아 먹으면 되니 편하게 먹는 겨울 먹거리였다. 그래서 서민들은 김장 준비와 함께 겨울에 먹을 생무를 따로 준비하곤 했다. 힘든 일상을 씻어내기엔 무트림보다 좋은 것은 없었다. 트림을 하고 나면 몸은 물론 정신까지 맑아지는 느낌이었다.

어른들은 화투치기로 국수내기를 했다. 겨울이 되면 농한기라 어른들은 화투로 소일했다. 국수내기는 점잖은 편이고 큰돈이 왔다 갔다 하다가 도박으로까지 발전했다. 그래서 파산하는 경우도 생기고 이혼까지 하는 집안도 종종 있었다. 농한기라 별로 놀거리가 없는 어른들이 쉽게 손댄 것이 화투였던 것이다.

하지만 국수내기 화투는 말 그대로 오락이었다. 그렇게 해서 먹는 동치미 국수는 겨울의 별미였다. 추운 겨울에 차가운 동치미 국물에 말아 먹던 동치미 국수는 이한치한(以寒治寒)의 음식이었다. 국화빵이 따뜻한 맛으로 먹는다면 동치미 국수는 찬 맛으로 먹는 음식이다. 동치미 국수의 진미는 민속 시인 백석의 시에도 나온다.

아 반가운 것은 무엇인가

이 히수무레하고 부드럽고 수수하고 슴슴한 것은 무엇인가
겨울밤 쩡 하니 익은 동치미국을 좋아하고
얼얼한 댕추가루를 좋아하고
싱싱한 산꿩의 고기를 좋아하고
수육을 삶는 육수국 내음새 자욱한
더북한 삿방 쩔쩔 끓는 아르궅을 좋아하는 이것은 무엇인가
이 조용한 마을과 마을의 으젓한 사람들과 살틀하니 친한 것은 무엇인가
이 그지없이 고담하고 소박한 것은 무엇인가
-백석, 〈국수〉

백석의 〈국수〉다. 시에서 '이것은 무엇인가' 하는 것이 바로 국수다. 질문을 반복해서 궁금증을 풀어가는 화법이다. 백석은 국수를 '히수무레하고, 부드럽고, 수수하고, 슴슴한 것', '고담하고 소박한 것'이라고 풀이하고 있다. 백석은 평안도 사투리를 많이 써서 향토미를 살려낸 시인이다. 이 시에서도 평안도 사투리가 많이 나온다. 히수무레(희끄무레한, 빛깔이 조금 흰), 슴슴한(심심한, 덜 짠), 댕추가루(고추가루), 더북한 (따뜻한), 삿방(삿, 갈대를 깐 방), 아르궅(아랫목)처럼 평안도 방언이 쓰였다. 그렇게 해서 평안도 지방의 향토색을 물씬 살려내는데 성공하고 있다. 이를 방언의 시화(詩化)라고 부른다.

  평안도는 북도라 겨울이 유난히 길다. 눈도 많이 내린다. 긴 겨울밤을 보내자니 자연 출출해지기 마련이다. 그래서 동치미 국수를 많이 해 먹는다. 시에 나오는 평안도식 국수는 동치미 국물에 산꿩 고기를 삶아 넣고 거기에 댕추가루와 식초를 쳐서 먹는다. 요리법만 보아도 시원한 동치미국에 구수한 꿩고기, 매콤한 댕추가루와 식초향이 입맛을 돋군다.

  이렇게 만들어진 동치미 국수를 군불을 때서 따뜻한 아랫목에 옹기종기 모여 먹는 것이다. 겨울밤 동네잔치가 벌어지는 것이다. 이웃간에 정을

나누던 훈훈한 인심과 인정이 물씬 묻어난다. 그렇게 길고 추운 겨울밤을 가족애와 이웃사랑으로 견뎌낼 수 있었던 것이다. 추운 겨울일수록 따뜻한 인정은 절실하기 마련이다. 우리집도 비록 화투놀이는 아니지만 백석의 〈국수〉처럼 가끔 이웃을 초대해서 동치미 국수를 해 먹었다. 동치미는 차지만 이웃사랑은 훈훈했다. 그것이 겨울 동치미 국수의 참맛이다.

개와 고양이

개와 고양이는 가축이다. 가축은 말 그대로 집에서 사람들과 함께 사는 동물을 뜻한다. 개, 고양이, 닭, 소, 돼지, 말, 노새, 염소가 그것이다. 하지만 개, 고양이를 뺀 가축들은 농사나 식자료의 도구로 쓰이는 축생(畜生)들이다. 소와 말은 농사일을 돕거나 짐이나 사람을 실어 나르고 닭, 돼지, 염소는 그저 도축용으로 쓰인다. 그에 비해 개와 고양이는 반려견, 반려묘처럼 사람의 친구 역할을 한다. 반려(伴侶)라는 말 자체가 짝이 되는 동무라는 뜻이 아닌가.

우리집은 늘 개를 키웠다. 먹고 살기 힘든 시절이었지만 그래도 강아지 한 마리가 늘 대문을 지켰다. 내가 성장하던 1950년대는 전후 상황이라 먹고 살기가 힘든 시절이었다. 사람도 힘든데 개를 키우는건 사치일지도 모른다. 그래서 개 키우는 집은 좀 여유 있는 집에 속하기도 했다. 개를 키워도 꼬박꼬박 밥을 챙길 수 없어 개들은 동네를 돌아다니며 이것저것 주워 먹고 컸다. 그러다가 쥐약으로 죽은 쥐나 고양이를 잡아먹다가 목숨을 잃는 일도 허다했다. 어른들은 그렇게 죽은 개도 아깝다고 내장을 빼고 먹기도 했다.

지금은 반려견이라 정말 친구처럼 개를 키우지만 그때는 보신용으로 키우는 경우가 많았다. 적당히 크면 복날 몸보신하려고 개를 잡는다. 물론 지금처럼 자그마한 반려견이 아니라 이른바 '똥개' '누렁이'라 부르던 덩치가 큰 개들이었다. 여름날 어른들은 개추렴이라 해서 개 한 마리 잡아 술판을 벌이고 했다. 여름날 불에 그슬린 개를 지개에 들러 매고 술통을 진 채 숲속으로 들어가는 어른들을 종종 보았다. 몸보신에 개보다 더 좋은 게 없는 시절이었다. 그래서 '보신탕'이라는 말이 생긴 것이다. 그런 모습을 보면서 어린 마음에 어른들이 밉고 혐오스런 생각이 들었다. 어찌 집에서 키우던 개를 잡아먹을 수 있는 것인지 그 잔인함에 치를 떨었다.

나의 어린 시절 별명은 '꺼먹강아지'였다. 머리숱이 까맣고 눈도 유달리 까맣고 초롱해서 동네 사람들이 붙여준 별명이다. 누나가 나를 업고 나가면 동네 어른들이 '아이고 귀여워라, 꺼먹 강아지' 그렇게 놀려대곤 했단다. 정말 내가 그리 귀여운 아이였는지는 모르겠다. 지금 내 모습은 꺼먹강아지 하고는 거리가 멀기 때문이다. 어쩌면 나도 아가였을 때는 강아지처럼 귀여웠는지 모르겠다. 한참 이쁜 나이였으니까.

그래서인지 우리집 식구들은 개를 좋아하고 나도 예외가 아니었다. 사료가 없던 시절이라 밥 한 숟가락이라도 나누어 먹이며 개를 키웠다. 우리집을 거쳐 간 개들이 한두 마리가 아닐 것이다. 내가 개를 좋아해서 그런지 내 자식들도 개를 좋아했다. 부전자전이 개사랑으로 이어진 것이다. 특히 딸이 유별나게 개를 좋아 했는데 어렸을 때부터 큰 개를 무서워하지 않고 끌어 안곤 했다. 하마터면 큰 사고가 날 뻔도 했다. 큰 개가 놀라 덥석 물기라도 했으면 어찌 됐을까.

지금도 개를 키우고 있다. 개야말로 내 인생의 영원한 반려인 셈이다. 얼마 전에 18년간 키우던 '누리'라는 개는 잊지 못할 내 친구였다. 마르티즈 종의 흰 개였는데 정말 깜찍하게 이쁘고 영리한 개였다. 내가 보기에 반려견으로서 완벽한 개였던 것 같다. 어디 하나 흠잡을 데 없는 개로 우리에게 최고의 위안과 기쁨을 안겨 주었다. 개는 개였지만 사람으로 착각이 들 정도였다. 말귀도 잘 알아듣고 상황판단도 빨랐다. 물론 개로서 한계는 있지만 거의 대화가 통하고 뜻이 통하는 친구였다. 정말 반려견이란 말이 실감 나는 개였다.

하지만 그 녀석도 죽음은 피할 수 없는 노릇, 결국 18년간 일생을 누리고 먼 세상으로 떠났다. 만남은 반드시 이별이 있는 법, 회사정리(會者定離)의 순리에서 벗어날 수 없었다. 18년간 친구로 살아왔기에 이별의 슬픔도 컸다. 내가 개 때문에 눈물을 흘릴 줄이야 생각이나 했으랴. 떠난 지 한 달 간은 거의 멘붕 상태, 수업시간에 그 녀석 생각에 말이 헛나와 엉망이 되곤 했다. 아마도 개를 키워 본 사람은 내 심정을 이해할 수 있으리라.

나는 아무것도 아니다. 나보다 더 심한 사람들도 많다. 화장시킨 개의 유골을 집안에 모셔놓고 추모하는 사람도 있고, 함께 다니던 산보길에 묻어 놓고 매일 추모의 시간을 갖기도 한다. 생일과 기일에 제까지 올리는 사람도 있다. 모르는 사람들은 미쳤다 하겠지만 막상 18년간 한 식구처럼 살아온 나는 충분히 이해가 간다.

개는 그야말로 말 없는 친구다. 말이 없어 대신 눈빛과 몸짓으로 말한다. 말 때문에 불화가 생기고 우정에 금가는 사람들을 생각하면 차라리 말 없는 친구가 더 소중할지 모른다. 말은 말을 낳고 오해와 갈등을 낳기 십상이다. 가루는 체로 치면 칠수록 고와지지만 말은 할수록 거칠어지는 법이다. 개는 그저 주인의 말만 듣고 알아서 행동한다. 생활에 꼭 필요한 몇 마디로 충분히 대화를 이어갈 수 있는 것이다. 부처가 가르치는 염화시중(拈花示衆)의 비법이 따로 있는 것이 아니다. 눈빛, 손짓만 봐도 통하는 사이, 그보다 더 애틋하고 깊은 우정이 어디 있겠는가.

개는 결코 자기 주장을 내세우지 않는다. 주인이 주는 대로, 하는 대로 먹고 산다. 거의 불평, 불만이 없다. 행여 자기가 싫으면 조용히 거절할 뿐이다. 먹기 싫고 밥맛이 없으면 안 먹을 뿐 투정부리고 짜증내지 않는다. 그저 주는 대로, 하는 대로 묵묵히 따를 뿐이다. 무얼 먹이든, 많고 적든, 무슨 옷을 입히던 그저 주인 시키는 대로 따라한다. 그러면서도 주인 옆에서 지키고 친구가 되어준다. 결코 개는 배신하는 적이 없다. 집안에 들어설 때 늘 반갑게 맞아 주는 것도 개다. 개는 하루 종일 주인을 기다리며 그리움을 익힌다.

  우리 집 애완견은 말티즈, 이름은 코코
  식구가 아무도 없을 땐 혼자 외롭게 집을 지킨다
  개는 자기가 좋아 하는 주인을 기다릴 줄 안다
  집에 들어오면 환영할 줄도 안다

  내 귀엔 들리지도 않은 발자국 소리를 먼저 듣고
  작은 체구로 컹컹 거리며 온몸을 요동친다

  그대가 사람이라면
  그 개를 개새끼라고 욕하지 마라

  그리움을 잊어 버리고 목석처럼 사느니
  차라리 개처럼 사는게 낫지
  누군가를 향해 주체할 수 없는 그리움을 가지고
  하루하루를 살고 싶다
  개가 아닌 사람으로
  -문일석, 〈개처럼〉

문일석의 〈개처럼〉이다. 시인은 시에서 개를 그리움의 표상으로 노래하고 있다. 온종일 주인을 기다리며 사는 개는 기다림, 그리움의 화신(化身)이 된다. 그래서 그리움을 잊고 사는 목석같은 인간이기 보다는 그리움을 아는 개가 되고 싶다고 고백한다. 삭막한 인간 세상, 기다림, 그리움을 잊어버리고 사는 인간들에 대한 경종을 개가 울리고 있다.
  개는 배부르고 편안하면 그것으로 만족한다. 더 가지려고 하지도 않고 욕심내지 않는다. 그야말로 무소유의 삶을 사는 것이다. 물론 대부분 동물들이 다 그렇다. 논가에서 물고기를 잡는 황새도 자기가 먹을 만큼 먹고 집으로 돌아간다. 예외적으로 겨울준비를 위해 도토리를 땅에 묻어두는 다람쥐 같은 동물도 있지만 대부분은 자기가 필요한 만큼 먹고 그걸로 만족하며 하루하루를 살아간다. 그에 비해 아등바등 필요 이상으로 쌓아 놓고 살려는 인간들이 얼마나 많은가. 동물들은 말없이 무소유의 삶을 사는데 인간들은 소유의 삶에서 허덕거리고 있다. 참으로 추한 삶이다. 그런 삶의 지혜를 배우는 것도 개 키우는 보람이요, 기쁨이다.

이렇게 무소유의 삶을 살고 인간에게 한없는 우정을 베푸는 반려지만 어찌해서 안 좋은 욕은 개가 다 차지하고 있는지 모르겠다. '개새끼, 개같은 놈, 개만도 못한 놈' 등등 온갖 상스러운 욕에는 꼭 개가 끼어든다. 개의 입장에서는 억울하고 황당할 것이다. 그저 사람이 주는 대로, 시키는 대로 묵묵히 따랐을 뿐인데 도대체 무얼 잘못하고 죄를 지었단 말인가. 내가 보기에도 개 잘못은 없다. 행여 실수로 사람을 물거나 다치게 하는 경우가 있지만 그것은 자기를 지키려는 본능일 뿐이다. 주인이 관리 못해서 생기는 경우가 태반이다. 결코 개 잘못, 개 허물은 아니다. 하니 지금이라도 동물사랑, 개사랑을 실천하기 위해서 개에 관한 욕부터 없애야 할 일이다.

더구나 개나 고양이를 학대하는 사람들을 보면 이해할 수가 없다. 세상은 인간만이 사는 건 아니다. 모든 지구상의 생물이 더불어 살아가는 세상이다. 주인도 노예도 없다. 그런데 인간들은 주인 행세를 하며 동물 위에 군림하며 자기 멋대로 살려 한다. 심지어 동물학대를 취미로 삼는 사람들조차 있다. 이제는 단속도 하고 처벌도 해서 많이 줄어들긴 했지만 지금도 동물학대는 비일비재하다. 동물학대는 얼마나 비겁하고 비굴한 짓인가. 힘없고 말 없는 동물들을 그렇게 괴롭히고 죽이는 일은 잔악한 범죄행위다. 차라리 떳떳하게 인간들끼리 경쟁하고 싸울 일이지 힘없는 동물에 손대는 건 인간으로 차마 할 도리가 아니다. 그런 점에서 동물보호 운동은 필요한 일이다. 동물사랑은 결국 인간사랑으로 보답할 것이다.

고양이도 늘 인간 곁에서 인간과 함께 살아가는 동물이다. 그런데 개와는 사뭇 다른 습성을 지녔다. 바로 사람을 경원시하는 버릇이다. 사람과 같이 살되 사람 속으로 결코 들어오지 않는다. 물론 종류에 따라서 혹은 길들이기에 따라서 달라지겠지만 흔히 동네에서 보는 길고양이들은 다 그렇다. 너무 귀여워 가까이 가서 쓰다듬어 줄 양이면 놀라 도망가기 일쑤다. 결코 사람의 곁을 주지 않는 것이다. 그러면 섭섭하고 괘씸한 생각도 든다. 그렇게 사람을 경원시하면서도 결코 인간 곁을 떠나지 않는다. 모순이다.

이런 고양이 습성을 보면서 나는 자유와 생존을 생각한다. 고양이는 생존을 위해서 인간 곁에 있어야 한다. 어쨌든 사람들 곁에 있어야 먹이를 구하고 살아갈 수 있다. 도심에 사는 길냥이들의 가장 큰 문제가 물이라 한다. 먹이는 쓰레기통을 뒤지든, 주워 먹든 살아가는데 물 구하기가 쉽지가 않다. 시골에 사는 고양이들은 여기저기 웅덩이도 있고 샘물도 있지만 도시 고양이들은 그게 아니다. 그래서 도심 고양이들이 어떻게 물을 먹고 살아가는지 궁금하다. 아무튼 고양이들은 사람 곁을 떠나서는 생존하기가 어렵다. 떠나면 야생으로 산고양이가 되어 살아갈 수밖에 없다.

그렇게 사람 곁에서, 사람에 의지하며 살아가야 하는 형편에도 불구하고 사람을 멀리하는 이유가 무엇일까. 바로 자유가 아닐까. 사람들에 의지하지만 결코 구속되고 싶지 않은 것이다. 먹고 살 만큼의 구속 외에 어떤 구속도 허락하지 않는 것이다. 결국 자유를 향한 존재의지의 표현이다. 의지가 아니라 본능이겠지만 그런 본능이 쌓이고 쌓여 고양이의 생태적 본능으로 발전한 것 같다. 구속과 자유, 그 경계에서 자기 정체성을 지키며 살아가는 것이다.

　그런 점에서 개하고는 사뭇 다른 고양이의 생존법칙을 알 수 있다. 고양이는 자기가 살던 집을 찾아가고 개는 함께 살던 사람을 찾아간다. 사람보다는 집이 우선이다. 행여 사람 무릎팍에 올라와 안기는 것도 사람이 좋아서라기보다 사람의 따뜻한 체온이 필요해서이다. 고양이는 태생이 열대 지방 출신이기 때문에 추운 건 질색이다. 사람들은 좋아서 안기는 것으로 착각한다. 늘 몸을 핥고 털어서 자기 몸을 정갈하게 보관하는 것도 고양이의 매력이다. 동네 뒷골목을 쏠고 다니면서도 고양이는 늘 깨끗한 외양을 유지한다. 개는 웅덩이를 풀썩거리며 그대로 지나가지만 고양이는 아무리 멀어도 돌아서 간다. 발에 물을 젖시지 않기 위해서다. 그렇게 자기 몸을 깨끗하게 보관하는 게 고양이다.

　아무튼 고양이는 몸관리부터 정갈하고 고상한 본능을 과시한다. 사람들에게 얻어먹으면서도 접근을 허락하지 않는 것도 고상한 고양이의 캐릭터. 고양이는 그야말로 자존심으로 사는 동물이다. 하지만 개는 몸관리도 허술하고, 주인은 물론 처음 보는 사람에게도 쉽게 꼬리를 치며 안긴다. 낯을 가리지 않고 붙임성이 좋은 것이다. 소탈하고 친근한 습성을 갖고 있다. 그렇게 개와 고양이는 사뭇 다르다.

　이렇게 개와 고양이는 똑같은 반려동물이면서 상반된 습성을 갖고 있다. 하지만 두 가지 다 살아가면서 필요한 것들이다. 이웃과 가까이 지내기 위해선 개의 품성이 필요하다. 친절하고, 스스럼없고, 소탈한 성격이 따뜻한 정을 나누고 이웃이 되는 기본소양일 것이다. 거리감 없이 자기를 내세우지 않고 몸을 낮춰야 편한 이웃이 되고 친구가 될 수 있는 법이다.

　하지만 고양이의 습성도 배울 것이 있다. 의지는 하되 자신의 개성과 자존심을 지키는 일, 인간이라면 지켜야 할 덕목이 아닌가. 살아가기 위해 의존은 하되 자신을 버리지 않고 자기 정체성을 지키는 일, 그보다 더 값진 것은 없으리라. 자신의 자유를 지키기 위하여 불편하고 힘든 일을 감수하는 생의 의지, 그것은 고양이의 미덕이자, 인간이 지켜야 할 삶의 품성이다. 우리들은 반려동물에게 배우면서 살 일이다.

조회와 교복

학창시절 월요일 아침마다 운동장에 전교생이 모여 조회를 열었다. 조회는 조례라고도 했는데 의례히 국민의례, 애국가제창으로 시작하여 교장훈시, 교가제창, 지시사항 전달로 끝났다. 초등학교 때는 조례가 끝나고 국민체조도 했다. 경쾌한 리듬이 방송으로 흘러나오면 체육 선생님을 따라 하는 맨손체조였다. 매주 하는 공식 체조여서 머릿속에 각인되어 그 리듬이 지금도 선명하다.

조회(朝會)는 원래 조선시대에 문무백관이 정전(正殿)이나 편전(便殿)에 모여 임금께 문안을 올리고 정사(政事)를 논하는 집회였다. 규모에 따라서 초하루와 보름날 행하던 큰 조회인 대조회(大朝會), 한 달에 4번 하던 조참(朝參), 매일 행하던 상참(常參)으로 구분된다. 크든 작든 거의 매일같이 조회가 열렸던 셈이다.

학교에서 행하는 조회는 일제 강점기의 애국조회에서 시작되었다. 애국조회에서 눈에 띄는 것은 '궁성요배'와 '황국신민서사'다. 궁성요배는 일본 천황이 있는 동쪽을 향해 절을 올리는 것이고, 황국신민서사는 3항목으로 된 천황에 대한 충성맹서를 외치는 일이다. 황국신민서사는 아동용과 성인용으로 구분되었는데 천황께 충성한다는 내용은 일치한다.

신민서사는 일본 신민(臣民)으로서 천황에 충성을 다하여 군국주의를 선양할 것을 다짐하는 내용이다. 학교조회는 물론 각종 집회에서 어김없이 신민서사를 낭독해야 했다. 심지어 신민서사비까지 곳곳에 설치하여 황도(皇道)의 길을 따르게 했다. 때로는 일본 신사(神社)를 참배하는 행사도 빈번하게 이루어졌다. 신사는 천황을 모신 곳이다.

이러한 조회의 관습이 해방 후에 일반학교에 그대로 답습되었다. 일제 잔재가 그대로 이어진 것이다. 초등학교 다닐 무렵인 1961년에 5.16 군사정변이 있었고 이후 혁명공약을 제정하여 조회 때마다 낭송하게 했다. 인솔자가 외치면 모든 학생들이 그대로 따라했다. 혁명공약은 6장으로 좀 긴 편이었는데 그게 무슨 내용인지도 모르고 선생님들이 시키는 대로 따라했다. 제대로 외우지 못하면 벌도 받고 청소도 해야 했다.

그러다가 1968년에 국민교육헌장이 제정되어 그것이 혁명공약을 대신하게 된다. '우리는 민족중흥의 역사적 사명을 띠고 이 땅에 태어났다'로 시작되는 내용이었다. 이 역시 각종 행사에서 단체로 낭송하고 개별적으로 암송해야 했다. 군대훈련에서도 반드시 외워야 할 암기사항이었다. 못 외면 얼차려가 기다린다.

조회는 학창시절, 군복무 시절 빼놓을 수 없는 단체 행사였다. 시상식이 있거나 초청연사 강연이 있으면 시간이 지연된다. 꼿꼿이 서서 한두 시간을 보내야 하니 여간 힘든 일이 아니었다. 무더운 여름날 조회 때는 여기저기 픽픽 쓰러지는 아이들조차 있었다. 아침이라도 여름 햇살이 따가웠던 것이다. 비가 오면 강당으로 옮기고, 방송 시스템이 갖춰 진 후에는 방송조례로 대치되었다.

나는 6학년 때 반장으로 학교 전체 통솔자가 되어 혁명공약을 조회 석상 맨 앞에서 외쳐야 했다. 내가 먼저 선창하면 남은 학생들이 따라했다. 혁명공약을 다 외우기도 힘들고 선창하기는 더 힘들었다. 마이크도 없어 목소리를 최대한 뽑아내야 했다. 그래서 월요일 조회가 끝나면 녹초가 되기 일쑤였다. 맨 앞줄에 서서 모범을 보여야 했고 선생님들도 쳐다보고 있으니 여간 긴장되는 게 아니었다.

한번은 요란한 굉음과 함께 헬리콥터가 운동장 하늘 위로 나타났다. 우리가 장난삼아 붙여준 올챙이 비행기였다. 모양이 뚱뚱한 게 배불뚝이 올챙이처럼 생겨 붙여준 이름이었다. 헬리콥터는 커다란 지프차를 대롱

대봉 매달고 있었다. 배불뚝이만큼 힘도 좋았던 모양이다. 하필이면 교장 선생님 훈시 시간이었는데 별수 없이 잠시 중단되고 말았다. 그래서 그 틈을 이용하여 부동자세를 풀고 한눈을 팔 수 있었다. 그 올챙이 헬리콥터가 그렇게 고마울 수가 없었다.

이처럼 애국조회는 나의 학창시절에서 빼놓을 수 없는 추억거리다. 그 시절 학교에 다닌 사람들은 다 같은 경험을 했을 것이다. 아무튼 애국조회가 말해주듯이 민족과 국가를 강조하던 계몽시대에 학교를 다녔다. 일제시대처럼 신민서사를 암송하는 비참한 경험은 아니었지만 그에 준하는 군사정부의 엄격한 통제와 규율 속에서 학교를 다녔다. 개인적 자유와 권리보다는 국민과 민족, 국가가 우선시 되는 공적 규범의 시대를 살았던 것이다.

그런 시대에 맞게 학교 운영도 진행됐다. 초등학교 시절의 주번제가 대표적이다. 조편성을 해서 일주일에 한번씩 청소를 도맡아 하는 것이다. 50명 정원이면 10명씩 1조를 짜서 5주차로 돌아가며 청소를 했다. 조반장을 두어 '주번'이란 노란 완장을 차고 청소 지휘를 했다.

내가 다니던 신산초등학교는 온돌방처럼 꾸민 교실이라 들어갈 때 신발을 신발장에 넣거나 주머니에 담아 들어가야 했다. 그래서 청소를 할 때는 물걸레가 아니라 초걸레를 했다. 마루를 빗자루로 쓸어 내고 초를 발라서 매끈하게 광택을 내는 것이다. 초를 바르고 공기돌이나 걸레 주머니로 계속 문질러야 제대로 광이 났다. 그러니 시간도 많이 걸리고 여간 힘든게 아니었다. 주번제는 일종의 책임제고 할당제였다. 군대의 분대 개념을 학교 운영에 적용한 것이다.

중학교에 들어가니 규율반이란 선배들이 교문에 떡 지키고 서서 교복, 모자, 신발, 모발상태를 살피고 규칙에 어긋난 학생들을 잡아 내어 혼을 주는 것이었다. 즉석에서 엎드려뻗쳐를 시키거나 방망이로 후려치기도 했다. 군대의 얼차려를 그대로 따라 한 것이다. 그래서 아침마다 등교할 때는 긴장이 됐다. 규율부 선배들이 얼마나 무서운지 공포의 시간이었다. '규율'이라는 노란 완장을 찬 선배들이 일제시대 순사처럼 무서웠다. 학교에 일단 들어가면 교문 밖에 나오는 일도 쉽지 않았다. 수위 아저씨뿐 아니라 규율부 학생들이 지키고 있었기 때문이다. 수업 중 밖에 나가서 과자 하나 사 먹기도 힘든 시절이었다.

나는 군복무를 운 좋게 해군사관학교 생도들을 가르치는 것으로 대신했다. 총 대신에 대학국어와 문학개론을 가르치며 군복무를 했던 것이다. 총 대신에 백묵을 든 셈이다. 그런데 아침 수업시간이 되면 생도들이 일렬로 줄을 서서 악대 밴드에 맞추어 교실로 들어온다. 학과수업도 훈련의 연장이었던 것이다. 적진에 행군하듯이 보무당당하게 군악대 소리와 함께 강의실로 진군했다. 그런 생도들에게 국어를 가르치고 시를 가르치는 일이 가당찮게 느껴졌다. 하지만 문(文)과 무(武)는 겸비해야 하는 일, 훌륭한 장교가 되려면 군사훈련도 중요하고 정신적 수양도 쌓아야 하는 것이다. 그것이 참된 지도자의 덕목일 것이다. 그래서 사명감을 갖고 수업에 임하곤 했다.

규율과 규범적인 교육을 위해서는 교복 착용은 필수적인 일이다. 교복은 일종의 유니폼이다. 유니폼(uniform)에서 'uni'라는 접두사는 '통일, 동일'이라는 뜻을 갖고 있으니 유니폼은 구성원이 하나로 통일된 의복이란 말이다. 군인이든 경찰이든 하나의 조직생활을 하는 사람들은 누구보다도 규율과 규범, 규칙이 필요하다. 일심 단결해야 힘이 생기고 그 힘으로 적을 이길 수 있는 것이다. 그래서 제복이 필요한 것이다. 명령체계에 복종하고 일사분란하게 행동하기 위해서 의상도 통일된 하나의 유니폼을 갖춰야 한다.

일제 강점기의 국민복을 보면 유니폼의 의미를 좀더 분명하게 알 수가 있다. 일제 말엽에 태평양 전쟁이 일어나면서 일제는 급기야 모든 국민에게 국민복이라는 제복을 입게 했다. 국민복을 입게 한 이유는 황국신민으로서 천황에 충성하고 신성한 제국주의 전쟁에 참여하는 의식을 고양하기 위한 것이었다. 전시체제인 만큼 후방에 있는 국민들도 군복에 준하는 국민복을 입고 전쟁 후원에 적극 나서야 한다는 뜻이다. 그야말로 총후보국(銃後保國)을 실천하라는 의미로 국민복을 입혔던 것이다. 전방의 군인은 군복으로, 후방의 국민들은 국민복으로 나라에 보답하라는 뜻이다. 일제 말기는 그야말로 전후방이 없는 전시체제였다. 소학교도 그래서 국민학교로 불렀다. 당시 '국민'은 천황에 충성하고 은총을 입는 황국민, 곧 일본신민을 뜻했다. 이처럼 국민복은 유니폼의 역할과 기능, 목표와 의도가 선명하게 드러난 제복이었다.

해방 후에 일제의 통치에서 벗어났지만 후유증은 오래갔다. 일제잔재가 청산되지 못하고 관습으로 남아 있었던 것이다. 그중 하나가 학교의 교복이다. 학교마다 모양은 다르지만 제복이란 점에서는 공통적이다. 교복만 봐도 어느 학교 학생인지 금방 알아볼 수 있다. 거기다가 모표가 달려 있는 교모를 쓰고, 상의에는 목 칼라에 뱃지와 학년 표시 숫자가 달려 있고, 왼쪽 가슴에는 이름표까지 붙어 있다. 그래서 교복을 보면 어느 학교, 몇 학년 누구인지 금방 알아 볼 수 있었던 것이다. 여학생들은 아무래도 신분을 감춰야 해서 학교 뱃지만 달고 다녔다. 하지만 뱃지 색깔에 따라 초록색은 1학년, 분홍색은 2학년, 백색은 3학년 하는 식으로 학년 표시를 하는 학교도 있었다. 기억으로는 숙명여고가 그랬던 것 같다.

그렇게 교모, 교복은 그 학교 학생으로서의 소속과 신분을 밝혀주는 표지였다. 따라서 학생 개인의 개성이나 특징보다는 그가 속한 학교의 이념이나 전통, 교풍이 강조되던 시대였다. 곧 교복은 사적인 자유보다는 공적인 규범을 강조하는 제복이었던 것이다. 그런 점에서 군복과 큰 차이가 없다.

비록 그런 목적으로 교복을 입게 했지만 반항심이 많은 사춘기 청소년들이라 교복에 대한 거부감도 컸다. 규범에 반항하고 저항하는 기질이 사춘기 청소년들의 특징이 아닌가. 그래서 교복이나 교모를 규정대로 착용하지 않거나 훼손하고 변형해서 저항의 포즈를 취했다. 일부러 모자를 삐딱하게 쓰고 다닌다든지, 단추 한두 개는 풀어 놓고, 목칼라의 포크를 풀고 다니는게 유행이었다.

여학생들은 치마 길이를 짧게 해서 당시에 유행하던 미니스커트 흉내를 내고, 바지도 딱 붙게 해서 몸의 윤곽을 드러내게 하는 방법을 동원했다. 허리도 잘록하게 해서 몸매를 강조하기도 했다. 교복이지만 최대한 사춘기의 멋을 부리고자 했던 것이다. 그래서 정문에서 규율부 학생들과 늘 실랑이가 벌어지곤 했다. 규칙대로 교복을 입고 다니는 나 같은 학생은 영락없는 범생이들뿐이었다.

나는 감히 교복에 손댈 생각은 않았지만 한번 규율을 깬 적이 있다. 여름에는 교복이 하복으로 바뀐다. 그러나 모자는 겨울에 쓰던 것을 그대로 썼다. 두껍기도 하고 색도 까매서 여름이면 엄청나게 더웠다. 그런데 어느 날 학교에서 하모를 쓰게 했다. 아마도 전국적으로 우리 학교가 처음 시도한 일일 것이다. 카키색으로 된 동그란 모자였다. 재질이 가볍고 바람이 잘 통해 겨울 동모와는 비교가 안 되었다.

하지만 너무 가볍고 날라리 같은 느낌이 들어 처음에는 창피한 생각이 들었다. 그동안 썼던 모자는 무겁고 더웠지만 나름대로 격식과 품위가 있었다. 그런데 하모는 아무래도 가벼운 느낌이었다. 그래서 등하교 때 벗어서 가방에 넣고 다녔다. 교문에 들어설 때만 규율부에게 단속되지 않으려고 썼던 것이다. 그러나 그것도 잠깐 자꾸 쓰다 보니 편해지고 나름대로 멋도 있었다.

군사정권 시절에는 학생들도 교련을 받았다. 교련은 아예 학교 정규수업 과목이었다. 그래서 교련을 받으려면 교련복을 착용해야 한다. 교련은 그야말로 군사훈련이니 의당 군복을 입어야 했던 것이다. 개구리 모양으로 얼룩덜룩 디자인 돼 있어서 일명 '개구리복'이라고도 했다. 개구리복을 입고 운동장을 돌고, 포복을 하고, 막대총으로 총쏘기 훈련을 받았던 것이다. 여학생들은 주로 간호훈련을 받았다.

대학에 들어가서도 교련은 이어졌다. 아마도 2학년 때까지 받았던 것 같다. 고등학교 때야 별로 의식이 없던 때라 학교에서 시키는 대로 했지만 대학은 달랐다. 자유와 정의, 자율과 민주를 최고 가치로 생각하는 지성인들에게 군사훈련은 당연히 거부해야 할 대상이었다. 그래서 교련반대 데모가 벌어졌다. 명목은 대학의 병영화였다. 대학까지 교련이라는 미명하에 군사 조직화하고 군사문화를 강요하는 것은 있을 수 없는 일이었다. 연일 반대시위가 지속되자 결국 없애지는 못하고 교련 이수학점을 줄이고, 교련 받은 시간만큼 군복무 기간을 줄여주는 미봉책을 내놓았다. 그러다가 문민화 시대와 함께 사라졌다.

비록 이렇게 교복을 입고 조회에 참여하고 교련을 받으며 일제식, 군대식 제도교육을 받았지만 지내 놓고 나니 나름대로 의미도 있었다는 생각이 든다. 세월이 지나면 모든게 미화되기 마련이지만 교복을 입던 학창시절이 그리워지는 것이다. 무엇보다 교복은 가난한 시절 빈부의 차별을 없애주는 최고의 의상이었다. 각자의 취향대로 사복을 입었다면 없는 학생들은 분명 주눅이 들었을 것이다. 잘살든 못살든 똑같은 교복을 입으니 적어도 학교에서는 동등한 입장이었다. 빈부차에 의한 우월감이나 박탈감은 없었던 것이다.

또한 교복은 대개 검은 색이라 때도 잘 안 타고 선후배가 대를 이어 물려 입기도 좋았다. 같은 학교를 다니면 형이 입던 옷을 동생이 다시 입을 수 있었다. 그러니 교복은 경제적인 제복이었다. 나도 가난한 대학시절 열심히 교복을 입고 다녔다. 그때는 대학생조차 교복을 입던 시절이었다. 좋은 옷 사 입을 형편도 못 됐지만 교복을 입으면 학생이란 신분 때문에 사회적으로도 보호받을 수가 있었다. 교복을 입고 있으면 술집이나 식당에서도 싸게 해주고 외상까지 해주었다.

그리고 무엇보다 교복을 입으면 단정하고 멋져 보였다. 우스갯소리로 여자들은 군인을 좋아 한다는데 이유는 군복이 멋있기 때문이라 한다. 여자는 제복에 약하다는 것이다. 유난히 여학생들이 사관생도를 좋아한 것이 그 이유 때문인가 보다. 영화 〈사관과 신사〉에서도 멋진 해군 제복에 끌려 사랑을 나누는 이야기가 나온다.

그처럼 교복은 묘한 매력을 준다. 유니폼이라 특색도 개성도 없는 옷이지만 그 옷의 주인공들이 다 젊은 청춘들이기 때문에 교복이 더 빛났던 것이다. 단정하게 교복을 입고 단발머리 한 여학생들이 얼마나 청순하고 예뻐 보였던지 사춘기의 본능이 꿈틀거리기도 했다. 불행히도 단발머리 여학생과 편지 한 통 주고받은 적 없지만 그들을 멀리 쳐다보는 것만으로도 심장은 새가슴처럼 뛰곤 했다.

여학생들도 교복에 단발머리를 하고 자주색 가방을 들었던 학창시절이 그리울 것이다.

> 여고시절 3년 동안 정들은 자주색 가방
> 비가 오나 눈이 오나 나의 친구였네
> 그러나 지금은 헤어져야 하는데
> 어디로 가더라도 지난 3년 생각하면
> 잊을 수는 없을 거야
> -방주연, 〈자주색 가방〉

1973년 방주연이 불러 히트한 노래 〈자주색 가방〉이다. 아마 노래의 주인공은 자주색 가방을 3년 동안 들고 다녔던 모양이다. 비가 오나 눈이 오나 들고 다녔기에 친구처럼 정이 들었다. 하지만 이제 졸업을 하니 헤어질 수 밖에 없다. 이처럼 노래의 주인공은 자주색 가방과 함께 했던 단발머리 여고시절을 잊지 못하고 있다. 노래가사지만 한편의 시처럼 심금을 울린다.

  학창시절은 인생에서 몸도 마음도 순수하고 깨끗한 시절이다. 그런 몸과 영혼을 담아내기에는 교복만큼 알맞은 의상은 없으리라. 교복 속에 빛나는 청춘, 그보다 더 소중하고 아름다운 보석은 없을 것이다. 그것도 잠깐 스쳐가는 한 시절에 불과하다. 졸업 후 성인이 되어서 사회생활을 하다 보면 몸도 영혼도 쇠락해 가기 마련이다. 교복에 담았던 청춘이 그리운 것은 바로 그 때문이리라. 젊고 청순했던 영혼의 계절, 영원히 돌아올 수 없는 꿈의 계절, 그것이 교복시절이고 학창시절인 것이다.

시가 있는 산책

초판 1쇄 발행일 2025년 4월 25일

지은이 김영철
펴낸이 곽혜란
편집장 김명희
디자인 김지희

도서출판 문학바탕
주소 (07333) 서울시 영등포구 여의대방로 379 제일빌딩 704호
전화 02)545-6792
팩스 02)420-6795
출판등록 2004년 6월 1일 제 2-3991호

ISBN 979-11-93802-20-5 (03810)
정가 20,000원

* 이 책의 저작권은 저자에게 있으며 이 책의 전부 또는 일부를
  이용하시려면 저작권자의 서면동의를 받아야 합니다.
* 이 책은 국립중앙도서관, 국회도서관 홈페이지에서 검색 가능합니다.
* 문학바탕, 필미디어는 (주)미디어바탕의 출판브랜드입니다.